The Blue Book of IPR in China

中国知识产权
蓝皮书

（2014～2015）

吴汉东 **主编**　　曹新明 彭学龙 **副主编**

知识产权出版社
全国百佳图书出版单位

图书在版编目（CIP）数据

中国知识产权蓝皮书. 2014~2015 / 吴汉东主编. —北京：知识产权出版社，2016.4

ISBN 978 - 7 - 5130 - 4137 - 9

Ⅰ.①中… Ⅱ.①吴… Ⅲ.①知识产权—白皮书—中国—2014~2015 Ⅳ.①D923.404

中国版本图书馆 CIP 数据核字（2016）第067368号

责任编辑：刘　睿　刘　江　　　责任校对：董志英

封面设计：智兴设计室　　　　　　责任出版：刘译文

中国知识产权蓝皮书（2014~2015）

Zhongguo Zhishichanquan Lanpishu（2014~2015）

吴汉东　主编　　曹新明　彭学龙　副主编

出版发行：知识产权出版社有限责任公司	网　　址：http://www.ipph.cn
社　　址：北京市海淀区西外太平庄55号	邮　　编：100081
责编电话：010 - 82000860 转 8344	责编邮箱：liujiang@cnipr.com
发行电话：010 - 82000860 转 8101/8102	发行传真：010 - 82000893/82005070/82000270
印　　刷：保定市中画美凯印刷有限公司	经　　销：各大网上书店、新华书店及相关专业书店
开　　本：720mm×1000mm　1/16	印　　张：24.25
版　　次：2016年4月第一版	印　　次：2016年4月第一次印刷
字　　数：356千字	定　　价：60.00元
ISBN 978 - 7 - 5130 - 4137 - 9	

前　言

当今中国，正深入实施创新驱动发展战略。"经济转型，产业升级"，"大众创业，万众创新"，经济社会进入新常态。因时应势，建设知识产权强国、实施《中国制造2025》，亦成为这个时代强劲的主旋律。"我们面临前所未有的发展机遇期，中国知识产权事业迈入又一个春天！"本书主编吴汉东教授如是说。

在建设知识产权强国的征程中，我们亟需融汇信息，交流思想，总结过去，展望未来。为此，我们秉承"民间视野、学者观点"的方针，汇集中国知识产权界的智力资源，展示知识产权强国建设的丰硕成果，编写了《中国知识产权蓝皮书（2014～2015）》。为铸造中国知识产权界的出版精品，本书的编写沿袭了前几版《中国知识产权蓝皮书》的体例，并力求有所突破和创新。

2014年和2015年注定是中国知识产权事业发展进程中具有里程碑意义的历史时期。2014年12月，国务院办公厅转发由国家知识产权局等28个国家知识产权战略实施工作部际联席会议成员单位共同制定的《深入实施国家知识产权战略行动计划（2014～2020年）》，首次提出建设知识产权强国，吹响了知识产权强国建设的号角。时隔一年，2015年12月，国务院印发《关于新形势下加快知识产权强国建设的若干意见》，明确加快建设知识产权强国的重要举措。本书即是以吴汉东教授的《建设知识产权强国是国家现代化发展的方略》一文开篇，提出建设知识产权强国的核心要义包括三个层次，即经济发展的基本现象、创新发展的基本保障、国家发展的基本方略；建设知识产权强国，既是欧美国家推行创新发展战略的通行版，更是当前中国深入实施知识产权战略的升级版。

诚然，《中国知识产权发展状况报告》仍然是蓝皮书着力突出的重要内容。作为蓝皮书的核心部分，《中国知识产权发展状况报告》以翔实的材料、深入的分析和准确的概括，记录了两年来我国知识产权事业发展的轨迹。但我们没有停留于此，而是本着实用、实证、实效的"三实"态度，以4篇"专题研究报告"进一步总结和剖析文化产业、国际版权、商标制度以及互联网版权的新问题和新趋势，提出建设知识产权强国进程中具体问题的新思路和新观点。

为了让蓝皮书更接地气，我们坚持关注行业动态，聚焦最新热点，兼具国际视野。在"热点关注"部分专门组织撰写了4篇实证论文，其作者既有学界领军人物，也有实务行业精英，亦不乏海外青年才俊，其内容更贴近实务、贴近热点，旨在满足不同读者群体的需要。与此同时，我们还编纂了尽量详尽的"大事纪要"，全面列举2014～2015年国内发生的知识产权事件，并单列"环球瞭望"部分，简要介绍国际社会所发生的主要知识产权事件。

本书的编写工作主要由中南财经政法大学知识产权研究中心的研究团队完成。编写《中国知识产权蓝皮书》是该中心"教育部人文社会科学重点研究基地"的重点工程之一。在新的一卷付印之际，所有参与研究、撰稿、编辑的同仁都深深地体会到，蓝皮书具有独特的功能、价值、体例和特征，尤其需要业界与学界同仁的广泛参与和分工协作。在此，我们要向以各种方式参与此项工作的同仁们，向知识产权出版社，深表谢忱。

最后，由于编写水平和经验所限，疏漏在所难免，恳请高明的读者批评指正。我们惟愿，每一个话题聚焦、每一位作者的努力、每一位编者的贡献，都化作朵朵小花儿，共同装点知识产权事业的"又一个春天"。

目　　录

第一篇　特　稿

第二篇　研　究　报　告

第三篇　专题研究报告

第四篇　热点关注

第五篇　大事纪要

第一篇

特　稿

建设知识产权强国是国家现代化发展的方略

吴汉东*

建设知识产权强国，其核心要义涉及创新发展与知识产权制度的关系，其中包括三个层次，即基本现象、基本保障、基本方略，从中可以解读对建设知识产权强国的基本认识。

一、经济发展的基本现象

创新是经济发展的基本现象。创新是指人们在生产力、生产关系和上层建筑全部领域中进行的创造性活动，既包括知识创新（含科技创新和文化创新），也包括制度创新（含法律创新、政策创新、体制与机制创新等）。在发展理论中，经济增长、知识创新与法治建设应是一个相互作用、相互促进的协调机制。经济增长对社会变革起着决定性作用，它带来了社会物质财富的快速增长，也引起了社会生活方式的巨大变化。在知识创新、经济发展、法治建设的协调体制中，经济处于中轴的地位，知识与法律为之进行曲线偏向摆动。其中，知识进步是经济增长的动力机制，法治建设则是经济增长的保障机制。对于新制度经济学派而言，将技术进步和制度演变都看成是一种创新过程。

20世纪初，经济学家熊彼特在《经济发展理论》一书中首先提出了"创新理论"。在他看来，创新是在生产体系中引入生产要素和生产条件

---

* 吴汉东，中南财经政法大学知识产权研究中心主任，教授，博士生导师。

的新组合，包括引进新产品、采用新技术、开辟新市场、控制原材料新供应来源和实现新企业组织。熊彼特将创新作为其经济发展理论的核心，认为经济发展的基本现象是创新。20世纪50年代以来，诺思、科斯等学者在熊彼特创新理论的基础上，分析制度创新的需求与供给，研究知识创新与制度创新的关系、国家的制度创新职能以及制度创新在经济发展中的作用，从而构建了系统的制度创新学说。对于制度经济学而言，制度创新一般是指制度主体通过新的制度构建以获得追加利益的活动，它是关于产业制度、产权制度、企业制度、经济管理制度、市场运行制度等各种规则、规范的革新。可以看到，当今社会以科学技术为主要内容的知识创新，是整个经济社会发展的动力和源泉。以数据为例，美国专利商标局与经济统计局联合发布的专题报告《知识产权与美国经济：聚焦产业》显示，美国经济整体依赖于知识产权，知识产权密集型产业是美国经济的支柱，为美国创造了国内生产总值（GDP）的35%，就业机会的28%和出口额的61%。继美国之后，欧洲专利局和欧盟内部市场协调局发布的《知识产权密集型产业对欧盟经济及就业的贡献》报告中表明，知识产权密集型产业创造了欧盟GDP的39%，就业机会的35%，出口额的90%。

对中国而言，我国经济发展开始进入新常态，从表面上看是经济增长减速换挡，从本质上则是发展动力的转换和重塑，一个显著的变化就是要素的规模驱动力减弱，经济增长将会更多地依赖科学技术的进步。近年来，我国科研投入大幅提升，自主创新能力不断提高，科技进步对于经济发展的驱动作用也正在加强。2013年我国研发经费投入首次超过1万亿元，占GDP的2%，以知识产权为核心的创新指标得到较快发展：科技创造能力提升，跻身于发明专利申请大国，连续4年位居世界第一；品牌创建能力提高，商标注册申请量位居全球第一；文化创新能力增强，版权产业发展势头良好。我国信息技术、生物医药、高端装备制造、新能源等新兴产业迅速崛起，在国际市场份额中逐渐提高。而同期中国GDP的增速一直保持在7%至左右，仍然处于中高速增长，我国经济总量从入世前的世界排名第6位跃升至第2位；2014年我国国内生产总值为63.6万亿元，首次突破10万亿美元大关。总体来说，在经济发展新常态下，经济发展动力、经济发展方式、经济发展质量发生了新的变化，创新正在改变着国家的现在，创新也必将赢得国家的未来。

二、创新发展的基本保障

知识产权制度是创新发展的基本保障。知识产权制度在一个国家的法律体系中，起着激励和保护知识创新、促进和推动创意产业发展的重要功能，所以很多学者称之为创新之法、产业之法。"创新"这一概念是对知识经济全面而精要的解释，可以视为知识产权制度的基本价值范畴。创新价值体现在知识产权政策制定与立法活动之中。知识产权制度以基于创新所产生的社会关系为主要调整对象，体现了尊重创新、保护智力成果、规制知识经济市场秩序的主旨。

创新价值目标的实现，在法律规范设计中主要表现在以下三个方面：（1）知识产权保护与私人创新激励机制。知识产权制度是一种对知识产品有效的产权制度选择。这一制度通过授予发明创造者以私人产权，为权利人提供了最经济、有效和持久的创新激励，保证创新活动在新的高度上不断向前发展，从而促进创新成果所蕴藏的先进生产力快速增长。（2）知识产权限制与社会创新发展机制。知识产权的限制，是对权利人专有权利的行使限制，其功能在于通过对产权的适度限制，平衡权利人与社会公众之间的利益，确保社会公众接触和利用知识产品的机会。（3）知识产权运用与创新成果交易机制。知识产权运用是连接知识产品创造者、传播者和使用者的法律纽带，旨在规制不同主体的产权交易行为，促进知识产品的动态运用和精神财富的流动增值，其主要制度就是授权使用、法定许可使用和合理使用。

总之，知识产权的动态运用和价值实现，是知识产权制度创设的重要目标。如果说创新是一个民族不断进步的灵魂，一个没有创新的民族是没有未来的。那么可以认为，保护创新是一个国家的基本法律制度，一个不保护创新的国家同样是没有未来的。在当今经济全球化与知识产权国际化背景之下，知识产权在国家经济社会发展中具有高度的战略内涵，是全球市场竞争中的兵家必争之地。利用知识产权赢得市场优势，已成为国际竞争的重要手段。

三、国家发展的基本方略

建设知识产权强国是国家现代化发展的基本方略。知识产权强国是以知识产权制度支撑并保障创新发展的先进国家。从现代化和法治化的意义来说，知识产权强国应该包括两个方面的基本品质，它既是创新型国家，也是法治化国家。知识产权强国彰显了物质文明建设、精神文明建设、生态文明建设和制度文明建设的现代化的特性。衡量一个国家是不是知识产权强国，应该包括与知识产权有关的制度建设、产业发展、环境治理、文化养成等一系列的指标。

建设国际水平的知识产权强国，在创新能力和法治能力方面须具备以下要素：（1）知识产权强国是制度完善的国家。知识产权强国应当具有良好运行的知识产权法规政策体系，包括以知识产权为导向的公共政策体系和具有中国特色的知识产权法律制度。（2）知识产权强国是产业发达的国家。知识产权强国充分发挥了知识产权对产业转型升级、经济提质增效的促进作用，拥有对经济增长、就业贡献较高的知识产权密集型产业；同时，知识产权对传统产业转型升级的促进作用较为明显。（3）知识产权强国是环境优良的国家。知识产权强国拥有优良的法治环境和市场环境，知识产权领域严格执法、公正司法、全民守法的法治环境全面改善，知识产权高效运用的市场环境不断完善，知识产权成为市场决定创新资源配置的根本手段。（4）知识产权强国是文化先进的国家。知识产权强国拥有良好的知识产权文化环境，知识产权对文化繁荣的促进作用充分显现。全民知识产权意识显著增强，尊重知识、崇尚创新、诚信守法的知识产权文化理念深入人心。

美国、德国和日本是世界公认的知识产权强国，综合能力始终处于各国前列。这些国家既是世界知识产权舞台上的领先者，也是知识产权制度的推行者和受益者。我国虽然已经步入知识产权大国行列，但与知识产权强国还有一定的差距。建设知识产权强国，既是欧美国家推行创新发展战略的通行版，更是当前中国深入实施知识产权战略的升级版。对于中国而言，知识产权制度建设的本身，就是一场以制度创新推动知识创新、以法治建设保障创新发展的伟大社会实践，建设知识产权强国是国家现代化发展的基本方略。建设知识产权强国，旨在依靠知识产权的数量、质量的综合提升及其有效运用，不断提高国家科技创新力、文化软实力、经济发展实力和国际影响力。建设知识产权强国承载了国家富强、民族振兴、人民幸福的世纪梦想。我国知识产权事业的发展，要适应创新驱动发展的需要，为建设创新型国家和全面建成小康社会提供强有力支撑，为实现中华民族伟大复兴中国梦作出更大贡献。

第二篇

研究报告

中国知识产权发展状况报告（2014~2015）

曹新明　王　博[*]

一、引　　言

2014~2015年，是中国知识产权发展史上具有里程碑意义的时间段。2014年10月20~23日，中国共产党十八届四中全会召开，通过《中共中央关于全面推进依法治国若干重大问题的决定》。尽管我国《宪法》第5条明确规定"中华人民共和国实行依法治国，建设社会主义法治国家"，并且在具体实践中始终在积极推进依法治国的理念和做法。中国共产党以全会专题讨论全面依法治国问题并作出决定的形式推进依法治国，却是史无前例的。该项决定的发布，表明中国共产党坚定推进依法治国，实现社会主义法治国家的决心和信心。该决定指出：完善以宪法为核心的中国特色社会主义法律体系，加强宪法实施；深入推进依法行政，加快建设法治政府；保证公正司法，提高司法公信力；增强全民法治观念，推进法治社会建设；加强法治工作队伍建设；加强和改进党对全面推进依法治国的领导。以此奠定依法治国的思想基础、政治基础和行动基础。

为了落实中国共产党十八届三中全会通过的《中共中央关于全面深化改革若干重大问题的决定》提出的"加强知识产权运用和保护，健全技术

---

　　* 曹新明，中南财经政法大学知识产权研究中心常务副主任，教授，博士生导师；王博，中南财经政法大学知识产权研究中心博士后。

创新激励机制，探索建立知识产权法院"的任务，2014年8月31日第十二届全国人民代表大会常务委员会第十次会议通过《关于在北京、上海、广州设立知识产权法院的决定》，决定"在北京、上海、广州设立知识产权法院"。2014年11~12月，北京、广州和上海知识产权法院相继成立，开启了最终建立科学合理的知识产权专门法院的探索之路，同时也开启了完善我国知识产权司法审判体制的光明之门。

2015年10月26~29日，中国共产党十八届五中全会在北京召开，主要议程是研究关于制定国民经济和社会发展第十三个五年规划的建议。全会强调"必须牢固树立并切实贯彻创新、协调、绿色、开放、共享的发展理念"，并且将"创新"作为一个支撑点、着力点和关键点，放在第一位，给予了足够的关注。因此，全会特别提出，坚持创新发展，必须把创新摆在国家发展全局的核心位置，不断推进理论创新、制度创新、科技创新、文化创新等各方面创新，让创新贯穿党和国家一切工作，让创新在全社会蔚然成风。必须把发展基点放在创新上，形成促进创新的体制架构，塑造更多依靠创新驱动、更多发挥先发优势的引领型发展。培育发展新动力，优化劳动力、资本、土地、技术、管理等要素配置，激发创新创业活力，推动大众创业、万众创新，释放新需求，创造新供给，推动新技术、新产业、新业态蓬勃发展。

众所周知，知识产权是激励创新的最有效并且最重要的制度。中国共产党十八届三中全会、四中全会和五中全会的重大决定，为中国知识产权发展指明了方向、奠定了基础。经过知识产权各界人士的积极工作，2014~2015年，我国在知识产权法律体系建设、司法保护、行政执法、强国建设、社会服务体系构建、学术研究、人才培养以及国际保护诸方面都取得了显著进步。

二、知识产权发展状况

党的十八届三中全会制定的全面深化改革的总体方案，明确提出"加强知识产权运用和保护"以及"探索建立知识产权法院"的要求。为贯彻

党的十八大和十八届三中、四中全会精神，落实创新驱动发展战略要求，
推动国家知识产权战略深入实施，2015年4月，按照《深入实施国家知识
产权战略行动计划（2014~2020年）》部署，国家知识产权局发布《2015
年国家知识产权战略实施推进计划》，明确2015年战略实施的重点任务和
工作措施。强化知识产权保护，鼓励创新创造；促进知识产权创造运用，
支撑产业转型升级；加强知识产权管理和服务，促进创新成果转移转化；
拓展知识产权交流合作，推动国际竞争力提升；加大支持力度，提高知识
产权战略实施保障水平。近日，国家知识产权局、财政部、人力资源社会
保障部、中华全国总工会、共青团中央等5部门联合印发《关于进一步加
强知识产权运用和保护助力创新创业的意见》（以下简称《意见》），从
7个方面提出14条具体措施，通过进一步加强知识产权运用和保护，激发
创新创业热情，保护创新创业成果。《意见》指出，充分发挥市场在资源
配置中的决定性作用，更好发挥政府作用，创新知识产权管理机制，健全
知识产权公共服务体系，引领创新创业模式变革，优化市场竞争环境，释
放全社会创造活力，催生更多的创新创业机会，让创新创业根植知识产权
沃土。❶

　　十八届三中全会通过的《中共中央关于全面深化改革若干重大问题的
决定》指出，要"使市场在资源配置中起决定性作用"，这体现了市场经
济的一般规律，是发展市场经济的必然要求。知识产权作为一项重要的创
新资源和市场资源，须与市场价值相协调和相适应，这是发挥市场配置资
源决定性作用的重要体现。如果知识产权与市场价值相背离，必然导致与
知识产权及相关的创新市场资源配置的严重扭曲，阻碍知识产权市场的健
康发展。❷

　　自《国家知识产权战略纲要》实施以来，目前知识产权的各项措施落

---

❶　国家知识产权局："国家知识产权局等五部委印发《关于进一步加强知识产权运用和
保护助力创新创业的意见》的通知"，载国家知识产权局网http://www.sipo.gov.cn/tz/gz/201510/
t20151012_1186728.html，访问日期：2015年10月17日。

❷　孔祥俊："积极打造我国知识产权司法保护的'升级版'——经济全球化、新科技革命和创
新驱动发展战略下的新思考"，载《知识产权》2014年第2期，第3~5页。

实有力，已经基本实现第一阶段的目标任务。2014年，我国知识产权创造取得新进展，每万人口发明专利拥有量达到4.9件，我国发明专利申请受理量呈现平稳增长的良好态势，国内专利申请结构明显优化，企业知识产权创造主体地位持续稳固，知识产权运用、保护、管理和服务也取得显著成效。截至2014年，我国共受理发明专利申请92.8万件，同比增长12.5%，连续4年位居世界首位。授权发明专利共23.3万件。其中，国内发明专利授权16.3万件，比上一年增长近2万件（见图1）。❶

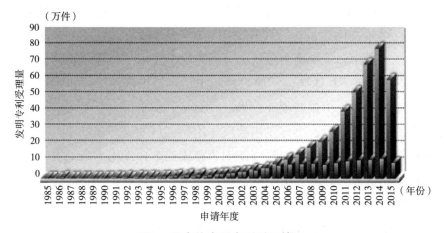

图1　国内外发明专利受理情况

数据来源：国家知识产权局网"统计信息"，载国家知识产权网http://www.sipo.gov.cn/tjxx/，访问日期：2015年11月6日。

改革开放30多年来，我国实现了科技水平的整体跃升，已经成为具有重要影响力的科技大国，科技创新对经济社会发展的支撑和引领作用日益增强。世界知识产权组织（WIPO）发布的2015年全球创新指数报告显示，中国内地以47.47分位列榜单第29名，与2014年排名持平，在中高收入国家中排名首位。据统计，2014年，中国受理发明专利申请92.8万件，

---

❶　国家知识产权局："2014年我国发明专利授权及有关情况新闻发布会"，载国家知识产权局网http://www.sipo.gov.cn/twzb/2014fmzlsqqkfbh/，访问日期：2015年10月16日。

连续4年居世界第一；受理商标注册申请228.54万件。❶ 而根据近日发布的《国家创新指数报告2014》显示，在世界40个主要国家中，中国国家创新指数得分与创新型国家的差距进一步缩小。近年来中国创新资源投入持续增加，企业创新能力显著增强，创新环境日益改善，科技服务经济社会发展的能力不断提高，"十二五"科技发展规划关键指标进展良好。中国国家创新指数排名第19位，与上年持平，在40个国家中处于第二梯队，指标得分为68.4，比上一年高出3.2分，拉大了与第三梯队的加拿大、卢森堡、新西兰等国之间的差距，从高出0.6~1.3分增加到2.9~3.3分。中国主要指标表现突出，发展态势长期向好，中国主要指标已达到世界领先水平（见表1）。❷

表1　中国国家创新指数与一级指标排名

年份	创意指数综合排名	一级指标				
		创新资源	知识创造	企业创新	创新绩效	创新环境
2005	25	31	37	17	29	27
2006	25	32	34	17	28	28
2007	22	33	34	14	28	27
2008	21	33	33	12	25	23
2009	22	31	32	18	24	16
2010	20	30	29	15	18	18
2011	20	30	24	15	14	19
2012	19	30	18	15	14	14
2013	19	29	19	13	11	13

资料来源：中华人民共和国科学技术部："《国家创新指数报告2014》发布"，载中华人民共和国科学技术部网http://www.most.gov.cn/kjbgz/201507/t20150708_120616.htm，访问日期：2015年10月17日。

2014年，根据中国共产党十八届三中、四中全会精神，我国完善和发展中国特色社会主义制度、推进国家治理体系和治理能力现代化总目标，

---

❶ 孙迪、孙易恒："WIPO发布2015年全球创新指数报告，中国内地位列世界第29位——创新能力持续增强 创新质量不断提升"，载《中国知识产权报》2015年9月25日第1版。

❷ 中华人民共和国科学技术部："《国家创新指数报告2014》发布"，载中华人民共和国科学技术部网http://www.most.gov.cn/kjbgz/201507/t20150708_120616.htm，访问日期：2015年10月17日。

全面深化改革，建设社会主义法治国家，不断推进知识产权法治建设和知识产权强国建设，充分发挥市场在知识产权资源配置中的决定性作用。坚持实施创新驱动发展战略，全面增强自主创新能力。在过去的一年里，我国进一步完善知识产权法律体系，深入推进知识产权依法行政工作，不断提高知识产权司法水平，进一步加强知识产权法治宣传教育，继续繁荣知识产权法学研究和培育知识产权文化，我国知识产权法治建设水平不断提升，知识产权强国建设成就显著。

根据汤森路透知识产权与科技事业部发布的最新研究成果《开放的未来：2015全球创新报告》显示，在全球创新年增长率放缓时，我国创新发展势头依旧强劲。在过去一年，全球专利总量仅增长3%，其增幅跌至2009年全球金融危机结束以来的最低谷，且同期新科研成果总量降低34%。然而，中国企业和科研机构在医药、家电、食品酒类及烟草、石油等领域的创新全球领先。中国企业及机构在四大领域荣居专利数排行榜全球榜首，其中中国科学院在制药和生物科技两大领域进入专利数排行榜全球前五，分别位列制药类全球第一和生物科技类全球第二；美的集团在家用电器领域名列前茅；中国石油化工股份有限公司在石油领域夺魁。中国企业专利申请的领域也越来越多元化。例如，华为在电信领域的专利数位于全球第二，计算机领域的专利数也排在亚洲第五。在研究领域，许多知名学府也进入了报告榜单，如中国科学院、清华大学、复旦大学、上海交通大学和浙江大学等。❶

根据2015年3月世界知识产权组织（WIPO）公布的2014年国际专利（PCT）申请数量统计显示：2014年通过PCT提交专利申请的前十位国家中，中国（占全部申请的11.9%）与美国（28.6%）、日本（19.7%）继续保持前三位（见表2）。2014年，中国与美国共有21.5万件左右的申请，在WIPO《专利合作条约》（PCT）的申请总量中占87%，比上年增长4.5%。在前十位的国家中，中国是唯一在2014年PCT专利申请增长达到两位数的国家，增长18.7%。我国的华为公司是申请PCT专利最多的

---

❶ 郑金武："《2015全球创新报告》发布"，载《中国科学报》2015年5月29日第7版。

公司，2014年共申请3 442件，比2013年多提交1 332件（增长63.1%）。此外，腾讯的申请量增长位列第二位，比2013年多提交727件（增长202.5%）。❶

表2 2014年国际专利（PCT）申请数量排名前十国家及各国申请的占比情况

序号	国家	数量（件）	比重（%）
1	美国	61 492	28.6
2	日本	42 459	19.7
3	中国	25 539	11.9
4	德国	18 008	8.4
5	韩国	13 151	6.1
6	法国	8 319	3.9
7	英国	5 282	2.5
8	荷兰	4 218	2.0
9	瑞士	4 115	1.9
10	瑞典	3 928	1.8

资料来源：世界知识产权组织："电信企业在WIPO国际专利申请中占据首位"，载世界知识产权组织网http://www.wipo.int/pressroom/zh/articles/2015/article_0004.html，访问日期：2015年11月2日。

十八届三中、四中全会指出，要"全面深化改革""推进法治中国建设""全面推进依法治国"，更好发挥法治的引领和规范作用，为实现"两个一百年"奋斗目标、实现中华民族伟大复兴的中国梦提供有力法治保障。全面推进依法治国，建设社会主义法治国家，离不开知识产权的法治建设，知识产权领域的法治建设是法治国家建设的重要组成部分。知识产权法治建设的重大任务包括科学的知识产权立法、严格的知识产权执法、公正的知识产权司法、完善的知识产权社会服务体系以及繁荣的知识产权法治学术研究与知识产权专业人才的培养等方面。

---

❶ 世界知识产权组织："电信企业在WIPO国际专利申请中占据首位"，载世界知识产权组织网http://www.wipo.int/pressroom/zh/articles/2015/article_0004.html，访问日期：2015年11月2日。

三、知识产权法律体系建设

知识产权法律体系是由调整知识产权法律关系的各专门法所组成的法规体系。改革开放以来，经过三十多年的努力，我国制定并逐步完善了专利法、商标法、著作权法等法律规范，并得到了较好的实施。2014~2015年，按照中国共产党十八届三中、四中全会精神，我国全面推进知识产权法律制度建设，取得显著成效。

（一）知识产权法律规范的制定与修订

2014年5月1日，经过第三次修订的《商标法》开始施行。2013年8月30日，第十二届全国人民代表大会常务委员会通过《关于修改〈中华人民共和国商标法〉的决定》，完成对《商标法》的第三次修订程序，成为新版《商标法》。新版《商标法》所涉及的主要内容有：（1）扩大商标注册范围，将声音作为商标构成要素，使得声音商标（或者音响商标）成为一种新的商标；（2）规定商标审查时限；（3）完善商标注册异议制度；（4）厘清驰名商标保护制度，明确对驰名商标实行个案认定、被动保护；（5）确立"混淆"作为判断是否侵犯注册商标专用权的标准；（6）提高商标侵权法定赔偿数额，增加惩罚性赔偿，加大对故意实施商标侵权的损害赔偿力度。

2015年10月1日，经过修订的《促进科技成果转化法》开始施行。此次修改所涉及的主要内容有：（1）厘定科技成果的概念；（2）明确科技成果转化活动应当有利于加快实施创新驱动发展战略，促进科技与经济的结合；（3）明确提出科技成果转化活动应当尊重市场规律，发挥企业的主体作用；（4）加强知识产权管理，完善科研组织管理方式；（5）加大对科技成果转化项目的政策支持和税收优惠，并引导社会资金投入，促进科技成果转化资金投入的多元化；（6）加强对职务科技成果的保护。此次修法最大亮点是科技成果转化处置权下放和科研人员奖励、报酬比例提高。创新创造关键在人，激活创新创造的关键在于使创新人才分享成果收益。科研人员尤其是职务发明人的创新活力，正迎来竞相迸发的最好时期，而知识产权制度则是促进科技成果转化的核心机制。

在此期间，正在进行对《著作权法》的第三次修订和对《专利法》的第四次修订工作，将对我国的著作权法律制度和专利法律制度作进一步完善，为知识产权强国建设打好基础。

（二）知识产权行政法规及部门规章

2014年3月15日《网络交易管理办法》开始施行。此外，制定《网络交易平台经营者履行社会责任指引》《网络交易平台合同格式条款规范指引》《电子商务可信交易环境建设标准规范指引》《使用文字作品支付报酬办法》《关于规范著作权合同备案申请表及证书的通知》《版权行政执法监管指导意见》等一系列规范性文件。向WIPO递交批准《视听表演北京条约》政府声明。❶

修订后的《商标法实施条例》自2014年5月1日开始施行。重点规范了商标申请、审查、复审、争议案件处理和商标国际注册等事项。此外，为配合新商标法及其实施条例施行，还修订和发布《商标评审规则》《驰名商标认定和保护规定》等一系列配套措施。

国家知识产权局公布修改后的《专利审查指南》，于2014年5月1日开始施行，该指南将图形用户界面纳入外观设计保护范围。此外，国家知识产权局发布《用于专利程序的生物材料保藏办法》《专利代理管理办法》《专利行政执法办法》等。

2014年9月，国家版权局起草《民间文学艺术作品著作权保护条例（征求意见稿）》。按照民主立法和科学立法的原则，向社会各界公开征求意见。

2015年4月，国务院法制办公布《职务发明条例草案（送审稿）》，并向社会各界公开征求意见。该项举措无疑将释放更大的创新积极性，完善职务发明制度，对于健全知识产权立法以及切实推动创新型国家建设具有重要意义。❷

---

❶ 中国法学会："中国法治建设年度报告（2014）"，载《民主与法制时报》2015年7月16日，第15~16页。

❷ 王宇："《职务发明条例草案》：合理分配创新成果的'蛋糕'"，载《中国知识产权报》2015年4月22日第6版。

（三）地方性法规

各省市加速制定修订专利地方性法规规章，知识产权局统筹协调推进全国地方专利立法工作取得良好效果。目前，全国27个省（区、市）以及16个较大的市出台了专利条例等专利地方性法规，相关地方正在加大力度开展专利法规规章的制定和修改、完善工作。2014年，山西等11个省（区、市）知识产权局正在扎实推进地方性法规、规章制定修订项目，开展了起草、调研、征求意见、报送审议等工作。如《山西省专利实施和保护条例》修订项目列入2014年山西省政府立法计划，省政府法制办对草案进行了审查，并就有关问题在省内外进行了专题调研，听取企业、高校、科研院所等各方意见；《安徽省专利保护和促进条例》列入2014年省人大预备审议项目；湖北省于2014年4月18日出台《加强专利创造运用保护暂行办法》，要求县级以上人民政府、各类开发区、企事业单位制定政策和办法鼓励专利的创造和产业化，要求全省相关部门整合支持企业发展的财政专项资金向专利转化企业倾斜。6月10日，湖北省内多个部门联合印发《加强专利创造运用保护暂行办法实施细则》。❶

部分省市还开展专利法规执法检查。黑龙江、江西、重庆、四川、甘肃五省（市）结合全国人大常委会的专利法执法检查开展了专利地方性法规的实施情况调研或者检查。如江西省人大教科文卫委员会组织开展《江西省专利促进条例》情况调研，采取问卷调查、查阅专利案件审理情况、调查专利成果转化典型案例、专题研究和省外考察学习相结合的方式，着重调研专利管理体系、专项资金的设立和使用、专利考核评价体系、专利行政执法体系以及激励创造促进运用方面的政策措施情况。重庆市人大常委会执法检查组对《重庆市专利促进与保护条例》开展了执法检查，听取市政府及9个部门贯彻实施条例情况的汇报，实地检查涪陵、北碚、长寿、合川区，并深入长安集团、中国汽车工程研究院股份有限公司、重庆

---

❶ 国家知识产权局条法司："知识产权局统筹协调推进全国地方专利立法工作"，载国家知识产权局网http://211.157.104.86:8080/ogic/view/govinfo!detail.jhtml?id=2069，访问日期：2015年10月20日。

材料研究所、重庆大学、重庆理工大学等企业、科研院所和高校检查，听取各方面的意见和建议。❶

（四）知识产权司法解释

最高人民法院发布《最高人民法院关于北京、上海、广州知识产权法院案件管辖的规定》，并于2014年11月3日开始施行。该司法解释进一步明确知识产权法院的一审案件管辖范围、跨区域管辖的案件类型以及知识产权授权确权案件范围等重要问题，为进一步提升知识产权司法公正和公信确立了制度保障，是全面落实十八届三中全会"加强知识产权运用和保护，健全技术创新激励机制，探索建立知识产权法院"的重要举措，对于不断提升我国知识产权审判质量和水平具有重要意义。

为确保知识产权法院的有效运行并取得预期效果，最高人民法院会同有关地方法院，及时研究出台各项制度，保障知识产权法院各项工作的规范运行。（1）明确知识产权法院案件管辖制度。2014年11月3日，最高人民法院发布《关于北京、上海、广州知识产权法院案件管辖的规定》，为知识产权法院的运行提供法律和政策保障，进一步明确知识产权法院的一审案件管辖范围、跨区域管辖的案件类型、知识产权授权确权案件范围等重要问题，彻底实现知识产权法院及其所在地高级人民法院民事和行政审判"二合一"，即由知识产权法院及其所在地高级人民法院知识产权审判庭统一管辖和审理涉及知识产权的全部民事和行政案件。最高人民法院发布《关于知识产权案件管辖等有关问题的通知》进一步明确知识产权法院的级别管辖、提级审理、保全措施、强制执行等问题。2014年12月30日，最高人民法院发布《关于知识产权法院技术调查官参与诉讼活动若干问题的暂行规定》，对技术调查官参与案件的范围、工作职责、技术审查意见的作用等作出规定，为技术调查官参与诉讼活动提供了明确指引。❷

（2）最高人民法院进一步加强司法解释的制定工作，发布《关于修

---

❶ 国家知识产权局条法司："知识产权局统筹协调推进全国地方专利立法工作"，载国家知识产权局网http://211.157.104.86:8080/ogic/view/govinfo!detail.jhtml?id=2069，访问日期：2015年10月20日。

❷ 人民法院报："中国法院知识产权司法保护状况（2014）"，载《人民法院报》2015年4月21日。

改〈最高人民法院关于审理专利纠纷案件适用法律问题的若干规定〉的决定》，根据现行专利法的规定，对专利权评价报告、赔偿数额计算等问题作出适应性修改。最高人民法院加强司法解释起草调研论证工作，围绕审理侵犯专利权纠纷案件法律应用问题、审理知识产权与竞争纠纷行为保全案件法律适用问题、审理商标授权确权行政案件若干问题、审理专利授权确权行政案件若干问题等司法解释的起草工作，召开了10余次征求意见会，广泛征求社会各界对起草内容的意见，集思广益、反复论证，将起草工作做精做细做实，确保有效发挥司法解释统一法律适用的功能。❶

（五）其他知识产权规范性文件

2015年4月10日，国家知识产权局发布《2015年国家知识产权战略实施推进计划》（以下简称《推进计划》），为推动国家知识产权战略深入实施，落实创新驱动发展战略要求，按照《深入实施国家知识产权战略行动计划（2014~2020年）》部署，明确2015年战略实施重点任务和工作措施。《推进计划》明确要求强化知识产权保护、鼓励创新创造；促进知识产权创造运用，支撑产业转型升级；加强知识产权管理和服务，促进创新成果转移转化；拓展知识产权交流合作，推动国际竞争力提升；加大支持力度，提高知识产权战略实施保障水平。❷

2014年6月24日，《国家集成电路产业发展推进纲要》正式公布。该纲要明确提出，加强集成电路知识产权的运用和保护，建立国家重大项目知识产权风险管理体系，引导建立知识产权战略联盟，积极探索与知识产权相关的直接融资方式和资产管理制度。在集成电路重大创新领域加快形成标准，充分发挥技术标准的作用。❸

此外，2015年1月，国务院发布《深入实施国家知识产权战略行动计

---

❶ 参见人民法院报：《中国法院知识产权司法保护状况（2014）》，载《人民法院报》2015年4月21日。

❷ 国家知识产权局："2015年国家知识产权战略实施推进计划"，载国家知识产权局网网址：http://www.sipo.gov.cn/yw/2015/201504/t20150410_1099537.html，访问日期：2015年10月20日。

❸ 中国工业和信息化部："《国家集成电路产业发展推进纲要》正式公布"，载中国工业和信息化部网http://www.miit.gov.cn/n11293472/n11293832/n11293907/n11368223/16044261.html，访问日期：2015年10月20日。

划（2014~2020 年）的通知》，要求加强重点领域的知识产权执法，对网络版权保护提出新的要求。

（六）知识产权法律实施监督

对专利法，重点检查了提高专利质量、促进专利运用和推广、保护专利权人合法权益、打击侵权行为、推动企业加快技术创新、促进转型升级和产业结构调整等情况。常委会组成人员指出，要维护市场公平竞争，使专利的市场价值得到充分尊重，使创新者的合法权益得到有效保障，更好地激发个人和企业的创新积极性。要进一步加大专利法宣传实施力度，增强全社会知识产权意识，着力加强专利运用和保护，依法严肃查处侵权行为。

四、知识产权行政执法

2014年，我国全面深化改革，以加强知识产权保护和运用为着力点，求真务实，开拓创新，大力推进创新驱动发展战略实施，知识产权事业发展取得显著成绩，知识产权工作迈上新台阶，为建设知识产权强国奠定坚实的基础。

（一）知识产权战略部署

2014年年底，国家知识产权局等20多个部门共同制定了《深入实施国家知识产权战略行动计划（2014~2020年）》，文件明确提出建设知识产权强国的新目标，这对于我们在经济新常态下，深入实施国家知识产权战略，支撑创新驱动发展，促进经济提质增效升级，具有重要意义。❶

按照《深入实施国家知识产权战略行动计划（2014~2020年）》部署，2015年4月，国家知识产权战略实施工作部际联席会议办公室发布《推进计划》，共确定5方面重点工作、80项具体措施。根据该计划，2015年国家知识产权战略实施的重点工作包括强化知识产权保护，鼓励创新创造；促进知识产权创造运用，支撑产业转型升级；加强知识产权管理和服务，促进创新成果转移转化；拓展知识产权交流合作，推动国际竞争力提升；加大

---

❶ 王宇："申长雨在'2014年中国知识产权发展状况'新闻发布会上强调 建设中国特色、世界水平的知识产权强国"，载《中国知识产权报》2015年4月17日第1版。

支持力度，提高知识产权战略实施保障水平等。《推进计划》根据当前形势下知识产权工作中的新情况、新问题，对2015年深入知识产权战略实施工作作了重要部署，指明2015年知识产权战略实施工作的方向，明确推进知识产权战略实施的具体要求，是推动国家知识产权战略深入实施的一个指导性文件，为全面提升知识产权综合能力、实现创新驱动发展、推动经济提质增效升级提供有力支撑（见表3）。❶

表3　2014~2020年知识产权战略实施工作主要预期指标

指　　　　标	2013年	2015年	2020年
每万人口发明专利拥有量（件）	4	6	14
通过《专利合作条约》途径提交的专利申请量（万件）	2.2	3.0	7.5
国内发明专利平均维持年限（年）	5.8	6.4	9.0
作品著作权登记量（万件）	84.5	90	100
计算机软件著作权登记量（万件）	16.4	17.2	20
全国技术市场登记的技术合同交易总额（万亿元）	0.8	1.0	2.0
知识产权质押融资年度金额（亿元）	687.5	750	1800
专利权利使用费和特许费出口收入（亿美元）	13.6	20	80
知识产权服务业营业收入年均增长率（%）	18	20	20
知识产权保护社会满意度（分）	65	70	80
发明专利申请平均实质审查周期（月）	22.3	21.7	20.2
商标注册平均审查周期（月）	10	9	9

资料来源：国务院办公厅："国务院办公厅关于转发知识产权局等单位深入实施国家知识产权战略行动计划（2014~2020年）的通知"，载国务院网http://www.gov.cn/zhengce/content/2015-01/04/content_9375.htm，访问日期：2015年11月8日。

2015年5月，国家新闻出版广电总局办公厅印发《2015年全国新闻出版（版权）打击侵权假冒工作要点》（以下简称《工作要点》）。《工作要点》指出：（1）针对假冒、盗版等知识产权侵权突出问题，深入开展集中整治行动，先后组织开展"剑网2015"专项活动、印刷复制发行监管专项行动、"秋风2015"专项行动。（2）围绕重点工作，加大打击侵权假冒行为工作力度。如进一步推进软件正版化工作、加大对出版物市场

❶　国家知识产权战略实施工作部际联席会议办公室："2015年国家知识产权战略实施推进计划"，载《中国知识产权报》2015年4月10日第3版。

的监管力度、加强对网络发行的监管、深入开展版权重点监管工作、加大对侵权盗版的刑事打击力度。（3）夯实工作基础，完善打击侵权假冒工作体系：进一步完善打击侵权假冒法律法规制度体系建设；推进打击侵权假冒工作规范化建设；推动建立跨区域执法协作、快速反应机制；推进执法监管平台建设；加强基层执法人员培训；落实侵权假冒行政处罚案件信息公开工作；广泛开展宣传教育活动；加强对打击侵权假冒工作的督导检查等。❶

（二）知识产权审批登记工作

2014年，我国知识产权审批登记数量大幅增加（见图2），尤其是软件著作权登记数量达218 783件，登记量首次突破20万件大关。此外，知识产权审查质量以及审查工作效率也显著提高，审批登记工作取得新进展。

图2　2014年知识产权审批登记情况

（1）受理发明专利、实用新型和外观设计申请共236.1万件。其中发明专利92.8万件，同比增长12.5%，申请量连续4年居世界第一；共授权发明专利 23.3万件，发明专利审查周期缩短至21.8个月。受理PCT国际专利申请2.6万件，同比增长14.2%。每万人发明专利拥有量达到4.9件。受理商标注册申请228.54万件，同比增长21.5%，平均审查周期控制在9个月以内。商标有效注册量839万件，继续保持世界第一。作品登记量99.2

❶　国家新闻出版广电总局办公厅："关于印发《2015年全国新闻出版（版权）打击侵权假冒工作要点》的通知"，载国家版权局网http://www.ncac.gov.cn/chinacopyright/contents/483/252445.html，访问日期：2015年11月2日。

万件，同比增长17.39%，计算机软件著作权登记量21.9万件，同比增长33.12%。农业植物新品种权年申请量1 772件，同比增长32.9%，初审时间缩短到2个月。林业植物新品种申请量累计达1 515件。❶

（2）受理商标注册申请228.54万件，同比增长21.47%。这是我国年商标注册申请量首次突破200万件大关，连续13年位居世界第一。截至2014年年底，我国累计商标注册申请量1 552.67万件，累计商标注册量1 002.75万件，商标有效注册量839万件，继续保持世界第一。2014年，全年共审查商标注册申请242.64万件，同比增长70.32%，商标注册申请量和审查量双双突破200万件大关。商标注册申请平均审查周期缩短至9个月，确保了法定审查时限。2014年，商标局核准注册商标1 375 104件，同比增长37.96%；初步审定公告商标1 546 962件，同比增长65.14%；驳回商标注册申请480 550件，同比增长83.29%；部分驳回商标注册申请398 871件，同比增长76.69%。此外，自《新商标法》实施以来，商标局不断完善网上服务系统，做好技术服务工作。在2014年的商标注册申请中，网上申请达138.4万件，占同期申请总量的60.56%。目前，已有9 249家（包括944家律师事务所）商标代理组织可以通过网上申请系统提交商标注册申请，极大地便利了申请人。❷

（3）著作权登记继续保持平稳增长态势，总量达1 211 313件，比2013年增加201 656件，增长19.97%。其中，作品登记992 034件，较2013年的845 064件增长17.39%；计算机软件著作权登记218 783件，较2013年的164 349件增长33.12%；著作权质权登记496件，涉及主债务金额262 543.1万元。2014年，我国计算机软件著作权登记量突破20万件，同比增长幅度较大。

①作品登记。2014年，全国共完成作品登记992 034件，其中，全年

❶ 国家知识产权局："2014年中国知识产权发展状况新闻发布会"，载国家知识产权局网http://www.sipo.gov.cn/twzb/2014zgzscqfzzk/，访问日期：2015年11月9日。

❷ 国家工商总局："我国年商标注册申请量首次突破二百万件大关 累计商标注册量超千万"，载国家工商总局网http://www.saic.gov.cn/fwfz/zscqzl/201503/t20150331_154692.html，访问日期：2015年11月2日。

登记量较大的地区和单位是：北京市510 794件，占登记总量的51.49%；上海市187 653件，占登记总量的18.92%；中国版权保护中心84 950件，占登记总量的8.56%；江苏省55 230件，占登记总量的5.57%；山东省40 425件，占登记总量的4.07%；重庆市34 591件，占登记总量的3.49%。以上登记数量均超过3万件，登记量总和为913 643件，占全国登记总量的92.09%（见图3、图4）。

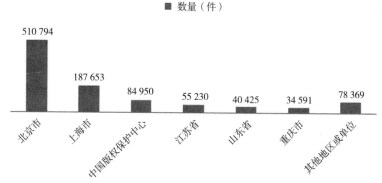

图3　2014年全国作品登记数量较大的地区和单位

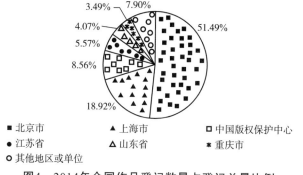

图4　2014年全国作品登记数量占登记总量比例

②计算机软件著作权登记。2014年，随着国内软件产业发展环境不断优化，软件研发创新能力持续提升，我国计算机软件著作权登记量延续了近年来高速增长的发展态势，全年共登记218 783件，同比增长33.12%，登记量首次突破20万件大关，再创历史新高。根据2015年4月中国版权保护中心发布的《2014年中国软件著作权登记情况分析报告》显示，2014年

我国软件著作权登记218 783件，这是继2011年我国软件登记量超过10万件后，登记量首次突破20万件大关。我国软件著作权年登记量用了20年达到10万件，而从10万件增长到20万件仅用了3年，表明我国软件登记量处于高速增长期。从软件登记量地区排名上看，北京市、广东省、上海市、江苏省和浙江省，与上一年度相同，仍依次排名全国前五名。五地共登记软件140 300件，约占我国登记总量的64.13%，与2013年相比略有下降。其中，北京市登记软件48 650件，约占我国登记总量的22.24%，继续高居全国榜首。总体来说，我国软件产业发展格局变化不大。从登记软件类别来看，2014年我国登记的软件主要包括基础软件、中间件、应用软件和嵌入式软件等四大类。其中，应用软件登记157 220件，约占全国登记总量的71.86%，登记数量最多，是我国软件研发的主要产品类型。从热点领域软件登记情况来看，以APP、物联网、嵌入式、地理信息等为代表的热点领域软件登记量在2014年均呈现出不同程度的快速增长。其中，APP软件登记30 742件，登记量较2013年增加20 120件。从登记软件著作权人情况来看，2014年，我国共有72 147个著作权人进行了软件登记，著作权人数量同比增长30.21%，增速较2013年提高近6个百分点。其中，有企业著作权人51 340个，约占著作权人总量的71.16%，登记软件合计172 570件，约占我国登记总量的78.88%。企业仍然是我国软件登记的绝对主体。该报告还首次对我国软件登记量排名前100位的企业进行了统计分析，前100位企业共登记软件6467件，约占企业登记软件总量的3.75%。中国电信股份有限公司全年登记软件526件，高居登记量榜首。

此外，大专院校和科研院所的软件研发创新能力十分突出。我国共有667所大专院校和936家科研院所进行了软件著作权登记，两类著作权人共登记软件25 624件。其中，大专院校登记软件20 060件，平均登记软件30.1件，在各类著作权人平均登记量中排名第一，科研院所登记软件5564件，平均登记5.9件，排名第二。另外，在2014年全国著作权人软件登记量排名中，大专院校占据了前20位中的19席。❶

---

❶ 赵竹青："2014年我国软件著作权登记量首破20万件大关"，载人民网http://ip.people.com.cn/n/2015/0409/c136655-26817863.html，访问日期：2015年11月2日。

③著作权质权登记。2014年，全国共完成著作权质权登记496件，涉及合同数量233个，涉及作品数量1045件，涉及主债务金额262 543.1万元，涉及担保金额287 245.1万元。❶

（三）知识产权执法工作

2014年，我国知识产权行政执法进一步加强。全国专利行政执法办案总量24 479件，同比增长50.9%。全国工商系统共查处侵权假冒案件6.74万件，案值9.98亿元。全国版权系统立案查处侵权盗版案件2 600余件，收缴侵权盗版制品1 200余万件。全国海关共扣留侵权货物2.3万批，新核准知识产权海关备案5 306件，同比增长11%。全国22个省（区、市）建成知识产权行政执法与刑事司法衔接信息共享平台。政府机关和中央企业三级以上企业、大中型金融机构已全部实现软件正版化。多部门加强配合，开展了打击网络侵权盗版专项治理"剑网2014专项行动"、互联网和电子商务领域专项整治、"绿茵"专项执法行动等，取得明显成效。据统计，仅2014年1~9月，全国行政执法部门就查处侵犯知识产权和制售假冒伪劣商品的案件有112 700件，捣毁制假售假的窝点1 938个，公安机关破获的案件有16 100件，抓获犯罪嫌疑人2万多人。检察机关起诉案件12 200件，起诉的犯罪嫌疑人将近2万人。法院审结案件11 600件，其中生效的判决有15 700人。

1. 加强知识产权行政执法信息公开

2015年4月，国家工商总局商标局向社会公布2014年工商、市场监管部门查处商标侵权和商标违法使用典型案例，包括10起侵犯注册商标专用权案，如广东省中山市工商局查处侵犯"大嘴猴图形"注册商标专用权案、江苏省常熟市工商局查处侵犯"CHANEL"等注册商标专用权案、安徽省合肥市瑶海区市场监督管理局查处侵犯"SAMSUNG"注册商标专用权案、四川省内江市工商局查处侵犯"阿迪达斯"注册商标专用权案、上海市浦东新区市场监督管理局查处侵犯第G783985号注册商标专用权案、

---

❶ 国家版权局："关于2014年全国著作权登记情况的通报"，载国家版权局网http://www.ncac.gov.cn/chinacopyright/contents/483/246091.html，访问日期：2015年11月2日。

广东省汕头市工商局查处侵犯"Red Bull 红牛"等注册商标专用权案、安徽省利辛县工商局查处侵犯"周六福"注册商标专用权案、广西壮族自治区玉林市工商局查处侵犯"TCL"注册商标专用权案、重庆市工商局长寿区分局查处侵犯"榄菊"注册商标专用权案等,以及2起违法使用"驰名商标"字样案,如浙江省杭州市上城区工商行政管理局查处违法使用"驰名商标"字样案、广东省揭阳市工商局查处违法使用"驰名商标"字样案。❶ 发布的典型案例中,除了停止侵权或移送公安机关处理之外,很多商标侵权人因违犯商标法规定还被罚款且数额较大,有效地遏制了商标假冒等侵权行为,维护了商标权人的合法权利。

2015年4月,专利复审委员会发布"2014年度专利复审无效十大案件",案件覆盖机械、电学、通信、化学、医药、材料、光电和外观设计等技术领域。这些案件或新闻关注度高,或对相关行业产业有重大影响,或涉及重大疑难法律问题和重要审查标准。通过发布这些案件,广泛宣传专利复审无效制度和相关审查理念,增强社会公众对复审无效程序重要性的认知,提升社会公众的知识产权保护意识。❷

2015年4月,国家知识产权局专利管理司、知识产权发展研究中心发布《2014年全国专利实力状况报告》。报告从专利创造、运用、保护、管理、服务5方面对全国31个省、自治区、直辖市的专利事业发展状况进行了监测、分析和评价。该报告显示,2014年我国专利实力保持稳步提升。从全国来看,广东、北京、江苏、浙江、上海、四川、天津、山东、湖南、福建在专利综合实力排名中位列前十位(见图5)。从经济区域来看,广东、北京、江苏在东部地区专利综合实力排名中位列三甲,湖南、湖北和河南位居中部及东北地区前三,四川、重庆、陕西位居西部地区前三位。在专利创造实力方面,北京、上海、广东排名前三位;在专利运用

---

❶ 工商总局商标局:"工商、市场监管部门查处上标侵权和商标违法使用典型案例",载国家工商总局商标局网http://sbj.saic.gov.cn/sbyw/201504/t20150428_155573.html,访问日期:2015年11月2日。

❷ 国家知识产权局专利复审委员会:"2014年度专利复审无效十大案件",载《中国知识产权报》2015年4月29日第4版。

实力方面，广东、江苏、北京排名前三位；在专利保护实力方面，江苏、浙江、广东排名前三位；在专利管理实力方面，江苏、广东、四川排名前三位；在专利服务实力方面，北京、上海、广东排名前三位。此次为第四次发布专利实力报告，有利于全面反映和监测我国专利发展状况，有助于厘清专利发展问题，加强全社会对专利发展状况的了解。

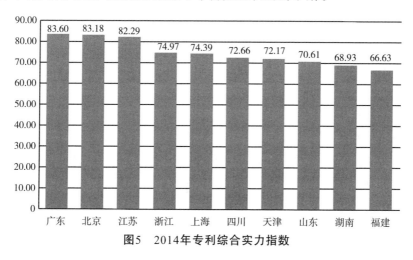

图5　2014年专利综合实力指数

2015年4月，海关总署发布"2014年中国知识产权海关保护典型案例"，如深圳海关连续查获出口假冒香烟案，此案是海关利用风险分析技术有效提升知识产权执法效能的典型案例。针对复杂的口岸监管环境，深圳海关不仅在实践中探索和积累了运用风险分析技术查缉假烟出口的成功经验，而且在新的执法实践中成功地予以运用，在短时间内连续查获大量假烟。此案对我国海关运用风险分析技术提高进出口侵权货物的查获率具有重要的借鉴意义。再如，南京海关通过国际合作打击跨国销售假药案，该案是中国海关通过开展国际合作维护国际贸易供应链安全的典型案例。长期以来，中国海关不仅在出口环节对假冒违法活动持续保持高压态势，而且积极主动开展与有关国际组织和境外执法机关在情报信息交换和组织联合执法行动方面的合作。南京海关此次成功地与美国海关开展的打击假药跨境运输的联合行动，再次证明，要在世界范围内有效遏制侵权贸易，

各国必须加强合作。❶

2015年4月，国家版权局版权管理司委托中国信息通信研究院完成的《2014年中国网络版权保护年度报告》发布，该报告对2014年中国网络版权保护的主要进展、基本特点和诸多挑战进行了总述，从立法、司法、行政保护等方面进行分述。报告指出，2014年，移动应用程序、自媒体、网盘等新的业务形态发展，使得网络版权保护的载体更加多样化；深度链接、网页转码、云存储等新技术发展，使得网络版权保护的形势更加复杂化。但我国版权执法监管部门加强执法、厉行监管，在立法、司法和行政保护等多个角度取得显著成效。此外，该报告还发布了"2014年中国网络版权典型案件"。❷

2015年4月，在"2015年全国知识产权宣传周"，国新办举办"2014年中国知识产权发展状况"新闻发布会。国家知识产权局局长申长雨在会上指出，要通过深入实施国家知识产权战略行动计划，提升知识产权水平，实现更高水平的知识产权创造、运用、保护和管理，努力建设中国特色、世界水平的知识产权强国。❸

2. 知识产权行政执法专项行动取得重要进展

2014年下半年，国家工商总局部署全系统集中开展"2014红盾网剑专项行动"，取得的较大成果，并于2015年1月通报了10起典型案例。总局指出，"2015红盾网剑专项行动"将突出对网络交易平台的重点监管，继续加大网络市场秩序整治力度，不断净化网络市场环境，构建社会共治格局。❹

国家版权局联合国家互联网信息办公室、工信部和公安部开展了第

---

❶ 魏小毛："2014年中国知识产权海关保护典型案例出炉"，载《中国知识产权报》2015年4月29日第9版。

❷ 中国信息通信研究院："2014年中国网络版权保护年度报告（摘要）"，载《中国新闻出版报》2015年4月24日第8版。

❸ 王宇："申长雨在'2014年中国知识产权发展状况'新闻发布会上强调 建设中国特色、世界水平的知识产权强国"，载《中国知识产权报》2015年4月17日第1版。

❹ 国家工商总局："2014年红盾网剑专项行动典型案例"，载《中国工商报》2015年1月28日第3版。

十次专项行动——"剑网2014",针对网络文学、音乐、视频、游戏、动漫、软件等重点领域,集中强化对网络侵权盗版行为的打击力度。2015年1月,各部联合在北京召开"剑网2014"专项行动总结会暨新闻通气会。会上通报了包括上海"射手网"侵犯影视作品著作权案、一点网聚公司非法转载文字作品案、"建工之家"网侵犯软件著作权案等在内的"剑网2014"专项行动十大案件。

2015年4月,工商总局开展了为期半年的保护地理标志商标专用权的专项行动,通过这次专项行动,进一步加强工商和市场监管部门的监管执法能力,规范地理标志商标使用行为,依法查处侵犯地理标志商标专用权案件,严厉打击侵犯地理标志商标和农产品商标专用权行为,进一步提高地理标志商标创造、运用、保护和管理水平,切实维护商标权利人和消费者的合法权益。

(四)知识产权运用管理水平不断提升

2014年,创新驱动发展战略不断深入推进,我国知识产权运用管理水平逐步提升。据统计, 2009~2013年,我国专利密集型产业增加值年均增长11%,有效发明专利实施率稳步提高,产业化率达到33.8%。2014年,专利权质押融资金额达489亿元,同比增长92.5%。商标质押8 721件,融资金额519亿元,同比增长29%。版权实现质押融资26.25亿元。2012年版权产业行业增加值逾3.57万亿元,占国内生产总值的6.87%。此外,中关村国家自主创新示范区试点政策实施范围不断扩大,科技资源共享逐步放开,科技人员创新活力不断释放。超级计算、探月工程、卫星应用等重大科研项目取得新突破,我国自主研制的支线客机飞上蓝天。❶

知识产权局深入实施专利导航试点工程,在8个实验区开展移动互联网、微纳制造等产业专利导航项目。工商总局推进商标富农工作,截至2014年年底,累计注册农产品商标168.9万件,累计注册和初步审定地理标志商标2 697件。版权局新设2家国家版权贸易基地、2家国家版权交易

---

❶ 国务院:"政府工作报告",载中央人民政府网http://www.gov.cn/guowuyuan/2015-03/16/content_2835101.htm,访问日期:2015年10月17日。

中心、4家全国版权示范园区（基地）、18家全国版权示范单位。农业部成立国家种业科技成果产权交易中心。林业局建立林业植物新品种和专利技术展示对接平台。❶

2014年11月16日，集专利、商标、版权行政管理和综合执法职能于一身，全国首家单独设立的知识产权局在上海浦东正式成立。上海浦东知识产权局将统一负责辖区内的专利、商标、版权等知识产权的行政管理，牵头组织知识产权保护工作，处理和调节有关知识产权纠纷，建立知识产权风险预警机制，推动知识产权促进转化应用。

此外，2015年2月，全国知识管理标准化技术委员会在北京成立。该委员会对内主要负责开展全国知识管理（知识产权管理、传统知识管理、组织知识管理等）国家标准制修订工作，研究构建全国知识管理标准体系；对外承担国际标准化组织创新管理技术委员会的对口工作，参与相关领域的国际标准制修订活动。全国知识管理标准化技术委员会的成立，是国家标准委和国家知识产权局通力合作的又一重大成果，填补了我国知识管理标准化建设领域的一项空白，其在体系规划设计、标准制定实施以及有关标准的解释宣传等方面肩负着重要使命。该委员会的成立，对于全面提升我国知识产权运用和管理水平，具有重要意义。❷

五、知识产权司法工作

2014年，人民法院紧紧围绕党和国家工作大局，坚持司法为民、公正司法工作主线，努力让人民群众在每一个司法案件中感受到公平正义，高度重视知识产权审判工作（见图6），积极履行知识产权审判职能，依法公正高效审理了大量知识产权案件，进一步发挥了司法在保护知识产权、促进自主创新方面的主导作用，不断提升司法能力和司法公信力，各项工

---

❶ 王宇："申长雨在'2014年中国知识产权发展状况'新闻发布会上强调 建设中国特色、世界水平的知识产权强国"，载《中国知识产权报》2015年4月17日第1版。

❷ 吴辉、赵建国："全国知识管理标准化技术委员会在京成立"，载国家知识产权局网http://www.sipo.gov.cn/zscqgz/2015/201502/t20150215_1076561.html，访问日期：2015年11月2日。

作取得较大进展，为知识产权法治建设和知识产权强国建设提供了有力支撑和保障。

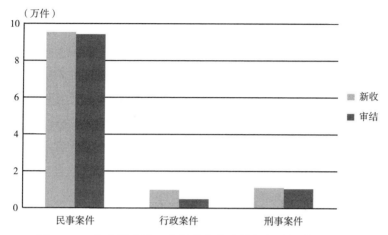

图6　2014年人民法院一审新收和审结的知识产权案件数量

数据来源：最高人民法院：《中国法院知识产权司法保护状况（2014）》。

（一）积极推进知识产权司法体制改革

2014年，围绕"加快建设公正高效权威的社会主义司法制度，维护人民权益"和"建设法治中国"的目标，不断深化司法体制改革，完善司法管理体制和司法运行机制，规范司法行为，为知识产权强国建设提供了有力的法治保障。

2015年3月18日，最高人民法院知识产权司法保护研究中心在北京成立。该研究中心的成立，对于加强知识产权司法保护的理论研究和理论创新具有重要意义，为促进创新驱动发展战略实施和加快创新型国家建设提供了理论基础。

1. 设立知识产权法院

2014年6月，中央全面深化改革领导小组第三次会议审议通过《关于设立知识产权法院的方案》。8月，十二届全国人大常委会第十次会议作出《关于在北京、上海、广州设立知识产权法院的决定》，对知识产权法院的机构设置、案件管辖、法官任命等作了规定，为知识产权法院的设立和运作提供了法律依据。此后，北京、广州、上海知识产权法院相继于11月6日、12月16日、12月28日挂牌成立。❶ 知识产权法院的设立，标志着中国知识产权建设进入一个全新的发展阶段，对加强知识产权保护，优化科技创新法治环境，实施创新驱动发展战略，建设创新型国家具有重大而深远的影响。

北、上、广三家知识产权法院自设立以来，在加强知识产权审判工作和推进知识产权司法体制改革方面取得了较大进展。2015年9月9日，最高人民法院通报北上广知识产权法院的运行情况，并在会上发布北京、上海、广州知识产权法院审结的典型案例。截至8月20日，三家知识产权法院共受理各类知识产权案件10 795件，审结各类案件4 160件。如2015年5月，上海知识产权法院在深入调研和试行的基础上，研究制定了《一审知识产权民事案件登记立案工作实施办法（试行）》；建立了分类立案材料清单制度、一次告知制度、补正材料通知制度以及相应的救济制度等，为知识产权案件当事人提供便利，充分体现了司法为民的精神。

北京、上海、广州三地知识产权法院自设立以来，三家知识产权法院率先大胆探索司法改革，全面落实各项司法改革措施，严格落实司法责任制，突出主审法官的主体地位，形成院长、庭长办案常态化机制。知识产权法院的设立是落实十八届三中全会的总体部署和中央司法体制改革的重要举措之一，对我国知识产权司法体制建设具有重要的里程碑意义。❷

2015年4月9日，上海市浦东新区人民法院成立自贸区知识产权法庭，最高人民法院知识产权审判庭自贸区知识产权司法保护调研联系点同时揭牌。成立浦东新区人民法院自贸区知识产权法庭和最高法院知产庭自贸区知识产权司法保护调研联系点，是应对上海自贸实验区知识产权保障新情况和新问题、是司法服务保障自贸试验区建设的重要举措，对于自贸实验

---

❶ 中国法学会："中国法治建设年度报告（2014）"，载《民主与法制时报》2015年7月16日，第12页。

❷ 曹颖逊："最高法院通报北上广知产法院运行情况 知产法院院、庭长办案常态化"，载《人民法院报》2015年9月10日第1版。

区知识产权司法保护机制建设具有重要意义。❶

2.知识产权审判队伍建设

加强知识产权法官队伍建设，提升司法能力和水平，是推进知识产权审判工作的重要环节。三家知识产权法院积极推进审判运行机制改革措施，审判工作卓有成效。三家法院根据专业化、职业化和高素质的要求，严格按照法定程序选任了首批主审法官，建立了一支高素质的知识产权审判队伍。其中，北京知识产权法院首批选任22名法官，具有研究生以上学历的占91%，平均年龄40.2岁，从事知识产权审判的平均年限为10年，近5年人均承办知识产权案件438.5件；上海知识产权法院首批选任10名法官，法官平均年龄43.6岁，从事知识产权审判工作平均年限8.4年，具有硕士或者博士学位的占90%；广州知识产权法院首批选任主审法官10名。此外，各级人民法院积极适应新形势、新任务对知识产权法官业务素质提出新要求，不断加大知识产权业务学习和培训的力度，提高法官办理知识产权案件的能力。最高人民法院充分发挥审判理论研究学会和基地的作用，针对知识产权审判中的难点和重点问题，积极开展审判理论研究，不断丰富和总结知识产权审判经验；继续以国家法官学院知识产权培训课程为载体，开展对全国法院知识产权法官的业务培训，培训法官近300人。坚持不懈加强知识产权法官队伍建设，有力地提升了队伍素质，截至2014年年底，共有18名知识产权法官被最高人民法院评为全国审判业务专家。

3.推进院长、庭长办案常态化机制

知识产权法院成立后，在审判机制上去行政化，将院长、副院长均编入合议庭审理案件。据悉，三家知识产权法院目前均已良好地实施了该机制。以北京知识产权法院为例，该院要求院长、庭长主审疑难复杂、新类型案件，还制定了"院长开庭周"工作机制，充分发挥带动和指导作用。

4.积极转变审判委员会职能，探索审委会参加案件审理的方式

知识产权法院成立后，积极探索审委会参加案件审理的方式。审判委

❶　王宇："上海市浦东新区人民法院成立自贸区知识产权法庭——自贸区知识产权保护再出新举"，载《中国知识产权报》2015年4月17日第2版。

员会原则上仅对法律适用问题作出决定，同时探索实现审判委员会对具有重大社会影响、疑难复杂案件直接进行审理的新方式。明确审判委员会、合议庭、主审法官在审判工作中的权力配置，规范审判管理权和审判监督权的行使，探索建立符合司法规律的审判权运行机制。

5. 努力加强知识产权审判工作，提高审判质效

截至2015年8月20日，三家知识产权法院共受理各类知识产权案件总计10 795件。其中，北京知识产权法院受理各类案件6 595件（一审案件5 622件，二审案件973件），行政案件比重大，专利商标授权确权行政案件占全部案件的3/4以上；涉外案件较多，占一审案件总量的39.4%。上海知识产权法院受理各类案件1 052件（一审案件612件，二审案件440件），著作权案件所占比重较大，超过案件总量的1/2。广州知识产权法院受理各类案件3 148件（一审案件1 842件，二审案件1 306件），专利案件所占比重较大，占一审案件总量的90.99%，占案件总量的53.24%。审理效率明显提高。截至8月20日，三家知识产权法院审结各类案件4 160件。其中，北京知识产权法院审结2 348件，上海知识产权法院审结409件，广州知识产权法院审结1 403件。北京、广州知识产权法院主审法官人均结案数超过100件。❶

6. 优化调整知识产权案件管辖布局

根据日益增长的知识产权司法保护需求，为合理配置审判资源，提高知识产权审判质量和效率，最高人民法院进一步明确了知识产权案件管辖权授权标准，优化了管辖布局。截至2014年年底，全国具有专利、植物新品种、集成电路布图设计和涉及驰名商标认定的民事纠纷案件管辖权的中级人民法院分别为87个、46个、46个和45个；具有一般知识产权民事案件管辖权的基层人民法院达到164个，具有实用新型和外观设计专利纠纷案件管辖权的基层人民法院为6个。

---

❶ 魏小毛："知识产权法院迈出司法改革一大步"，载《中国知识产权报》2015年9月16日第8版。

7. 继续扩大"三合一"改革试点范围

知识产权审判"三合一"改革试点是完善知识产权审判体系，落实国家知识产权战略的重要举措。为积极稳妥推进这项工作，加强顶层设计和总体规划，最高人民法院于2014年4月专门召开知识产权审判"三合一"改革试点工作座谈会，在总结实践经验的基础上，提出"三合一"改革试点工作迈上新台阶的目标。截至2014年，共有5个高级人民法院、94个中级人民法院开展了试点工作。❶

（二）大力推进知识产权审判工作

2014年，人民法院紧紧围绕党和国家工作大局，积极顺应经济发展新形势对知识产权审判工作提出的新要求，深入贯彻实施国家知识产权战略，全面推进司法审判工作，充分发挥司法在知识产权保护中的主导作用，不断提高知识产权案件审判质量与效率，为建设创新型国家提供了有力的司法保障。

2014年，全国人民法院共新收各类知识产权案件133 863件，比2013年上升19.52%；审结127 129件，比2013年上升10.82%。全年共审结涉外知识产权民事一审案件1716件，同比上升0.11%；审结涉我国港澳台知识产权民事一审案件426件，同比下降11.8%。全国地方人民法院共新收和审结知识产权民事二审案件13 760件和13 708件（见图7），同比分别上升15.08%和18.65%。共新收和审结知识产权民事再审案件80件和94件（含旧存），同比分别上升6.67%和下降2.08%。

最高人民法院审结知识产权民事一审案件94 501件，审结涉知识产权侵权的刑事一审案件10 803件，判决发生法律效力13 904人，审结知识产权行政一审案件4 887件。尤其是最高人民法院审结奇虎公司与腾讯公司不正当竞争和垄断两起案件，对于规范互联网领域竞争秩序意义重大。最高人民法院依法审理知识产权民事案件，切实发挥了民事审判在保护知识产权中的主渠道作用；依法审理知识产权刑事案件，有效惩治和震慑了知

---

❶　最高人民法院："中国法院知识产权司法保护状况（2014）"，载《人民法院报》2015年4月21日。

识产权侵权犯罪行为；依法审理知识产权行政案件，有效地规范了知识产权行政行为，保障行政相对人合法权益。

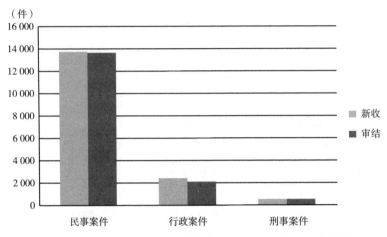

图7　2014年人民法院二审新收和审结的知识产权案件数量

数据来源：最高人民法院：《中国法院知识产权司法保护状况（2014）》。

1. 充分发挥民事审判职能，着力解决知识产权民事纠纷

2014年，新收知识产权民事一审案件95 522件，审结94 501件，比2013年分别上升7.83%和7.04%。知识产权民事案件中，新收专利案件9 648件，同比上升4.93%；商标案件21 362件，同比下降8.21%；著作权案件59 493件，同比上升15.86%；技术合同案件1071件，同比上升12.86%；不正当竞争案件1 422件（其中垄断民事案件86件），同比上升9.22%；其他知识产权案件2 526件，同比上升0.48%。最高人民法院新收和审结知识产权民事案件336件和339件（含旧存），同比分别下降26.48%和18.71%。其中，新收和审结二审案件11件和10件；新收和审结申请再审案件268件和271件；新收提审案件34件，审结34件。

2. 充分发挥行政审判职能，监督知识产权行政机关依法行政

2014年，全国各级人民法院紧紧围绕建设社会主义法治国家的目标，充分发挥知识产权行政审判职能，加强对知识产权行政机关执法工作的

监督，规范了知识产权行政机关的授权、确权以及知识产权执法等行政行为。2014年，全国地方人民法院共新收和审结知识产权行政一审案件9 918件和4 887件，比2013年分别上升243.66%和68.46%。其中，新收专利案件539件，同比下降22.67%；商标案件9 305件，同比上升330.59%；著作权案件12件，同比上升300%；其他行政案件62件，同比上升148%。审结涉外、涉我国港澳台案件2 237件，占知识产权行政一审结案数的45.77%，同比上升70.5%。其中，涉外案件1 927件，涉港案件150件，涉澳案件5件，涉台案件155件。在审结的一审行政案件中，判决维持具体行政行为的3 422件，判决撤销具体行政行为的841件。全国地方人民法院共新收和审结知识产权行政二审案件2 435件和2 118件，同比分别上升63.42%和41.58%。在审结案件中，维持原判1 877件，改判181件，发回重审2件，撤诉45件，驳回2件，其他方式结案11件。最高人民法院新收和审结知识产权行政案件145件和151件（含旧存），同比分别上升5.84%和21.77%。在审结的131件行政申请再审案件中，驳回再审申请108件，占82.44%；提审15件，占11.45%；和解撤诉4件，占3.05%；指令再审3件，占2.29%；以其他方式结案1件。在审结的17件行政提审案件中，改判15件，占88.24%；维持1件，占5.88%；以其他方式结案1件，占5.88%。

3. 充分发挥刑事审判职能，依法严惩侵犯知识产权犯罪行为

人民法院继续依法打击侵犯知识产权犯罪行为，保护知识产权权利人的合法权益。2014年，全国地方人民法院共新收涉知识产权刑事一审案件11 088件，比2013年上升18.83%。其中，侵犯知识产权罪案件5 242件（假冒注册商标罪等侵犯注册商标犯罪案件4 447件，侵犯著作权罪案件735件），同比上升4.4%；涉及侵犯知识产权的生产、销售伪劣商品罪案件3 966件，同比上升61.55%；涉及侵犯知识产权的非法经营罪案件1 697件，同比上升0.65%；涉及侵犯知识产权的其他案件183件，同比上升8.28%。全国地方人民法院共审结涉知识产权刑事一审案件10 803件，同比上升17.27%；生效判决人数13 904人，同比上升3.58%；给予刑事处罚13 734人，同比上升3.54%。其中，审结侵犯知识产权罪案件5 103件，

生效判决人数6 959人；涉及侵犯知识产权的生产、销售伪劣商品罪案件3 856件，生效判决人数4 474人；涉及侵犯知识产权的非法经营罪案件1 663件，生效判决人数2 210人；涉及侵犯知识产权的其他罪名案件181件，生效判决人数261人。在审结的侵犯知识产权罪案件中，假冒注册商标罪案件2 031件，生效判决人数3 003人；销售假冒注册商标的商品罪案件1 903件，生效判决人数2 410人；非法制造、销售非法制造的注册商标标识罪案件397件，生效判决人数617人；假冒专利罪案件1件，生效判决人数0人；侵犯著作权罪案件722件，生效判决人数850人；销售侵权复制品罪案件12件，生效判决人数20人；侵犯商业秘密罪案件37件，生效判决人数59人。

根据目前的司法统计来看，2014~2015年人民法院受理和审结的知识产权案件呈现出以下特点。

1. 案件数量快速增长

2014年，全国法院新收知识产权（包括民事、行政、刑事）一审案件共116 528件，比2013年上升15.6%。其中，由于新修订的《商标法》的实施，商标授权确权行政案件大幅增长，数量达9 190件，使得知识产权行政一审案件增幅最为显著，达243.66%。从案件分布来看，浙江、河南、湖北、湖南四省新收知识产权民事案件增幅较大，均在30%以上；广东作为全国收案量最大的省份，新收案件同比略有下降，新增案件分布出现从沿海发达地区向中西部地区迁移的态势。

2. 专利与技术类案件稳步增长，涉及尖端、前沿技术的疑难复杂案件不断增加

在深入推进创新驱动发展战略的进程中，企业积极进行技术创新和产业升级，自主创新能力不断增强。出现大量涉及复杂技术事实认定和法律适用的新类型疑难复杂案件，案件审理难度不断加大，很多案件均涉及通信、医药、生物、化工等领域的尖端、前沿技术问题，对知识产权审判工作提出了更新更高的要求，对知识产权审判队伍建设也带来了前所未有的挑战，如十大知识产权典型案件之一的"钜泉光电科技公司与锐能微科技

公司等侵害集成电路布图设计专有权纠纷案"。

3. 商标行政案件和民事纠纷显著增长

由于新修订的《商标法》的实施，商标授权确权行政案件大幅增长，达到9 190件，占全国知识产权行政一审收案量的92.67%。在入选的十大案件中，就有"宝庆"商标特许经营合同纠纷案、"稻香村"商标异议复审行政纠纷案两大商标行政案件；在十大创新性案件中，就有"雪舫蒋"火腿中华老字号案、"小肥羊"商标侵权案等。人民法院依法裁判商标案件，有效打击了商标侵权行为，既保护了权利人合法的知识产权利益，也促进了品牌的发展，取得了良好的社会效果和法律效果。

4. 与互联网有关的竞争纠纷频繁发生

随着互联网和信息技术的发展，互联网领域的不正当竞争行为逐渐扩大，涉及的领域开始从传统行业间的涉互联网竞争发展到互联网企业之间的竞争。在入选十大案件的奇虎"360扣扣保镖"软件商业诋毁纠纷案中，最高人民法院明确了互联网企业之间的竞争规则。入选十大案件的腾讯公司被诉互联网市场领域滥用市场支配地位垄断纠纷案，是最高人民法院审结的首例垄断纠纷，该案明晰了在互联网领域反垄断法上如何界定相关市场标准、市场支配地位认定标准以及滥用市场支配地位行为的分析原则与方法，对于我国知识产权不正当竞争案件的审理及纠纷的解决具有重要的指导意义。❶

5. 深入推进知识产权审判公开

为深入推进阳光司法，以公开促公正，各级人民法院不断加大审判公开力度，积极推进裁判文书公开。截至2014年年底，通过网络公开的各级人民法院生效知识产权裁判文书达到110 482份。2014年8月27日，最高人民法院首次举办面向外国驻华使节的开放活动，16个国家的驻华使馆派出使节走进最高人民法院，进行参观并旁听案件庭审。最高人民法院院长周强会见了参加专题开放日活动的驻华使节并进行互动交流，赢得了外国

---

❶ 最高人民法院："中国法院知识产权司法保护状况（2014）"，载《人民法院报》2015年4月21日。

驻华使节和媒体的广泛赞誉，产生了良好的社会反响。此外，最高人民法院通过发布中国法院知识产权司法保护十大案件、十大创新性案件和50件典型案例、编辑出版《知识产权审判案例指导》等方式，推进典型案例公开，充分发挥典型案例的示范、引导、评价功能。 2014年4月，最高人民法院向全国人民代表大会常务委员会报告贯彻实施专利法的情况，并于2014年6月听取十二届全国人民代表大会常务委员会第九次会议对专利执法检查报告的审议情况，认真接受全国人大常委会的法律监督，积极回应人民群众对知识产权司法保护的新期待。

（三）探索知识产权司法审判案例指导工作

为保障法律适用的稳定性和可预见性，维护知识产权法律适用的统一，人民法院不断加强知识产权案件的审判监督和业务指导，积极推进知识产权典型案例公开，以更加有效地提升知识产权案件的审判质量和效率，确保知识产权领域的公正司法。

1. 加强审判指导工作

2014年7月，最高人民法院在湖北省武汉市召开全国法院知识产权审判工作座谈会，会议深入学习贯彻党的十八届三中全会和中央政法工作会议精神，总结2013年全国法院知识产权审判工作情况，深入分析人民法院知识产权审判工作面临的形势和任务，进一步明确知识产权审判工作的指导思想，对当前和今后一个时期知识产权审判工作提出明确要求、作出具体部署。会议的召开为统一思想，推动知识产权审判工作不断向前发展指明了方向，具有非常重要的意义。❶

2015年4月，最高人民法院在北京知识产权法院设立全国法院首家知识产权案例指导研究基地——知识产权案例指导研究（北京）基地，该基地通过汇集、编撰、整理指导性案例，凝聚司法智慧，及时总结知识产权审判规则和经验并以适当方式公开。该基地的设立是知识产权司法改革一项重要的制度创新，对于深化知识产权司法公开、进一步规范知识产权司

---

❶ 最高人民法院："中国法院知识产权司法保护状况（2014）"，载《人民法院报》2015年4月21日。

法行为、推进知识产权法律适用统一具有重要意义，为推动实施国家创新驱动发展战略发挥了有力的服务和保障作用。

2. 积极探索知识产权审判案例指导制度

最高人民法院始终重视发挥典型案例对司法裁判的指引和示范作用，发布《最高人民法院知识产权案件年度报告（2013年）》《最高人民法院知识产权案件年度报告（2014年）》，对年度经典案件的裁判要点进行总结，促进法律的统一适用；编辑出版《最高人民法院知识产权审判案例指导》，及时编发《知识产权审判动态》，增强业务指导的灵活性和针对性；组织开展第三届全国知识产权优秀裁判文书评选活动，打造精品案例。地方各级人民法院也深度挖掘案例的价值，将案例指导作为助推审判工作的抓手。北京市高级人民法院专门组织召开北京市法院知识产权精品案件研讨会，并编辑出版《北京市高级人民法院知识产权疑难案例要览》；上海市高级人民法院出版中英文的《知识产权案例精选（2011~2012）》和《上海法院知识产权裁判文书精选（2009~2013）》。

此外，为深入实施国家知识产权战略，切实发挥知识产权司法保护的主导作用，最高人民法院正式建立人民法院案例月度发布制度，由最高人民法院各业务庭室从最高人民法院和下级人民法院审结生效的案例中筛选出典型案例，每月月末统一对外发布，每次发布的案例一般不少于5个。该项制度作为人民法院进一步促进司法公开的一项新举措，也是加强知识产权案例指导的重要措施，通过发布知识产权典型案例，以案释法、以案说法。最高人民法院连续向社会公开集中发布典型案例，有力地指导了知识产权权利人维权活动和各级人民法院的知识产权审判工作。❶ 同时，最高人民法院还评选出"2014年中国法院十大知识产权案件""十大创新性知识产权案件"和"50件典型知识产权案例"，为各级人民法院在知识产权审判工作中提供了重要的参考和借鉴作用，使得司法在保护知识产权、

---

❶ 最高人民法院："最高法举行'2015年知识产权宣传周'新闻通气会"，载最高人民法院网http://www.court.gov.cn/zixun-xiangqing-14197.html，访问日期：2015年10月17日。

促进自主创新方面的主导作用得到进一步发挥。❶ 知识产权案例指导工作的推进，不断推动知识产权审判实现新发展，为全面深化改革和实施创新驱动发展战略、建设知识产权强国和科技大国提供了坚强有力的司法保障。❷

（四）深化司法公开

2015年4月24日，最高人民检察院通过网上发布厅对外发布2014年度检察机关保护知识产权十大典型案例，一方面加强了对于知识产权案件办案的指导作用，对于各级检察机关的知识产权相关工作具有积极的参考和借鉴作用；另一方面也充分展示了检察机关保护知识产权工作成就。最高人民法院和最高人民检察院通过发布知识产权相关典型案例，一方面树立了人民法院和人民检察院的良好形象，彰显了我国司法机关不断推进司法公开和建立公正高效权威的中国特色社会主义司法制度的决心和信心；另一方面也是司法公开的一项重要手段和内容，有利于社会公众对人民法院和人民检察院知识产权司法保护工作的了解和监督。❸

最高人民法院发布《中国法院知识产权司法保护状况（2014年）》，全面总结各级人民法院2014年的知识产权司法保护工作。同时，从全国法院精心选取有影响、有典型意义和价值的案件，作为中国法院十大知识产权案件、十大创新性知识产权案件和50件典型知识产权案例予以公布，充分展示了我国各级法院加大知识产权司法保护力度取得的丰硕成果。

六、知识产权强国建设

2014年1月，中共国家知识产权局党组扩大会议在北京召开，国家知

---

❶ 最高人民法院："最高人民法院办公厅关于印发2014年中国法院十大知识产权案件、十大创新性知识产权案件和50件典型知识产权案例的通知"，载最高人民法院网http://www.court.gov.cn/fabu-xiangqing-14198.html，访问日期：2015年10月17日。

❷ 最高人民法院："中国法院知识产权司法保护状况（2014）"，载《人民法院报》2015年4月21日。

❸ 最高人民法院："最高法举行'2015年知识产权宣传周'新闻通气会"，载最高人民法院网http://www.court.gov.cn/zixun-xiangqing-14197.html，访问日期：2015年10月17日。

识产权局局长申长雨作了题为《解放思想 深化改革 推动知识产权工作再上新台阶》的报告。报告指出，"要全面贯彻党的十八大、十八届三中、四中全会和中央经济工作会议精神，深入学习贯彻习近平总书记系列重要讲话精神，贯彻落实国务院决策部署……以支撑经济发展新常态为主线，以提升知识产权保护和运用水平为关键，深入实施知识产权战略，扎实推进知识产权强国建设。"在2014年6月举办的"全国知识产权局局长高级研修班"上，国家知识产权局局长申长雨也指出，"要抓住机遇，开拓创新，认真谋划好知识产权强国建设的发展路径"。2014年7月，国务院总理李克强在会见世界知识产权组织总干事高锐一行时也明确指出，要"努力建设知识产权强国"。中共国家知识产权局党组扩大会议的召开以及全国知识产权局局长高级研修班的举办，对建设知识产权强国进行了讨论，统一了思想，形成了共识，为我国知识产权强国建设奠定了坚实的基础。❶

2015年1月，《深入实施国家知识产权战略行动计划（2014~2020年）》明确提出"努力建设知识产权强国"的新目标，强调要"认真谋划我国知识产权强国的发展路径，努力建设知识产权强国"。该计划的出台，对于我国在经济新常态下，进一步推进实施国家知识产权战略，支撑创新驱动发展，促进经济转型升级，具有重要意义。改革开放30年来，虽然我国知识产权建设取得了巨大的进展和成就，但仍然存在"大而不强、多而不优"等诸多问题，迫切需要我们实现由"知识产权大国"向"知识产权强国"的转变。而且，在当前知识经济发展的新形势下，创新已经成为重要的市场资源，是国家核心竞争力的重要体现。因此，我们要根据经济发展新常态的要求，按照国家知识产权战略部署，积极推进知识产权强国建设。

2015年1月，全国知识产权局局长会议在北京召开，国家知识产权局局长申长雨传达了国务委员王勇对知识产权工作的重要批示，并作了题为《改革创新 奋发有为 深入实施知识产权战略 努力建设知识产权强国》的

---

❶ 王宇："开启知识产权强国建设新征程"，载《中国知识产权报》2015年4月22日第4版。

工作报告。会上，申长雨局长回顾了2014年全国知识产权系统的主要工作进展，并强调要以支撑经济发展新常态为主线，以提升知识产权保护和运用水平为重点，聚焦产业，服务企业，坚持稳定增长、提高质量、强化布局、促进运用，深入实施知识产权战略，努力建设知识产权强国。同时，申长雨局长对2015年的工作从八个方面进行了部署。

2015年3月，国务院印发的《关于深化体制改革加快实施创新驱动发展战略的若干意见》明确提出，"要使知识产权制度成为激励创新的基本保障""加快实施创新驱动发展战略"，进一步明确了知识产权在创新中的地位和作用。

2015年4月，申长雨局长在"2014年中国知识产权发展状况"新闻发布会上指出，我们要从中国国情出发，通过"点线面结合、局省市联动、国内外统筹""强市、强省、强企建设""线上加强、面上展开"，建设中国特色的知识产权制度，并参照国际标准，建设有世界水平的知识产权强国。❶

2015年10月，由北京强国知识产权研究院与北京大学国际知识产权研究中心共同举办的"强国名家讲堂第6期"在北京大学法学院举行。来自产业界、学术界和实务界的线上线下四百多人参加了会议。中美双方代表以"专利司法保护最新案例与进展"为主题进行了深入讲解和探讨。此外，2015年5~11月，"强国名家讲堂"第1~5期也分别圆满举行。"强国名家讲堂"的举行，为推进实现知识产权强国战略，助力我国创新型国家建设发挥了重要作用。

2015年10月，国家知识产权局印发《关于开展首批知识产权强省建设试点省申报工作的通知》（以下简称《通知》），启动了首批知识产权强省建设试点省（区、市）申报工作。《通知》指出，国家知识产权局将分批次完成知识产权强省建设试点省的布局，首批试点省申报截止日期为2015年11月30日，分为"引领型知识产权强省建设试点省""支撑型

---

❶ 王宇："申长雨在'2014年中国知识产权发展状况'新闻发布会上强调 建设中国特色、世界水平的知识产权强国"，载《中国知识产权报》2015年4月17日第1版。

知识产权强省建设试点省""特色型知识产权强省建设试点省"三种不同的申报类型，并明确了具体申报条件和申报及评定程序。国家知识产权局将结合省（区、市）知识产权强省建设基础条件、综合实力和发展潜力，组织专家对实施方案进行论证评价，初步确定首批知识产权强省建设试点省。❶

2015年11月7日，"2015强国知识产权论坛" 在北京举行。在6个分论坛中分别讨论了创新创业与专利制度、品牌发展与商标制度、文化繁荣与著作权制度、成果转化与知识产权管理、"互联网+"法律问题研讨、不正当竞争与反垄断问题研讨等。会上发言的均为一线并具有丰富经验的官员、法官、学者和企业代表等。该论坛的举办，通过会上官产学研的交流、对话甚至碰撞，很好地反映了实践问题，交流了各界观点，为共建学术、服务产业提供了很好的平台。

七、知识产权社会服务体系

早在2011年12月，《国务院办公厅关于加快发展高技术服务业的指导意见》（国办发〔2011〕58号）中就将知识产权服务作为八个重点发展领域之一，明确提出建立和完善高技术服务业服务标准体系的要求。2012年12月印发的《服务业发展十二五规划》（国发〔2012〕62号）将"知识产权服务体系"纳入服务业发展的四个重要支撑体系。《关于印发社会信用体系建设规划纲要（2014~2020年）的通知》（国发〔2014〕21号）也提出要"探索建立各类知识产权服务标准化体系和诚信评价制度"。《关于加快科技服务业发展的若干意见》（国发〔2014〕49号）将知识产权服务作为九个重点任务之一，提出要"建立健全科技服务的标准体系"。《国务院办公厅关于转发知识产权局等单位深入实施国家知识产权战略行动计划（2014~2020年）的通知》（国办发〔2014〕64号）也提出了"建立健

---

❶ 黄盛："首批知识产权强省建设试点省申报工作启动"，载国家知识产权局网http://www.sipo.gov.cn/zscqgz/2015/201510/t20151028_1194647.html，访问日期：2015年11月8日。

全知识产权服务标准规范，加强对服务机构和从业人员的监管"。

2014年7月，国家知识产权局与中国人民财产保险股份有限公司在北京正式签约知识产权保险战略合作协议，旨在通过管理机制设计、保险产品创新、服务平台搭建、信息共享交流、需求调研和服务试点等方面的合作，构建与我国经济社会发展需求相适应的知识产权保险服务体系，有效转移知识产权风险，解决企业创新发展的后顾之忧，为经济社会发展提供专业全面的保险保障和服务，强化知识产权保护和运用，进一步健全和完善国家知识产权保护体系。❶

2014年8月，"新闻媒体版权联盟"在北京成立。新闻媒体版权联盟是由中国版权协会指导创办、由人民网发起并邀请全国百家媒体自愿组成的联合性、非营利性协调机构。联盟旨在保护原创内容的互联网传播，维护版权方合法权益；同时，有利于媒体行业进行舆论监督，履行媒体社会责任。该版权联盟不仅是一个媒体交流平台，而且对打击版权领域的侵权和盗版行为，维护行业健康可持续发展具有重要意义。

2014年9月，中国微电影（网络剧）版权产业联盟在北京成立。该联盟的成立，旨在发挥联合的力量，完善微电影（网络剧）版权认证及法律维权体系，打造微电影（网络剧）行业的互动平台，调动整合相关领域的产业资源，加快微电影（网络剧）产业链的形成，促进微电影（网络剧）产业的健康发展。

2014年10月，中国农业科学院技术转移中心研发建设的我国首个农业国际合作知识产权服务平台正式上线。这是一个集网络化、商业化、开放共享为一体的服务平台。通过该平台，能准确快速地查询到国内外最新的农业技术成果，也可以在线对某项具体的农业技术价值进行预测和评估。该平台的搭建，是对农业技术面向市场进行合理价值评估的成功探索和有益尝试，填补了我国农业技术转移领域的空白，具有很强的示范推广价值。

---

❶ 张兰："国家知识产权局与人保财险签署战略合作协议"，载《金融时报》2014年7月22日第2版。

　　2014年10月，中国版权保护中心正式推出新型的全线上版权服务业务——作品保管。同时，向著作权人公开的作品保管服务规则、办理流程及作品保管平台也正式上线。作品保管业务具有方便快捷、保密性高、快速安全、公信力强等特点，且采取全线上服务形式，即申请、缴费、保管全部网上操作，大大缩短办理时限。此外，由于采取网络化服务形式，申请人在各地可随时申请作品保管，并不需要到中心现场办理，大大提高了申请人的便利性。该业务满足了不同领域作品创作者和使用者的需求，方便了著作权人及时、便捷的取得作品创作完成的证明。❶

　　2014年11月，国家版权贸易基地在上海自贸区成立。这是长三角区域第一个国家级版权贸易基地。该基地将立足于上海自贸区的国际版权交易平台，利用自贸区多重改革举措和制度创新，在版权贸易的海关、外汇、工商、税收等方面进行积极探索，促进中国版权及交易跨境进入国际市场。

　　为贯彻落实《中共中央关于全面深化改革若干重大问题的决定》《国务院关于促进市场公平竞争维护市场正常秩序的若干意见》和《注册资本登记制度改革方案》要求，2014年12月，国家知识产权局发布《关于进一步加强专利代理机构审批事中事后监管工作的通知》。通知指出，国家知识产权局自2014年起取消专利代理机构年检，实行专利代理机构年检报告公示制度，建立专利代理机构经营异常名录和严重违法专利代理机构名单，进一步加强专利代理机构审批事中事后监管，共同构建专利代理行业诚信经营的市场氛围。❷

　　2014年12月，国家知识产权局发布《专利基础数据资源申请暂行办法》，将免费为社会公众提供中、美、欧、日、韩五局现档专利数据的下载和更新。这是我国首次为社会公众开通专利信息资源数据。此次开通的专利数据服务试验系统开放的专利现档数据约占世界专利现档数据的

---

　　❶　汪暖暖：“我中心国内首创作品保管服务正式启动”，载中国版权保护中心http://www.ccopyright.com.cn/cms/ArticleServlet?articleID=17643，访问日期：2015年11月2日。
　　❷　赵建国：“我国将进一步加强专利代理机构审批的事中事后监管”，载《中国知识产权报》2014年12月24日第2版。

80%。开放专利信息资源，将使社会公众更加便捷地获得专利基础数据资源，促进专利的创造和运用，规范专利基础数据资源申请流程。❶

2014年12月，国家知识产权局、国家标准委、国家工商总局、国家版权局四部委印发《关于知识产权服务标准体系建设的指导意见》（以下简称《指导意见》）。《指导意见》指出，知识产权服务标准体系建设的重点任务是组建知识产权服务标准化技术组织；加强知识产权服务标准化研究；培育知识产权服务标准化试点示范；加强知识产权服务标准化人才培养；加强知识产权服务标准的宣传贯彻。《指导意见》还提出"到2017年初步建立知识产权服务标准体系"以及"到2020年，建立基本完善的知识产权服务标准体系，政府主导制定的标准与市场自主制定的标准协同发展、协调配套，形成协调高效的知识产权服务标准化工作机制"的建设目标。《指导意见》的发布有利于加强知识产权服务标准化工作的统筹规划和指导，建立知识产权服务标准体系，提高服务质量和效率，有效支撑知识产权服务业健康发展。知识产权服务业是现代服务业的重要内容。随着创新驱动发展战略的深入实施，全社会对知识产权服务提出了新的期待和要求。建立知识产权服务标准体系，能有效发挥知识产权服务标准在市场监管中的作用，营造良好的服务发展环境，推动知识产权服务业全面发展。建设知识产权服务标准体系是推动知识产权服务业健康发展的重要手段，《指导意见》的出台，对于规范知识产权服务行为、提高知识产权服务质量和效率、提升知识产权服务能力和水平、完善知识产权市场环境、加强知识产权行业自律具有重要作用。

2014年12月，全国知识产权师资信息平台正式上线。该平台由中国知识产权培训中心负责，免费向广大培训组织机构和专家师资开放，着力解决培训师资的供需矛盾，同时为专家师资提供更多展示和实践的机会，是连接培训组织机构和专家师资的桥梁。

此外，自新《商标法》实施以来，商标局不断完善网上服务系统，做

---

❶　赵建国："《专利基础数据资源申请暂行办法》发布"，载《中国知识产权报》2014年12月26日第2版。

好技术服务工作。在2014年的商标注册申请中，网上申请达138.4万件，占同期申请总量的60.56%。目前，已有9 249家（包括944家律师事务所）商标代理组织可以通过网上申请系统提交商标注册申请，极大地便利了申请人。❶

2015年1月，商标五方会谈商品和服务清单（ID List）正式上线。由我国国家工商行政管理总局、美国专利商标局、欧洲内部市场协调局、韩国知识产权局、日本特许厅共同建设，商品和服务清单网上检索工具正式启动。商品和服务清单包含大约1.4万个用于商标注册的商品和服务项目，其在各成员国均可予以受理，为商标申请人向各成员商标主管机关提交商标申请时选择商品和服务提供了极大的便利。

2015年2月，全国知识管理标准化技术委员会在北京成立。该委员会对内主要负责开展全国知识管理（知识产权管理、传统知识管理、组织知识管理等）国家标准制修订工作，研究构建全国知识管理标准体系；对外承担国际标准化组织创新管理技术委员会的对口工作，参与相关领域的国际标准制修订活动。全国知识管理标准化技术委员会的成立，是国家标准委和国家知识产权局通力合作的又一重大成果，填补了我国知识管理标准化建设领域的一项空白，其在体系规划设计、标准制定实施以及有关标准的解释宣传等方面肩负着重要使命。该委员会的成立，对于全面提升我国知识产权运用和管理水平，扎实推进知识管理标准化建设，探索建立符合我国经济社会发展需要的知识管理标准化体系具有重要意义。❷

2015年5月，中国及多国专利审查信息查询中多国发明专利审查信息查询服务正式上线。据了解，多国发明专利审查信息查询服务可以查询中国国家知识产权局、欧洲专利局、日本特许厅、韩国特许厅、美国专利商标局受理的发明专利审查信息。用户登录中国及多国专利审查信息查询并进入多国发明专利审查信息查询界面，输入申请号、公开号、优先权号查

---

❶　李春："我国商标注册申请首次突破两百万件大关 累计商标注册量超千万"，载《中国工商报》2015年3月31日第5版。

❷　吴辉、赵建国："全国知识管理标准化技术委员会在京成立"，载国家知识产权局网http://www.sipo.gov.cn/zscqgz/2015/201502/t20150215_1076561.html，访问日期：2015年11月2日。

询该申请的同族相关信息，即可查询中、欧、日、韩、美五国及相关地区的申请及审查信息。该服务满足国内外公众用户对国外发明专利审查信息的查询需求，为当事人提供了极大便利。❶

知识产权建设是一项系统工程，需要集合各方力量形成合力，才能取得事半功倍的效果。因此，知识产权社会服务体系建设应该重视加强与知识产权行政管理部门、科学技术行政管理部门以及行业协会等的沟通与交流，加强合作、实现优势互补，努力构建互联互通的知识产权多元化社会服务机制，推动知识产权整体服务水平不断提升。

《国家知识产权战略实施推进计划（2014年）》明确将公证制度纳入国家知识产权战略，要求积极拓展知识产权公证业务领域，加快构建完善的知识产权预防性保护机制。《深入实施国家知识产权战略行动计划（2014~2020年）》还进一步提出，探索以公证的方式保管知识产权证据及相关证明材料，加强对证明知识产权在先使用、侵权等行为的保全证据公证工作，为进一步发挥公证职能作用，构建完善的知识产权预防性保护机制提出了要求，指明了方向。

此外，《专利代理管理办法》修改施行，降低了代理机构在资金方面的门槛，有利于更多人进入这一行业。同时，对于加强专利代理行业管理，规范专利代理人和专利代理机构的执业行为，促进专利代理行业发展，维护委托人的合法权益，都具有重要意义。

八、知识产权学术研究

知识产权法学研究是知识产权法治建设的重要组成部分，是实现知识产权强国的重要基础。中国特色知识产权理论体系，是在知识产权问题上对"中国道路"的理论概括，它是法学理论体系中的"知识版"、知识产权"知识体系"的"综合版"。中国特色知识产权理论体系主要包括知识

---

❶ 吴燕："多国发明专利审查信息查询服务上线"，载国家知识产权局网http://www.sipo.gov.cn/mtjj/2015/201505/t20150525_1122020.html，访问日期：2015年10月20日。

产权的基础理论、制度创新理论、保护模式理论、强国建设理论、国际战略理论等。三十余年来，我国知识产权研究在与西方法学思潮的交流和碰撞中，已经从单纯的借鉴和移植走向自立和创新，初步形成具有中国特色的知识产权学说思想，为知识产权的制度建构"政策运行"战略实施提供了重要的思想基础。❶ 知识产权理论体系的建构，知识产权学术研究的繁荣，将为知识产权事业发展提供坚实的理论支撑，为知识产权法治建设提供科学的智力支持，为构建知识产权国际软实力提供重要的思想成果。在过去的一年里，我国知识产权学术研究事业取得了新的发展。

根据十八届三中全会通过的《中共中央关于全面深化改革若干重大问题的决定》，要"加强中国特色新型智库建设，建立健全决策咨询制度"。在知识产权领域，也要高度重视知识产权研究工作，积极探索建设中国特色知识产权国家智库。2014年5月6日，国家知识产权局局长申长雨在知识产权发展研究中心调研座谈会上指出，当前我国正处在由知识产权大国向知识产权强国转变的关键时期，我们要认真贯彻落实三中全会精神，高度重视知识产权研究工作，积极探索建设中国特色知识产权国家智库，努力为知识产权事业发展提供新理论、新观点、新思想、新举措。建设知识产权国家智库，是知识产权事业发展的内在需要。知识产权研究部门和研究工作者一定要站在国家的高度、战略的层面，通过研究，积极为知识产权事业的发展提供具有战略性、前瞻性、长远性的政策建议，促进知识产权事业更好更快发展。

2014年9月，第二届中英知识产权研讨会在北京举行。国家知识产权局局长申长雨与英国商务、创新和技能部大臣共同出席，并围绕知识产权密集型行业对国家经济可持续发展和社会就业的促进作用，以及中英知识产权合作主题进行探讨并作致辞。会上介绍了两国知识产权的最新发展情况和知识产权保护方面所取得的进展，增进了双方业界对两国知识产权制度与政策的了解和应用。此次研讨会的举办，有利于进一步推动两国知识

---

❶ 吴汉东："知识产权理论的体系化与中国化问题研究"，载《法制与社会发展》2014年第6期，第107页。

产权合作，促进两国经贸往来和技术交流。

2015年3月，最高人民法院知识产权司法保护研究中心在北京成立。该研究中心的成立，对于加强知识产权司法保护的理论研究和理论创新具有重要意义，为促进创新驱动发展战略实施和加快创新型国家建设提供了理论基础。最高人民法院院长周强在会上强调"要积极把握经济新常态下知识产权司法保护的新特点新趋势，加强知识产权司法保护的理论研究和理论创新，以改革创新的精神推动我国知识产权司法保护理论体系不断发展"。该中心的成立可以全面加强知识产权理论研究工作，促进知识产权司法保护理论与知识产权司法实践工作的互动，有效地解决创新驱动发展战略中的重大理论问题，及时将理论研究成果转化为司法政策和司法解释，提高知识产权司法保护水平，不断满足我国日益增长的知识产权司法保护需求。❶

2015年4月，知识产权南湖论坛——知识产权强国建设国际研讨会在南京召开。来自中国、美国、德国、英国、韩国等国家的官员、专家学者、法官以及企业界、律师界、出版界的知识产权实务工作者出席会议。会议围绕"知识产权强国建设"展开深入研讨，紧紧围绕中国经济的转型升级、创新驱动发展，从中国的国情出发，为加强国家知识产权智库建设，加快我国知识产权大国向知识产权强国的转变献计献策。

2015年5月，以"全面提升服务能力，建设知识产权强国"为主题的2015年中华全国专利代理人协会年会暨第六届知识产权研讨会在北京举行。国家知识产权局副局长贺化、最高人民法院知识产权庭和中华全国专利代理人协会等相关负责人出席会议并作演讲。知识产权研讨会是中华全国专利代理人协会年会的重要内容之一，该研讨会的举办对于促进专利代理行业发展，加强专利代理行业队伍建设，活跃专利代理行业学术气氛具有重要意义。❷

---

❶ 罗书臻："加强知识产权司法保护理论研究和创新 为创新驱动发展战略提供有力司法保障"，载《人民法院报》2015年3月19日第1版。

❷ 王宇："2015年中华全国专利代理人协会年会暨第六届知识产权研讨会举行"，载国家知识产权局网http://www.sipo.gov.cn/zscqgz/2015/201505/t20150525_1121990.html，访问日期：2015年11月10日。

　　2015年6月，最高人民法院知识产权司法保护研究中心、深圳大学最高人民法院知识产权司法保护理论研究基地和中国知识产权法学研究会联合举办"创新驱动发展战略背景下的知识产权司法保护高端研讨会"。在此次研讨会上，参会代表就一些实务中备受关注的热点问题进行了深入交流。❶

　　2015年9月，中国知识产权法学研究会2015年年会在广州召开，年会主题为"厉行知识产权法治，保障创新驱动发展"。最高人民法院副院长陶凯元出席年会并强调，"要坚持用科学的知识产权理论指导知识产权审判实践，用生动的知识产权审判实践丰富知识产权理论研究，为积极推动实施国家创新驱动发展战略和建设知识产权强国发挥更有效的司法保障作用"。本次年会还专门成立中国知识产权法学研究会知识产权法院专业委员会。❷

　　2015年11月，"第五届中国知识产权研讨会（成都）2015"在成都举办。本次研讨会以"加强知识产权运用和保护"和"新商标法申请、审查、司法、实务"为主题。国家知识产权局副局长贺化出席开幕式并作主旨发言。会上来自不同国家和地区的官员和企业代表就各国商标法法律制定和实施、全球化背景下的企业知识产权战略、专利司法实务及药物用途专利保护等主题开展了深入交流与探讨，对于推动知识产权研究具有重要意义。❸

九、知识产权人才培养

　　2014年2月，国家知识产权局印发《2014年全国知识产权人才工作要

---

❶　祝文明："在'创新驱动发展战略背景下的知识产权司法保护高端研讨会'上——知识产权保护热点问题备受关注"，载《中国知识产权报》2015年6月17日第10版。
　　❷　人民法院报："陶凯元出席中国知识产权法学研究会年会时强调　坚持用科学的理论指导实践　用生动的实践丰富理论研究"，载《人民法院报》2015年9月20日。
　　❸　孙迪："'第五届中国知识产权研讨会(成都)2015'举办"，载国家知识产权局网http://www.sipo.gov.cn/zscqgz/2015/201511/t20151106_1199244.html，访问日期：2015年11月9日。

点》，要求深入学习贯彻党的十八大、十八届二中、三中全会精神，加强知识产权人才工作创新，加大知识产权人才宣传力度，围绕中心，服务大局，深化改革，攻坚克难，落实国家中长期人才发展规划和知识产权人才"十二五"规划，完善知识产权人才体系，实施重大人才工程计划，全面推进知识产权人才队伍建设，为实施国家知识产权战略、推动创新驱动发展提供人才支撑。

积极推动高校设立知识产权学院，加强知识产权学科建设，加大知识产权人才培养力度。推动建立国家知识产权人才培养基地。举办高校知识产权师资培训班、知识产权暑期学校等培训项目。2014年，由国家知识产权局主导的校企对接工程揭开序幕，培训了一批企业助理专利工程师。校企对接工程是创新知识产权实务人才培养模式的一次积极探索，在学校和企业之间搭建起一座专业化人才培养的桥梁，利用高等院校与企业各自优势，打造出全新的人才培养模式。

建立和完善知识产权人才的专业技术评价体系，推动设立面向知识产权专业技术人员的专业技术职务任职资格评定制度和专利管理师、专利信息分析师等职业能力认证制度。开展2014年全国知识产权领军人才和百千万知识产权人才工程百名高层次人才培养人选推荐工作。

开展知识产权人才调查研究，加强知识产权人才工作队伍建设。国家知识产权局已经在广东南海、江苏苏州和浙江温州建设了三个国家中小微企业知识产权培训基地，探索加强中小微企业知识产权人才培养的新路径，以助力中小微企业在创新的道路上实现健康、可持续发展。❶

培养知识产权高层次人才。选拔120名全国知识产权领军人才和120名百千万知识产权人才工程百名高层次人才培养人选，举办国内外知识产权人才高端培训。充分发挥领军人才的示范引领作用，带动知识产权人才队伍整体发展。

2015年6月，国家知识产权局保护协调司发布《关于举办2015年全国

---

❶ 王亚琴："新形势下要创新知识产权人才培养模式"，载《中国知识产权报》2015年6月19日第8版。

地方知识产权战略实施培训班的通知》，培训的主要内容为：知识产权强国建设思考与研究；介绍"一带一路"相关工作、"长江经济带"区域规划、"京津冀一体化"相关政策；讨论交流知识产权战略实施与区域发展规划的衔接。随后，2015年全国地方知识产权战略实施培训班在北京举办，培训班的开办，加大了知识产权政策宣传，增强了学员对知识产权战略的认识，为知识产权事业建设培养了专业人才。❶

2015年7月，中南财经政法大学知识产权研究中心承办了第七届全国研究生知识产权暑期学校。本届暑期学校共邀请到二十多位国内知识产权理论界和实务界知名专家学者前来执教，来自国内知名院校的150名博士研究生、硕士研究生及青年教师参加了本届暑期学校。对于促进全国高校研究生知识产权教育的交流与合作具有重要意义，有利于培养知识产权专业人才。

2015年7月，第三届文澜优秀大学生夏令营（知识产权分营）在中南财经政法大学知识产权研究中心开营。文澜优秀大学生夏令营（知识产权分营）自2013年开始举办，旨在加强优秀大学生对知识产权研究中心的了解，增强优秀大学生对知识产权学科的兴趣，培养具有理工科背景、懂法学、通管理的知识产权专门人才。

2015年7月，2015年全国知识产权外事工作会议暨涉外工作培训班在北京举办。国家知识产权局副局长何志敏出席会议并作知识产权国际形势报告和总结讲话。何志敏从全球知识产权和我国经济社会发展形势出发，分析了加强知识产权国际合作工作的现实需求，阐述了当前面临的重大任务，提出了未来工作的总体思路。此次会议和培训班不仅增强了与会代表对当前知识产权国际形势的把握和应对能力，也对地方知识产权涉外工作起到了指导性作用，对地方知识产权部门日后在外事工作中，服务大局，积极发挥地方优势具有重大意义。

2015年8月，国家知识产权局主办的2015年全国专利代理管理工作业

---

❶ 保护协调司："关于举办2015年全国地方知识产权战略实施培训班的通知"，载国家知识产权局网http://211.157.104.86:8080/ogic/view/govinfo!detail.jhtml?id=2514，访问日期：2015年10月20日。

务培训班在北京举行，来自全国各地方知识产权局和中华全国专利代理人协会的有关负责人及工作人员共80余人参加了此次培训。这次培训主要分析了当前专利代理管理工作的现状和面临的形势，开展对专利代理管理工作经验交流和2015年全国专利代理人资格考试计算机化考试方式考务工作培训。本次培训班的举办，交流了先进管理经验，对于专利代理行业服务水平的提升具有积极的促进作用。❶

2015年10月，海峡两岸知识产权与科技人才培养研讨会在长沙召开。来自海峡两岸的知识产权与科技法专家、知识产权主管部门代表、法院代表、企业代表和高校师生代表共60余人参加会议，架起了两岸知识产权理论与实务交流的桥梁。台湾"中研院"法律学研究所研究员、两岸通讯传播法论坛主席刘孔中作了专题发言，介绍台湾地区知识产权高校教育与科技人才培养的有益经验和欧美国家高端人才教育的最新发展，为大陆知识产权专业人才培养提供了有益经验。

落实专业技术人才知识更新工程。加强专业技术人才知识产权培训，联合人力资源社会保障部举办专业技术人才知识产权高级研修班，培养现代服务业急需紧缺的知识产权人才。发挥国家级专业技术人员继续教育基地（中国知识产权培训中心）的作用，加强远程网络平台和教材建设。

2015年10月，全国知识产权领军人才研讨班在北京举行。国家知识产权局副局长甘绍宁出席研讨班并讲话。会上，各位代表就如何进一步发挥领军人才引领示范作用为知识产权强国建设服务展开热烈研讨。全国知识产权领军人才工作的顺利开展，为知识产权事业提供了重要的人才支撑与保障。目前，全国已形成一支超过15万人的知识产权专业人才队伍，与"十一五"末相比翻了两番，全国知识产权从业人员已超过50万人。而2015年8月颁布的2015年版《中华人民共和国职业分类大典》正式纳入知识产权专业人员，为知识产权人才发展提供了大空间。❷

---

❶ 胡姝阳："全国专利代理管理工作业务培训班在京举行"，载国家知识产权局网http://www.sipo.gov.cn/zscqgz/2015/201508/t20150821_1163429.html，访问日期：2015年11月9日。

❷ 王宇、孙迪："全国知识产权领军人才研讨班在京举行　全国知识产权领军人才工作成效显著"，载《中国知识产权报》2015年10月30日第2版。

2015年11月，由国家知识产权局主办的知识产权强国建设与知识产权人才培养研讨班在湘潭大学召开。自2008年《国家知识产权战略纲要》颁布实施后，湘潭大学审时度势，于2008年11月率先在湖南成立首家知识产权学院。2015年4月，湘潭大学知识产权学院提议并促成湖南省知识产权局实施"专利特派员制度"，即通过专项经费支持，选派具有专利代理人资格的在校学生赴企业实习1年，为"政府—高校—企业"协同培养人才提供了新平台。❶

十、知识产权国际保护

2014年，中国积极参加有关国际知识产权保护活动，扩大与其他发达国家间的知识产权交流及合作，注重借鉴国际知识产权建设有益经验，为我国知识产权建设提供了健康的国际环境。

（一）国际知识产权保护工作取得新进展

商标五方会谈各成员（包括中国国家工商行政管理总局、美国专利商标局、欧洲内部市场协调局、韩国知识产权局、日本特许厅）于2015年1月26日正式启动商品和服务清单（ID List）网上检索工具。该检索工具为商标申请人快捷高效地检索各成员共同受理的商品和服务数据库提供了极大的便利。目前申请人只能使用英语检索商品和服务清单，以后逐渐实现使用中文、韩文等进行检索。❷

2015年5月20~22日，中国国家知识产权局在江苏苏州举办中美欧日韩五局局长系列会议，签署了《五局合作共识》，达成"五局将努力为用户和公众提供更好的服务，以加强知识产权激励创新、促进经济社会发展的作用"的共识。《五局合作共识》包括共同的理念、已提供的服务、当前的重点工作、未来五局合作活动等四个部分的内容。五局合作是全球五大

---

❶ 王宇："夯实知识产权强国建设的智力基础"，载《中国知识产权报》2015年11月4日第2版。

❷ 李春："商标五方会谈商品和服务清单上线"，载《中国工商报》2015年2月17日第5版。

知识产权局之间为"避免不必要的重复工作，提高专利审批效率和质量，确保专利权的稳定"而开展的局间专利业务合作，是当今世界知识产权领域一个重要的多边合作机制，在世界范围内具有举足轻重的影响。此次五局合作会议的召开，取得了多项实质性成果，扩大了知识产权项目合作的内容，进一步深化了国际知识产权合作机制，为五大国知识产权用户提供了便利，对于世界知识产权的保护和发展具有重要意义。❶

（二）不断深化与世界知识产权发达国家的交流与合作

2014年5月，最高人民法院与美国华盛顿大学联合举办知识产权司法保护国际研讨会，围绕知识产权专门法院实践、专利侵权救济等议题进行了深入研讨，来自美国、德国、澳大利亚、日本的法官、学者、律师与全国法院系统的80余名法官参加会议。❷

2014年10月，我国政府与新加坡政府签署知识产权领域合作谅解备忘录。国家知识产权相关部门积极参与知识产权多双边磋商谈判。知识产权局扩大专利审查高速路合作网络，企业海外获权更加便利。2014年7月，我国版权局向世界知识产权组织递交中国政府《视听表演北京条约》批准书，该条约生效后，中国表演者将在同是《视听表演北京条约》批准或加入国的国家获得全面保护。海关总署组织实施"中美海关打击输美侵权商品知识产权联合执法行动"，与欧盟海关及欧盟刑警组织等国际执法机构开展多边执法合作。最高人民检察院与世界法学家协会共同举办"知识产权保护的国际视野"国际研讨会。最高人民法院首次举办面向外国驻华使节的专题开放活动。❸

2014年11月，英国驻华使馆的网站上发布了一份特别为在欧投资的中国企业量身定制的《英国知识产权商业指南》，着重阐述如何在英国注册

---

❶ 赵建国："合作的新共识 发展的新愿景——中美欧日韩五局局长系列会议综述"，载《中国知识产权报》2015年5月27日第1版。

❷ 最高人民法院："中国法院知识产权司法保护状况（2014）"，载《人民法院报》2015年4月21日。

❸ 国家知识产权局知识产权发展研究中心："2014年中国知识产权发展状况报告（摘编）"，载《中国知识产权报》2015年6月5日第5版。

并保护知识产权。该指南涵盖英国和欧盟有关专利、外观设计、商标和版权保护体系、英国执法渠道等相关信息。这份指南的发布，有利于中国企业在英国获得充分的知识产权保护。❶

2015年8月，我国国家知识产权局与马来西亚知识产权局签署合作协议，该合作协议是两国知识产权主管部门间签署的首个框架性合作协议，双方同意就知识产权战略、法律法规和政策的制定实施、国际知识产权重大问题等交流信息和经验；并在知识产权审批与授权、人员培训和人力资源发展、知识产权金融服务、信息技术开发与应用、数据和文献交换、专利信息公共服务、知识产权宣传以及遗传资源、传统知识和民间文艺等方面开展合作。

2015年9月，申长雨局长出席以"创新在行动：专利和商业秘密"为主题的2015美国"大使知识产权圆桌会议"，并做主旨发言。此次圆桌会议加强了中美在知识产权问题上的对话交流，增进了双方了解，为两国扩大合作提供了重要平台，对中美之间的合作交流发挥了重要作用。

（三）积极构建知识产权国际交流合作长效机制

2014年7月，世界知识产权组织中国办事处在北京正式设立，这是继美国、日本、新加坡、巴西之后，世界知识产权组织设立的第五个驻外办事处。办事处将在工业产权和版权及相关权的各个方面向政府部门和机构提供法律和技术援助，还将负责推广知识产权组织提供的各项服务，并为更加高效地运用知识产权组织的《专利合作条约》、商标国际注册马德里体系、国际注册海牙体系以及知识产权组织的其他服务提供便利。世界知识产权组织中国办事处的设立，有利于增进双方间的了解和扩大共识，为中国与世界知识产权组织之间合作交流提供了一个重要平台，进一步深化了中国知识产权相关部门与世界知识产权组织的合作关系，极大地推动了我国知识产权事业的发展，对于全面提升我国知识产权发展水平、树立良

---

❶　彭大伟："英国专为中企发布《英国知识产权商业指南》"，载人民网http://world.people. com.cn/n/2014/1126/c157278-26100501.html，访问日期：2015年11月2日。

好的知识产权大国形象具有重要意义。❶

2014年9月25日，我国知识产权司法保护国际交流基地在上海成立，这是继在北京、上海、广州设立知识产权法院之后，我国法院在知识产权司法保护方面的又一重大举措。该基地的设立，有利于我国充分开展国际交流、整合资源优势，不断拓展知识产权司法交流的广度与深度。该基地不仅是中国法院了解和获取知识产权司法保护国际经验的一个重要渠道，也是展示中国法院知识产权司法保护良好形象的一个重要窗口，更是中国法院参与知识产权保护国际治理体系的一个重要平台。因此，该基地的设立，体现了我国高度重视并大力推动知识产权司法保护的国际交流合作，是我国全面深化改革开放的必然要求，也是进一步提升我国知识产权大国国际形象的必然要求。❷ 此外，知识产权司法保护国际交流基地成立后，最高人民法院还与世界法学家协会共同举办了"知识产权保护的国际视野"国际研讨会，来自国内外的法官、学者、律师共计一百余人参加会议，会议围绕知识产权保护新趋势、互联网、市场竞争力、技术创新等议题进行了广泛而深入的研讨，形成许多共识，进一步提升了中国知识产权审判的国际影响力。

2015年8月，第三届中蒙俄知识产权研讨会在北京举行。中国国家知识产权局局长申长雨、蒙古国知识产权局局长辛巴特、俄罗斯联邦知识产权局副局长柳波芙·基里出席会议并发表讲话。研讨会上，中蒙俄三局分别就各自的知识产权法律制度最新发展状况作了介绍。中国国家知识产权局有关代表详细介绍了新一轮专利法修改的有关情况，蒙古国知识产权局代表介绍了该国知识产权战略的制定与实施情况，俄罗斯联邦知识产权局代表介绍了有关专利法的司法实践等，与会代表就共同关心的话题进行了深入探讨。研讨会期间，中蒙俄三国知识产权局局长还共同签署了《中蒙俄知识产权局合作备忘录》，明确在三局间建立局长级对话机制，在知识

---

❶ 柳鹏："世界知识产权组织中国办事处在京启用"，载《中国知识产权报》2014年7月11日第1版。

❷ 卫建萍、严剑漪："'中国法院知识产权司法保护国际交流（上海）基地'揭牌"，载《人民法院报》2014年9月26日。

产权立法、执法、专利申请、专利审查、人员培训以及知识产权商业化等诸多领域开展交流合作，就世界知识产权组织及其他多边国际框架下的知识产权议题交流意见、交换看法。❶

2015年10月，国家知识产权局与以色列专利局共同主办的"中国—以色列知识产权研讨会"在上海举办，国家知识产权局副局长何志敏、以色列专利局局长阿萨·科林出席会议并致辞。阿萨·科林在会上介绍了以色列工业产权制度以及以色列专利局的主要工作，来自有关政府部门代表和专家学者围绕中国知识产权司法及行政保护体系、专利审查制度和政策、知识产权在确立竞争优势中的作用等议题进行了交流。本次研讨会的召开为深化中以在创新领域以及知识产权的合作提供了新契机，中以两国与会代表通过充分交流、深入探讨，相互借鉴和分享经验。此外，在沪期间，何志敏副局长还与阿萨·科林局长举行了中以两局双边会谈，就中以创新联委会框架下知识产权领域2015~2017年度工作计划进行了磋商，并就深化两局务实合作进行了深入交流。❷

---

❶　柳鹏、王璐：“第三届中蒙俄知识产权研讨会在京举行”，载《中国知识产权报》2015年9月2日第1版。

❷　许晓昕：“中国—以色列知识产权研讨会在上海举办 何志敏出席并致辞”，载国家知识产权局网http://www.sipo.gov.cn/zscqgz/2015/201511/t20151104_1198456.html，访问日期：2015年11月8日。

第三篇

专题研究报告

文化产业的知识产权保护研究报告[*]

吴汉东　　黄玉烨^{**}

随着国家文化软实力及一系列文化发展战略的提出，社会主义文化强国成为实现"两个一百年"奋斗目标的重要助推力。文化产业发展中的知识产权保护研究，应对"保护"作广义理解，除了狭义上的知识产权保护，还应当包含知识产权创造、运用、管理等。知识产权法律制度是文化产业发展的重要保障，也是国际文化产业贸易的主要形式和竞争手段，健全文化产业知识产权法律保护体系，推动文化产业知识产权运用能力，有利于改变我国在国际贸易的不利地位，增强我国文化软实力。2015年，"互联网+"、自由贸易协定以及"一带一路"的热潮相继袭来，中国文化产业发展迅速并逐步与沿线各国广泛开展经济、文化等多领域的交流合作。在此背景下，总结经验与教训，借鉴国外先进的模式，谋划我国文化产业知识产权保护，成为我国文化产业跨越式发展的工作重心。

---

　　*　感谢中南财经政法大学知识产权研究中心博士生鲁甜、舒晓庆、张继文、张惠瑶在本文资料收集、起草与修改过程中作出的贡献。

　　**　黄玉烨，中南财经政法大学知识产权学院副院长，教授，博士生导师。

一、文化产业与知识产权保护

（一）我国文化产业的内涵及发展现状

1. 文化产业的内涵

文化产业是指从事文化产品生产和提供文化服务的经营性行业，是指以生产和经营文化商品和文化服务为主要业务，以创造利润为核心，以文化企业为骨干，以文化价值转化为商业价值的协作关系为纽带，所组成的社会生产的基本结构。按照联合国教科文组织的定义，文化产业就是按照工业标准，生产、再生产、存储以及分配文化产品和服务的一系列活动。❶ 一般而言，各国根据自身需要划分文化产业的类别。联合国教科文组织将文化产业划分为影视产业、影像产业、广告产业、咨询产业、网络产业、旅游产业以及文化娱乐业等。美国将文化产业分为文化艺术业、影视业、图书业、音乐唱片业。日本则将文化产业划分为内容产业、休闲产业与时尚产业。

2. 我国文化产业的发展现状

（1）文化产业初具规模并成体系。2004~2014年，我国文化产业发展呈现成倍增长的态势。从文化产业所占GDP的比重看，2008年，我国文化产业增加值仅约占同期GDP的2.43%，离支柱产业仍有差距。2012年，文化产业占GDP的比重已经达到3.48%，2014年达到3.77%。尽管文化产业在整个国民经济的比重并不大，但在经济性常态下，经济下行压力增大，文化产业的增长速度为12.5%，高于GDP7.4%的增速。这表明文化产业可以作为一股新的力量，在新常态下将有所作为（见表1）。

表1　文化及相关产业增加值及GDP增加比重

年　份	增加值（亿元）	占GDP比重（%）
2004	3 440	2.15
2005	4 253	2.30
2006	5 123	2.37

---

❶ 叶朗：《中国文化产业年度发展报告（2003）》，湖南人民出版社2003年版，第25页。

年　份	增加值（亿元）	占GDP比重（%）
2007	6 455	2.43
2008	4 630	2.43
2009	8 786	2.52
2010	11 052	2.75
2011	13 479	2.85
2012	18 071	3.48
2013	21 351	3.63
2014	24 017	3.77

注：1.2004~2011年按2004年颁布的《文化及相关产业分类》测算。

2.2004年、2008年、2013年根据经济普查数据测算，其他年份根据年报数据测算。

3.2004~2008年及2013年、2014年数据为全口径，2009~2012年数据仅包括法人单位数据。

4.2014年为初步测算数据。

资料来源：国家统计局社会科技和文化产业统计司、中宣部文化体制改革和发展办公室：《文化及相关产业统计概览—2015》，中国统计出版社2015年版，http://www.aiweibang.com/yuedu/28677037.html.

（2）文化生产仍然占据主导地位。以创造为基础的文化生产逐步占据文化产业主导地位。❶ 2013年，文化内容生产主营收入为13 017.12亿元，文化生产服务为17 776.29亿元，生产性文化服务为9 614.45亿元，占文化产业总收入约62.1%。其中，文化服务生产在2013年的增加值达5 372.31亿元，成为增长最快的文化产业类别。

（3）产业内容不断扩张。以图书、出版、音乐、广告等为代表的传统文化产业在不断纵向发展的同时，以网络传媒、动漫游戏以及电视制作为代表的新兴文化产业也正以超乎想象的速度发展。2014年，动漫产业总产值已突破1 000亿大关，并有望2020年达到2 000亿元产值。❷ 而游戏产业在2015年1~6月的实际销售收入已达到605.1亿元，远超2014年同时期的496.2亿元。❸ 同时，我国数字出版物、移动终端出版也跃居世界前

---

❶　中央文化企业国有资产监督管理领导小组办公室："十年见证文化产业腾飞——我国文化产业10年发展对比分析报告"，载http://news.gmw.cn/2015－02/12/content_14819428.htm，访问日期：2015年11月6日。

❷　《传媒蓝皮书（2015）》：中国动漫影视产业发展回顾，载http://sky.cssn.cn/dybg/dyba_wh/201507/t20150720_2085963.shtml，访问日期：2015年11月6日。

❸　中国音数协游戏工委："中国游戏产业报告（2015年1月~6月）"，载http://www.199it.com/archives/371607.html?appinstall=1，访问日期：2015年11月6日。

列，新兴文化产业迅速崛起。

（4）影视产业理性回归。自2013年起，我国电影市场开始理性回归。2012年，电影市场共有影片745部，票房收入却仅有170.7亿元，而2013年，我国共生产电影638部，票房收入却增加至217.7亿元。2014年，电影市场则继续保持这一回落势头，生产影片降到618部，票房收入达到296.4亿美元。❶ 随着电影院线和银幕数的提高，电影生产不再盲目，越来越回归理性。

回顾近十年的文化产业发展之路，文化创新成果丰富了人民群众生活，文化产品种类不断增多，产业结构不断优化，但与此同时，我国文化产业仍处于起步、探索阶段，地区发展不平衡，产业规模较小，原创内容较少。从国内层面上看，在文化产业领域，我国仍是一个具有后发优势的大国，但从国际层面上看，我国虽为文化产业大国，却仍然是内容原创小国，处于从"中国制造"走向"中国创造"的关键时期。

（二）文化产业知识产权保护的必要性

知识产权是人们对自己的智力创造成果和经营标记、信誉依法所享有的专有权利。知识产权的保护对象是人们在科学、技术、文化等知识产权形态领域中所创作的知识产品。由于文化产业的创造性，文化产业与知识产权紧密相连。

1. 文化产业与知识产权的关系

（1）文化产业与著作权。著作权是文化领域最重要的知识产权，其可分为作品创作者的权利与传播者的权利。著作权作为制度创新的结果，保障着文化生产、传播与利用的智力劳动过程，服务于文化创新成果社会化、产业化、产权化的发展目标。文化产业的创新以著作权的获取为目的，文化产品的传播以著作权的交易为纽带，文化产业的发展则以著作权的保护为后盾。❷ 随着新闻出版、广播影视、文化娱乐、计算机软件、信

---

❶ 国家统计局社会科技和文化产业统计司、中宣部文化体制改革和发展办公室：《文化及相关产业统计概览——2015》，中国统计出版社2015年版，http://www.aiweibang.com/yuedu/28677037,html，访问日期：2015年11月6日。

❷ 吴汉东："国家软实力建设中的知识产权问题研究"，载《知识产权》2011年第1期。

息网络以及游戏动漫等创意产业的渐次发展，著作权法发挥了"创新之法"与"产业之法"的制度功用。完善著作权制度，能够为本国文化产业发展提供持久动力，在国际文化竞争中争取主动。

（2）文化产业与专利权、商标权。文化产业要得到长远的发展，就必然要和其他产业相联系。计算机与互联网产业的发展促进了文化产业与高科技产业的融合，商品与服务贸易的发展也催生了文化服务业，技术、文化和商业已紧密地联系在一起。文化产业与商标权、专利权等工业产权的关系日益密切。文化自主品牌业已成为评判一国文化产业发展的重要因素。商标，特别是驰名商标作为自主品牌培育的核心，能够帮助文化企业争取更多的消费者，提高产品的知名度和忠诚度，占领市场。而互联网技术、计算机技术、移动通信技术、光储存技术、动漫制作技术和新材料、新工艺广泛应用，在大幅度提升文化产品技术含量的同时，也成为保障文化企业发展的根本要素之一。专利制度的运用成为文化企业占据并发挥市场优势地位的重要筹码。

（3）文化产业与其他知识产权。文化产业与其他知识产权也有着紧密的联系。商号、商业秘密、角色、形象以及名称等也是文化产业知识产权保护的应有内容。文化企业对商号、域名以及商业秘密的运用与保护，是文化企业占据市场优势的重要砝码，而在新兴业态不断涌现的背景下，对角色、形象及名称的保护成为动漫游戏企业知识产权工作的重点。同时，《反不正当竞争法》作为知识产权法的重要补充，在新技术环境下逐渐发挥重要作用，成为推动网络文化产业发展的重要力量。

2. 文化产业知识产权保护的重要性

知识产权保护在文化产业的发展中发挥着举足轻重的作用，在丰富文化多样性和促进文化可持续发展中扮演了重要角色。文化产业的知识产权保护不仅体现在对其蕴含的经济利益"定分止争"的社会功能上，还体现在法律对其保护对象的价值评价上，这种价值评价的肯定和认可激发了活动主体的创造积极性，保证了文化产业的发展、传承和延续。对文化产业实施知识产权保护，无疑能提供一种文化多样性的可持续保障机制，促进文化多样性的可持续发展。

（1）知识产权的客体是文化产业的核心。知识产权的客体是创造性的智力成果，而创造性成果中的创意是文化资源优势转化为产业优势的关键。以德国贝塔斯曼出版集团为例，该集团旗下拥有RTL集团(卢森堡)、兰登书屋(纽约)、古纳雅尔(汉堡)、BMG(纽约)、欧唯特(居特斯洛)、直接集团(居特斯洛)等公司，运营文字、音乐、影视等版权内容。该集团2010年度197亿欧元的销售收入中，有92亿欧元来自直接的版权许可销售，有31亿欧元来自与版权产品有直接依附关系的衍生品开发和广告销售等，版权始终是贝塔斯曼集团赖以生存的核心资产。美国的米高梅电影公司是美国五大电影公司之一，拥有《乱世佳人》《魂断蓝桥》《007》以及《猫和老鼠》等优秀电影作品。虽然米高梅电影公司于2010年11月宣布破产，但它的片库里的4 100部电影版权，每年还能带来至少5亿美元的收入。可见，知识产权是文化产业竞争中最具活力的因子，判断一个国家、地区文化竞争力的重要指标就在于有无自主创意的文化产品。知识产权与文化产业具有天然的联系。

（2）知识产权是文化产品价值的体现。文化产业是一种以满足人精神需求为主要目的的产业，以人的智力和文化资源为主，其形成的财富体现在知识产权这一无形资产上。在文化产业领域内，经济利益的获得取决于知识产权的取得、开发、运营与管理。著作权法、专利法、商标法、合同法以及侵权法等相关法律的规定使知识产权成为衡量文化价值的主要工具。以著作权为例，2015年，腾讯以5年31亿元人民币的价格获得NBA赛事独家信息网络转播权。❶ 由此可见，文化产业的核心价值体现在知识产权上，并通过知识产权得以实现，文化产品的生产与流通本质上就是知识产权的使用、许可与转让。

（3）知识产权获取与开发是文化产业得以发展的不竭动力。纵观发达国家的文化产业发展之路，知识产权的获取与开发是文化产业得以发展

---

❶　"腾讯获NBA5年独家网络播放权'三国杀'变'独角戏'"，载http://media.people.com.cn/n/2015/0131/c40606-26483829.html，访问日期：2015年11月6日。

的根本。以美国动漫巨头迪士尼公司为例，迪士尼拥有米老鼠、白雪公主等经典动画角色的著作权，在此基础上，推出《米老鼠》并成立迪士尼唱片公司，积极利用新技术进行动画电影的制作，从而进行动漫衍生品的开发与运营。迪士尼对其作品的保护可谓千方百计，每生产一部影片，迪士尼马上将影片中的卡通形象和场景申请版权，并同步申请音像制品、图书以及主题公园造型等一系列领域内的知识产权（见图1）。为了有效保护知识产权，迪士尼在全球范围内进行维权，甚至推动了美国版权法的修改。❶ 在不断充实产业链的同时，迪士尼也不断扩展传播平台，以期在网络时代占得先机。正是娴熟的知识产权运营理念和运营模式，成就了迪士尼的辉煌，也引领着这艘庞大的传媒航母去开发下一座宝藏。❷ 可见，知识产权的获取与运用是文化企业发展的不竭动力，也是一国文化产业可持续发展的关键。

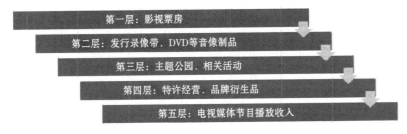

图1　迪士尼的产业架构

（4）文化产业发展依赖于知识产权保护。文化产业的健康有序发展离不开知识产权的保护。知识产权的激励作用能够促进文化产业创造性劳动成果的产生，知识产权的保障作用使得文化产业的价值得以实现，知识产权的运用制度促使文化产业资源得到有效配置。从文化产品本身来看，创造成本高、投入大，复制成本过低，而在科学技术发展的今天，侵权的简易性使得文化产业更易受到侵权行为的伤害。没有知识产权的保护，创

---

❶　根据美国1998年以前的版权法，法人和团体拥有著作权的保护期是作品发表后的75年。2003年，《汽船威利》中首次露面的米老鼠将失去版权法的保护。1998年，美国国会通过《版权条款延长法案》，米老鼠的保护周期延长20年，因此这一法案也被戏称为"米老鼠保护法案"。

❷　肖潇："迪士尼：版权运营主宰一切"，载《中国知识产权报》2011年12月7日第4版。

意主体的合法权益就无法得到保护，没有收益，产业主体便不会有创新的动力，没有创意的产生，就更不会有文化创意产业。

二、当前我国文化产业知识产权保护的成效

随着双边自由贸易协定的相继签订，"互联网+"概念的提出以及"一带一路"的顺利推行，我国文化产业的知识产权制度构建也日趋完善，知识产权立法趋于理性，文化产业的知识产权运用也取得了显著提高，文化产业内知识产权意识逐步形成，文化产业的知识产权保护取得了丰硕的成果。

（一）知识产权法律体系日臻完善，保护机制日趋健全

根据现代社会无形财产权的发展状况，与文化产业相关的知识产权具体分为三类：（1）创作性成果，与著作权及相关权、专利、商业秘密有关，包括与文化有关的作品及其传播媒介、工业技术；（2）经营性标记，是商标、商号、地理标志等在内的工业标记，是文化领域中能够标示文化产品来源和特定生产对象的区别标志；（3）经营性资信，包括特许专营资格、特许交易资格、信用及商誉等，是文化领域主体在经营活动中所具有的经营资格、经营优势以及在社会上所获得的商业信誉。此外，文化领域知识产权问题还涉及传统知识、遗产资源、民间文艺、非物质文化遗产等事项。

1. 与著作权相关的立法文件

著作权是文化产业领域内的重要知识产权。著作权是文化领域最重要的知识产权，其可分为作品创作者的权利与传播者的权利。目前我国与文化领域有关的知识产权法律法规主要包括《著作权法》《著作权法实施细则》《著作权集体管理条例》《信息网络传播保护条例》《营业性演出管理条例》《著作权行政处罚实施办法》《非物质文化遗产法》《出版管理条例》以及《计算机软件保护条例》等。2013年，《中华人民共和国著作权法实施条例》决定正式施行，进一步加大了著作权行政处罚的力

度。❶ 此外，为了应对新技术环境的机遇与挑战，更好地参与到国际文化领域的竞争当中，我国正积极筹备著作权法的第三次修改，2014年的送审稿增加"实用艺术品"等作品类型，调整了部分权利的权利内容，统一了合理使用司法判定的标准。❷ 2014年9月，《民间文学艺术作品著作权保护条例（征求意见稿）》公布。《征求意见稿》明确了民间文艺的类型和保护宗旨，进一步完善了民间文学艺术作品的著作权保护。2015年3月，文化部发布《博物馆条例》，其中第34条规定国家鼓励博物馆挖掘藏品内涵，与文化创意、旅游等产业相结合，开发衍生品，增强博物馆的发展能力，明确了博物馆对其藏品内涵的挖掘及对衍生品开发的相关指导。2015年11月，全国人大常委会初次审议《中华人民共和国电影产业促进法（草案）》，并向社会征求意见，草案旨在通过指导制定相关产业政策，加强电影人才培养，以繁荣我国电影市场。

2. 与专利权、商标权相关的立法文件

在专利权、商标权方面，与文化产业相关的立法文件主要有《专利法》《专利法实施细则》《商标法》《商标法实施条例》《驰名商标的认定与保护条例》《集体商标、证明商标的注册和管理办法》等，此外，《反不正当竞争法》在文化产业知识产权保护方面也起到了举足轻重的作用。其中，《商标法》《商标法实施条例》的最新修订案于2014年5月正式实施，通过确立商标先用权制度，引入诚实信用条款，加大商标惩罚力度，进一步加强了文化企业的自主品牌的保护。同时，专利法第四次修改也正在积极筹备中。

3. 与文化产业相关的国际条约

全球化是文化及文化产业发展的重要特征。"从某种程度上说，国际文化贸易的历史就是以美国为首的推行贸易自由化的集团与以法国、加拿大为首的强调文化例外和保护文化多样性集团之间不断冲突的历史。"❸

---

❶ 《中华人民共和国著作权法实施条例》第36条。

❷ 吴汉东："《著作权法》第三次修改的背景、体例和重点"，载《法商研究》2012年第4期。

❸ 李怀亮：《国际文化贸易概论》，高等教育出版社2006年版，第32页。

与文化产业相关的国际公约的谈判与制定也成为各个国家推行文化政策的重要手段。就目前而言,我国加入的相关国际公约有《成立世界知识产权组织公约》《知识产权协定》《保护文学艺术作品伯尔尼公约》《世界知识产权组织版权条约》《世界知识产权组织表演和录音制品条约》《保护世界文化和自然遗产公约》《保护非物质文化遗产公约》《保护和促进文化表现形式多样性公约》等。

(二)知识产权执法与司法协同运作,文化市场逐步净化

知识产权执法是文化产业工作中重要的职能和任务。在国家层面,自2005年后,国家版权局与工信部、公安部、国家网信办等相关部门连续开展了10年的打击网络侵权盗版"剑网行动"。截至2014年年底,共查办互联网侵权盗版案件4 241起,依法关闭侵权盗版网站1 926个,没收服务器及相关设备1 178台,罚款783万元,移送司法机关追究刑事责任案件322起,有效打击和震慑了网络侵权盗版活动,网络版权保护环境得到很大改善。❶ 2015年,《著作权行政处罚实施办法(修订征求意见稿)》公布,草案主要就行政处罚程序、网络服务提供者的行政责任以及网络环境下的版权执法等内容进行了修改,以解决版权行政执法工作中特别是办理侵犯著作权行政案件中遇到的实际问题,进一步完善版权行政保护制度,加大对侵权盗版行为的行政打击力度。❷

在地方层面,各级政府积极需求执法新突破。2015年,吉林省加大文化执法力度,检查各类生产经营场所3 200余家,清理整顿各类贩卖盗版图书、音像制品的游商摊点230起,收缴盗版音像制品5 000余盘、盗版CAD等设计软件500余套,盗版教辅材料3 200余册,盗版图书1 200余册,全省共立案查处侵权盗版案件74件。❸ 2015年,宁波市海曙区采取"政府+协会"联动执法,加强协会内部的知识产权管理。娱乐行业协会

---

❶ "'剑网行动'10年依法关闭盗版网站1926个",载http://www.sipo.gov.cn/mtjj/2014/201410/t20141031_1025524.html,访问日期:2015年11月6日。

❷ "《著作权行政处罚实施办法》修订公开征求意见",载http://www.ncac.gov.cn/chinacopyright/contents/518/264548.html,访问日期:2015年11月6日。

❸ "吉林:为版权保护保驾护航",载http://www.ncac.gov.cn/chinacopyright/contents/518/252670.html,访问日期:2015年11月6日。

在海曙区文化市场行政执法大队的配合下，联合区法院，针对辖区内2014年被起诉的18家KTV以及收到律师函的13家娱乐场所，进行KTV经营者著作权意识的培养，变侵权为合作，力争双赢局面。

为了更好地解决文化产业知识产权保护的司法困境，最高人民法院制定并发布了一系列与文化产业相关的司法解释。根据《中国法院知识产权司法保护状况（2014年）》白皮书，❶2014年，全国地方人民法院共新收和审结各类知识产权一审民事案件95 522件和94 501件，其中，新收知识产权案件59 493件，同比上升15.86%。全国地方人民法院共新收和审结知识产权民事二审案件13 760件和13 708件，同比上升15.08%和18.65%，涉外及前沿科技问题的新类型、疑难复杂案件增多；全国地方人民法院共新收和审结知识产权行政一审案件9 918件和4 887件，比2013年上升243.66%和68.46%。其中，新接收的著作权案件同比上升300%；2014年，全国地方人民法院共审结涉知识产权刑事案件10 803件，同比上升17.27%。侵犯著作权罪案件为722件，生效判决人数850人；销售侵权复制品罪案件12件，生效判决人数20人。同时，涉文化类知识产权案件的审判还是知识产权审判的主要方面，以广东为例，在全省法院审结的各类知识产权民事案件中，70%涉文化领域。这些纠纷涵盖出版发行、影视制作等传统文化领域和网络传播、动漫游戏、数据库等新兴文化领域的著作权纠纷。其中涉及互联网、动漫产业及娱乐产业等领域的纠纷更是占到涉文化知识产权纠纷总数的90%以上。❷同时，2014年，北京、广州、上海知识产权法院相继设立，进一步加强了知识产权案件审判的质量，保证知识产权司法为文化产业知识产权发展保驾护航。

（三）产业创新能力持续增强，部分动漫影视产业进军海外市场

随着互联网和移动互联网的发展，中国动漫游戏产业在生产创作、传播消费、营销发行、授权衍生等环节均出现新变化。2015年可谓是中国动

---

❶　最高人民法院："中国法院知识产权司法保护状况（2014年）"，载http://www.court.gov.cn/zscq/bhcg/201505/t20150526_204766.html，《人民法院报》2015年4月21日第4版。

❷　"七成知识产权纠纷涉文化领域"，载http://money.163.com/12/0208/07/7PNO087N00253B0H.html，访问日期：2015年11月6日。

漫电影元年。风靡暑期档的国产动画片《西游记之大圣归来》上映62天劲收9.56亿元票房，成为内地影史上票房最高的动画电影；❶《大圣归来》已销售至世界六十多个国家，海外预售已达到400万美元，创下国产3D动画海外销售的纪录。而同期上映的电影《捉妖记》上映63天累计票房也已接近24.4亿元。以IP引领产业发展成为动漫产业发展的重要趋势，随着"互联网+"为动漫产业发展插上翅膀，动漫会展成为动漫产业领域促消费的突出亮点，动漫"走出去"的空间也将越来越广阔。

与此同时，游戏自主研发能力也急速上升。2015年1~6月，我国自主研发的网络游戏销售收入达458.3亿元，同比增长33.3%（见图2）。网络游戏海外出口实际销售收入达17.6亿美元，同比增长121.4%❷（见图3）。电视节目出口额稳步增加，网络视频运营商积极购买国外优质节目版权，通过广告收益等实现视频网站盈利，推动影视行业知识产权发展。随着《琅琊榜》等国内优秀电视剧的热播，电视剧出口额在2015年再创新高，成功进军海外市场（见表2）。

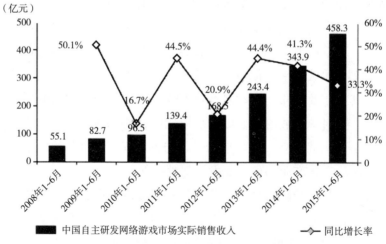

图2　中国自主研发网络游戏市场实际销售收入

---

❶　"《大圣归来》9.56亿完美谢幕"，载http://news.ifeng.com/a/20150910/44626456_0.shtml，访问日期：2015年11月6日。

❷　国家新闻出版广电总局数字出版司：《2015年1~6月中国游戏产业报告》。

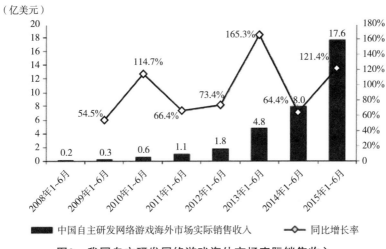

图3　我国自主研发网络游戏海外市场实际销售收入

表2　全国电视节目进出口情况　（万元）

年份	电视节目进口额	电视剧进口额	动画电视进口额	电视节目出口额	电视剧出口额	动画电视出口额
2006	33 714	18 513	803	169.40	11 085	5 148
2007	32 067	10 757	981	12 175	2 435	7 254
2008	45 421	24 293	878	12 476	7 525	2 948
2009	49 146	26 887	128	9 173	3 548	4 456
2010	43 047	21 450	247	21 010	7 484	11 133
2011	54 099	34 564	702	22 662	14 649	3 662
2012	62 534	39 584	1 489	22 824	15 020	3 105
2013	58 658	24 498	4 432	18 166	9 250	4 894
2014	209 024	169 807	11 028	27 226	20 795	3 190

（四）知识产权普遍意识提高，行业自律逐渐加强

近年来，随着知识产权战略的推进，地方、企业、高校等开展了大量的知识产权培训、宣传、教育、服务等工作，知识产权日益成为社会各界

关注的焦点，我国权利人、企事业单位、政府知识产权意识普遍提高。继2013年我国著作权登记数量首次突破百万件以来，2014年，我国著作权登记总量达1 211 313件，比2013年增加201 656件，增长19.9%，其中，作品登记为992 034件，软件作品为218 783件。❶著作权登记是促进文化产业发展和加强产业保护的有效途径，著作权自愿登记数目的平稳增长昭示着我国文化领域内知识产权意识的不断提高。与此同时，文化领域内行业自律不断提高。2015年，数字音乐从互诉走向版权合作，❷腾讯旗下QQ音乐与多米音乐、网易云音乐等签署版权授权协议进一步推动音乐正版化，❸2015年9月，爱奇艺首度公布2016年30+超级网剧计划，并成立业内首个文学版权库，挖掘优质IP资源。❹此外，文化产业内自律联盟也纷纷设立。例如，2014年10月，中国动漫游戏产业联盟在北京成立，旨在增强动漫游戏行业的自律管理，提升联盟内企业的知识产权意识，从而引导和促进动漫游戏产业的健康发展。

三、我国文化产业发展中知识产权保护的困境

自国家知识产权战略实施以来，我国文化产业知识产权保护工作取得了显著成效。文化创新成果丰富了人们的精神生活，促使文化产业成为我国经济发展的新增长点，但与此同时，我国文化领域内知识产权建设仍有不足，体现在以下几个方面。

（一）知识产权法律法规有待完善

在文化领域，我国在文化政策、对外文化交流管理、历史文化遗产、

❶ 中华人民共和国国家版权局："2014年全国著作权登记保持增长态势 总量破120余万件"，载http://www.gapp.gov.cn/chinacopyright/contents/518/246067.html，访问日期：2015年11月6日。

❷ 熊琦："版权制度推动数字音乐从互诉走向合作"，载http://www.sipo.gov.cn/mtjj/2015/201510/t20151023_1192498.html，访问日期：2015年11月6日。

❸ 凤凰科技："QQ音乐与多米音乐签署授权协议 推动正版化发展"，载http://mini.eastday.com/keji/151124/112857662.html，访问日期：2015年11月6日。

❹ 爱奇艺行业速递："爱奇艺公布2016年30+超级网剧计划 成立业内首个文学版权库挖掘优质IP资源"，载http://www.zongyijia.com/News/News_info?id=43099，2015年11月6日。

文化娱乐业、演出、艺术品经营等方面制定了一系列的法律、法规文件，但是对权利人而言，知识产权保护效果与社会期待存在一定差距。维权难度日益加大，维权收益往往低于维权成本，故意侵权、反复侵权、群体侵权、跨地区链条式侵权等恶性侵权现象时有发生。经统计，97%以上的专利、商标侵权和79%以上的著作权侵权案件由于难以证明造成损失和违法所得，不得不采用法定赔偿。侵权赔偿低是我国文化产业法律体系不完善的又一表现。在著作权侵权案件中，权利人经济损害赔偿诉求的平均金额为7.7万元，法院判赔的平均额为1.5万元；在商标侵权案件中，权利人经济损害赔偿诉求的平均金额为32.6万元，法院判赔的平均金额为6.2万元；在专利侵权案件中，权利人经济损害赔偿诉求平均金额为50.1万元，法院判赔的平均金额仅为15.9万元，相比之下，美国2012年专利诉讼赔偿额平均高达2 390万元。❶ 诉求判赔比例不到35%，低于企业同等专利授权费、培育商标知名度的广告费或同类作品平均稿酬，无法真正弥补权利人的损失，更不足以制裁和威慑侵权行为。以湖南省为例，2014年，权利人因司法维权的成本太高，周期太长，判赔金额太低放弃维权高达63.6%。❷

此外，随着"互联网+"概念的进一步推行，新型知识产权纠纷日益涌现，文化领域内知识产权立法难以发挥有效作用。继2012年"央视网络诉百度"案、2013年"体奥动力诉上海新赛季"案以及2014年"央视诉土豆网"案之后，2015年6月，北京朝阳区人民法院对新浪网诉凤凰网关于体育赛事节目转播著作权侵权和不正当竞争纠纷一案作出一审判决，体育节目的性质与权项问题再一次引发理论界和实务界关注。❸ 2015年11月，北京知识产权法院对爱拍诉酷6侵害著作权一案作出判决，录制游戏视频是否属于著作权法保护的对象引发探讨；2015年，上海浦东新区法院就

---

❶　詹映、张弘："我国知识产权侵权司法判例实证研究——以维权成本和侵权代价为中心"，载《科研管理》2015年第7期。

❷　"湖南：文化知识产权保护现状堪忧"，载http://news.xinhuanet.com/local/2014-09/02/c_1112318683.htm，访问日期：2015年11月6日。

❸　丛立先："体育节目赛事直播节目的版权问题讨论"，载《中国版权》2015年第4期。

耀宇诉斗鱼一案作出判决，网络游戏直播的著作权保护问题进入人们的视野。新型知识产权纠纷的出现，对现行著作权法的规定产生了冲击，著作权法现有规定在新型知识产权纠纷面前捉襟见肘，难以适应新技术发展的需要，掣肘文化产业发展。

（二）知名文化品牌有待发展

自主文化品牌是文化领域的核心竞争力所在，也是一个国家维系和传播民族文化的重要砝码。一般而言，文化领域发达的国家都有自主品牌的文化产品，如美国的好莱坞大片和迪士尼动画、法国的时尚设计、韩国的网络游戏等。相比之下，限于自主创新能力和传播能力，我国在国际市场中缺乏具有知名度的文化品牌。同时，在知识产权创名牌、保名牌这个问题上，文化产业内的经营者表现为敏感性不够，主动性不强。例如，好莱坞根据中国传统故事"木兰从军"改编动漫电影，在全球赚取了超过20亿美元的票房收入，导致中国观众必须支付费用，才能观赏以西方现代艺术形式表现的本土民间传说。1985年，日本光荣株式会社便将《三国演义》改编为三国题材的商业游戏，通过对每一个人物形象传神的设计，将三国时代的政治、军事、经济格局完全融入游戏当中，受到玩家的喜爱。

（三）部分类型作品对外依存度过高

2010~2013年，中国文化产品出口贸易额逐年攀升，年均增幅达17.2%，但也应看到，"尽管中国文化产品出口在过去三年发展较快，但出口规模仍然偏小，仍然存在较大的文化贸易逆差"。❶ 从全球文化产业发展来看，高新技术、数字内容、自主知识产权的新兴文化产业是发展趋势，而中国目前的文化产品缺乏自主知识产权、高利润和高附加值的原创文化产品，在全球文化市场中中国所占比重较低，发展空间有待进一步挖掘。例如，随着国外综艺节目的热播，电视节目版权进口额也水涨船高。2013年，韩国仅广电节目出口达2.42亿美元，❷ 我国成为韩国电视节目版

❶ 丁栋："2013年中国文化产品出口91.9亿美元同比增长10.8%"，载http://finance.chinanews.com/cj/2014-17/6076150.shtml，访问日期：2015年11月6日。

❷ "2014韩综艺节目笑傲中国市场 版权费最高涨10倍"：载http://ent.ifeng.com/a/20150109/42139660_0.shtml，访问日期：2015年11月6日。

权出口的主要国家，其中韩国热播综艺节目running man的版权许可费就达到了1.8亿元人民币。❶ 中国文化贸易逆差严重说明中国文化对外国公众的吸引力、影响力、同化力和感召力不强，软实力地位不够高。

（四）盗版掣肘文化产业发展

文化产业的发展建立在版权作品的规模复制和广泛传播的基础之上。在文化产业发展初期，由于我国知识产权保护体制和机制不健全，盗版行为盛行。在《国家知识产权战略纲要》的引导和各部门的相互配合下，盗版行为有所遏制，如优酷、土豆等视频分享网站已经向正版化转型、快播关闭qvod服务器、软件正版化持续推进。但是，我国的盗版现象特别是音像盗版和软件盗版依然比较严重。2012~2014年全国"扫黄打非"十大数据绝大多数都涉及盗版问题（见表3）。"国家版权局2013年度打击侵权盗版十大案件"涉及版权行政处罚案件和刑事案件各5件。其中，行政处罚案件分别为网络影视、网络动漫、网络音乐、KTV歌曲和软件领域侵权盗版案件；刑事案件分别为网络游戏、教材、音像制品、图书领域侵权盗版案件，涵盖侵犯著作权案件的不同类型。相关统计显示，在中国，网络侵权给网络文学造成的损失每年约40亿~60亿元，数字音乐每年因盗版损失上百亿元，网络影视盗版率更高达近九成。在国家版权局和国家工商管理总局一年一度评选案件中，各省报来的40个侵权案件中有19个涉及网络侵权盗版，几乎占到一半。❷ 从长远来看，盗版行为的存在不利于民族文化产业的发展，不利于调动民族文学艺术工作者创作的积极性。因此，打击盗版、保护版权应该是我们推动文化领域发展的重要举措。

---

❶　"韩国综艺占中国荧屏 节目版权费增长10倍"，载http://www.chinanews.com/yl/2015/01-20/6985000.shtml，访问日期：2015年11月6日。

❷　苏妮："网络影视盗版率近9成委员呼吁版权保护月"，载http://ip.people.com.cn/n/2013/0314/c136655-20786165.html，访问日期：2015年11月6日。

表3 2012~2014年全国"扫黄打非"十大数据中涉及盗版数据一表

序号	2012年	2013年	2014年
1	全国共收缴各类非法出版物4 508.8万件	全国共收缴各类非法出版物2 053万件	全国共收缴各类非法出版物1 579万件
2	全国共查处各类案件1.5万余起	全国共查处各类案件1万余起	全国"扫黄打非"办公室联合举报中心共受理网上淫秽色情信息的举报线索82 402条
3	全年共清理境外网上淫秽色情等违法信息370多万条	查处违法违规网站1万余家	全国"扫黄打非"办公室单独或与其他部门联合督办各类"扫黄打非"案件共96起
4	全国"扫黄打非"办联合9部委全年共组织9次督查行动	湖北荆州"5·24"非法外挂案被处罚金600万元	全国共查处各类"扫黄打非"案件8 344起
5	广西刘某某因销售侵权盗版光盘545张被依法逮捕	查处涉案金额达千万元以上的侵权盗版案件7起	4月26日世界知识产权日当天，全国集中销毁侵权盗版及非法出版物2 041万件
6	江苏南京"6·04"批销盗版光盘案涉及光盘生产线21条	未经批准擅自从事动漫音像制品的北京漫动天地文化传媒公司处以罚款23万元	福建莆田"5·25"特大销售淫秽、盗版视频牟利案中，犯罪嫌疑人和未取得版权人授权的影视作品1.3亿集（部）
7	全国"扫黄打非"办全年受理群众举报、咨询电话5.5万个	全年受理群众举报、咨询电话6万余个	北京新浪互联信息服务有限公司被北京市文化市场行政执法总队吊销互联网出版许可证和信息网络传播视听节目许可证，依法停止其从事互联网出版和网络传播视听节目的业务，并处罚款5 085 812.8元
8	集中销毁非法出版物2 900万余件	销毁非法出版物2 944万余件	—

（五）知识产权高端人才储备不够

近年来，我国政府机关通过组织讲座、培训、交流方式，健全了知识产权的组织体系和工作人员队伍。2015年，文化部、财政部联合启动"2014~2015年度文化产业创业创意人才扶持计划"，[❶]以提升文化产业创意创业水平，促进文化创意与相关产业融合发展。但从全国范围内看，我国知识产权人才队伍建设与文化事业和国家经济社会发展的要求相比还有很大差距，人才工作还存在许多与新形势要求不相适应的问题，主要表现在人才数量、素质和能力上都需要整体提高，知识产权人才结构和布局

---

❶ "2014~2015年度文化产业创业创意人才扶持计划"，载http://design.ssofair.com/，访问日期：2015年11月6日。

还不够合理，人才发展的体制机制障碍仍然存在，人才资源开发投入不足，知识产权高层次人才匮乏。以动漫产业为例，我国动漫人才培养缺少与影视、动画创作、动画管理等相关的师资。很多学校动画专业的中坚师资力量毕业于计算机专业，虽具有很好的技术能力，但缺乏影视创作能力。同时，从课程设置来看，动漫制作课程偏重动画技术的课程，特别是计算机设计技术，忽视与影视相关的人文课程。在447所现有动画专业的高校中，仅有少数高校开设了与影视相关的课程，很少有学校开设动漫管理类课程，如动画剧本创作、动画制片管理、动画营销、动画衍生产品设计和开发等。❶

（六）文化成果"走出去"困难

2014年，"文化及相关产业增加值占GDP比重""文化及相关产业固定投资实际到位资金""文化娱乐用品及服务价格指数""电影院线内银幕和票房收入"均呈稳步增长状态，但在2014年，核心文化产品的出口总额下降12.3%，相较于2013年的251.1亿美元，2014年出口额仅为220.4亿美元，从商品类别上看，声像制品的出口额降幅最大，达48.9%。视觉艺术品也下降20.1%。同时，图书、期刊报纸进出口额进一步降低，2013年进口28 048.6万美元，出口为6012.4万美元，进出口贸易逆差为1:4.66。2014年，进口额增加为28 381.6万美元，出口额降为5 649.7万美元，进出口贸易逆差为1:5.0（见表4）。

虽然在实施文化"走出去"战略中，国家出台了一系列的文件，如《关于促进文化产品和服务"走出去"2011~2015年总体规划》《关于加快我国新闻出版业走出去的若干意见》。2015年，国家推出中国出版物版权输出促进计划，对符合条件的版权输出给予奖励，成为推动文化"走出去"的重要举措。❷但从总体看，我国文化"走出去"工程还遇到一些亟待解决的问题，主要体现为文化产业竞争力不强、国际认可度不高、对

---

❶　金元浦：《动漫创意产业概论》，高等教育出版社2012年版，第344页。

❷　"版权资产：国有文化企业的核心竞争力"，载http://www.ncac.gov.cn/chinacopyright/contents/518/242148.html，访问日期：2015年11月6日。

外交流主体不多、政策支持不足。我国文化产业尚处于发展的起步阶段，政府在推动文化产业发展上具有不可替代的作用，发达国家成功的经验表明，通过制定国家层面的文化产业政策和对外贸易政策，有助于实现文化产业的跨越式发展，提高我国文化产业的国际竞争力。❶

表4　按商品类别分核心文化产品进出口情况（2014年）

项目	进出口总额（亿美元）	出口额（亿美元）	进口额（亿美元）	贸易差额（亿美元）	增长（％）	
					出口	进口
合计	243.20	220.42	22.77	197.65	−12.3	0.1
文化遗产	1.34	0.25	1.09	−0.84	−3.2	53.7
印刷品	37.78	31.11	6.67	24.44	3.9	1.7
图书	21.28	18.69	2.59	16.10	4.1	−0.5
报纸和期刊	2.80	0.23	2.58	−2.35	2.5	12.2
其他印刷品	13.70	12.19	1.51	10.68	3.8	−9.5
声像制品	3.11	1.19	1.92	−0.73	−48.9	−38.4
视觉艺术品	120.45	114.34	6.11	108.22	−20.1	−24.7
绘画	6.57	4.20	2.37	1.83	−11.1	−7.8
其他视觉艺术品	113.87	110.13	3.74	106.39	−20.5	−32.6
视听媒介	63.45	58.54	4.90	53.64	−4.1	92.9
摄影	0.22	0.04	0.18	−0.15	43.5	−14.6
电影	0.02	0.00	0.02	−0.02	13.6	−15.1
新型媒介	63.21	58.51	4.70	53.81	−4.1	104.0
其他	17.07	14.99	2.07	12.9	2.6	2.06

（七）动漫游戏产业创新能力仍有不足

在美国动漫与日本动漫盛行的今天，以《大圣归来》《熊出没》以及《捉妖记》等为代表的国产动漫已然成为我国电影史上浓墨重彩的一笔，但就中美动漫专利布局来看，缺乏专利保驾护航的中国动画电影产业仍然存在发展瓶颈，与动漫产业相关的知识产权的未来仍有待观望（见图4）。此外，在动漫衍生品开发方面，我国动漫游戏企业仍然面临知识产权管理能力不足的情况。

---

❶　张胜冰等：《世界文化产业导论》，北京大学出版社2014年版，第399页。

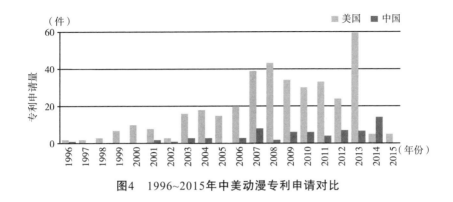

图4　1996~2015年中美动漫专利申请对比

四、国外文化产业的知识产权保护

作为"科技领先型国家",美国较早确立了体系完善的文化知识产权制度;作为"技术赶超型国家",日本在"教育立国""贸易立国"以及"科技立国"的基础上,进一步提出了知识产权强国战略,以振兴科技文化产业;作为"引进创新国家",韩国通过修纲变法,达到保护国内优秀文化产业之目的。此外,英国也积极通过调整管理机构,加大版权贸易,推动文化产业的发展。

(一)美国

作为世界第一文化产业强国,美国拥有2 300多家日报、8 000多家周报、1.22万种杂志、1 965家电台和1 440家电视台。美国文化产业在整个美国经济体系中具有举足轻重的地位。美国主要是通过以下几种方式推动文化产业发展的。

1. 完善知识产权保护法律体系

作为世界上对知识产权保护最严密的国家之一,美国建立了比较完善的知识产权法律体系,为文化产业的健康发展提供根本保护。国家艺术及人文事业基金法、专利法、商标法、版权法、反不正当竞争法为美国文化产业崛起和发展奠定了重要基础。近年来,美国还通过《跨世纪数字版权法》《半导体芯片保护法》《反盗版和假冒修正法案》《优化知识产权资源与组织法案》《电子盗版禁止法》《伪造访问设备和计算机欺骗滥用法》，形成全球保护范围最广、相关规定最为详尽的知识产权立法体系，为文化产业的繁荣提供法律保障。

2. 健全与保护文化产业相关的政府机构

美国政府相当重视对文化产业知识产权的保护，政府机构中设有版权办公室（隶属于国会图书馆，主要负责版权的登记、申请、审核等工作，以及为国会等行政部门提供版权咨询）、美国贸易代表署（负责知识产权方面的国际贸易谈判）、海关（主要负责涉及知识产权产品的进出口审核等相关工作）、商务部国际贸易局、科技局和版权税审查庭等监督、管理文化产业发展的行政部门。除此之外，美国政府还成立了一些直属政府部门的工作小组，加强版权的监督与保护，如克林顿政府设立的美国国家信息基础设施顾问委员会、信息政策委员会等。

3. 实施数字化版权保护战略

为了适应时代发展的需要，作为版权法的补充，美国先后出台了一系列重要的法律、法规，以加强知识产权保护。随着数字技术与文化产业的联系越来越紧密，美国国会颁布并实施了多部数字版权保护法案。美国在1980年就颁布实施了《计算机软件保护法》，成为最早采用版权制度来保护软件知识产权的国家。为了适应数字时代版权保护的要求促进美国版权业的进一步发展，美国国会先后通过了《电子盗版禁止法》和《跨世纪数字版权法》（DMCA），针对数字技术和网络环境的特点，对美国版权法作了重要修订和补充，为公众和文化产业提供数字化版权保护。此外，美国在2013年发布《数字经济下的版权政策、创造及创新》，旨在应对数字经济时代网络版权发展所面临的困境，借以推动文化产业的发展。❶ 2015年，美国发布版权法最新修正案，对DMCA禁止规避技术措施之例外予以详细规定，以推动文化教育、软件研究以及游戏产业等的发展。❷

---

❶　"The Department of Commerce Internet Policy Task Force, Copyright Policy, Creativity, and Innovation in The Digital Economy"，载http://www.uspto.gov/sites/default/files/news/publications/copyrightgreenpaper.pdf，访问日期：2015年11月6日。

❷　"Exemption to Prohibition on Circumvention of Copyright Protection Systems for Access Control Technologies"，载http://copyright.gov/fedreg/2015/80fr65944.pdf，访问日期：2015年11月6日。

4. 积极推动知识产权保护国际化进程

在加强国内相关立法的同时，美国大力推动知识产权保护的国际化进程，以促进其文化产业占领国际市场。与此同时，美国还采取双边和多边机制，积极谋求美国文化商品的国际市场。

美国在《关税和贸易总协定》乌拉圭回合谈判中，全力推动建立与国际贸易相关的新型国际版权保护体制和机制。在TRIPs协议达成之后，美国仍然利用1988年《综合贸易与竞争法》中的"特别301"条款的双边措施，迫使其他国家加强对美国版权的保护。同时，美国还通过"337调查"对进口和过境贸易中的侵犯美国知识产权的文化产品采取制裁措施，以此阻止侵犯美国知识产权的产品进入美国市场。在过去的数年中，美国还与许多国家或地区签订了区域自由贸易协议(FTA)，其中最重要的基本原则之一是不断强化知识产权规则，确立对知识产权的强硬保护。此外，以美国为首的一些发达国家正在积极推动以《跨太平洋伙伴关系协定》为代表的多边贸易协定，以建立更高的知识产权侵权执法标准，强化贸易执法力度。美国实施的知识产权战略，在国内为文化产业的发展提供了肥沃的法治土壤，在国外为其文化产业的发展开辟了广阔的空间。

（二）日本

日本是亚洲文化产业发展的领头羊，日本文化产业的市场规模已超过10.5万亿日元（约7 000亿元人民币），仅次于美国，位居世界第二。[1] 日本早在1995年就提出"文化立国"战略，明确提出10年内把日本建成世界第一知识产权强国。步入21世纪后，日本又提出知识产权立国战略，强调要推动建立知识产权螺旋上升式的新日本，即从知识产权创造、应用、保护、人才培养四个层次逐步实现知识产权的创造循环。[2] 日本加强文化产业知识产权保护的做法主要有以下几个方面。

1. 完善文化产业知识产权法律法规

为促进文化产业发展，日本不仅在政策上予以鼓励，而且制定了健全

---

[1] 日本贸易振兴机构：《日本文化产业介绍报告》，2007年3月。

[2] 贺鸣、张惠瑶："管窥日本:知识产权如何立国?",载《法制博览》（中旬刊）2013年第3期。

的法律、法规。在《21世纪文化立国方案》的指导下，日本在接下来的10年里完成了包括《知识产权基本法》《信息技术基本法》《著作权保护法》《文化产业促进法》等在内的10余部旨在促进文化产业发展和保护的立法。为了保证"文化立国"战略目标的实现以及满足民众日趋强烈的振兴文化的愿望，日本于2001年12月公布实施《振兴文化艺术基本法》，在此基础上，审议通过《有关振兴文化艺术的基本方针》，确定日本振兴文化艺术的基本方向。此外，为促进文化产业的发展，日本于2001年10月1日对著作权法再次进行修改，更名为《著作权管理法》并开始实施。2004年开始实施《文化产品创造、保护及活用促进基本法》。2002年，日本通过《知识产权基本法》，并于2005年设立知识产权高级法院，提高了审理知识产权侵权案件的权威和速度。2007年，修改并实施《观光立国基本法》。这一系列法律法规的制定和实施，为日本文化产业的快速发展提供了良好的法律制度保障。此外，为了配合《跨太平洋协议》生效，日本文化厅将在2016年对著作权法进行修改，进一步加强对网络盗版的监管，加强文化产业知识产权保护。❶

2. 重视文化产业中企业和行业协会的作用

日本政府通过预算拨款、提供补助、设立文化专项基金等形式，不断加大对文化产业的投入。但总体来说，日本在扶植文化产业方面已经形成以民间为主、中央和地方政府为辅的多元化投融资机制。日本的文化产业并不由政府"包办"，而是采取由政府推动以及政府和民间一起投入的机制，文化产业项目都进入市场操作。其中，中介组织的作用尤为明显。

日本文化行业协会很多，几乎每个行当都有自律性的组织或机构。日本文化行业协会的作用十分突出，被看作政府职能的延伸，如日本文化产品的审查，通常不是由政府直接负责而是由行业协会把关。由日本音乐著作权协会、日本放送协会、日本民间播送联盟及日本唱片协会联合建立的公益社团法人著作权信息中心(CRIC)，是一个自发的、非盈利性质的组

---

❶ "日本将修改著作权法配合TPP生效"，载http://news.sina.com.cn/o/2015－11－12/doc－ifxksqku2860178.shtml，访问日期：2015年11月6日。

织，是日本提供著作权信息的重要组织。著作权信息中心通过开展关于著作权制度的普及活动及著作权制度的调查研究等，旨在对著作权及著作邻接权进行恰当的保护，从而促进文化的蓬勃发展。该中心通过举办讨论会和研讨会，组织东亚地区研讨会以及对外翻译日本著作权制度和日本著作权法等方式促进文化产业的蓬勃发展。❶

3. 打造完备的动漫产业链

日本的动漫产业始源于其漫画产业，而后逐渐发展成漫画、动画和电子游戏相互衍生和渗透，形成一个共同发展的巨大产业链条。日本动漫产业主要具有以下四个特点：（1）动漫产业体系完善，产业链上各个环节衔接紧密，形成了从漫画销售、动画播映、授权衍生品销售的完整产业体系。（2）产业规模效应形成，日本本身具有庞大的动漫消费人群，通过动漫出版物和衍生品对成功品牌的复制和扩张，动漫品牌的价值得以重发挖掘。（3）各环节商业模式明确，都具有良好的现金流支撑业务，产业链条上不存在薄弱环节。（4）依靠持续经营，在动漫作品能够较稳定的成功率的基础上，通过规模化的生产和运营，保证企业具有获得稳定的收益。❷ 在日本"漫画创作—在动漫期刊上连载—选择优秀作品出版单行本—动漫影视生产—电影院／电视台播放—图书／音像／游戏发行—形成版权的授权代理—衍生品开发和营销"模式的动漫产业链中，众多日本动漫公司都把后期衍生产品作为收回资本的最为重要的手段。在整个动漫产业链中，日本都十分重视知识产权的保护，动漫作品在播放的过程中带动漫画图书、漫画杂志和相关的衍生商品不断开发，逐渐形成动漫产业链，作者、出版社、动画制作公司、动画赞助商、游戏开发商、玩具制造商等都会签订一揽子的版权保护合同，从漫画杂志开始到衍生品的开发，都有形象授权。从日本立法现状来看，对于动漫卡通形象的知识产权法律保护，日本所采用的，是以著作权保护为主，同时辅之以商标法、反不正当

---

❶　"日本版权交易媒介"，载上海情报服务平台http://www.istis.sh.cn/list/list.aspx?id=8124，访问日期：2015年11月6日。

❷　"日本动漫行业产业链分析"，载中商情报网http://www.askci.com/news/201312/03/031495034731.shtml，访问日期：2015年11月6日。

竞争法、外观设计法以及民法的综合保护方式，并用相关判例和商品化权来提供实践支持。❶

4. 实施海外知识产权保护战略

日本始终致力于通过多种途径，全面地推进海外知识产权战略的实施。首先，日本通过自由贸易协定(FTA)和经济伙伴关系协定(EPA)的谈判将知识产权制度建设和保护水平的提高纳入其中，广泛涉及专利、商标、地理标志等多个领域。❷其次，在国际组织和区域性组织中参与的活动很大一部分就是资助亚太地区的知识产权制度建设，如加强对知识产权从业人员、政府官员、企业人士的培训，举行座谈会、派遣专家等，重点从提高知识产权意识到促进知识产权法律制度的建设和知识产权具体实施，通过影响别国的人才培养及制度建设，为日本企业提供良好的知识产权保护法制环境。最后，日本通过积极获取主导权参与和推进国际条约、政策的制定与修订，为知识产权国际保护提供有效的法律框架和机制保障，积极主动打击国外侵权，提高日本产品在境外的保护水平以及日本本国的创新能力。

（三）韩国

亚洲金融危机后，韩国政府调整经济结构，将文化产业列为21世纪国家经济战略性支柱产业，提出了"韩国文化世界化"的口号，在韩国经济恢复过程中，文化产业成为最活跃、成长最快、吸纳就业人数最多的支柱产业之一。韩国的主要做法有以下几个方面。

1. 建立相关政策及法律法规体系

2003年，韩国提出建设"创意韩国"的设想，主张把韩国建成21世纪文化大国和知识经济强国。韩国政府先后制定了《文化产业发展五年计划》《21世纪文化产业的设想》《文化产业发展推进计划》《文化韩国21世纪设想》等一系列产业发展规划，明确了文化产业发展战略。在1999

---

❶ "日本动漫卡通形象的知识产权法律保护实践"，载北京法院网http://bjgy.chinacourt.org/article/detail/2012/06/id/886573.shtml，访问日期：2015年11月6日。

❷ 彭霞："日本海外知识产权战略研究"，载《财经理论与实践》2013年第4期。

年制定的文化产业综合性法规《文化产业振兴基本法》的基础上，韩国政府随后又陆续对《音像振兴基本法》《著作权法》《电影振兴法》《演出法》《广播法》《唱片录像带暨游戏制品法》等作了部分或全面修订。这些法律条文一方面明确了文化产业的产业性质，为其健康发展提供了有力的法律保障；另一方面，也对产业运作中的某些容易出现的问题进行了规范约束，为文化产业的发展提供了明确的战略方向、较为全面的政策依据与制度环境。

2. 完善文化产业组织管理机制

1994年，文化观光部首次设立"文化产业局"，主管文化产业，其职能不断加强，业务范围涉及文化产业的各个方面。1999年，韩国文化观光部、产业资源部、信息通信部通力合作，建立各自下属的"游戏技术开发中心""游戏综合支持中心"，重点扶植游戏产业。文化观光部和产业资源部还设立韩国卡通形象文化产业协会和韩国卡通形象产业协会，分别负责作品的创作和市场开发，共同推动卡通形象业的发展。2000年，"韩国文化产业振兴委员会"成立，其主要职责是制定国家文化产业政策方向、发展计划及文化产业振兴基金运营方案，检查政策执行情况，开展有关调查研究等。2001年，韩国又成立了文化产业振兴院，下属韩国文化观光部，以落实各项政策措施。韩国政府成立这些专门文化产业促进机构的主要目的是推动"文化立国"战略的全面实施，全方位地支持文化产业的发展。2002年7月，文化观光部又决定组建文化产业支援机构协议会，旨在避免业务重复，加强信息交流，将原来分散组织的活动"大型化""集中化"，提高工作的整体效果。

3. 专设文化产业振兴基金

韩国举国上下都十分重视文化产业的开发和经营，政府和民间都投入了大量资金进行文化市场的开发。为发展文化产业，韩国政府舍得投入，国家加大文化产业预算。在爆发金融危机的1997年，韩国就设立了文化产业基金，为新创文化企业提供贷款。2000年文化事业财政预算首次突破国家总预算的1%，2001年又上调9.1%，进入"1兆韩元时代"。韩国还设立文艺振兴基金、文化产业振兴基金、信息化促进基金、广播发展基金、电影振兴基金、出版基金等多种专项基金，运作文化产业专门投资组合。

4. 重点保护韩国传统文化

一直以来从中央到地方的韩国政府都十分重视传统文化的保护和传承，对于历史遗迹、传统工艺和技艺、生活习俗、饮食服饰等，都投入了大量的人力、物力和财力，采用各种方式加以保护并发扬。早在1962年，韩国就颁布了《韩国文化财产保护法》，至今已经进行了十余次修订，形成了一套完整的管理体系和严格的奖惩制度，推进对重要有形无形文化财产及民俗资料和史迹兼名胜等进行普查确定、出版民俗调查报告书、确定无形文化遗产传承人等保护传统文化措施的实施，有力保障了韩国传统文化的保护与传承。

5. 大力发展网络游戏产业

网络游戏产业目前已成为韩国国民经济的支柱产业之一，在其号称世界第一的高速网络设备基础上，韩国开创了世界一流水平的在线游戏产业。❶韩国在发展网络游戏时注重将动漫与网络技术相结合，根据游戏角色重新创作漫画和动画，实现动漫产业与游戏产业发展齐头并进。韩国有名的游戏产业"一院三中心"，即游戏产业开发院、游戏综合支援中心、游戏技术开发支援中心和游戏技术开发中心，虽然分属三个政府部门，但以密切合作的方式支持本国游戏产业的发展。韩国发达的网络游戏产业与知识产权保护密不可分，在韩国游戏产业振兴相关法律内设置的独立的"游戏文化振兴章节"中就明确涵盖了游戏产品的知识产权保护内容。

6. 设立海外著作权中心

为扩大著作权出口建立扶持体系，设立著作权振兴中心，组织"海外著作权保护项目"，推动与中国、东南亚等主要国家的著作权保护与合作。从2006年开始，韩国文化体育观光部和韩国著作权委员会联合推进"海外著作权保护项目"，致力于在海外加强对韩国著作权的保护，鼓励

---

❶ 《韩国游戏白皮书》显示，2011年韩国游戏市场的规模达到8兆8 047亿韩元，这一数字占韩国文化输出总额的80%以上。

合法进行著作权交易；2006年4月和2007年5月分别在中国北京和泰国曼谷设立海外著作权中心，在韩流席卷的主要地区建立著作权保护基础；2010年10月向驻华上海文化院派遣著作权专家；2011年12月在菲律宾马尼拉增设著作权中心。在韩流内容产品的主要出口对象国，韩国为保护著作权并扩大版权产品市场，不断加强平时支援体系。

（四）英国

英国的文化产业主要由教育文化产业、文化旅游产业和表演艺术产业组成。2014年英国最新的《创意产业经济报告》在保留了以上定义的同时对创意产业进行了新的划分，目前英国的创意产业包括广告及市场营销、建筑、工艺、设计（产品、图形及时尚设计）、影视（及广播、摄影）、信息科技（IT、软件及计算机服务）、出版、博物馆（及美术馆、图书馆）、音乐（表演及视觉艺术）。2013年英国创意产业的增加值总额[1]（GVA）为769亿英镑，占英国经济增加值总额（GVA）的5%，较2012年增长高达9.9%。[2] 其中，信息科技为351亿英镑。在保护文化产业知识产权方面，英国的主要做法有以下几种。

1. 文化产业知识产权的法律与保障政策

1998年英国推出首个创意产业的政策性文件《创意产业路径文件》，明确提出了创意产业的概念和产业分类，提出政府为支持创意产业而在从业人员的技能培训、企业财政扶持、知识产权保护、文化创意产品出口等方面应作出积极努力。继《创意产业路径文件》后，1999年英国发布的《地方的发展维度》研究了文化创意产业的地区发展；2000年发布的《未来十年》从教育培训、扶持个人创意及提倡创意生活等方面，研究如何帮助公民发展及享受创意；2004年的《创意产业经济评估》公布了创意

---

[1]　GVA(Gross Value Added)是一个估计国民生产总值(GDP)的重要方法，GDP和GVA的区别可以用一条公式来表达：GVA +生产的税收－生产的补贴=GPA (GVA +taxes on products−subsidies on products = GDP)。

[2]　Department for Culture Media & Sport: "Creative Industries Economic Estimates(2015)", in https://www.gov.uk/government/uploads/system/uploads/attachment_data/file/394668/Creative_Industries_Economic_Estimates_－_January_2015.pdf.

产业进、出口就业等统计数据，并介绍了产业的发展现状。为实施"创意英国"战略，2008年主管创意产业的文化、传媒与体育部（DCMS）发布《新经济下创意英国的新人才战略报告》，提出包括人才培育在内的26条促进建成"全球创意中心"的行动计划和相应目标。这些创意产业政策的出台保证了政府产业政策的有效性、连贯性和一致性，而这些创意产业政策也是政府对创意产业知识产权提供保护的最有力依据。在立法方面，英国创意产业相关的重要立法有《1988年版权、外观设计和专利法》《2002年企业法》《2003年通讯法》《2010年数字经济法》和《2012年现场音乐法》等。

2. 适度整合管理部门

英国创意产业的规划和管理部门一直较为集中，主要由知识产权办公室、英国创意产业委员会与文化、传媒与体育部构成。在英国，知识产权办公室（IPO）致力于为促进专利、设计、商标和版权创新而提供简洁明晰、便于理解及获益的知识产权制度。英国文化、传媒与体育部（DCMS）则主要负责英国创意产业的发展和推广，主要出台相关创意产业政策，跟踪产业动态，推动创意产业在国际和国内的发展，2004年由贸易产业部和文化、传媒与体育部的专利办公室联合组建了"创意产业知识产权论坛"，负责推进创意产业新商务模式、关于知识产权的教育与交流。英国创意产业委员会是连接创意产业与政府间的联合委员会，代表了英国的创意产业，并聚焦于帮助创意产业跨越发展壁垒，解决各种制约问题，例如金融、技术、法律法规、知识产权及基础设施，委员会成员都是创意产业及数字产业领域的领军者，包括电视、电脑游戏、时尚、音乐、艺术、出版和电影。

3. 发达的版权交易媒介

英国的版权交易媒介以英国版权委员会、英国版权集体管理组织和英国版权中心为代表。英国版权委员会(BCC)成立于1965年，是英国保护和推动文化产业发展的重要组织。作为一个非营利组织，英国版权委员会由享有版权的文学、戏剧、音乐和美术作品作者的代表机构及表演这些作品的演出人的代理机构所组成，是此类组织中唯一没有接受政府基金支援的组织。英国版权委员会帮助会员组织维护和推广文化产业，监控可能影响版权的立法、行政、社会和科技活动，并作为世界知识产权组织的非政府组织观察团成员，与英国政府和国内外当局及其他利益团体进行协商，建议、敦促政府和其他决策者采取各类版权保护行动。英国有几十个版权相关的集体管理组织，且大都是英国版权委员会成员，几乎涵盖影视音像、图书期刊出版、文学著作等涉及版权各个领域。2012年英国音乐表演权协会所收取的版权费为64 180万英镑，2012年管理的音乐作品达到1 300万件，其版权管理下的音乐被使用次数达到1 240亿次。2013年，英国首个数字版权中心(Copyright Hub)正式上线运营。英国版权中心作为英国版权信息门户网站，网站用户一方面可以注册个人版权作品信息，另一方面可获得其他版权作品信息，并获得使用许可。网站特别面向交易费用很低的大量未开发的低价值交易。目前该网站还在测试阶段，试运行阶段只覆盖为数不多的机构，预计建成后，英国版权中心将成为连接英国及全球大量网站、数字版权交易和数据库的门户。❶

4. 强化数字时代知识产权保护

英国为了在数字时代加强对知识产权的保护，知识产权办公室(IPO)在发布知识产权的合作计划时，提出英国2011~2015年知识产权的战略目标：制定全球化和全国性的知识产权政策，促进英国的竞争力增强和经济的增长，满足消费者和整个社会的需求；建立世界一流的知识产权保护环境，伴以注重专家意见和消费者导向的权利保护体系，促进世界的多样性；提供一系列满足消费者和市场最新需求的知识产权的产品和服务，以利于新的商业活动开展。与此同时，知识产权办公室(IPO)还发布了《预防与治理：2011年英国惩治知识产权犯罪战略》。商业创新与技术部(BIS)的官员威尔科克斯在该报告的"序言"中指出：对版权和商标的投资对于英国经济来说非常重要，确实越来越多的国家也都是如此。侵犯这

---

❶ "英国文化产业体系"，载上海情报服务平台http://www.istis.sh.cn/list/list.aspx?id=8187，访问日期：2015年11月6日。

些权利的犯罪，将会引发人们对于经济增长的忧虑，因此英国决心从事反对国内和国际层面的假冒和盗版活动。

5. 注重培养创新型人才

早在英国创意产业特别工作小组成立之初，英国政府就制定了对文化创意产业发展至关重要的三项政府措施，其中第一项就是为有才能的人士提供培训机会，尤其注重对青少年的艺术教育和创造力培养。政府部门协力培养创意人才，在创意人才培养方面推出了一系列举措。将英国数量众多馆藏丰富的文化艺术遗产转化为取之不竭的艺术教育资源，让学生从中得到形象生动的艺术教育。英国产业技能委员会在大学为电影电视和多媒体行业举办为期3年的人才再造工程，为这些行业的人士提供电影摄制、编剧、动画、导演、作曲、录音等10个专门学科上百门学习课程，使影视业的66%和多媒体行业的24%的从业人员达到研究生水平，有效地提高了这些行业的创新潜能。❶

（五）国外文化领域知识产权保护经验的借鉴

1. 不断完善文化领域知识产权法律保障体系

纵观美国、日本、韩国、英国等国家文化产业的发展，无一不是有一整套详尽的知识产权法律体系为其保驾护航。在不断发展和进步的科学技术背景下，文化领域中围绕知识产权方面不断地出现新的法律空白，为了弥补这些空白，美国、日本、韩国、英国等国家及时制定和修订相关法律法规，不断完善知识产权法律体系，应对文化产业发展出现的知识产权新问题。与此同时，知识产权法律体系的构建也为上述国家的"文化立国""知识产权立国""创意立国"等文化发展战略的实施提供了法律依据和保障。文化产业属于知识产权密集型产业，文化产品的创造、运用、保护和管理都会涉及版权、专利、商标等知识产权问题，文化产业的发展离不开知识产权保护。在文化领域，我国已经建立起较为完整的知识产权法律体系，形成了以《著作权法》为核心，涵盖《专利法》《商标法》

---

❶ 陈美华、陈东有："英国文化产业发展的成功经验及对中国的启示"，载《南昌大学学报（人文社会科学版）》2012年第5期。

《非物质文化遗产法》《信息网络传播条例》《计算机软件保护条例》等法律、行政法规为主干的文化领域知识产权法律体系。随着科学技术的突飞猛进和社会经济水平的不断提高，我国文化事业和文化产业在发展进程中涌现出大量与知识产权相关的新问题，特别是数字化时代的到来和互联网的普及，更是给传统的知识产权制度带来诸多挑战。因此，我国应当借鉴美国、日本、韩国、英国等国家的经验，适时出台与及时修订文化领域知识产权政策法规，加强文化领域知识产权司法保护，加大文化领域知识产权执法力度，不断健全文化领域知识产权法律保护体系，为我国文化事业和文化产业的健康发展提供坚实的知识产权法律保障。

2. 积极参与国际条约的制定与修订工作

美国、日本、韩国、英国等发达国家为了促进本国文化产业的发展，一方面不断完善本国知识产权法律体系，另一方面，他们凭借其强大的国家竞争力和雄厚的经济基础，在知识产权国际条约的制定中占据主导地位，在国际上推行高水平的知识产权保护标准，将知识产权当作维护文化强国地位、保护本国文化产品贸易利益、强化文化产业竞争优势的强大武器。作为广大发展中国家的代表，我国应当积极参与知识产权国际条约的制定、修订，充分利用国际协调机制对抗发达国家超越国际条约标准、超出我国国情的文化领域知识产权强保护要求，争取国际规则制定的话语权，反映我国文化事业和文化产业的知识产权诉求，努力为文化产品的"引进来"与"走出去"营造良好的知识产权制度环境。

3. 重视文化领域知识产权人才培养

人才是文化产业发展的源动力，美国、日本、韩国、英国等都十分重视文化领域人才培养，比如，美国文化产业利用其雄厚的资金和广阔的市场前景，从世界各地吸收大量优秀文化艺术人才的同时根据产业发展的需要通过多种方式，培养大批高素质的文化产业人才；日本将"产学官"相结合的模式作为文化产业发展的关键战略，充分利用现有资源交流人才，促进研究成果和产业的转化；英国2008年专门出台以创意人才为主题的战略举措,对创意才能的培养、创意人才的就业等提供诸多帮助和有效通道;韩国投入大量的专项资金进行文化产业人才培养,这些人才不仅包括影视娱乐和艺术方面的文化创造人才,还包括文化企业宣传和策划等人才等。我国文化产业发展方兴未艾,文化领域知识产权创造、运用、保护和管理等各个环节均取得显著进展,对我国知识产权人才从数量上和质量上也提出了更高的要求。文化事业与文化产业的发展,需要既懂技术又熟悉知识产权规则的人才,需要能熟练运用、经营知识产权的人才,也需要大量的从事知识产权保护的专业人才,还需要能从宏观、微观各环节进行知识产权管理和知识产权服务的管理人才。我国应当充分借鉴美、日、韩、英等国对文化领域知识产权人才的培育、引进、管理等经验,针对我国文化事业与文化产业发展的特点与需求,通过吸引海外优秀文化产业人才、拓宽人才选拔途径、完善人才激励机制、利用高校与企业合作培养高素质文化人才、开展多层次多渠道的人才培训、设立专项人才培养基金等措施,进一步推动我国文化领域知识产权人才队伍建设。

4. 推动动漫游戏产业衍生品的开发与保护

动漫作品和游戏作品的影响力随着互联网的普及而越来越大,动漫产业的外延在不断扩展。从日韩、欧美国家的动漫产业发展来看,动漫产业链中最为重要和主要盈利的一环正是动漫衍生品市场,比如世界动漫巨头迪士尼公司制作的动画片《狮子王》,投资为4 500万美元而其动漫衍生品的收入已经高达20亿美元,迪士尼利用其高水准的创作、高投入宣传和高水平的营销手段,充分挖掘和整合其动漫资源,大力开发从动漫产品本身的图书、音像、影视剧、网络动画、手机动画延伸到游戏、服装、玩具、食品、文具用品、主题公园、游乐场、日用品、装饰品等多个产业的衍生产品,形成一个完整的产业链,为迪士尼创造了巨大的经济价值,也使迪士尼的品牌与形象走向世界。反观目前中国的动漫产业链,动漫衍生品依然对国外的动漫产业较为依赖,国内仅有喜羊羊与灰太狼、蓝猫、熊出没等为数不多的成熟的动漫形象,加强衍生品市场的授权与开发是国内文化企业面临的重要课题,也是完善我国动漫产业链的主要任务之一。我国动漫游戏产业的发展可以借鉴美日韩等拥有发达动漫游戏产业国家的优秀经验，构建漫画、动画与游戏三位一体和相互渗透、相互促进的发展模式，推动对动漫、游戏衍生产品的开发与营销，使衍生产品成为动漫游戏市场的主力，在创造商业利润的同时也可以发扬中国文化。同时，必须加强动漫游戏产业的知识产权保护，提高相关企业与社会公众的知识产权意识，严厉打击对动漫游戏作品及衍生产品的盗版行为，充分运用《著作权法》《商标法》《专利法》《反不正当竞争法》等知识产权法律对动漫游戏作品、角色形象、品牌等提供综合保护，为我国动漫游戏产业的健康发展和良性循环营造良好的社会与法制环境。

5. 充分挖掘与保护传统文化资源

英国和韩国非常注重对本国传统文化的保护和利用。英国将博物馆作为文化产业的基础结构，英国拥有2 500多家博物馆，是世界上博物馆密度最大、质量最高、体系最健全的国家，同时，英国博物馆还善于将创意与传统文化相结合，创造独特的相关衍生品，传播文化的同时实现自主创收。韩国政府也将传统文化的保护列为文化产业振兴的重要内容之一，通过成立民俗博物馆、设立民俗文化节、积极申报非物质文化遗产等措施保护本国传统节日、历史遗迹、文化遗产、传统工艺和技艺、生活习俗、饮食服饰等传统文化资源，在国际文化贸易中，韩国致力于打造特色文化品牌，将传统文化融入电影、电视、音乐等文化产品，为提升国家形象和传播韩国文化发挥了重要的作用。我国历史悠久，文化源远流长，特别是传统技艺、民间文学艺术、中医中药等传统文化资源丰厚，具有独特的知识产权优势和发展文化产业的先决条件。我国应当积极借鉴英国、韩国的优秀经验，发挥我国作为文明古国和资源大国的优势，充分挖掘丰富多彩的民族与民俗资源，积极申报世界文化遗产，将保护与创新并举，大力开发博物馆衍生品，创建兼具传统文化底蕴与创意色彩的特色文化品牌，在传承与发扬中国传统文化的同时带动旅游业、制造业等相关产业的发展。

五、我国文化产业知识产权保护的对策建议

自国家知识产权战略实施以来，我国文化产业知识产权工作得到有效开展，知识产权保护促使文化产业逐步成为我国经济社会发展新的动力。但是，我国文化产业的知识产权保护还存在一些不足，我国文化产业知识产品多而不精的问题比较突出，缺少文化精品、文化科技核心专利、文化知名品牌，文化产业知识产品的国际竞争力不强。在面临更加复杂的国际环境的同时，我国经济社会发展也对文化产业的知识产权建设提出了新要求。为此，在总结我国文化产业知识产权保护的成效与不足的基础上，借鉴美国、韩国、日本、英国等文化产业发达国家在文化产业知识产权保护方面经验，提出我国文化产业知识产权保护的对策建议，主要包括以下几个方面。

（一）完善知识产权法律法规体系

实施国家知识产权战略以来，我国知识产权法律体系建设与时俱进，得到前所未有的发展，与文化相关的知识产权法律亦随之走向成熟。但现有的知识产权制度是一个"舶来品"，一些方面还存在"水土不服"的问题；另一方面，科学技术飞速发展，文化产业出现的新知识产权问题尚待解决。此外，文化产业知识产权政策法规体系还不完备。因而，文化产业相关主体要积极加入国内知识产权立法、修法活动，保证与文化相关的知识产权法律的实效性、完备性，提升参与知识产权国际条约制定、修订工作的积极性，提高国际条约对我国文化产业知识产权的关注度，建立健全文化产业知识产权政策法规体系。

1. 积极推动国内相关立法、修法活动

改革开放以来，我国知识产权法律门类日趋齐备、内容不断纵深、体系逐渐完善，但知识产权法律缺乏"中国特色"，对"中国国情"的契合度不够充分，在新出现的知识产权问题方面还存在"真空地带"。具体而言，应当着重完善以下几方面的立法：（1）积极推动著作权法的修订。著作权法是推动文化产业创新的根本之法，也是文化产业应对知识产权纠

纷的关键之法。就我国现行著作权法而言，还应当明确著作权法客体的规定、加大对侵权处罚力度、完善技术措施的相关规定以及加强对网络盗版的监管等。此外，随着三网合一进程加快，视频网站的蓬勃发展，加强对网站经营者的知识产权保护成为推动网络文化产业发展的重点，重构广播权与信息网络传播权迫在眉睫。（2）加快《民间文学艺术作品著作权保护条例》的立法进程。由于民间文艺的特殊性，我国著作权法及相关法律在面对民间文艺保护时往往"心有余而力不足"。民间文艺是我国文化产业创造的重要源泉，因而有必要规范民间文艺的使用，完善民间文艺的保护，从而避免文化资源的浪费，推动我国文化的大繁荣大发展。（3）制定数字环境下文化产业知识产权保护的相关法律法规。与文化相关的网络知识产权保护问题成为文化产业发展的难点，因而应主动研究与文化相关的网络知识产权侵权行为，积极探索与文化相关的网络知识产权侵权治理模式，推动规范网络知识产权行为法律的立法进程。

2. 主动参与国际条约制定、修订工作

虽然我国政府曾在2012年积极承办保护音像表演外交会议，并参与《视听表演北京条约》的制定，但不可否认，国际知识产权条约的规则制定权和利益主导权仍主要由发达国家把控，知识产权交易模式、保护模式主要由发达国家决定，国际社会对传统文化的保护力度和关注度不够充分，我国文化产业应注重培养精通知识产权国际规则的人才，积极组织开展研究国际规则的工作，相关主体应主动参与国际条约的制定、修订，充分反映我国文化产业知识产权方面的诉求，为我国与文化相关的知识产权跨国贸易、跨国保护争取利益。

（二）提升文化产业知识产权质量

创新是文化产业发展的不竭动力，文化作品、文化专利、文化品牌则是文化产业核心竞争力，因而应当充分利用文化系统开展的各类国家文化精品工程、设立的国家文化基金，推动文化精品的创作、文化科技核心专利的发明、文化知名品牌的培育，推动文化事业繁荣发展，促进文化产业转型升级。

1. 扶持优秀文艺作品的创作

开展优秀文艺作品评选活动，设立优秀文艺作品奖，充分发挥国家艺术基金的激励作用，面向全社会文化机构和个人进行资助和奖励，支持和推动优秀文艺作品的创作，引导文艺作品将社会效益放在首位，注重文艺作品社会效益和经济效益的统一。着重解决在文艺创作方面存在的有数量缺质量、有"高原"缺"高峰"的现象，杜绝文艺作品机械化生产、快餐式消费的问题。鼓励文艺创作对中国传统文化资源的利用，结合新的时代条件和中华优秀传统文化，创作出一批具有中国传统元素、具有中国时代特色的优秀文艺作品。

2. 加强文化产业科技创新

运用财政、金融、投资、政府采购政策和产业政策，引导和支持文化产业科技创新，研究制定促进文化企业加大科技创新投入力度的优惠政策，推动科技自主创新的良性发展。大力推进"国家文化科技提升计划"，强化文化产业前沿技术、关键技术研究，集中力量解决一批具有前瞻性、全局性和引领性的重大科技问题。强化文化科技企业的产权意识，鼓励将创新成果产权化，开展优秀文化科技专利评选活动。充分调动高校和文化科研单位人员创新的积极性，加强创新人员的交流与合作。

3. 提升文化产业创新水平

建立促进文化产业不断创新的激励机制，促使不断提高文化产品的知识产权附加值，培育一批创新带动发展的典范企业。支持示范基地和示范园区打造知名品牌，建立完善的品牌认定和发布机制，开展影响力评价工作。努力提升我国原创动漫、游戏的创意、研发和制作能力，促使优秀动漫、游戏精品不断涌现，技术创新能力持续增强。着力打造一批国际知名动漫、游戏品牌和知名动漫、游戏企业，发挥品牌带动发展的效应。

（三）提高文化产业知识产权运用效益

文化产业要聚焦知识产权转化运用，努力提升知识产权运用效益，让知识产权成为推动文化建设、促进文化产业发展、提升文化产品国际竞争力的核心因素。

1. 提高知识产权对文化产业与相关产业融合发展的促进作用

注重文化建设与专利技术的融合发展，加强对专利技术的转化应用，重点加强以动漫产业为代表的文化产业对新专利技术的集成应用，切实发挥专利技术对文化产业发展的带动作用。加强文化创意、设计服务与装备制造业、消费品工业的对接工作，引导企业将文化创意、设计服务融于装备制造业、消费品工业的成果产权化、产权产业化，将知识产权作为传统工业发展的新动力。提升文化作品、民间文学艺术、非物质文化遗产对文化产业繁荣发展的支撑作用，通过开发文化衍生品，实现文化资源的有效利用，提高文化产业知识产权的运用效率。

2. 强化知识产权在文化市场中的运用效益

鼓励和支持文化企业从事知识产权托管交易、知识产权作价和知识产权质押融资入股，推动文化产业集群发展。设立文化产业科技成果转化专项资金，支持文化产业在核心技术、关键技术方面取得重大突破的自主创新的成果产权化、市场化，促进具有良好市场前景的文化专利技术产业化。推动文化企业对动漫、游戏作品衍生品的开发和维护，提高对创意、设计的转化运用效益。加快建设国家动漫产业基地、网络游戏制作基地、信息文化资源共享工程设备开发与生产基地、演艺娱乐和动漫产业示范基地等知识产权创业园和产业化平台，缩短创新成果的产业化周期，提升文化产业专利技术的产业化率，实现文化产业发展与知识产权创造的有效结合。

3. 推动文化产业自主知识产权标准化

鼓励和支持有条件的文化企业、文化科研机构、高等学校、文化行业协会参与制订国际标准、国家标准、行业标准和地方标准，大力弘扬"技术专利化、专利标准化、标准国际化"，培育一批知识产权与技术标准有机结合的骨干文化企业，形成具有自主知识产权的文化品牌。

（四）建立知识产权长效保护机制

随着科学技术日新月异的发展，文化产业中的知识产权侵权现象呈现多发态势，并具有新特征。知识产权侵权救济制度不完善，文化产业大量知识产权案件因难以证明损失额度、违法所得而仅能获得较低的法定赔偿，无法弥补权利人的经济损失；因举证难度大导致权利人无法获得救济，致知识产权保护落空；因侵权人身份、住所难以查明导致侵权行为无法及时得到制止，致使权利人无法及时维护自己的权利。文化产业知识产权保护存在纠纷处理周期长、调查取证难、判决赔偿低、判决执行难等问题，维权成本高、侵权成本低等现象时有发生，"侵权易、维权难"是文化企业反映的最普遍、最集中、最尖锐、最需解决的问题，遏制了文化企业的创新活力和维权热情。

1. 提升知识产权执法水平

加强对文化市场侵犯知识产权行为的打击力度，提高文化部门知识产权执法水平，提升知识产权执法效率，针对侵犯文化知识产权的产品生产源头，侵权行为集中发生的重点地区，建立信息督查和信息通报机制，发布严重侵犯知识产权的文化产品和文化企业黑名单。优化文化产业知识产权执法机制，建立健全文化产业知识产权诚信管理制度，出台文化产业知识产权保护信用评价办法，将知识产权侵权行为信息纳入失信记录，通过文化产业知识产权信用体系建设，遏制侵权行为的发生。

2. 拓展纠纷解决途径

充分发挥文化部门、各文化行业协会、知识产权中介服务机构等解决文化产业知识产权纠纷的协调作用，完善文化产业知识产权保护自律机制。推动文化产业知识产权维权援助机构建设，发挥文化行业协会、知识产权中介机构的作用，以文化市场为本、文化企业为主、文化协会（商会）牵头、文化部门提供保障，提升文化企业对知识产权侵权的应对能力，推动文化企业探索知识产权自主维权应对措施。

（五）推进文化产业知识产权人才队伍建设

人才是文化产业创新的根本，因而应当进一步推进知识产权人才队伍建设，建立多渠道知识产权人才培养机制，注重文化产业知识产权领军人才、骨干人才以及复合型人才的培养，提升知识产权人才的综合素质。实施人才引进计划，引进国外知识产权高端人才。进一步完善用人机制，鼓励文化产业知识产权人才自由流动，为社会主义文化强国、知识产权强国建设提供人才支撑。

1. 建立健全文化产业知识产权人才培训机制

创新文化产业知识产权人才培养模式，拓宽人才培养渠道，实施文化产业知识产权紧缺人才培养计划，搭建知识产权学习平台。依托高等学校、职业院校、定点大型企业，开展文化产业与知识产权相关的任职培训、岗位培训、业务培训、技能培训。推行文化行业知识产权人才战略，加快培育文化产业知识产权创新人才、法律人才，着力培养文化系统急需的知识产权管理和中介服务人才。实施专门针对文化产业知识产权师资人员的海外培训、交流学习项目，重点培养一批具有国际视野、精通文化相关知识、懂知识产权法律及管理的师资人才，以推动文化产业知识产权人才培养工作的开展。

2. 实施文化产业知识人才引进计划

重视海外文化创意、文化科技研发、文化企业知识产权管理人才的引进，制定更具吸引力的国际人才引进计划，吸引更多知识产权高端人才。加强高层次知识产权人才动态管理，形成知识产权人才集聚机制。注重引进掌握知识产权国际规则、国外知识产权制度的人才。

3. 推行文化产业知识产权人才评价和激励机制

探索建立以培养、激励为主要手段的文化产业知识产权人才资源开发体系，完善使用、管理文化产业知识产权人才的体制机制，探索建立多元化的人才评价体系。建立在重大文化工程、重大文化项目实施中培养、使用和支持知识产权人才的机制。建立文化产业知识产权专业人才保障机制，实施文化产业知识产权继续教育工程。建立文化产业共享的知识产权人才信息库，鼓励创新人才自由流动。建立知识产权人才评价体系，积极推动落实荣誉制度，表彰奖励成就卓著的文化产业知识产权工作者。

（六）加强文化产业知识产权"走出去"能力

文化是国家的软实力，推动中华文化走出国门，不仅是文化外交的需要，也是国民经济发展的需要，知识产权正是助推中华文化"走出去"的重要工具。我国文化产业的创新活力不断提高，但文化企业主要走国内发展路线，文化知识产品的开发也主要面向内需，对开拓国际市场的关注度不高。文化企业缺乏知识产权国际战略意识和知识产权国际布局，保护、挖掘中医药传统知识、民间文学艺术等我国传统文化资源知识产权方面的政策措施不够完善。因而，应当加强文化产业知识产权国际发展能力建设，注重开拓文化知识产品的国际市场，进而推动中华文化走出国门。

1. 促进文化产品和服务出口

大力开展文化产业知识产权对外贸易活动，推动优秀文化产品和服务出口，提升我国文化知识产品的国际影响力。支持具有自主知识产权的文化产品参与国际竞争，扶持一批具有中国特色的文化知识产品进入国际文化市场，扩大市场份额。注重申请海外文化专利，鼓励文化企业充分利用PCT申请国外文化专利，开展文化专利海外布局，为文化产品和服务走出国门、文化企业在境外投资、设立分支机构打好基础。加强文化产业商标的海外注册，加强商标市场价值的维护，开展国际文化知名商标培育工作，大力提升文化产品和服务的知识产权附加值。充分挖掘我国丰富的文化资源，通过合作进入国际主流市场。逐步形成以政府为引导、企业为主体、市场化运作为主要方式的对外文化贸易新格局。

2. 加强国际交流与合作

积极与文化跨国公司开展互访互训、信息沟通、业务磋商，学习借鉴国外先进的知识产权管理制度和经验。支持文化企业在交流的基础上，通过原始创新、集成创新和引进消化吸收再创新，形成自主知识产权，提高把创新成果转变为知识产权的能力。提升文化产业相关主体参与国际知识产权谈判的能力，推动相关主体积极主动地参与与文化相关的知识产权国际规则制定，提高我国文化产业相关主体对与文化相关的知识产权国际规则的影响力。

六、结　语

文化产业的繁荣与发展离不开知识产权的保护。在新时代背景下，我国文化产业取得了前所未有的成就。与此同时，知识产权运用与保护不足也成为文化产业所面临的重要挑战。从美国、日本等国家的经验做法看，完善知识产权法律体系建设，调整知识产权相关部门职能，加强行业自律，引导文化企业进行知识产权管理与保护是保证创意经济实现良性循环的重要内容。"十三五"时期，我国应当以增强知识产权对文化产业发展的促进作用为目标，着力激发全民族文化的创造力，提升知识产权运用效益，提高知识产权保护水平，从而为推动社会主义文化大发展大繁荣，建设社会主义文化强国作出更大贡献。

国际版权发展趋势研究报告（2014~2015）

中南财经政法大学知识产权研究中心课题组

　　随着新时代技术的不断发展，版权保护客体内容的不断丰富，版权权利的不断扩张，版权国际贸易的日益频繁以及网络环境对版权的冲击，国际组织开始重新审视较早之前订立的有关版权保护的国际公约或者协议，各国和相关地区也开始将目光转向版权法的修订和版权战略的制定，以顺应时代发展的要求。

一、国际动态：国际版权保护趋势

（一）民间文学艺术保护持续升温

　　20世纪60年代，民间文学艺术资源丰富的非洲国家率先提出对民间文学艺术著作权法保护的建议，之后发展中国家陆续在其著作权法中对民间文学艺术的保护作出规定。民间文学艺术保护日益受到社会各界的重视，保护民间文艺、促进各国民间文化的传承与发展日趋紧迫。2000年，世界知识产权组织专门成立知识产权与遗传资源、传统知识和民间文学艺术政府间委员会（IGC），以期在国际层面达成保护民间文学艺术的国际公约或文件，该组织已就民间文学艺术保护召开28次会议。2014年第27届会议，制定形成保护民间文学艺术条款草案第二次修订稿（WIPO‐GRTKF‐IC‐28‐6，以下简称"草案"），第28届会议将会对此再次进行讨论。

1. 争议焦点

第28届会议主要是讨论跨领域议题并整合各国的意见对草案进行修订，但各国对于这些部分意见并不统一，其中具有广泛争议的主要有以下四点：

（1）对于制定何种规则的争议。发达国家和发展中国家两大阵营，分别主张：①采用具有国际约束力的条约或公约形式，建立一个具有约束力的国际文件进行保护；②采取非约束性解决方案，如有效探索各项行动，包括提高认识和鼓励利用现有国家法律框架，采用软法或指导意见等方式。加拿大则独辟蹊径，主张从商标法、反不正当竞争法、文化遗产权、人权等方面进行保护。

（2）对于客体定义的争议。印度尼西亚代表团主张特征界定加实例列举的方式；日本代表团认为客体定义应当灵活、明确；巴基斯坦代表团强调应用性；美国代表团强调客体的资格性。

（3）"国家"和"民族"能否成为受益人。各国观点分为三派：中国、泰国和阿曼代表团以及埃及代表团认为应当根据各国情况的不同将"民族"作为备选受益人；而日本、韩国、瑞典、欧盟代表团主张狭窄保护，认为只需要将土著人民和当地社区假定为受益人；意大利代表团认为，草案第2款即"在其领土全部且仅与该成员国的领土相连的社区中表达出来"，而不需再列入民族作为受益人。

（4）资格标准争议。美国代表团建议将标题改为"受保护的资格标准"，这是遵循世界知识产权组织在类似的标题和公约方面已有的惯例，尤其是《伯尔尼公约》。印度尼西亚代表团认为有必要保障受益人的经济和精神利益，考虑根据民间文学艺术的传播程度来考虑权利性质，并提供不同水平的保护方法。主要做法是：群体内部，以习惯的方式及传统背景下使用民间文学艺术不需要获得群体许可，也不必支付报酬。而对于超出习惯以及传统背景的利用行为，针对不同公开程度及重要性的民间文学艺术，采取分层的保护方法。

2. 评价

由于发展速度和国家背景不同，各国之间存在分歧，但从保护民间文学艺术的总体发展趋势而言，各国应当力求达成共识，促进民间文学艺术的传承与发展。

（1）民间文艺需要国际公约或协议形式明确对其的保护。就现有的民间文学艺术的国际保护来看，现有的国际法律文件《突尼斯发展中国家版权示范法》、1982年《民间文艺表达示范条款》《保护传统知识和文化表达示范法》等相关示范性立法以及《伯尔尼公约》、1977年《班吉协定》及《新班吉协定》等生效立法。前三者是指导性文件，并无约束力，而后三部生效立法中，并未明确提到民间文学艺术的保护，这使得现有立法对民间文学艺术的保护极其有限，故需要国际公约或协议的形式明确对民间文学艺术进行保护，非约束性方式无异于隔靴搔痒。

（2）对于民间文艺，草案规定了六项条件，包括集体创造、关联性、代代相传、期限、创造性智力活动以及不断发展。就具体定义方式而言，印度尼西亚代表的观点更为宜，既具有包容性，又具有灵活性。就保护期限而言，保护期的限制难以体现出民间文学艺术不断变化的性质，建议删除"不少于50年"的规定。

（3）国家不能成为民间文艺的受益人。一方面，我们认为应将来源群体确立为民间文学艺术的权利主体而不是受益人，作为权利主体才能更好地行使自己的权利，且通过1997年，澳大利亚著名的Bulun Bulun和MIlpurrurru诉R＆T Texitiles Bulun案，群体的诉讼主体资格就已经确立。另一方面，国家和民族不宜成为这里的权利人和受益人。民间文艺承担着民族情感连接、文化身份的认同以及文化的完整性及真实性的维护，国家若作为民间文学艺术的受益人存在诸多问题。①将国家作为民间文学艺术的唯一受益人带有很强的国有制色彩，与现代社会市场经济的性质不符；②世界上有许多多民族组成的国家，同时多个国家共享一种民间文艺的现象也很多，如伯利兹、洪都拉斯和尼加拉瓜共享加利弗那音乐；③国家并不深入了解其每一项民间文学艺术，难以真正代表群体的利益。将民间文学艺术权利授予国家还可能导致国家与来源群体特别是和少数民族群体产生紧张关系甚至是对抗关系，不利于民间文艺的发展繁荣。同样，民族也不宜成为受益人和权利人，因为同一民族可能各个国家都有分散的群体，每个群体又有不同的民间文艺，只按民族来确定权利人和受益人，并不合理。

（4）民间文学艺术应当分类型、程度进行保护。民间文学艺术保护的实质是将原来已纳入公有领域的内容重新划分出来，作为一个私有领域进行专门保护。私有领域的保护对权利人而言不仅有阻止他人不当使用之意，还有利用民间文艺获取经济利益的含义。❶ 而民间文学艺术呈现出集体创作的基本特征，有的民间文学艺术已经广为人知，有的民间文学艺术属于一个民族、多个民族、一个国家甚至跨国家，而有的民间文学艺术则一直属于神秘的事物，并不为外界所知晓。因此，区分不同重要性、公开程度等特征的民间文学艺术提供不同性质与类型的保护的方式考虑了民间文学艺术的多样性与复杂性，并体现于强度不同的保护规则，具有一定合理性和可行性。在这方面也已有立法范例可供参考。WIPO第8届IGC会议制定的《保护民间文学艺术条款草案》即采取了区分不同类型分别对应性质与适用条件不同的保护。对于强势的事先许可型保护，草案规定以注册等手续为前提，这在确保保护力度的同时维护了利益的平衡，避免强保护的门槛过低而导致公众对民间文学艺术的正当需求利益受到过多影响。并且，这也有助于减少保护的不确定性，通过公开注册程序明确此类受保护的民间文艺的特定范围。❷

具体制度构建方面，三类民间文学艺术的权利人均享有精神权利且不受时间限制，经济权利有所不同。具体而言：（1）已公开但专属于特定群体，对群体具有特别重要的文化与精神价值的民间文学艺术，经通知或者注册程序，该群体享有表明来源、不受歪曲、贬损的精神权利以及许可

---

❶ 黄小洵："传统文化表达法律保护思考——突破传统知识产权框架为视角"，载《河北法学》2014年第9期，第164~170页。

❷ 杨鸿：《民间文艺的特别知识产权保护——国际立法例及其启示》，法律出版社2011年版，第171页。

他人复制、出版、改编、广播、向公众传播、发行、信息网络传播、固定并获得报酬的权利。同时，可以就民间文艺或者其衍生产品获得知识产权，如民间文学艺术中属于"标志、名称"的部分，相关群体可以通过前述的事先许可制度阻止未经许可的任何使用行为或者就其取得或行使知识产权的行为。如族群仍可将其所保有的民间文学艺术根据实际需要和可能性注册成证明商标，在市场竞争中保护本族群的合法利益。当有关民间文学艺术的正当利益受到损害时，族群可以依据反不正当竞争法寻求保护。（2）处于秘密状态的民间文学艺术，群体享有公开发表权、固定权以及在此基础上对民间文学艺术进行任何使用的经济权利，并可阻止任何形式的固定及使用，从源头上确保秘密状态的民间文学艺术群体能够控制对其民间文学艺术的任何使用。❶ 但权利经首次行使后即转为第一类民间文学艺术保护。（3）已经完全公开的民间文艺，广为人知，并未与某一个群体有密切联系。为全人类共同享有，可以自由使用，但享有表明来源及不受歪曲、保护完整性的精神权利以及获得他人使用民间文艺带来的合理利益的权利，并由国家指定主管机构进行管理，在受到侵权时候主张诉权，即类似有的立法所提到的"公有领域付费"制度。需要注意的是，这里的使用行为是指任何对于民间文学艺术的使用行为。

（二）广播组织权内容扩张

新技术的发展使广播业发生了深刻的变化，广播的方式发生了天翻地覆的变革，从传统的无线广播、有线广播发展到网络广播，网络组织也随之产生，这给广播组织权内容的完善，提出了新的命题。

自1998年以来世界知识产权组织版权及相关权常设委员会（SCCR）连续召开了27届会议讨论相关立法事宜，准备制定一个保护广播组织权的国际公约——《世界知识产权组织保护广播组织权利公约》（以下简称《广播组织权利公约》），虽至今没有出台，但在积极应对互联网对广播组织权的冲击方面，作出了相当多的努力。

---

❶ 杨鸿：《民间文艺的特别知识产权保护——国际立法例及其启示》，法律出版社2011年版，第172页。

一方面，将网络广播纳入保护范围。SCCR在长达十几年的讨论中，由于各个国家的网络技术发展水平不一，所以观点并不一致。自1988年第一届会议开始，各国对于网络广播是否纳入广播组织权的争议一直没有停止，没有达成一致的方案。最终，在第27届会议上，各国达成谅解，同意将网络广播纳入广播组织权中得到保护，认为广播、有线广播以及广播前信号应当按基于信号的途径被包括在拟议条约的适用范围内，但对于是否涵盖同时广播尚有争议。SCCR第28届会议，继续讨论该议题。

另一方面，将网络转播行为纳入规制范围。随着体育赛事的不断风靡，通过互联网对体育赛事等进行转播这一新形式，在相关网站中所占的比例不断加大，广播组织作品的网络传播问题逐步进入国际社会讨论的视野。

传统的广播组织的"转播权"是指控制以无线方式进行同步转播的权利。《罗马公约》第3条g款规定，"转播"是指一个广播组织的广播节目被另一个广播组织同时广播。且根据《罗马公约》，广播权仅限于无线广播。TRIPs协议第14条第3款规定，广播组织应享有权利禁止未经其许可而为的下列行为：将其广播以无线方式重播，将其广播固定，将已固定的内容复制以及通过同样方式将其电视广播向公众传播。虽然随着有线广播技术的应用，各国纷纷将广播行为扩展至有线广播，但网络时代对于广播组织的最大威胁，莫过于未经许可把通过无线或有线系统传播的广播电视信号转化为数字形式在网上传播。如一些网站截取电视台对重大体育赛事节目的现场直播信号，并通过网络加以同步转播的行为。

在这种情况下，世界知识产权组织正在努力制定一部能够在网络时代保护广播组织的国际公约。《广播组织保护条约（草案）》以《罗马公约》为基础，将广播组织权的主体扩展到有线广播组织，但也不能控制通过网络进行的信号盗播行为。为适应网络时代的发展，《广播组织保护条约（草案）》第9条加入了新的权利内容，其中包括：以包括转播、有线转播和通过计算机网络转播在内的任何方式转播其广播节目；在其广播节目被录制之后以任何方式播送其广播节目，供公众接收等，这有效地解决了广播组织在互联网领域转播权利保护的困境。

从上述可知国际社会对广播组织在网络传播、转播方面的著作权保护态度和趋向：（1）国际社会普遍认可网络传播、转播承载一定的经济价值。一方面，网络广播、转播具有明显的技术优势，可以为广播组织带来更多收益。另一方面，随着技术的不断发展，网络广播的技术便利性也使其更易遭受盗播风险。（2）考虑到网络相关产业在各国发展的不平衡性和SCCR相关谈判的难度，国际社会近期乃至未来较长一段时间不会对网络广播、转播形成强制保护的方案。

我国在《著作权法》第三次修改的过程中，如何根据上述国际趋势来解决网络广播、转播著作权的保护问题以及在SCCR提案过程中应采取的态度问题。首先，根据我国所处的发展中国家的国情、网络传播的成本较低以及网络技术水平不高的现状，我国还不足以将网络广播、转播纳入到我国广播组织权保护范围之内。其次，我国的广播组织权保护范围可以涵盖源自传统广播组织的同时广播，但考虑到各国对此的争议，应在《广播组织权利公约》通过后，再将广播组织权进行扩充。再次，我国的广播组织权保护范围是否涵盖源自传统广播组织的非同时广播，应分阶段考虑。现阶段，我国网络发展水平较低，公众获取信息的重要渠道就是网络，故我国目前不应超出本国经济发展水平过早对网络广播进行保护，这会限制知识的传播。最后，我国在参加SCCR谈判时，应当支持灵活的"可选性方案和对等原则"，并采用"通知"的方式，增强缔约方的灵活性和主动性。

（三）著作权合理使用范围拓宽

著作权本身是一种垄断权，但其本身又有"二律背反"的特点，即"没有合理的垄断就不会有太多的信息被使用"。这就要求在对著作权保护的基础上，需要对其进行必要限制，故此"合理使用"制度应运而生。合理使用制度是指无须征得著作权人同意，又不必向著作权人支付报酬而使用他人作品的情形。该制度的设定在于协调创作者、传播者、使用者之

间的利益，促进科学文化事业的发展。❶

由于网络时代的来临，技术的发展，使得合理使用制度面临严峻挑战：（1）"市场失灵"理论基础发生动摇，适用范围不断缩小；（2）著作权人权利的扩张以及技术措施的合法化，增加了合理使用制度的适用难度；（3）合理使用标准不明确，不具有可预见性；（4）网络环境下的个人目的的下载使用，可能难以再适用合理使用制度；（5）著作权私立规则的出现与广泛应用在一定程度上排除了合理使用的空间。

为了适应这一趋势，世界上主要国家或地区对其作出了改革，主要趋势有以下几点。

（1）纳入或者扩大"合理使用"的范围。一方面，对于之前并没有规定合理使用制度的国家，合理使用开始进入其版权法修改的范围内，如2013年8月，澳大利亚版权法改革将合理使用纳入考虑范围，希望通过采用美国那样带有灵活限制和例外的合理使用权利制度，鼓励这种存在于美国的创造性创新，以适应网络时代的发展趋势。❷另一方面，对于已经规定合理使用制度的国家，扩大合理使用的范围成为其改革的主要方向。如加拿大于2005年开始试图修订版权法，经过C-60、C-61、C-32三个夭折法案的艰难尝试，斯蒂芬·哈珀（Stephen Harper）目前领导的多数派政府终于成功地使《版权现代化法案》（C-11，CMA法案）于2012年6月29日获得批准，于2012年7月11日生效。CMA扩大了"合理使用"的概念，纳入了三类新的合理使用：教育、模仿和讽刺，还创设了四类新的可接受的侵权例外，包括：①格式转换，即个人固定一个通信信号或复制正在播放的作品、录音或表演；②时间转换，即个人复制合法取得（而非租借）的非侵权版权材料；③备份复制，即唯一目的是为了防止版权材料丢失、损坏或无法使用而进行的复制；④使用网络上公众可接触到的教育材料。但这四类例外均必须是以合法获得版权材料并且只能用于个人用途

---

❶ 吴汉东："合理使用制度的法律价值分析"，载《法律科学》1996年第3期。

❷ http://www.ipr.gov.cn/guojiiprarticle/guojiipr/guobiehj/gbhjnews/201308/1769539_1.html，访问日期：2014年05月31日。

为前提进行的复制。2010年美国也提出《版权原则项目：改革方向》的报告，并对版权注册制度进行相关改革建议：作品著作权仍自动产生，注册程序仅影响权利人可以享有的权利及救济措施。未经注册权利范围仅限于会产生商业损害的完全复制和准完全复制行为，这就扩大了合理使用的范围。

（2）个人、群体日常使用合法化。现代社会私人复制盛行，为了应对由此带来的挑战，2011年12月，英国政府提出改革现有版权体系意见的咨询案，英国版权局开始了相关的修法活动，并于2014年年初向议会提交 *The Copyright and Rights in Performances (Research, Education, Libraries and Archives) Regulations 2014* 议案，该议案新增加的权利例外主要包括：①私人使用为目的的个人复制行为，包括格式转换和备份目的的复制CD或者电子书的行为，但不允许转送与他人；②只要标明来源，并且引用的使用是"合理的"，将不构成版权侵权；③其他例外，包括博物馆、图书馆、大学远程教育、视听障碍人士和慈善机构的非商业目的的使用。

（3）混编、戏仿和讽刺等特殊作品进入合理使用制度视野。随着用户生成内容的普遍性，也就是UGC（User Generated Content），对于原创内容的修改或者引用，从而构成一个新的作品类型，这属不属于合理使用制度的范围内，引起了各国的讨论。加拿大规定了生成内容条款（UGC，所谓"YOUTbe例外"），使得个人可以在公众可获得的已有作品基础上创作新的作品并授权新作品的传播，但这只限出于非商业目的对新作品进行使用与传播。该条款能够使"混编"创作运用于YouTube，❶ 但前提是"混编的作品"不会对使用的受版权保护作品造成较为恶劣的市场影响；英国也将针对恶搞、讽刺、数字创作、混编以及模仿作出新的例外规定：只要不会影响原作品的商业利用，则可以认定

---

❶ http://www.ipr.gov.cn/guojiiprarticle/guojiipr/guobiehj/gbhjnews/201306/1757717_1.html，访问日期：2014年05月31日。

为合理使用。❶ 2013年欧洲专门成立混编权组织（right2remix.org），其中Creative Commons是主要的混编利用平台，致力于多样性的混编文化立法和对创造者进行合理补偿，向人们推广和体验混编作品，并鼓励欧盟各国在现有欧盟版权法框架内，对混编作品进行保护；我国香港特别行政区商务及经济发展局于2013年7月就如何处理戏仿、讽刺、漫画手法（caricature）以及模仿（pastiche）等行为公开向公众咨询意见。虽然用户与版权人对增设"UGC"条款的意见不同，但香港政府认为应特别处理戏仿、讽刺、滑稽和模仿，同时承认"UGC"条款过于模糊，且不断变化，不宜现在设置。

（4）特殊群体利益保护受到国际重视。2013年，WIPO通过《关于为盲人、视障者和其他印刷品阅读障碍者获得已出版作品提供便利的马拉喀什条约》（以下简称《马拉喀什条约》）。一些国家并没有立刻通过，国际认可度不高。但随着2014年6月24日，印度第一个批准该条约，2015年多数国家都对此提高了重视，相继阿根廷、英国、泰国等国国内法都对此进行了规定，体现了国际社会对于特殊群体的利益保护趋势。

网络时代高速发展是国际发展的新动态，它对合理使用制度的冲击，也是各国亟须面对的问题。上述各国的合理使用制度变革的趋势，给我国《著作权法》合理使用制度的修改带来了一些启示。

（1）引入"三步检验法"，完善合理使用制度的判断标准。我国《著作权法》第22条以列举方式规定了合理使用的12种情形，属于规则主义的立法模式，这种封闭式立法方式界定的范围清晰，但随着社会发展和科技进步，面对新问题时缺乏适应性和灵活性。相比之下，《伯尔尼公约》确立的"三步检验法"的判断标准在网络环境下涵盖面更广，也更为可取。

（2）剔除模糊概念，具体化、明确化现有条款。如适当引用他人已经发表的作品中"适当"一词，"政治、经济、宗教问题的时事性文

---

❶ http://www.ipr.gov.cn/guojiiprarticle/guojiipr/guobiehj/gbhjnews/201405/1812203_1.html，访问日期：2014年05月31日。

章"的具体利用方式，执行公务合理使用中的"国家机关"一词等。

（3）顺应时代发展，增设相关合理使用内容。一方面，增加在现代社会，媒体评论员、学术以及专业人士团引用时事新闻进行评论的合理使用制度；增加除了学校之外的其他从事科研的机构的合理使用制度；另一方面，根据社会实践中出现的新问题适当调整合理使用制度：在《一个馒头引起的血案》之后，混编和戏仿作品，进入公众视野，我国也应当顺应国际趋势，赋予戏仿作品作者在特定情形下的合理使用的权利；2008年的"叶根友字体案"后，默示许可与合理使用制度的关系也应当得到明确。最后应根据相关国际条约，考虑赋予非营利性数字图书馆、远程教学、视听障碍者合理使用的权利。

（四）著作权及邻接权保护期限延长

随着越来越多的国家加入《伯尔尼公约》等著作权国际保护公约，基于公约的原则和规定，著作权自作品创作完成即自动产生，不需要进行登记和行政审批，一部作品基本上已经可以在世界上任意一个国家自动获得著作权保护。世界各主要国家著作权及邻接权保护期限虽在著作权法保护的范围和内容存在一定的差异，但总体趋势明显。

1. 著作权保护期限

作为著作权客体的作品类型非常多，我国著作权法就列举了八大类的作品类型以及法律规定的其他作品。不同的作品之间是存在较大的差异的，因此著作权法在设定保护期限时，一方面设定一般的保护期限；另一方面设定针对特殊作品的保护期限，如电影作品、摄影作品等。

（1）一般作品著作权保护期限，详见表1。

表1 一般作品著作权保护期限

保护期限	国家
1. 规定版权保护期为作者终生及自死亡之年末起算的50年	南非、新西兰、韩国、日本、埃及、越南
2. 规定版权保护期为作者终生及自死亡之年末起算的70年	澳大利亚、英国、美国、法国、德国、意大利、巴西、俄罗斯

续表

保护期限	国家
3. 规定版权保护期为作者终生及自死亡之年末起算的60年	印度
4. 规定版权保护期为作品发表后50年	加拿大（已宣布将延长至70年）
5. 规定的已发表作品的保护期为该作品首次发表当年的第二年开始起算的25年	新加坡

（2）特殊作品著作权保护期限，详见表2。

表2　特殊作品著作权保护期限

作品类别	保护期限	国家
电影作品	50年	南非、新西兰、韩国
	60年	印度
	70年	新加坡、澳大利亚、英国、德国、日本、意大利
	75年	越南
照片、摄影作品	50年	南非、德国
	60年	印度
	70年	澳大利亚
	75年	越南
计算机程序	发表或者创作50年	南非、韩国
实用艺术作品	25年	埃及
匿名、假名作品	50年	日本、韩国、南非
	首次发表50年（未披露）/作者死后50年（披露）	埃及
	首次发表70年（未披露）/作者死后70年（披露）	意大利、俄罗斯
	70年	英国、巴西、德国、法国、澳大利亚
	首次出版75年或创作之年起100年（未披露）/70年（披露）	美国
计算机生成的作品	自完成50年	新西兰、英国

除以上已经列举的规定保护期限之外，还有一些国家有特殊的规定（见表3）。

表3 著作权保护期限的特殊规定

加拿大皇冠版权法（Crown Copyright）	几乎所有的作品在发表后50年进入公有领域： 1.1949年之前拍摄的照片； 2.1948~1962年拍摄的照片，且版权为法人拥有； 3.1949年之前死亡的作者创作的未发表作品； 4.创作者死亡后50年（1948~1999年死亡的作者创作的未发表作品直到2049年后进入公有领域）； 5.创作者未知的作品，发表50年后作品进入公有领域；创作后（未发表）的作品，创作后75年进入公有领域
新西兰著作权法	1.文学、戏剧、音乐和艺术作品，保护期为作者死后50年； 2.工业应用的艺术作品，其保护期为作品工业应用后16年； 3.工业应用的艺术工艺，其保护期为工业应用后25年； 4.皇冠版权保护期为100年
意大利著作权法	国家、法西斯党、省、城市、学术团体和其他公共文化机构或者非营利团体的排他性经济使用权的期限，无论作品发表形式，均为首次发表之日起20年
印度著作权法	政府、公共事业单位、国际组织为原始著作权所有人的作品、著作权保护期限为该作品在自首次出版之年下一个日历年初起的60年内享有著作权
德国和法国著作权法典	规定了遗著（作）的版权问题
俄罗斯著作权法	1.作品的作者受到镇压并于死后恢复名誉的，专有权保护期认定为延长的期限，即自作品的作者恢复名誉之年的下一年的1月1日起算的70年； 2.作品的作者在卫国战争期间工作或参加战争的，本条规定的专有权保护期延长4年。

2. 邻接权保护期限

在我国，邻接权主要是指出版者的权利、表演者的权利、录像制品制作者的权利、录音制作者的权利、电视台对其制作的非作品的电视节目的权利、广播电台的权利。英美法系国家，著作权法很少引入邻接权的概念。如英国著作权法，将录音制作者和广播电视组织的权利都视为著作权。在美国著作权法中，作者的权利、录音制作者的权利都属于著作权范畴。只有欧洲大陆法系国家，才严格区分著作权与邻接权的概念（见表4、表5）。

表4　邻接权的保护期限

设定邻接权的情况下	具体类型	保护期限	代表国家	备注
邻接权	录音制品/唱片	50年	南非、韩国、法国、德国、日本、意大利、埃及、俄罗斯	德国赋予举办者对于录音制品拥有25年保护期
		70年	新加坡、巴西	—
	广播（电视、声音）	20年	埃及	—
		50年	南非、新加坡、韩国、日本、意大利、俄罗斯	—
		70年	巴西	—
	版式设计之版权	25年	英国	—
		50年	南非	—
	载有节目的信号/有线电视节目	50年	南非、新加坡	—
	表演者的表演	50年	韩国、法国、德国、日本、意大利、埃及、俄罗斯	—
		70年	巴西	—

表5　未设定邻接权的作品保护

未设定邻接权的情况下	类型	保护期限	代表国家
	表演者的表演	50年	英国
	录音制品/唱片	50年	新西兰、英国
		60年	印度
		70年	澳大利亚
	通讯信号	50年	加拿大
	广播和有线电视节目	50年	新西兰、澳大利亚、英国

3. 保护期限起算详细情况见表6。

表6　保护期限起算点

分类	起算分界点
一般作品著作权保护期限起算	作者终生及自死亡之年末起算/作者终生及自下一年1月1日起算
	未发表的自创作（完成）之日起算
特殊作品著作权保护期限起算	电影作品自作品经版权人同意向公众公开或作品首次出版之年末起算/作品完成/首次发表起算/期限为自以下人员之最后死亡当年年末起算（总导演、剧本的作者、对白的作者或专为电影而创作并使用的音乐之作曲家）
	匿名或假名作品的保护期为作品发表后计算/或者自作品创作完成年起/作品发表之次年1月1日起计算
	计算机生成的作品保护期自作品完成后起算
邻接权保护期限起算	表演者的表演权表演之日或者在必要情况下自登记之日起算/表演的权利自表演发生当年年末起算
	电视广播和声音广播节目作品的保护为该节目制作完成的第二年起算
	有线电视节目的保护期为从该有线电视节目首次被置于有线电视服务之中当年年末开始计算
	录音制品版权自被固定后起算
	出版物的版式设计之版权终止于自该版本首次出版当年年末起算

根据现有的不完全统计可以看出，各国在设定著作权和邻接权的保护期限计算起点时大同小异，著作权保护期限一般以作者有生之年及死后50年或者70年届满，邻接权保护期限一般以邻接权产生、发表之后50年或者70年届满。在特殊作品、特殊邻接权等上面存在比较大的分歧。

4. 趋势分析

在设定著作权保护期限上，发展中国家与发达国家、英美法系国家与大陆法系国家之间存在一些差异，这些差异源自于各国著作权保护发展历史因素、经济社会发展因素等的影响。

借助总结分析可以看出世界上各国保护著作权和邻接权的期限设置上面存在一些大的发展趋势。（1）在保护期限上，各国在遵守国际公约的前提下，延长一般作品保护期限和特殊作品保护期限。如美国版权法规定

1978年1月1日或者以后创作的作品自创作完成时受版权保护，期限为作者终生加死后70年，美国已经多次延长版权的保护期限。澳大利亚版权法2004年修订之前，澳大利亚用"50+"规则决定一部作品进入公有领域，简单说就是一部文学、戏剧、音乐或艺术作品在作者死亡50年后进入公有领域。2006年修订版将规则修改为"70+"。加拿大政府已宣布将版权保护期从50年延长至70年的计划，并在2015年明确建议将表演者和唱片公司的保护期限延长至70年。这使得澳大利亚与美国、加拿大、欧盟和其他国家的保护期类似，并比《伯尔尼公约》规定的最低50年的保护期还要长。但这个延长期限不适用于皇冠版权，其继续适用"50+"的保护规则。越南知识产权法修正案延长电影摄影、摄影、戏剧、应用艺术和匿名作品的版权保护期限已从首次发表之日起的50年提高至75年。（2）越来越多的国家开始区别电脑生成的和人工创作的作品，针对电脑自动生成的作品提供不同的保护期限；新西兰版权法规定计算机生成的作品，保护期为自作品完成后50年；英国版权、设计与专利法案规定基于计算机自动生成的作品，版权终止于自创作完成当年年末起算的底50年年末。（3）在设定保护期限的起算临界点上需要综合考虑作出合理的调整，作为著作权人要关注各国著作权保护的计算起点，选择适当的国家和时间行使自己的权利。

我国应当在后续的著作权法修改中将著作权的保护期限延长至作者死后70年，借鉴国际经验和顺应历史趋势，提高著作权的保护水平；同时要及时赋予新产生的著作权客体以适当的保护期限，避免司法实务中的空白；在著作权突破地域性的过程中，保护著作权需要与世界各国之间相互协调、相互借鉴。

（五）网络版权作品保护力度加大

随着数字技术和互联网的迅速发展，数字产品的复制和传播越来越容易，数字盗版却成为阻碍数字出版业发展的一个重大难题，严重损害版权人利益。这对于数字出版业繁荣的国际社会而言，尤其是一种挑战，各国纷纷制定相关政策或着手法律修改，以加强对版权作品的保护。

1. 日本：赋予出版商电子书出版权

鉴于互联网上盗版书籍数量不断增加，日本政府在内阁会议上提出新著作权法修正案，该法案认定电子书籍拥有"出版权"，并允许出版社对盗版电子书籍提出禁止销售的要求。2014年4月25日，日本参议院全体会议表决通过该著作权法修正案，并于2015年1月正式生效。

新的著作权法规定的主要内容有以下两个方面：

（1）电子书纳入"出版权"控制范围，严厉打击数字盗版。这使得出版社对所发行作品出版权的维权范围将由纸质书籍扩大到数字出版物，这能够更好地适应数字出版发展趋势，从而更有效地解决数字版权保护领域出现的新问题。

（2）赋予出版者新的权利。出版社可以与作家等著作权人签订数字出版权合同。合同生效后，出版社可以要求相关侵权人停止网络侵权行为，但出版社同时必须承担在一定时间内出版数字图书的义务。此举不仅有利于减少网络盗版，保护电子书籍出版商的权利，还有利于促进数字出版物在日本的普及。日本此次新修订的著作权法修正案赋予出版商更大的权利，这无疑将提高出版商在网络空间保护其合法权益的能力。虽然此法不能彻底制止网络盗版行为，但至少可以降低盗版的概率。

日本此次著作权法的修订，不仅有利于促进电子书以及其他形式的数字内容迅速传播，而且有利于对诸如作者、作曲者、音乐家以及表演者、已取得授权的出版商等版权所有者权益的维护，对于打击数字盗版，加强网络作品保护而言无疑具有简便快捷的效果，对我国具有一定的借鉴意义。

2. 新加坡、澳大利亚：赋予版权人临时禁令权

世界各国网络盗版行为盛行，严重损害了著作权人的利益。就下载盗版内容而言，新加坡显然是世界上最严重的盗版者之一。特别在比特流方面，新加坡这个岛国位居第三，仅次于韩国和马来西亚。新加坡网络盗版的盛行，抢走了大批合法内容的用户。而且，新加坡的创意产业也受到严重的负面影响。鉴于上述发展，新加坡国会于2014年7月8日通过一项针

对打击网络盗版的版权法修正案。版权法修正案明确规定，对于网络盗版行为，版权所有者可直接向法院申请禁令，要求网络服务提供商屏蔽涉及盗版作品的网站，而不必事先证明网络服务提供商侵权。换言之，该法案允许版权所有人向法庭申请禁令，强制网络服务供应商屏蔽涉嫌侵权的网站，或删除有侵权内容的网页。

澳大利亚也深受盗版行为的影响。于是，澳大利亚政府于2014年公布了一份关于版权法修正案的讨论稿，以征求公众意见。2015年6月22日，澳大利亚参议院以37票赞成对13票反对通过《版权修正案（网络侵权）2015》，并由总督签署成为法律。该修正案的修订内容主要就是指"禁令+屏蔽"模式。一方面，赋予版权人寻求禁令的权利，将允许知识产权持有人申请联邦法院禁令，这将迫使互联网服务提供商阻止他们的客户访问从事或者帮助版权侵权的"在线网址"，如Pirate Bay和Kickass Torrents网站，从而赋予版权人更大的权利。另一方面，一旦互联网服务商接到版权人的禁令，海外侵犯版权的网站将难逃被屏蔽的命运。

澳大利亚和新加坡政府的这一举措不仅有利于打击网络盗版，保护数字版权拥有者的合法权益，还将有利于促进本国数字版权产业的发展。

（六）馆藏作品的版权限制和例外规定关注度增加

针对博物馆、图书馆、档案馆三馆中的版权作品的保护，国际社会一直都有限制和例外规定，但随着经济的不断发展、科技水平的提高，对于其限制和例外制度的规定也应当有所变化。WIPO对于各国的博物馆和图书馆、档案馆馆藏作品保护的限制和例外制度进行了深入研究，引起国际社会的广泛关注，也使得其中存在的一些问题得以浮现出来，并提出相关建议。

1. WIPO关于博物馆的版权限制与例外的研究报告

博物馆是国家文化遗产的守护神，它们所收藏的物品有如其从事的使命那样千差万别、多彩多姿：艺术品或工艺品、文本、图纸、绘画、照片、地图、电影和录音制品。所有展品的收集和整理都是为了促进艺术、人类学、考古学、科学等学科的发展。为实现这些目标，博物馆参与了各种与其保管的藏品相关的活动，活动的核心内容涉及这些藏品的获取和展览，向公众进行传播并在支持教育和研究工作中推广它们的使用。

而根据WIPO调查发现：世界上属于产权组织成员国的188个国家中，仅有45个国家的法律载有专门允许博物馆在未经权利人事先授权的情况下对其馆藏作品进行某些使用的规定，各成员国博物馆作品保护的限制和例外制度规定各不相同。且各国博物馆并非都以相同的措施应对与版权法相关的问题。（1）博物馆的馆藏汇集的所有物品不见得均享有版权：在一些情况下，馆藏品不符合版权法规定的一件作品所需具备的条件(如历史博物馆收藏的一辆自行车)；但在多数情况下，该藏品的版权保护期已然届满(如埃及手工艺品或莎士比亚的手稿)。从版权法的角度来看，可以毫无限制地使用这些物品。（2）博物馆在取得其馆藏作品的物质产权的同时，试图尽可能通过契约协议获取版权转让，或至少借助于权利的使用许可。如果博物馆没有确保获得开展这些活动所需的合法授权，那么它们就很难处于清醒意识到自己的任务的状态中。而博物馆并不是总能够获取这些权利。更重要的是，信息技术的出现也带来重大的技术和社会变革，使得博物馆的社会和文化职能受到严重挑战。

在此情况下，WIPO着手对此进行研究，以加深国际社会对博物馆作品保护限制和例外制度设定的必要性的理解，探讨现有和拟采用的保护模式，给予各成员国立法者和博物馆相关建议，使得各成员国向着在特定的例外或限制领域达成协议的目标前进。

WIPO公布的报告简述了博物馆的历史演进、主要任务以及博物馆相关的例外与限制和相关建议。相关建议分为两个部分：针对立法者的建议和针对博物馆的建议。

（1）立法者建议主要包括：①藏品的数字化。这是完成博物馆保存并向公众传播拟访问的有关遗产资源信息这一首要任务所无法回避的工作。在这方面，为保存目的可以明确并协调统一关于博物馆永久收藏的艺术品的数字化的规定，以此作为例外或限制，而无论这些作品是否属于孤儿作品。被发表作品的数字化可以沿用针对孤儿作品的相同规定，例如事先进行尽职调查以找到权利人并征得同意，且内容的公开仅出于维护公众利益的合法理由。还可以就查询博物馆永久馆藏、目录和档案的网站(受限下载)进行探讨，将之作为一种须征得权利人同意并给予符合标准补偿的限制。②尝试解决权利的地域性和与不同地域的权利清算中存在的问题。就国际展览而言，仍然没有全面的使用许可框架，数字传输所需的授权范围尚未明确。此外，"向公众传播／提供"的行为在内容、地点和效力上都没有明确界定，其中比较突出的是对其运作在某种程度上类似于图像库的图像检索服务的衍生效应以及超文本链接对版权作品的影响都没有进行明确的界定。③尝试规定教育、研究和学习等协作式的跨境活动，且服务于这些目的的知识共享许可协议可以被博物馆用于传播自己的版权作品。不过，博物馆应当制定自身的政策，以确保为研究和学习目的对其馆藏品的传播条件符合其战略、非商业目标的要求以及文案和数据挖掘的编制。ICOM❶ 或一批愿意应对这一挑战的博物馆可以保留一套最基本的准则。

（2）针对博物馆界的建议主要包括：①博物馆和权利人应携手确保从第三方运营商后续使用其艺术作品中获得合理收益。②博物馆还应与各种利益攸关者进行谈判，特别是与学术界、艺术家和集体管理组织进行旨在更新使用许可合同和使用费率的谈判，从而更加便于获得许可和预测可能需要授权的新的使用。③博物馆采取共同行动将会强化其谈判立场并在立法者可能尚未制定可适用的规则时或甚至未权衡出其中的利害关系时有助于他们制订一份蓝图。博物馆界在微缩图像上的声明能够提供一些指导，但对于数字人文和3D打印以及众筹等方面则需要提供更多的指导。④多在博物馆之间进行合作，经验丰富的博物馆能够通过ICOM的支持和项目伙伴关系为其伙伴博物馆提供有价值的指导。

---

❶　ICOM是一个国际组织，自1946年以来该组织代表了超过2万家博物馆和约3.2万名博物馆专业人员。该组织根据联合国教科文组织提出的取代SDN(国际联盟)1926年建立的国际博物馆局的倡议于1946年成立。

2. WIPO关于图书馆和档案馆的版权限制与例外的研究

图书馆和档案馆是历史悠久的机构，在收集、保存和提供知识方面发挥着独一无二的作用。生产和使用知识的能力已经成为一项重要的发展因素，是一个国家竞争优势的关键。图书馆和档案馆在帮助人们满足工作、学习、研究和休闲需求方面也具有重要作用。它们对扫盲、教育、研究、就业能力和卫生意识等重要公共政策目标也有支持作用。图书馆和档案馆有助于实现和鼓励创新与创造，这是WIPO的重要目标。它们在帮助作家和创作者创作新作品，开展创新，扩大本地知识和全球知识方面发挥着极其重要的作用。

根据2011年WIPO的一项研究报告显示，目前图书馆和档案馆开展工作依据的条款各不相同，国与国之间在范围和效力上均存在不同。在全球数字环境下图书馆与档案馆版权例外与限制在法律和政策方面也遭遇了新问题。现行的国家和国际图书馆和档案馆版权限制与例外制度未曾针对数字环境进行过更新，在数字存档和虚拟学习环境方面更是如此。例如，图书馆和档案馆能够在印刷品时代保存和提供作品的版权例外，并未专门针对数字时代进行更新。图书馆和档案馆现在提供的大量"原生数字"作品，这些作品没有印刷品形式。如果在保存这种资料供未来使用的问题上没有法律确定性，世界将面临一个21世纪资料的数字"黑洞"。另外，为提供电子期刊等数字信息而强加的许可，往往被用来架空旨在支持教育、学习和创作的版权限制和例外。为了让图书馆和档案馆能够向用户同时提供传统服务和随技术变革产生的新服务，包括跨国境分享资源，必须对现有制度进行更新。

（1）会议研讨。

2011年，于日内瓦召开的版权及相关权常设委员会的第23届会议上，国际图书馆协会和机构联合会（IFLA）、国际档案理事会（ICA）、图书馆电子信息组织（EIFL）和Innovarte（一个图书馆非政府组织）等组织联合起草了关于"图书馆和档案馆例外与限制条约"的提案，并提交。该条约提案的目标是为所有国家建立一个基本的例外与限制基础，并为各国版权法规定一个与国际法一致的框架，但至今没有讨论完成。

在2014年4月召开的第27届SCCR上，依据委员会通过的"载有关于图书馆和档案馆例外与限制适当国际法律文书（无论任何形式）的评论意见和案文建议的工作文件"（文件SCCR／26／3），委员会对"图书馆和档案馆的限制与例外"进行了讨论。其存在的争议内容主要有如下几方面：

一方面，国际法律文书的性质。2012年WIPO大会给SCCR的任务规定中提及，拟定一部或多部适当的国际法律文书（无论是示范法、联合建议、条约还是其他形式）。本次会议参会代表团对该法律文书的性质持不同意见。相当一部分代表团表示支持制定一部或多部具有约束力的文书；其他代表团则不支持制定一部或多部具有约束力的文书。

另一方面，SCCR／26／3文件中的议题争议。在讨论文件SCCR／26／3时，与会代表就国家做法和实践经验，包括详细的信息和数据以及关于合并各议题不同案文的提案，深入交换了意见。在探讨SCCR／26／3文件议题上，就不同的议题，各代表团发表了不同意见：其一，平行进口。在设计平行进口问题上，一些代表团认为，这是一个跨领域的敏感问题。另一些认为，选择国际、地区还是国家用尽应当由国际版权条约留给国内法决定。其二，跨境使用。若干代表团对于如何使用图书馆和档案馆，使其能够完成针对教育和研究跨境交流作品以及作品复制件的公众服务使命提出了不同意见。其三，孤儿作品、收回作品和撤回作品。在涉及孤儿作品、收回作品和撤回作品以及商业流通以外的作品的问题上，会议讨论了解决这一问题的重要性。这是众多国家发展和考虑的主题。部分代表团认为，这些类的作品应当分别对待，同时要铭记其各自的特殊性。其四，图书馆和档案馆责任。部分代表团认为该议题很复杂，需要进一步审议。一些代表团认为，责任的限制应当让图书馆和档案馆能够履行其使命。其五，技术保护措施（TPM）。多数代表团认为，技术保护措施不应当成为图书馆和档案馆履行其使命的障碍。其他代表团认为，现有的国际条约已经提供了一种灵活的框架，让各国可以采取措施讨论各种方法。其六，合同。许多代表团对合同做法是否应当凌驾于例外与限制之外观点不同，并从国家层面的实施提出了各自的意见。一些代表还就是否有必要制定国际标准规范这一问题提出了不同意见。

从SCCR就此问题的讨论可以得出，不同的国家有着不同的法律依据。因此，在国际法律文书层面上拟定统一的图书馆和档案馆限制与例外的标准，对亟待解决的问题提出解决措施，是目前各国需要努力的方向。

从我国现有法律规定看，图书馆和档案馆的限制与例外的法律依据在于著作权法上的体现并不多，并且是一般性的规定。如何处理数字环境下图书馆和档案馆遭遇的难题，也是我国立法、司法机关需要注意的问题。因此，我国应当对上述问题进行切合实际的研究，提出具有本土性的解决策略，并在制定国际标准的过程中积极争取自身利益。

（2）研究报告。

WIPO还在2008年[1]和2014年[2]编制过关于图书馆与档案馆限制和例外制度的报告，并于2015年进行了再整理，对所有现为知识产权组织成员国的188个国家与版权例外相关的法律进行了汇总和分析。主要内容如下表7所示。

但随着数字时代的到来，许多国家都对其作出了一些修改：欧盟通过的2001年指令授权成员国制作作品的数字化复制件以供用户在图书馆处所进行研究和学习时使用。[3] 许多欧洲国家都已通过此项规定，欧盟以外的

---

[1] 肯尼思·克鲁斯："关于图书馆和档案馆的版权限制与例外的研究报告"，见世界知识产权组织版权及相关权常设委员会第17届会议(瑞士日内瓦，2008年)，载http://www.wipo.int/meetings/en/doc_details.jsp?doc_id=109192。2008年的研究报告包括篇幅很长的(约55页)的"导言"部分，调研并分析了该报告中所涉及的各种规约。尽管目前的研究将会对许多细节作出改动，但"导言"中阐明的一般性原则和调研结果至今仍没有过时，对于需就这些问题进行更加详细探讨的研究者和官员而言仍十分重要。

[2] 肯尼思·克鲁斯："关于图书馆和档案馆的版权限制与例外的研究报告"，世界知识产权组织版权及相关权常设委员会第29届会议(瑞士日内瓦，2014年)，载http://www.wipo.int/meetings/en/doc_details.jsp?doc_id=290457。见Copyright, Designs and Patents Act 1988——As amended by the legislation indicated overleaf. https://www.gov.uk/government/uploads/system/uploads/attachment_data/file/308729/cdpa1988-unofficial.pdf，访问日期：2014-06-15。

[3] 2001年5月22日欧洲议会和理事会关于协调信息社会中版权和相关权若干问题的2001/29/EC指令，2001 O.J.(L 167)，第10~19页。

国家也将类似的法规作为国内法的组成部分。另一方面，极少数国家颁布了全然与众不同的法律，突破了立法进程中的各种趋向，以便在更广泛的层面上处理版权与数字技术之间新出现的问题领域。近年来已颁布广泛和原创性规约的国家包括加拿大、俄罗斯和英国。

表7 国家版权法中的图书馆例外世界知识产权组织2015年研究报告的研究结果概要*

<table>
<tr><td colspan="2" align="center">该研究报告所涉国家总数：188</td></tr>
<tr><td align="center">例 外</td><td align="center">国家数目</td></tr>
<tr><td>无</td><td>32</td></tr>
<tr><td>一般性图书馆复制(说明：本统计数字为仅有一种一般性例外的国家数目)</td><td>31</td></tr>
<tr><td>针对图书馆用户的复制(研究或学习)</td><td>98</td></tr>
<tr><td>保存或替代复制</td><td>保存：99
替代：90</td></tr>
<tr><td>研究或学习(提供)</td><td>28</td></tr>
<tr><td>文献传递或馆际互借</td><td>文献传递：21
馆际互借：9</td></tr>
<tr><td>反技术保护措施的规避——针对图书馆的豁免</td><td>52</td></tr>
</table>

 *一方面，本报告集中涉及每个国家的版权法(并且在一些情况下，也涉及根据法定授权通过的版权条例)。因此，"无例外"的标准就是每个国家相应的立法机构颁布的版权法是否包括明确适用于图书馆的版权例外。另一方面，部分国家没有法定的例外规定，但它们属于包括图书馆的版权例外的国际文书的成员国。《卡塔赫纳协定》和《班吉协定》就是这方面的事例，针对每一相应国家援引了这些文书。为在通篇研究报告中以前后一致的方式对待所有国家，如果某个国家在其国内法中没有此类条款，则该国将按没有图书馆例外的规定的国家对待。

　　SCCR在关于图书馆与档案馆限制与例外的重视，反映了知识产权作为公共政策工具的重要性。知识产权不仅是用来保护权利人权益的私权，而且是维护公共目标，促进社会发展的政策工具。知识产权的政策工具的作用就在于鼓励创新、传播文化。而图书馆与档案馆在此起着不可或缺的作用。图书馆与档案馆在保存现有文化资源、传播文化以及鼓励创新方面发挥着重要的作用。随着数字技术时代的到来，传统文字的数字虚拟化给图书馆与档案馆的发展带来了巨大的冲击。如何转变其传统身份，使其适应当数字时代的发展，这是图书馆和档案馆在实现其使命所遇到的障碍。

另外，随着互联网的发展，知识文化的传播速度呈现出一种惊人的速度。如何突破不同国家之间的跨境文化传播的难题，使得现有知识能够在各国之间顺利流通，也成为新问题。

综上，馆藏作品保护的限制和例外制度，对于促进文化的传承和发展有重大的积极作用，如果国际社会能够达成在一定条件下的例外保护规定，促进各国之间文化的交流，将会进一步推动知识的传播与发展。

二、立法变革：各国版权法修订与评析

新技术时代的版权法需要应对各种挑战，为了回应技术变革背景下产业发展对版权制度调整的诉求，各国对版权法都做了一些相应的修改。

（一）英国版权例外制度的修订

英国版权局于2014年年初向英国议会提交的版权法修改议案，主要涉及的便是对版权例外制度的修订。❶ 经议会批准，该修改法案从2014年6月1日开始实施。❷ 本次修订几乎重构了英国的版权例外制度，以确保其版权法在适应新技术发展需要的同时，实现帮助公众获取和利用信息、保护弱势群体利益的目标，这将对该国和其他国家版权制度的发展产生积极的推动作用。

1. 主要内容

（1）针对私人复制例外。在版权法修订之前，未经版权人同意，对其作品进行备份、格式转换被视为侵权行为。对此，英国公众多认为这不合理。故英国对私人复制例外制度进行了改革，其核心是允许公众对其合

---

❶ Copyright, Designs and Patents Act 1988——As amended by the legislation indicated overleaf, in https://www.gov.uk/government/uploads/system/uploads/attachment_data/file/308729/cdpa1988-unofficial.pdf, 2014-06-15.

❷ 英国版权局于2014年年初向议会提交的版权法修改议案涉及9个版权例外制度的修订，但2014年3月英国议会仅批准了6个，私人复制例外、引用例外及滑稽模仿例外制度未获通过。英国政府遂对此部分修改稿进行了修订，并于2014年6月9日再次提交议会审议，该部分的修改建议稿已获议会通过，并将于2014年10月1日正式实施。

法获得的版权作品实施包括备份、格式转换等在内的复制行为，但不可基于商业目的，更不可在未经权利人同意的情况下将作品对外传播。同时规定了此项权利的救济措施：任何人在其合法的私人复制行为受阻的情况下，都可以向国务大臣提出请求。

（2）针对研究及个人学习例外。英国版权法将可以出于研究及个人学习目的而复制的范围扩大到所有作品，并且允许诸如大学、图书馆、档案馆及博物馆等机构在其机构内通过技术终端为社会公众提供版权作品。❶

（3）新增文本和数据挖掘例外。所谓文本和数据挖掘，是指通过运用自动分析技术对现有的文本和数据进行分析考察，以便从中发现某种模型、趋势或其他有用信息。❷ 具体而言，任何人都可以在无须征得版权人同意的情况下出于非商业目的而对其所读到的材料进行文本和数据挖掘。

（4）针对引用例外。英国1988年版权法将引用例外的范围限定在以"批评、评价、新闻报道"为目的的引用之内。本次版权修改法案扩大了引用例外的适用范围，将引用例外范围扩大到出于任何非盈利目的的引用之上。具体而言，无论是出于批评、评价还是其他目的，符合如下条件而实施的引用行为不构成版权侵权：①作品已为公众所合法获得；②引用是对作品的合理使用；③引用的程度没有超过为特定目的而使用所设定的范围；④（除因实际不能或其他原因外）对作品的引用已做了充分的说明。对于表演及表演录音制品的引用，满足前三个条件即可认定引用不构成侵权。

（5）新增滑稽模仿例外。本次版权法修改法案增加了滑稽模仿例外规定，并将其适用范围从普通作品延伸到表演及录音制品中。无须征得版权人同意，任何人都可以基于滑稽模仿目的而合理、适当地使用其作品，

---

❶　Extend exception for copying for research and private study. Digital Infrastructure available, in http://www.ipo.gov.uk/ia-exception-research.pdf, 2014-06-15.

❷　郝文江："基于数据挖掘技术对公安犯罪分析的改进"，载《吉林公安高等专科学校学报》2007年第3期，第112页。

此规定能够有效地为新作品的产生扫除障碍，有利于保障社会公众言论自由权利的有效实现，促进社会创新和经济的发展。❶

（6）针对保障残障人士获取无障碍格式版本例外。英国版权局在吸收了《关于为盲人、视障者和其他印刷品阅读障碍者获得已出版作品提供便利的马拉喀什条约》成果的基础上，将原有的视觉障碍人士使用作品的例外制度扩大到残障人士；同时扩大了可被使用作品的范围，不限于文学、戏剧、音乐、艺术品及其他公开出版物；最后，简化了与这一例外有关的过程及程序。❷

（7）针对教育使用例外。原有的英国版权法上的教育使用例外不适用于艺术作品、电影及录音制品，使用人只能少量摘录文学、戏剧及音乐作品，也不允许通过远程方式向学生传播摘录的版权作品。新的修订改变了这一例外使用的严苛局面：①扩大了教育例外所适用的作品的范围，并允许通过交互播放的形式向学生传播。②增加了可因教育目的而复制他人作品的数量。出于非商业目的的教学演示，且已作出充分说明的情况下，教育机构可以在任意12个月内对一件作品最多5%的内容进行复制。③将远程教育纳入教育例外之列，允许远程学习者通过安全的网络获取教育材料。上述规定也适用于表演或及其录制品。

（8）针对保存及收藏例外。首先，本次修订将保存收藏的主体扩大到档案馆、图书馆、博物馆及其他教育机构等在内的机构，同时允许图书馆在特定条件下制作已出版作品的部分或全部复制品并可以向其他图书馆提供这些复制品。其次，允许相关主体可以在特定条件下复制其所永久收藏的任一作品，并可以在机构其他机构作品出现丢失、破损或毁坏的情况下为其提供替换复制品。最后，在特定条件下可以向公众提供未出版作品的复制品。

（9）针对公共管理例外。为了解决公众查询信息费时费力的情形，

---

❶ Copyright exception for parody. Digital Infrastructure available, in http://www.ipo.gov.uk/ia‐exception‐parody.pdf, 2014‐06‐15.

❷ Copyright exception for disable people. Digital Infrastructure available, in http://www.ipo.gov.uk/ia‐exception‐disabled.pdf, 2014‐06‐15.

本次修订允许公共机构及法定登记材料的管理者在不经版权人许可的情况下，可基于非营利目的在线公开享有版权的材料，使公共机构可以更加积极地为社会公众提供在线资料查询服务，社会公众也更容易获得需要的信息。❶

最后，英国也对相应的版权集体管理组织的规定进行了相关的修改，主要体现在2013年《企业与监管改革法案》附则22之中。附则22是有关"版权及表演者权许可"的规定，共包括两部分：第一部分为许可机构的监管规则；许可机构的监管规则共包括如下几项内容：①版权许可机构的行为规范；②许可规范检查员制度；③规范评论员制度；④违反行为规范的制裁制度；⑤管理费用；⑥一般规定。第二部分是有关表演者权利的规定。赋予国务大臣相关权利：①对孤儿作品的版权许可；②在英国版权法中适用延伸性集体管理；③有关版权许可的一般规定。上述修改从实践上进一步促进了英国版权法的良好运行，同时推动了版权法的修改。

2. 对我国的启示

值此我国《著作权法》第三次修改之际，我们应当适当借鉴国外的先进制度，并在充分研究的基础上做好"法律本土化"工作，❷为完善我国《著作权法》迈出重要的一步。

（1）增加私人复制。在我国《著作权法》第22条第1款规定的"个人使用"例外中，加入"为备份、存储、格式转换等个人使用目的，复制他人已发表的作品"的私人复制行为。（2）将滑稽模仿界定为合理使用行为。适应时代发展变化与国际趋势，将滑稽模仿纳入合理使用的范围。（3）扩大图书馆等机构合理使用作品的范围。在其他图书馆、档案馆、纪念馆、美术馆等机构所收藏的版权作品出现丢失、破损及毁灭等情形时，为其提供同一作品复制件，促进民族文化的保存、传播和传承。（4）扩大无障碍格式文本的受益人范围。将其受益人扩大至包括盲人、智障者及其他阅读障碍者在内的残障人士，与国际接轨。（5）明确规定

---

❶ 见英国新版权法修改稿第47条（3A）款。

❷ 吴汉东："知识产权法律构造与移植的文化解释"，载《中国法学》2007年第6期，第55页。

著作权人不得对合理使用行为设定限制，以最大限度地发挥合理使用制度的效用，实现创作平等，推动社会文化发展繁荣。

（二）瑞士联邦著作权法的修订

为了通过调整著作权人、消费者以及网络服务商之间的权利、义务来因应网络发展的实际需要，从而促进其著作权法的现代化。2015年5月6日，瑞士启动了著作权法的修订。瑞士联邦司法警察部（FDJP）将于2015年年底之前草拟出一份修正法案，起草过程中，联邦司法警察部以版权工作小组（AGUR12）的提议为基础。此版权小组提议的主要内容有以下方面。

（1）提高公众版权意识。一旦公众自觉遵守版权规则，也就没有采取过激的版权保护措施的必要。

（2）提高集体管理的运行效率以及透明度。①通过集体管理运行的电子化进一步降低管理成本；②反对制定概括的、一刀切的文化产品使用费率，而是通过与版权人之间约定合理的使用费率来提高运营的透明度；③简化费率的通过程序，设置合理的举证程序；④虽对管理费设置法定上限会给版权人减少支出，但也可能会出现交叉补贴的收费，也缺乏可操作性，故对管理费不设法定上限。

（3）将版权执法延伸到网络空间，强化版权执法的措施。①关于非法下载，保留为私人目的的非法下载是合法的规定，对于网络服务提供商设置通知—移除侵权内容（take-down）义务和防止侵权内容的再次上传（stay-down）的义务。②关于网络接入服务提供商中断接入服务。在有权部门的指令下，网络接入服务提供商在"特别情况"下可以中断为那些明显侵权的网站提供网络接入的服务，手段为封IP和DNS。关于此"特别情况"，还需要设定法定的前提，并接受司法的审查。③警告信手段。为缓解目前国内网络侵权用户的执法的严厉性，版权工作小组建议设置一个事先的通知程序，即从版权人或适格部门那里获得侵权信息后，网络接入服务商先向那些通过P2P从事严重侵权行为用户发出警告信。费用应当由版权人承担。接到警告信后，网络用户应当采取措施不再参与侵权行为。

④信息披露义务。此义务针对的是网络服务提供商，版权小组建议，对于没有遵从警告信而继续侵权的用户，网络接入服务商可以根据相关部门的要求，向版权人披露该网络用户的个人信息，以使版权人能够启动民事救济。⑤如果网络服务提供商履行了版权小组设置的移动侵权内容、防止侵权内容再次上传、中断网络接入服务、发送警告信、提供用户身份信息等义务，应当享受广泛的免责，包括对抗版权人提出的侵权控告、网络用户和网站经营者提出的合同或非合同的诉求，并通过立法来确认此免责的效力。

（4）修改著作权的限制与例外。①私人间的作品分享。随着网络化时代的到来，私人间分享的范围不断扩大，版权工作小组建议对这类新型的私人分享征收版税。②索引例外。版权小组建议公共的或者向公众开放的图书馆、教育机构、博物馆和档案馆可以为了将馆藏作品分类、展示的目的，向公众提供短小的作品摘录或作品复制件，但该提供行为不得与作品的正常使用相冲突。摘录的范围还需要进一步讨论。③肯定对私人复制补偿金的征收，但版权小组还没有对如何避免双重支付给出进一步的办法。

版权小组在瑞士联邦著作权法修改过程给予的建议，及时的回应了技术进步对于版权法调整的诉求，加快了瑞士著作权法的现代化进程，但其建议都比较概括，许多技术性的问题亟须解决，相关建议的配套立法措施也需要进一步制定和完善。

（三）美国版权法改革

美国现行版权法自1976年通过以后，进行了多次修订以应对新技术、新情况的出现。然而，这些修订都只是针对某些具体问题、局部问题而作的细微修改、技术性调整，没有针对版权法的整体架构作出全面修改。这种修改缺乏体系性的整体思考，难以适应新时代的要求。为了从整体上完善美国版权法律制度，美国版权原则项目组❶经过多年的研究，公布了其

---

❶　版权原则项目组由加州大学伯克利分校法学院帕米拉·撒缪尔森教授负责，成员由来自美国各著名法学院、公司以及律师事务所的著名版权学者、律师组成。项目组在起草过程中，征求了美国版权局局长玛丽贝思·彼得斯（Marybeth Peters）、第九巡回上诉法院玛格丽特·麦基翁（Margaret McKeown）法官等行政、司法官员的意见。

起草的《版权原则项目：改革方向》，提出了改革美国版权法的相关改革建议。

（1）复兴版权注册制度。许多版权作品能够带来的商业价值几乎为零，但在"自动保护"的框架下，其只会带来社会成本。为了解决上述问题，版权原则项目组建议复兴版权注册制度，重新建构复兴程序：不遵守注册程序，只影响权利持有人可以享有的权利以及救济措施，从而给再次使用未注册作品的人降低侵权责任风险。❶ 同时给予了版权人注册一定的宽限期。

（2）改革版权局行政职能。美国版权局自1897年成立以来，在管理和维持有效版权制度方面发挥了重要作用。随着时代的发展，版权局需要进行的服务越来越多，难以兼顾，故需要对版权局的职能进行变更，使其发挥最大效用。①由现在唯一负责版权注册事宜的机构，转变成为批准和监督由第三方来负责注册事宜的机构，通过设置准入制度来达到公平合理的状态；❷ ②通过赋予版权局处理小额版权侵权纠纷的职能，改变诉讼作为唯一救济途径的现状，提高纠纷解决效率，节约成本；③版权局可就负责"合理使用"原则以"意见书"的形式提供指导意见；④版权局新设首席经济学家与首席技术专家职位，负责对版权法的实施效果进行经济分析以及研究版权法律与政策的变化对技术发展的影响。

（3）改革专有权制度。随着专有权利的扩展，也需要对这些权利施加一定的限制。①确定专有权范围时，考虑商业损害因素。版权原则项目组提供了两个方案供选择：方案一，考虑到对商业造成损害的可能性大小不一样，区分对作品的全部或几乎全部内容的使用行为与只使用作品的一部分内容的行为；方案二，重构专有权的定义，将商业发行或商业传播作为专有权的构成要件之一。❸ ②引入"向公众传播权"的概念——即通过

---

❶ Pamela Samuelson, The Copyright Principles Project: Directions for Reform, 25 BTLJ 1175, 1199 (2010).

❷ Pamela Samuelson, The Copyright Principles Project: Directions for Reform, 25 BTLJ 1175, 1202~1203 (2010).

❸ Pamela Samuelson, The Copyright Principles Project: Directions for Reform, 25 BTLJ 1175, 1210~1211 (2010).

传输将作品向公众传播，使接收传输的公众中的成员能够感知或复制该作品的专有权；"向公众传播权"涵盖将作品向在不同地方或不同时间出现的公众中的不同成员传输的行为。③鉴于美国法院在判断侵犯复制权的问题上没有一个统一的标准，版权项目组建议：应当发展出一种更具预测性、一致性的侵权分析框架；如果法院无法达成一致意见，其他机构，如美国法律协会应当在此方面作出努力。❶

（4）改革"避风港规则"。 技术不断发展，出现了许多比较成熟的识别与过滤侵权作品的技术，为了鼓励服务提供商采用这些新技术，因此版权项目组建议增加一项新的"避风港规则"，即网络服务提供商采用合理有效且在商业上可行的用于阻止侵权的技术，则符合适用避风港的条件。❷

（5）改革法定赔偿制度。由于缺乏明确的指导标准、适用法定赔偿计算方法的随意性，加上法院和陪审团认定侵权属于故意的宽泛性，美国法院在采用法定赔偿的计算方法时，常作出十分高额的赔偿。因此版权项目组建议：美国国会应当在版权法中确立指导原则，以确保法院在采用法定赔偿的计算方法时，能够作出公正的判决。❸同时针对故意侵权，应当适用实际损失及未计算在实际损失范围内的侵权人获利的3倍赔偿的方法，而不应采用提高法定赔偿额的方法。

（6）改革禁令制度。根据ebay案和Cambell案中确立的原则，项目组建议，法院在确定究竟是颁发禁令禁止实施侵权行为，还是允许被告在支付许可费或满足其他条件的情况下继续实施相关行为，应当考虑各种相关因素，如：①被告行为可能具有的公共利益；②被告在侵权作品中所额外添加的独创性表达；③原被告作品之间的实质性相似程度；④被告主张的

---

❶　Pamela Samuelson, The Copyright Principles Project: Directions for Reform, 25 BTLJ 1175,1216 (2010).

❷　Pamela Samuelson, The Copyright Principles Project: Directions for Reform, 25 BTLJ 1175, 1216(2010).

❸　Pamela Samuelson, The Copyright Principles Project: Directions for Reform, 25 BTLJ 1175, 1221(2010).

合理使用及其他抗辩理由的强度；⑤原告请求适用禁令救济的非经济性动机；⑥被告的意图。❶

（7）改革公有领域制度。通过司法的方式承认"公有领域捐赠"应当继续允许，但最好是在版权法中明确作出规定，以便版权权利人更好地实现其希望放弃版权的目标，从而丰富公有领域。❷

（8）改革版权限制与例外制度。①增加不受著作权保护的客体：事实、数据、专有技术、知识、某一类型作品的典型构成要素、法律行政法规、规章、系统、过程、程序、操作方法、功能；②美国个人使用例外制度缺乏一般性规定，且掺杂对合理使用的认定，故版权小组建议完善个人使用例外规定，并提出了四种解决方案：确立一般条款、进一步具体化、在合理使用框架下确定和排除在专有权控制范围之外。

（9）寻求孤儿作品解决方案。版权小组支持并希望尽快通过美国国会分别于2006年、2008年提出的《孤儿作品法案》，其中最重要的条款是：如果使用者经过基于善意地合理勤勉搜索后，仍无法找到权利人，并且尽可能地适当表明版权归属，那么他就可以获得在侵权救济方面的限制。❸

版权小组对美国版权法的修改方案，从整体上回应了时代发展、技术进步、产业诉求，一些改革方案虽有些激进，但十分具有创新性。我国在修改著作权法时要从整体上予以考虑，对版权小组的修改方案进行一些借鉴，如探索新型版权注册制度，协调专有权与权利限制的范围，设置向公众传播权处理好各产业协调发展与公共利益的关系等。

（四）泰国版权法修订

随着数字技术的不断发展，各类版权侵权形式层出不穷，版权人利益保护面临严峻挑战。如何应对数字技术发展对版权提出的挑战，协调和平

---

❶ Pamela Samuelson, The Copyright Principles Project: Directions for Reform, 25 BTLJ 1175, 1226(2010).

❷ Pamela Samuelson, The Copyright Principles Project: Directions for Reform, 25 BTLJ 1175, 1227(2010).

❸ 《2006年孤儿作品法案》第2条、《2008年孤儿作品法案》第2条。

衡技术发展与版权保护之间的关系，已然成为国际社会亟须解决的问题。在此方面，泰国也不例外。为此，泰国于2015年1月31日制定两项单独法案，以便对1994年版权法的相关内容作出修订。

本次泰国版权法的修订，一方面强化了网络时代下版权人的权利保护，健全了权利救济制度；另一方面改进了版权限制制度，以平衡权利保护与信息共享之间的利益平衡。下面将分类一一阐述。

1. 完善版权权利保护制度

一方面，增加版权人复制权的内容。为遏制电影院内大规模电影版权侵权行为的发生和蔓延，新修订的泰国版权法增加了28/1和69/1条，明确规定未经授权在电影院录制电影作品属违法行为，并排除为个人使用目的版权例外的适用余地。这一规定扩大了版权人"复制权"的控制范围，有助于加强对版权人权利的保护，规制观众的不法行为。

另一方面，增加表演者精神权利的保护。有鉴于数字环境下侵害表演者精神权利现象频发的现实，泰国本次版权法修订在第51条增加了表演者享有表明自己身份，作品不受歪曲等精神权利。

2. 改进版权权利限制制度

此次泰国版权法修订在强调对版权人权利保护的同时，对社会公众正当利益也给予了相应的关照，以此来实现版权权利保护与信息传播自由之间的平衡。新修订的泰国版权法对社会公众权益的关照保护主要体现在对现行版权法中版权权利限制制度的改进。这些改进主要包括：（1）增加首次销售原则，进一步厘清泰国版权人与作品复制所有人之间的利益关系，促进作品自由流转，提升作品利用效率；（2）增加临时复制例外条款，此条款的规定将保障网页浏览的正常化、合法化，促进知识信息的普及与传播，加快泰国的经济发展；（3）响应《马拉喀什条约》规定，增加残障人士利益保护的版权例外制度，满足残障人士平等获取信息的利益诉求，拓宽其知识获取渠道。

3. 构建权利保护措施制度

新修订的泰国版权法在扩大版权权利范围的同时，开始尝试从增加权利保护措施入手来完善版权保护制度。其健全版权权利保护手段的制度设计主要体现为：（1）增加权利管理信息保护制度。其主要规定在第53／1、53／2、53／3条之中，有助于减少篡改或删除作品权利管理信息行为的发生，规范社会公众的作品利用行为，维护权利人的合法权益。（2）增加技术保护措施制度。技术保护措施制度规定在新修订《版权法》的第53／4、54／5条之中。其内容包括如下两点：①明确禁止规避技术保护措施；②设定规避技术保护措施的例外，有助于弥补现有版权制度在立法方面的缺陷，进一步加强对版权人合法权益的保护。③增加针对网络侵权行为的临时禁令。该制度规定在第32／3条。根据该制度之精神，版权人有权要求停止任何发生于互联网服务提供商计算机系统中的版权侵权行为。这是泰国首次将互联网侵权明确纳入版权法的规制范围，其在一定程度上反映出泰国意欲严厉打击互联网版权侵权行为的愿景。

4. 健全版权侵权救济制度

为遏制大规模版权侵权行为的发生和蔓延，泰国新修订的版权法加大了对版权侵权行为的打击力度，从民事、刑事角度着手健全版权侵权救济制度，同时对侵权产品的处理方式进行改革，阻止侵权产品的再流通。其主要分为以下几个方面：

（1）完善版权侵权的民事救济措施。引入版权侵权的惩罚性赔偿制度，一定条件下允许法院作出2倍惩罚性损害赔偿的决定，同时提高版权侵权的罚款数额，其中未经授权在电影院录制电影，将会被处10万~80万铢罚款。这充分显示出泰国政府打击版权侵权的决心，有助于提升泰国的版权保护水平，

（2）完善版权侵权的刑事救济措施。主要体现在加大对版权犯罪的刑事处罚。其中未经授权在电影院录制电影将被处以6个月到4年的监禁。刑事处罚力度的不断加大将会对潜在侵权人产生强有力的震慑，进而减少版权违法犯罪行为的发生，促进版权产业的良性发展。

（3）改进侵权物品处理方式。新修订的泰国《版权法》75条中，权

利人不再对侵权物品享有所有权，法律授权适格的法院负责没收或者销毁该侵权物品，由此产生的费用由侵权人承担。这能够在一定程度上遏制侵权物品的流通，增加侵权的成本，对潜在的侵权人产生警示和震慑作用。

新修订的泰国版权法从权利保护、权利限制、权利救济等方面对版权制度作出了诸多变革，其对于维护版权人的合法权益，平衡版权相关者之间的利益关系，对于推动泰国版权产业的发展，推动泰国版权现代化具有重要意义，有力地推进了泰国版权法的现代化进程。

三、政策调整：主要地区和国家版权战略的制定

随着国际版权贸易的不断深入，国家对于版权政策的重视程度不断提高，版权政策对于一国经济的发展具有重要影响，也是提升一国软实力，从而提高国际地位的重要手段，在国际交往中，不同国家和地区间的版权政策决定了双方之间版权交往频繁与否。故此，世界上的主要国家和地区对于本国和联系较紧密国家和地区的版权战略都表现出了极大的关注度，并根据国际环境的变化，对相关政策进行调整。

（一）美国：《数字经济中版权政策、创造与创新》绿皮书

版权法的历史是随着技术变革不断发展的历史，但是互联网对版权造成的影响超过了先前所有的技术变革。在此之前，从没有过如此广阔和方便的渠道，可以对多种类型的创造性作品进行传播；在这之前，内容创作者无论是个人还是大型公司都无法如此轻易而低成本地接触全球用户；在这之前，公众成员不可能跨国界，如此完美地制作、转换、传播各种作品复制件，如何在保持版权制度继续推动创造性作品的创作的同时，保持互联网的不断创新和信息的自由流动，是当今政策讨论的前沿问题。

为了促进政府版权政策的发展，美国商务部2010年成立互联网政策工作小组（工作小组），其协调商务部政策以及综合分析保密政策、版权、全球信息自由流通与网络安全和它们与互联网经济创新的关系。2010年该小组与诸多利益攸关者召开会议，并于6月1日举行公开会议，对相关问题

进行了深入的探讨。❶ 在这之后，工作小组公布了《调查通知书》并收到了数百条相关意见。❷ 工作小组在考虑了公开会议、提交的评论意见和交流会所提出的观点后，撰写了《数字经济中版权政策、创造与创新》绿皮书。此报告的目的并非详尽记录所有网络环境下所有版权相关问题，❸ 而是指出法院正在面临的、值得进一步关注或亟须解决的主要问题。对于这些目前尚未解决的问题，报告提出了后续步骤——一些是潜在的立法修订，更多措施是基于私人部门的自愿积极性。

报告分为四部分：第一部分是对版权和互联网融合的概述，指出在过去10年已经产生了巨大机遇和挑战。第二部分简述了在版权法中保持适当平衡和权利与例外的工作将随着技术改变而更新。这一部分描绘了修订法律应对数字发展的主要方式，并指出应考虑其他变化的领域。第三部分阐述了在保持互联网仍是一个具有创新活力、多元商业模式、经济增长的平台的同时，如何在数字环境下有效实施权利。这一部分简述了现有民事和刑事执法机制，描绘出差距和不足以及为此所作出的努力，并且呼吁发现问题的解决方法。第四部分审查了网络市场中许可的情况，指出需要进一步提高的领域并且建议政府为促进私人部门工作可能采取的行动。

工作小组在绿皮书中具体提及的对美国版权法修改的建议，可以分为三个主要部分，概括如下：

（1）更新权利和例外的平衡，一方面，工作小组呼吁国会让录音制品的公开表演权变得更加合理：重申政府支持将广播纳入权利范围，并且呼吁对不同种类数字音乐服务比例设置标准适当性的再次评估应当考虑对创作者和权利所有权人以及不同种类服务的影响；另一方面，工作小组将举行圆桌会议以讨论合成创作与数字环境下的首次销售，并

---

❶ 美国专利和商标局、国家电信和信息局《互联网经济中的版权政策、创造和创新》，75 Fed. Reg. 33577 (2010年6月14日)，研讨会议程载http://www.ntia.doc.gov/ legacy/InternetPolicyTaskForce/copyright/CopyrightSymposiumProgram.pdf.

❷ 美国专利和商标局、国家电信和信息局《互联网经济中的版权政策、创造和创新》，75 Fed. Reg. 72790 (2010年11月26日)，评论意见请见http://ssl.ntia.doc.gov/comments/100910448-0448-01/.

❸ 我们不解决其他更大范围或新兴主题，包括版权保护期限、法律管辖的问题和选择、非针对互联网环境的某些限制和例外、版权对数据库开发和3D打印的影响。

积极研究、考察第108条图书馆例外和孤儿作品、大规模数字化等版权问题。

（2）在评价和促进保持互联网必要功能的同时，打击网络侵权，推动合法服务的执法工具。首先，工作小组重申了政府先前对国会的呼吁，要求国会进行立法对以流媒体方式向公众传播版权作品的行为设定与违法复制、违法发行同样的处罚范围。其次，小组积极探讨个人文件共享者法定赔偿和大规模网络侵权间接责任，并建立利益攸关者对话，以探讨如何提高《千禧年数字版权法》通知-移除制度的运行。再次，工作小组支持版权办公室对《千禧年数字版权法》指定代理人数据库的做法，并鼓励和评估合适的私人部门在网络中实施其权利的行为，同时优化网络中小额诉讼的程序；最后，小组鼓励公共教育、告知消费者其权利和例外以及合法网络服务的使用。

（3）发挥互联网作为合法版权作品市场和简化许可工具的潜能，一方面，工作小组将对国会在音乐许可，尤其是音乐作品的机械许可方面提供意见，并支持版权办公室在提高注册和登记制度方面的工作，鼓励增强使用这些制度的激励条款；另一方面，小组将积极听取公众评论意见，并且召开关于政府在帮助提高网络许可环境方面的合理角色的圆桌会议。

《数字经济中的版权政策、创造与创新》绿皮书为美国评价当前版权和互联网的相关政策确定法院正面临的重要问题和亟须进一步讨论和解决的问题提供了一个视角，工作小组在分析报告中承认技术和市场环境的巨变带来了新的、严峻的挑战，为有效解决这些问题，需要利益攸关者进行不断的卓有成效的合作，工作小组希望报告中讨论的这些问题和观点可以为利益攸关者提供参考，为今后的行动构筑蓝图，为美国在领导全球版权讨论中指明方向。

（二）美国：2014年度《特别301报告》

美国贸易代表办公室对中国2014年的知识产权状况进行了重点监控，并发布了2014年度《特别301报告》。在报告中，美国针对中国2014年版权的动态进行了相关调查，并对一些举措表明了美国的态度，提出了相关意见，具体如下。

（1）中国正进行版权法律改革。尽管中国对某些特定措施作出了重要的保留，但对于中国目前正在进行的版权法律改革，美国表示欢迎。目前，《著作权法》的修正草案已提交至中国国务院法制办。有关"职务作品"（如职工为完成工作任务所创作的作品）报酬的拟议规章的规则、准则草案方面，中国政府广开言路，征求意见。一些建议措施引起了广泛关注，其他的建议措施较之于在先草案也有显著进步。对于中国政府乐于接受批评意见的开放态度，美国政府表示赞同，并期待中国继续推动草案的完善和评估，推动法律修改草案从国务院法制办提交至全国人民代表大会。

（2）中国已成立全国领导小组。随着2010~2011年"打击侵犯知识产权和制售假冒伪劣商品专项行动"的结束，中国国务院成立了一个打击侵犯知识产权的常设机构——全国领导小组，以调整和改善打击侵犯知识产权和制售假冒伪劣商品工作。2013年，该领导小组继续协调执法工作并开展了一系列专项行动，涉及网络市场和跨境侵权的案件即包含其中。美国鼓励中国继续同外国政府和权利人继续深化合作，以共享信息并证明全国领导小组在改进知识产权保护和执法方面能够发挥建设性作用。

（3）中国软件版权和盗版情况调查。一方面，中国努力使软件合法化，2014年1月，中国政府宣布所有市、县级政府机关的软件合法化已经在2013年完成。而美国软件厂商对中国政府机关销售额增长有限，且关于确定中国软件正版化工作预算的程序和方法的特定信息以及审计信息仍然无法获得。鉴于中国企业不为其使用的软件支付费用的程度，较之为合法取得软件支付费用的竞争者，其获得了一个价格优势，美国仍决心与中国合作，以应对这些挑战。另一方面，网络盗版猖獗。尽管存在加强知识产权执法的双边承诺，中国的网络盗版规模仍然巨大。2013年，中国有着世界范围内最大的网络用户基础。据估计，用户超过6亿人，其中包括近5亿的移动网络用户，尽管有着全国的专项行动和全国领导小组的领导，盗版行为仍影响了涉及合法音乐、电影、书刊杂志、电子游戏和软件发行的产业。举例而言，2013年行业报告指出，中国的数字音乐销售收入为6 540万美元，而远远低于韩国当年的这一收入；在人口不及中国5%、人均GDP与中国基本相同的泰国，这一收入为3 200万美元。通过媒体播放器，中国也进一步导致了中国和其他国家的网络侵权。在中国生产并出口至国外的媒体播放器，可能预存有侵权内容并被直接接入电视。这使得用户可以运用流媒体和下载的方式从网络上获取侵权的音频和视频内容。据报告，媒体播放器用户接入的绝大部分侵权网站是位于中国的，美国敦促中国继续增强在这一领域的知识产权保护和执法。

（三）美国、欧盟：与版权相关的贸易、外资准入政策

版权交易在国际贸易中的地位不断提高，各国或地区国内的版权产业都受到了一定的影响，为了促进本国或地区版权产业的发展，各国和相关地区都积极制定了相关政策来应对国际版权贸易所带来的冲击。

1. 欧盟：限制外国文化产品的进入数量

1989年10月，欧共体12国颁布《电视无国界指令》，并于1991年10月正式施行。根据该指令，欧共体各成员国应确保其广播电视节目全部播送时间的一半以上用来播放欧洲本土制作的节目，同时应有10%以上的节目时间或节目预算属于欧洲独立制片人制作的节目。上述所指节目中不包括新闻、体育、广告和电视购物等内容。2007年的《视听服务无国界指令》（"Audiovisual media services without frontiers"Directive）是对《电视无国界指令》的修订，但对上述数字没有产生任何变化。

2. 美国：版权产业限制

在新闻出版行业，美国虽然不禁止外国人投资新闻和报纸，但是对于其程序和要求有严格的规定。《外国代理人登记法》❶规定外国的委托人❷必须向美国总检察长登记，提供的材料要证明代理人和委托人之间的关系，且代理人要向司法部提交两份打印好的说明文件。同时还对外国的

---

❶ 22 U.S.C. § § 611 et seq.

❷ 这些外国的委托人是指：（1）外国政府或外国政治团体；（2）美国以外的自然人或法人，即非在美国本土有住所的自然人或依据美国的联邦法或州的法律成立的且在主要营业地在美国境内的法人；（3）依照外国法成立的公司或在外国有主要营业地的公司。

委托人和外资的代理人进行了相关资格限制。

对于音乐版权产业，美国版权法虽赋予版权所有人独家使用音乐的权利，但允许商店、酒吧、餐厅等在一定条件下有权不获得许可证而通过广播或电视播放音乐作品，且不必支付版权人任何报酬，这并不符合《伯尔尼公约》的豁免情形，❶ 也违反了TRIPs协议。这导致权利人收入减少，从而对美国国外的音乐创作以及向美国出口音乐作品产生不利影响。

同时，美国的葡萄酒商标使用的许多都是欧洲的地名，如夏布利（chablis）、勃艮第（burgundy）、波特（port）和香槟（champagne），欧盟委员会已经在每年发布的《美国贸易及投资壁垒报告》中一再指出美国企业对酒类名称的使用侵害了欧盟地理标志的权益，但2013年美国对中国内地的葡萄酒出口仍保持了持续上升势头，推动美国葡萄酒对全球的出口额达到15.5亿美元。

---

❶ 《伯尔尼公约》主要规定了三类豁免行为：（1）一些特殊作品不予保护，如具有立法或行政性质的官方文件；（2）特定用途可免于侵权，如用于教育、情报或管理目的的使用作品；（3）强制许可制度，此种制度下版权所有人的权利受到限制，但并未被完全剥夺，必须保证在任何情况下均不得影响作者的精神权利和其获得合理报酬的权利。

中国商标法律制度发展报告（2014~2015）

彭学龙　姚鹤徽[*]

2014年以来，中国商标法律制度建设取得重大发展和进步。2014年5月1日，最新修订的《商标法》和《商标法实施条例》开始施行，标志着我国商标法律制度进一步完善，知识产权法治建设水平进一步提升，为我国商标战略的实施提供了有力的法律保障。

一、商标国内立法

（一）全国人民代表大会及常务委员会立法

近年来，随着我国社会主义市场经济体制的不断发育完善，商标在我国市场经济中的作用不断增大，这对商标法律制度提出了更高的要求。我国长期沿用的2001年《商标法》难以适应商标法律实践的需要，相关规定的缺陷和不足日益明显，商标法领域一些新出现的问题亟待解决，主要体现为：商标注册程序烦琐，确权时间过长，确权成本较高，申请人从申请到被授权的时间过长，申请人的权益得不到有效保障；恶意异议、恶意抢注等不正当竞争行为较为突出，导致市场竞争秩序受损；商标侵权现象屡禁不止，注册商标专用权保护有待加强；驰名商标异化现象严重，恶意

* 彭学龙，中南财经政法大学知识产权研究中心副主任，教授，博士生导师；姚鹤徽，法学博士，湖南师范大学法学院副教授，硕士生导师。

认定和宣传驰名商标的问题较为突出；未注册商标的合法权益需要进一步保护。

2013年8月30日，第十二届全国人民代表大会常务委员会第四次会议第三次审议表决通过了《关于修改〈中华人民共和国商标法〉的决定》，对我国《商标法》进行了全面的修正，修改后的《商标法》于2014年5月1日实施。这次修改共对《商标法》进行了53处修改，修改后的《商标法》由原来的64条变成73条，修改的主要内容包括以下几个方面。

1. 修改商标申请注册制度

（1）可注册为商标的标志范围进一步扩大。新的《商标法》第8条删除了对可以作为商标注册标志的可视性要求，规定"声音"可以作为商标注册。这一规定拓宽了可作为商标注册的标志的范围，为我国企业申请商标注册提供了更多的选择。将声音纳入可以作为商标注册的标志范围，体现出我国商标法律制度与时俱进，与国际通行做法和制度接轨。

（2）允许"一标多类"申请。新《商标法》第22条第2款规定："商标注册申请人可以通过一份申请就多个类别的商品申请注册同一商标。"这一规定有利于申请人降低商标注册成本、缩短获得商标注册的时间，方便地获得多类商标注册，更好地满足商标申请人商业活动的需求。

（3）增加商标审查意见书制度。新《商标法》第29条规定："商标局在审查过程中认为商标注册申请内容需要说明或者修正的，可以要求申请人做出说明或者修正，申请人未做出说明或者修正不影响商标局做出审查决定。"这一规定有利于加强商标申请人与审查员之间的沟通，以便申请人及时修改有关申请文件，从而有效维护商标申请人的合法权益，增加申请人获得商标注册的机会。

（4）完善了商标注册申请的异议制度。由于恶意异议现象时有发生，新《商标法》对商标注册异议制度做了一定的完善：

①明确界定提出异议的主体和理由，规定只有在先权利人、利害关系人才可以以商标注册的相对理由（《商标法》规定的侵害在先权利的情形）提出异议；任何人可以基于商标注册的绝对理由（《商标法》规定的不得作为商标注册或使用的禁止性要件）提出异议。❶ 这样既减少了商标异议的数量，又保障了对商标不当授权的监督。

②简化了异议程序，删除了商标局对商标异议作出裁定的环节，规定商标局对商标注册异议进行调查核实后直接作出准予或者不予注册的决定；对商标局认为异议不成立、准予注册的，异议人可以请求宣告该注册商标无效；对商标局认为异议成立、不予注册的，被异议人可以申请复审；对无效宣告决定或者复审决定不服的，还可依法提起行政诉讼。❷ 这样，既省略了对商标局异议裁定的复审、诉讼程序，降低确权成本，又保障了异议人、被异议人获得救济的权利。❸

（5）增加了商标审查时限。新《商标法》增加了商标审查时限规定：商标局对商标注册申请的初步审定时限为9个月；❹ 对异议申请调查核实的时限为12个月。❺ 商标评审委员会对商标局驳回申请不予公告决定进行复审的时限为9个月、❻ 对商标局认为异议成立而不予注册决定复审的时限为12个月；❼ 有特殊情况需要延长的，经国务院工商行政管理部门批准，可以分别延长3个月或者6个月。❽ 同时，对商标无效宣告、撤销的审查时限等也作了相应规定。❾ 新《商标法》明确规定商标审查的时限，一方面有利于促进商标审查工作的进行，提高审查效率；另一方面可以保障当事人积极及时主张自己的合法权益，避免行政机关怠于履行其职责。

---

❶　《商标法》第33条。
❷　《商标法》第35条。
❸　金武卫："《商标法》第三次修改回顾与总结"，载《知识产权》2013年第10期。
❹　《商标法》第28条。
❺　《商标法》第35条第1款。
❻　《商标法》第34条。
❼　《商标法》第35条第3款。
❽　《商标法》第34条和35条第3款。
❾　《商标法》第44条和第45条。

（6）明确了商标注册电子申请制度。新《商标法》第22条第3款规定："商标注册申请等有关文件，可以以书面方式或者数据电文方式提出。"这是我国商标法律制度适应社会信息化要求的具体体现，是我国商标法律实践现代化的重要步骤。

2. 完善商标使用制度，规范商标使用行为

（1）明确界定"商标使用"概念。在本次《商标法》修改前，我国关于"商标使用"的界定见于《商标法实施条例》第3条，规定："包括将商标用于商品、商品包装或者容器以及商品交易文书上，或者将商标用于广告宣传、展览以及其他商业活动中"。这一规定并没有明确界定商标使用的构成要件和本质特征。新《商标法》第48条明确对"商标使用"予以了明确的界定，强调商标使用是"用于识别商品来源的行为"。这对于司法实践中如何判断某一商标是否已经实际投入使用具有很强的指导意义。

（2）加强对未注册商标的保护。针对我国恶意抢注商标现象屡禁不止的情况，新《商标法》进一步完善了对在先使用商标的保护规则，主要体现在：①增加了诚实信用原则。《商标法》第7条第1款规定："申请注册和使用商标应当遵循诚实信用原则。"②增加了禁止抢注他人在先使用商标的情形。《商标法》第15条第2款规定："就同一种商品或者类似商品申请注册的商标与他人在先使用的未注册商标相同或者近似，申请人与该他人具有前款规定以外的合同、业务往来关系或者其他关系而明知该他人商标存在，该他人提出异议的，不予注册。"③增加了商标共用制度。《商标法》第59条第3款规定："商标注册人申请注册商标前，他人已经在同一种商品或者类似商品上先于商标注册人使用与注册商标相同或者近似并有一定影响的商标的，注册商标专用权人无权禁止该使用人在原使用范围内继续使用该商标，但可以要求其附加适当区别标识。"

3. 完善驰名商标保护制度

在实践中，我国公众对驰名商标的认识存在很多误区，驰名商标存在虚假认定、过度宣传等问题，驰名商标保护制度异化的现象较为严重。因

此，进一步完善驰名商标制度对于营造良好的市场竞争秩序具有重要的意义。新《商标法》对驰名商标保护制度的完善主要体现在三个方面。

（1）明确驰名商标个案认定、被动保护的原则。新《商标法》第14条第1款规定："驰名商标应当根据当事人的请求，作为处理涉及商标案件需要认定的事实进行认定。"

（2）明确了驰名商标的认定主体和事由。新《商标法》第14条规定："商标局在商标注册审查、工商行政管理部门查处商标违法案件过程中，商标评审委员会在商标争议处理过程中，最高人民法院指定的人民法院在商标民事、行政案件审理过程中，根据处理案件的需要，可以对商标驰名情况作出认定。"

（3）明确规定驰名商标禁止宣传。新《商标法》第14条第5款规定："生产、经营者不得将'驰名商标'字样用于商品、商品包装或者容器上，或者用于广告宣传、展览以及其他商业活动中。"

4. 加强对注册商标专用权的保护

（1）增加侵犯注册商标专用权行为的种类。新《商标法》第57条第6项明确规定："故意为侵犯他人商标专用权行为提供便利条件，帮助他人实施侵犯商标专用权行为的，属于侵犯注册商标专用权。"根据侵权责任法原理，这一行为实际上属于帮助侵权。帮助侵权行为在本次《商标法》修改前并没有明确规定，只是在《商标法实施条例》第50条中加以规定："故意为侵犯他人商标专用权行为提供仓储、邮寄、隐匿等便利条件的"属于侵犯注册商标专用权行为中的"给他人的注册商标专用权造成损害的行为"。新《商标法》将《商标法实施条例》中的规定提升到国家立法层面并加以完善，将原来的列举式表述改成更有包容性的概括性表述，有利于解决实践中出现的侵犯注册商标专用权的新问题，为保护商标专有权提供了强有力的法律依据。

（2）禁止将他人注册商标、未注册驰名商标作为企业字号。实践中，有时会发生将他人商标用作企业字号，通过"傍名牌"获取利益的现象。● 新《商标法》第58条规定："将他人注册商标、未注册的驰名商标作为企业名称中的字号使用，误导公众，构成不正当竞争行为的，依照《中华人民共和国反不正当竞争法》处理。"借助反不正当竞争法来规制此类侵权行为，突出了反不正当竞争法在商标法律实践中的意义，节约了立法资源，可以有效保障商标权人的利益。

（3）明确惩罚性赔偿制度，提高侵权赔偿数额。新《商标法》完善了商标侵权赔偿制度，加大了对侵权者的惩处力度。

①增加许可使用费为计算赔偿额的方法。新《商标法》第63条第1款规定："权利人的损失或者侵权人获得的利益难以确定的，参照该商标许可使用费的倍数合理确定。"

②引入了惩罚性赔偿制度。新《商标法》第63条第1款规定："对恶意侵犯商标专用权，情节严重的，可以在按照上述方法确定数额的一倍以上三倍以下确定赔偿数额。"

③提高了法定赔偿额。新《商标法》第63条第3款明确规定："侵犯商标权的法定赔偿额为300万元以下。"把法定赔偿额的上限从原有《商标法》规定的50万提高到300万。通过加大对侵犯商标权行为的惩罚力度，一方面可以起到警示作用，另一方面可以有效解决实践中存在的商标侵权成本低而维权成本高、得不偿失的问题，更好地保护商标权利人的合法权益。

④明细了侵犯商标专用权行政处罚的内容。新《商标法》第60条第2款规定："对五年内实施两次以上商标侵权行为或者有其他严重情节的，应当从重处罚。"

（4）确立赔偿豁免制度。新《商标法》第64条第1款规定："注册商标专用权人不能证明此前三年内实际使用过该注册商标，也不能证明因侵权行为受到其他损失的，被控侵权人不承担赔偿责任。"这一规定遵从了商标的本质属性，要求商标权人必须将商标实际投入使用，体现了商标法促进商标使用的规范意旨，有利于促进商标的真实使用，实现商标的

● 金武卫："《商标法》第三次修改回顾与总结"，载《知识产权》2013年第10期。

价值。

（5）适当减轻权利人举证负担。在商标司法实践中，普遍存在权利人举证难的问题，直接影响权利人权益的维护，在一定程度上纵容了侵权行为的发生。因此需要在举证责任方面为商标权人提供更多便利，避免权利人因举证不力而承担不利法律后果现象的发生。新《商标法》第63条第2款正是出于这样的考虑，该条规定："人民法院为确定赔偿数额，在权利人已经尽力举证，而与侵权行为相关的账簿、资料主要由侵权人掌握的情况下，可以责令侵权人提供与侵权行为相关的账簿、资料；侵权人不提供或者提供虚假的账簿、资料的，人民法院可以参考权利人的主张和提供的证据判定赔偿数额。"

（6）进一步明确诉前禁令和财产保全制度。新《商标法》第65条对诉前禁令和财产保全制度作了明确规定，这对于及时、有效保护权利人的合法权益，防止因不及时制止导致其合法权益受到难以弥补损害的发生具有重要意义。

5. 规范商标代理活动，提升商标代理服务质量

新《商标法》在商标代理活动方面作出了新的规定，主要包括以下四个方面。

（1）明确商标事务自行办理和委托代理两种模式。新《商标法》第18条规定："申请商标注册或者办理其他商标事宜，可以自行办理，也可以委托依法设立的商标代理机构办理。外国人或者外国企业在中国申请商标注册和办理其他商标事宜的，应当委托依法设立的商标代理机构办理。"这一规定明确了商标事务自行办理和委托代理相结合的模式，而且对于从事涉外商标事务的商标代理机构不再要求"国家认可的"，而是"依法设立的"，这一修改对于打破商标代理的垄断、促进商标代理市场的公平竞争具有深远意义。

（2）明确商标代理机构在商标代理活动中的职业规则。新《商标法》第19条规定，商标代理机构应当遵循诚实信用原则，遵守法律、行政法规，保守商业秘密；对可能存在的依法不得注册情形应当明确告知委托

人；对明知属于依法禁止抢注情形的委托，不得接受其委托；除对其代理服务申请商标注册外，不得申请注册其他商标。❶

（3）加强商标代理行业组织对会员的规范管理。新《商标法》第20条规定，商标代理行业组织应当按照章程规定，严格执行吸纳会员的条件，对违反行业自律规范的会员实行惩戒，还应及时向社会公布对其吸纳的会员和对会员的惩戒情况。❷

（4）明确了商标代理机构的相关法律责任。新《商标法》第68条对商标代理机构的失范行为应承担的责任做了明确规定，这对于有力地打击商标代理失范行为，净化我国商标代理机构，促进商标代理行业健康发展具有重要意义。

6. 新《商标法》的主要特点

本次《商标法》修改从总体上看主要有以下特点：

（1）立足我国国内商标法律实践需求，着力解决商标注册和使用中的突出问题。修改的重点主要是完善商标申请、注册条件和程序，为申请人获得商标注册提供便利；规范商标申请和使用，促进公平竞争；加强商标专用权的保护，切实保障权利人的合法权益。

（2）吸收借鉴了国际商标理论和实践的最新成果。《商标法》的修改参考、借鉴了当前主要国家或地区在商标实践领域的一些做法和经验，从我国实际出发，对我国商标制度进行了合理修改。如在先使用商标权益的保护、驰名商标保护制度、商标异议制度以及商标侵权赔偿制度等。

（3）维持《商标法》的延续性和稳定性，与我国加入的有关商标国际条约相一致。我国《商标法》制定时间较早，之前历经两次修改，虽然在体例结构方面不甚规整、严密，但在立法宗旨和功能上并无大碍。因此，本次修改在形式上采取了修正案的形式，基本维持原有的体例结构，同时力图体现国际视野，与我国加入的有关商标国际条约保持一致。

---

❶ 《商标法》第19条。
❷ 《商标法》第20条。

　　《商标法》第三次修改是中国商标法的进一步本土化，体现了商标制度从被动引进到为我所用的转变，使得我国的商标法律制度具有明显的中国特色，并与我国的民法制度、知识产权制度相协调。❶ 此次修改基于我国商标实践中出现的一些亟待解决的重要问题，有针对性地进行修改、建立健全相关制度，使之具有中国特色，对于我国经济社会的发展具有重要意义。

（二）国务院行政法规

　　为贯彻新《商标法》的实施，国务院于2014年4月29日公布了修订后的《中华人民共和国商标法实施条例》（以下简称《商标法实施条例》），于5月1日与新《商标法》同步实施。《商标法实施条例》作为与商标法配套的重要行政法规，对于贯彻落实商标法、服务经济社会发展具有重要意义。具体修改内容主要体现在以下几个方面。

　　1. 为申请人获得商标注册提供方便

　　新《商标法实施条例》在方便申请人申请商标注册方面作出了多项规定，细化了新《商标法》中相关的条款，使其更便于商标申请人操作，主要包括以下几项。

　　（1）规定声音商标的申请条件。为配合新《商标法》删除对可注册标记的"可视性"要求，明确将声音商标纳入可申请注册的标记范畴的规定，新《商标法实施条例》明确规定了以声音标志申请商标注册的标记范畴。❷

　　（2）明确了数据电文的含义及文件日期等内容。新《商标法实施条例》明确将数据电文方式界定为互联网方式，并且对以数据电文方式提交文件的日期和商标局、商评委以数据电文方式将文件送达当事人的日期作出了明确规定。❸

　　（3）明确了通过快递企业递交文件的日期计算方法。目前，我国国

---

❶　金武卫："《商标法》第三次修改回顾与总结"，载《知识产权》2013年第10期。
❷　《商标法实施条例》第13条第5款。
❸　《商标法实施条例》第8条、第9条、第10条。

内快递业发展迅速，申请人通过快递企业办理商标业务的情况也日益普遍。为维护当事人权利，使其对文件的到达日期有合理的预期，新《商标法实施条例》对快递递交文件的日期计算作出了明确规定。❶

（4）规定了与"一标多类"制度相适应的申请分割的操作程序。❷据此，申请人申请注册的商品或者服务在部分遇到法律障碍时，能够使未遇到障碍的部分不受影响，继续注册程序，尽快确立商标专用权。

（5）完善了商标异议程序。新《商标法实施条例》增加了商标异议申请的受理以及不予受理的条件。❸

（6）明确了商标使用许可备案的要求。新《商标法实施条例》改"许可合同备案"为"许可备案"，取消了3个月时限，还进一步明确了备案材料的有关事项。❹

2. 增设国际商标注册专章

《商标法》修改后，《商标法实施条例》中增设了"商标国际注册"一章，对马德里商标国际注册的相关内容进行了规定。该章以《马德里国际注册实施办法》为基础，删除了其中部分过时的条款，并根据国际条约和新《商标法》对条款进行了修改，主要内容包括四项。

（1）明确规定马德里商标国际注册申请的调整对象是以中国为原属国的商标国际注册申请、指定中国的领土延伸申请及其他有关的申请。❺

（2）明确了以中国为原属国的商标国际注册申请人资格，提出商标国际注册申请以及后续申请的条件和基本程序。

（3）对指定中国的领土延伸申请的审查程序、异议程序以及相关的后续程序（包括续展、转让、删减等）进行了规定。

（4）商标国际注册在适用《商标法》和《商标法实施条例》时存在排除适用的情形。这主要是因为马德里体系对国际注册商标的制度设计和

---

❶　《商标法实施条例》第9条第1款。
❷　《商标法实施条例》第22条。
❸　《商标法实施条例》第24条、第25条、第26条、第27条。
❹　《商标法实施条例》第69条。
❺　《商标法实施条例》第34条第2款。

具体规定与我国《商标法》存在差异。新《商标法实施条例》中国际商标注册专章的设立，既为商标主管部门和司法部门适用于实践提供了方便，也有利于提高国内商标申请人商标国际注册的意识，有助于其维护自身权利。

3.加强对商标代理的监管

截至2014年4月，我国共有19 300家商标代理机构（含律师事务所8 282家）在商标局备案从事商标代理业务。据统计，近五年来，每年全国商标注册申请量的95%以上通过商标代理机构提交。❶ 商标代理机构在当事人申请商标注册、协助预警维权、提供咨询服务等方面发挥着积极作用。但随着商标代理行业的蓬勃发展，商标代理队伍日益壮大，代理行业也暴露出很多问题，如行业恶性竞争、代理人员素质下降、商标代理人恶意抢注他人商标等，因此必须加强对商标代理的监管，规范代理行业秩序。新《商标法实施条例》在商标代理方面的规定主要体现在三个方面。

（1）建立信用档案制度。新《商标法实施条例》第84条第3款规定："工商行政管理部门应当建立商标代理机构信用档案。商标代理机构违反商标法或者本条例规定的，由商标局或者商标评审委员会予以公开通报，并记入其信用档案。"

（2）细化《商标法》第68条第1款第2项规定的以其他不正当手段扰乱商标代理市场秩序的行为，以便更好地适用于实践发展。

（3）规定了商标代理机构向商标局备案事项。

上述规定对于净化商标代理市场，规范商标代理行为，维护公平的市场秩序，具有重要意义。

4.完善商标评审制度，充分保障当事人的合法权利

《商标法实施条例》在方便商标申请人申请，维护市场竞争秩序方面也作出了完善，以切实保障当事人的合法权利。

（1）对"商标评审"作了界定。新《条例》第51条首次对"商标评审"作了定义，明确规定商标评审委员会处理"商标争议事宜"的范围，

---

❶ 张万新："《商标法实施条例》重点内容解读"，载《品牌与标准化》2014年第11期。

列举了《商标法》具体条款，界定了商标评审确权的法律依据。❶

（2）细化了《商标法》的异议程序调整规定。针对《商标法》对异议程序的调整，《商标法实施条例》对不予注册复审程序的性质进行了重新定位，在明确"复审"性质的同时，兼顾商标确权程序的特殊性，充分发挥复审程序在制止恶意抢注方面的职能作用，❷ 也明确了异议人的救济途径和程序。❸

（3）明确审理时限，为保障评审案件当事人的合法权利提供有利条件。《商标法实施条例》第11条明确规定了不计入商标审查、审理期限的期间。

（4）进一步规范商标授权确权具体行政行为。针对实践中有关评审案件审理范围问题上存在的争议，《商标法实施条例》将原商标评审规则有关评审案件审理范围的规定进行修改后加以上升，增加了无效宣告复审案件审理范围的规定。❹《商标法实施条例》还对逾期证据的采信规则进行了明确。❺

综上，《商标法实施条例》是对《商标法》中一些内容的补充和细化，两者的同步修改并实施，不仅对我国商标法律制度的发展具有极其重要的意义，而且有利于更加充分地保障当事人合法权利，规范市场秩序，促进社会经济发展。

（三）部委规章及其他规范性文件

为贯彻落实《商标法》和《商标实施条例》相关规定，规范商标评审程序，国家工商行政管理总局公布了新修订的《商标评审规则》。最初的《商标评审规则》系1995年施行，经过2002年、2005年两次修订，在商标评审和司法审判中起到重要作用。为了适应新的《商标法》和《商标法实施条例》的修改，解决近年来商标评审案件审理中遇到的突出问题和

---

❶ 《商标法实施条例》第51条。

❷ 《商标法实施条例》第53条。

❸ 《商标法实施条例》第62条。

❹ 《商标法实施条例》第52~56条。

❺ 《商标法实施条例》第59条。

满足商标实践发展需要，国家工商总局对评审规则进行了第三次修订，自2014年6月1日起施行。本次修订的主要内容包括以下几个方面。

1. 规范评审案件的处理

《商标评审规则》第2条按照新《商标法》及《商标法实施条例》的规定，对评审案件的类型进行了修改，将异议复审案件修改为不予注册复审案件，将争议案件修改为请求无效宣告案件，区分了无效宣告复审案件和撤销复审案件。

2. 保障当事人合法权益

本次规则修订依照《商标法》和《商标法实施条例》没有对评审程序设置进行修改，增加了若干程序性条款，以最大限度地保障当事人的合法权利。其主要体现在以下几个方面。

（1）增加了"经不予注册复审程序予以核准注册的商标，原异议人向商标评审委员会请求无效宣告的，商标评审委员会应当另行组成合议组进行审理"的规定，该规定保障了原异议人的程序性权益。❶

（2）增加了"依照《商标法》第三十五条第四款、第四十五条第三款和《实施条例》第十一条第（五）项的规定，需要等待在先权利案件审理结果的，商标评审委员会可以决定暂缓审理该商标评审案件"的规定，该规定最大限度地保障了当事人的利益。❷

（3）增加了"对于当事人达成和解的案件，商标评审委员会可以结案，也可以做出决定或者裁定"。❸

（4）进一步规范了证据规则，明确规定未经交换质证的证据不应采信。新《商标评审规则》增加了第44条第2款，规定"有对方当事人的，未经交换质证的证据不应当予以采信"。

3. 完善商标评审程序

本次评审规则积极探索制度创新，重点解决实践中影响评审案件审理

---

❶ 《商标评审规则》第30条。

❷ 《商标评审规则》第31条。

❸ 《商标评审规则》第8条。

效率的问题，使商标评审程序进一步优化。

（1）明确了当事人提交副本不符合要求的法律后果。新《商标评审规则》增加了第20条，明确规定当事人应当按照对方当事人的数量提交相应份数的副本，副本内容应当与正本内容相同。不符合前述要求且经补正仍不符合要求的，不予受理评审申请，或者视为未提交相关材料。

（2）规范了当事人商标转让移转后的案件审理。新《商标评审规则》增加了第26条，明确受让人或承继人应及时书面声明承受相关主体地位，参与评审程序；未书面声明且不影响评审案件审理的，商评委可以将受让人或者承继人列为当事人作出决定或者裁定。由此可以提高评审案件的审理效率。

（3）提高了文件送达的效率。新《商标评审规则》规定，"商标评审委员会向当事人邮寄送达文件被退回后通过公告送达的，后续文件均采取公告送达方式，但当事人在公告送达后明确告知通信地址的除外"，由此可以节省再次邮寄并退回的不必要程序。

（4）明确了国外当事人法律文件的送达方式。新《商标评审规则》第55条第1款明确规定，对于评审案件的被申请人或者原异议人是国外当事人的，由该评审商标注册申请书中载明的国内接收人负责接收商标评审程序的有关法律文件，商评委将有关法律文件送达该国内接收人，视为送达当事人。对于国外当事人的商标在注册申请时并未指定国内接收人的情况，第55条第2款作了明确规定。

（5）增加了评审决定、裁定作出后撤回和更正的规定。新《商标评审规则》增加了第36条，对评审决定、裁定作出后撤回和更正的问题进行了明确规定。

（6）规范了执行法院判决的重新审理程序。本次规则修订增加第37条，对执行法院判决重审程序进行了规定。

4. 确定新法旧法适用原则

新《商标评审规则》第57条按照《最高人民法院关于商标法修改决定施行后商标案件管辖和法律适用问题的解释》的精神，区分2014年5月1日前尚未获准注册的商标和已经注册的商标，适用"法不溯及既往"原则，同时兼顾新法对异议程序设置变化的特殊性。对于尚未获准注册的商标，从提高商标注册质量，贯彻落实新法规定的角度出发，以实体和程序均从新为基本原则；对于已经注册的商标，从维护商标注册稳定性，保护当事人信赖利益的角度出发，应遵循"法不溯及既往"原则。

此外，国家工商总局积极做好新商标法配套规章及规范性文件修订工作，完成《驰名商标认定和保护规定》《商标评审规则》的修订工作，发布《工商总局关于商标代理机构备案有关问题的通知》。为确保新旧商标法有序衔接，制定发布《工商总局关于执行修改后的〈中华人民共和国商标法〉有关问题的通知》。

为适应新《商标法》实施，商标局还制定发布了《关于商标注册申请分割业务说明及申请注意事项的通知》《关于新商标法实施条例施行前已受理且仍需补正商标注册申请件如何处理的通知》《关于对商标代理机构申请商标注册的审查决定的说明》等文件，便于商标申请人了解并办理商标事宜。❶

二、商标授权确权和行政保护情况

（一）商标申请概况

近年来，随着我国市场经济的发展，对商标的保护逐渐完善，经营者商标保护意识逐渐增强，注册商标申请量呈上升趋势。相关数据显示，2014年，商标注册申请量大幅增长，达228.5万件，首次突破200万件，同比增长21.5%，连续13年位居世界第一，其中商标注册网上申请达138.4万件，占同期申请总量的60.56%。全年共完成商标审查242.6万件，同比增长70.3%。全年核准注册商标1 375 104件，同比增长37.96%。截至2014年年底，我国累计商标注册申请量1 552.67万件，累

---

❶ "中国商标战略年度发展报告（2014）"，第4页，载http://www.yygs.com/gsj/7628/7629/content_451094.html,访问日期：2015年11月12日。

计商标注册量1 002.75万件，商标有效注册量839万件，继续保持世界第一。❶ 不仅如此，随着经济全球化的发展，我国与世界各国经济贸易往来日益频繁，2014年，外国人在中国申请和注册商标的数量也不断增长，商标申请量达145 385件，商标注册量达132 264件。

从申请商标指定使用的商品或服务类别看，申请量最大的前5个类别依次为第25类服装、第35类商业服务、第9类仪器设备、第30类食品、第43类餐饮住宿。由此可知，我国劳动力密集型产业仍占主导地位。国内申请量排名前5位的省（市）依次为广东省、浙江省、北京市、上海市、江苏省。这5个省市的申请量之和占国内总申请量的一半以上，达50.81%。由此排名可以看出，商标申请量大的省（市）都集中在沿海地区，这与省（市）繁荣发展的经济和较高的知识产权保护水平和保护意识是密不可分的。

（二）商标异议、复审概况

新《商标法》修订后，商标局及时调整了商标异议申请流程和审查时限，开展新的审查工作。2014年，商标局受理商标异议申请43 398件，同比增加25.19%；受理商标注销、撤销申请30 233件，同比增长41.18%；驳回商标注册申请480 550件，同比增长83.29%；部分驳回商标注册申请398 871件，同比增长76.69%；注销、撤销注册商标65 575件，同比减少46.87%。

2014年，商评委审结完成评审案件共11.6万件。其中审结驳回复审案件8.6万件，审结复杂案件3万件。面对如此多的审查工作，商标局各部门互相配合、加强信息沟通，并推行一些程序上的举措，提高了审查效率。2014年，商评委新收到行政复议申请287件，较2013年同期增长8.3%；2014年度，商评委共受理82 643件申请复审案件，其中驳回商标注册申请复审77 390件，异议复审2 487件，不予注册复审7件，撤销注册商标复审2 768件。由于2013年度商标评审案件裁决量较大，使受诉法院将大量案

---

❶ "2014中国商标战略年度发展报告"，载http://www.yygs.com/gsj/7628/7629/content_451094.html，访问日期：2015年11月1日。

件移转至2014年度审理，商评委2014年度应诉案件量大幅增长，达7 452件，是2013年的4.2倍。商标局各部门加强应诉的指导工作，一审应诉胜诉率达84.6%，较以往3年的平均胜诉率高出1个百分点。

（三）商标行政保护情况

全国各级工商行政管理和市场监管部门着力加强商标行政执法，深入开展打击侵权假冒工作，持续保持打击侵权假冒违法行为的高压态势。2014年，商评委裁决商标评审案件11.6万件。2014年全系统共查处侵权假冒案件6.75万件，案值9.98亿元；依法向司法机关移送涉嫌犯罪案件355件，涉案金额4.8亿元。制定《工商总局关于依法公开制售假冒伪劣商品和侵犯知识产权行政处罚案件信息的意见（试行）》，组织各地做好案件信息的依法公开工作。加快推进建设商标行政执法信息共享平台，积极参与全国打击侵权假冒工作行政执法与刑事司法衔接工作信息共享平台建设，进一步做好商标行政执法与刑事司法衔接配合工作。❶

2014年，全国各级工商和市场监管部门共查处一般违法案件5 231件，其中投诉案件数为856件，占总数的16.36%；查处商标侵权假冒案件37 219件，其中投诉案件为11 477件，占总数的30.83%。2014年查处的商标一般违法案件中，涉外案件为208件，占商标一般违法案件总数的3.97%；查处的商标侵权假冒案件中，涉外案件为9 636件，占商标侵权假冒案件总数的25.89%。查处商标一般违法行为案件数量居前10位的省（市）是：湖北718件、广东452件、河南431件、浙江346件、福建317件、四川313件、安徽306件、陕西282件、山东209件、云南206件，以上10个省（市）查处的商标一般违法案件共计3 580件，占侵权假冒商标案件总数的68.43%。查处侵权假冒案件数量居前10位的省（市）是：广东5 719件、浙江4 901件、湖北2 627件、江苏2 617件、河南2 512件、福建2 439件、上海2 171、安徽1 712件、广西1 339件、四川1 281件，以上10个省（市）查处的商标侵权假冒案件共计27 318件，占侵权假冒商标案件

---

❶　"中国商标战略年度发展报告（2014）"，载http://www.yygs.com/gsj/7628/7629/content_451094.html，访问日期：2015年11月1日。

总数的73.39%。

从注册商标使用违法案件看，查处"商品粗制滥造、以次充好、欺骗消费者"的案件845件，占注册商标使用管理案件的 90.66%， 为主要注册商标违法行为类型；查处"自行改变注册商标"案件 57 件，占注册商标使用违法行为的6.12%。

从未注册商标使用违法案件看，查处的案件仍然以"冒充注册商标"为主，共查处"冒充注册商标"案件2 844件，占未注册商标使用违法行为的82.39%。

从一般商标侵权案件看，"销售侵犯注册商标专用权的商品"案件仍是主要商标侵权案件类型，共查处该类型案件23 027件，占一般商标侵权案件总数的75.59%；"未经商标注册人许可，在相同商品上使用与其注册商标相近似的商标或在类似商品上使用与其注册商标相同或近似的商标"案件5 266 件，占商标侵权案件总数的17.29%；"在同一种商品或类似商品上，将与他人注册商标相同或近似的标志作为商品名称或者商品装潢使用，误导公众 "的案件922件，占商标侵权案件总数的3.03% ；"故意为侵犯他人注册商标专用权行为提供仓储、运输、邮寄、隐匿便利条件"的案件75件；"给他人注册商标专用权造成其他损害"的案件321件。

从商标假冒案件看，共查处商标假冒案件6 758件。其中，"未经商标注册人许可，在同一种商品上使用与其注册商标相同的商标"案件和"销售明知是假冒注册商标商品"案件是商标假冒案件主要案件类型，两类案件数分别为3 133件和2 922件，分别占假冒商标案件总数的46.36%和43.24%。

三、商标司法保护情况

（一）我国法院商标司法审判的总体情况

2014年，全国各级人民法院充分发挥知识产权民事、行政、刑事审判职能，在最高人民法院的监督和指导下，加强知识产权司法审判工作，优化知识产权保护水平。在审判数量上，知识产权案件受理和审结数量均有较大增长；在审判质量上，法院审结了一批具有典型代表意义的疑难复杂案件，取得了良好的法律实践效果。商标案件受理量和审结量总体上增加，尤其是商标行政案件有大幅增长。在审判体制上，进一步深化改革。全国人大常务委员还通过了《关于在北京、上海、广州设立知识产权法院的决定》，探索建立知识产权法院，使知识产权审判专业化、集中化，是知识产权司法审判制度上的重大创新。在信息公开方面，公布年度法院知识产权司法保护状况，保障人民对司法保护成果的知情权；公布法院十大知识产权案件、十大创新性知识产权案件、50件知识产权典型案件等文件，增强了司法公信力，在司法裁判中起了较好指导作用。

根据《中国法院知识产权司法保护状况白皮书》，2014年，人民法院共新收各类知识产权案件133 863件，审结127 129件，同比分别上升19.52%和10.82%。2014年，全国法院新收知识产权一审案件116 528件，同比上升15.6%，知识产权行政一审案件比2013年上升243.66%，其中，商标授权确权行政案件占全国知识产权行政一审收案量的92.67%。❶

（二）商标司法审判情况

1. 商标民事司法审判

人民法院充分发挥知识产权民事审判职能，提升对智力成果的保护水平，激励知识产权的创造，切实优化公平的市场竞争秩序，为知识产权的加速流转提供了良好的环境。2014年，全国地方人民法院共新收和审结知识产权民事一审案件95 522件和94 501件，比2013年分别上升7.83%和7.04%。其中，商标案件21 362件，同比下降8.21%。❷

2. 商标行政司法审判

2014年新《商标法》实施后，商标审查时限缩短，商评委的案件审结量在2013年和2014年猛增，人民法院商标行政案件数量成倍增长。2014

---

❶　"中国法院知识产权司法保护状况白皮书（2014）"，载http://www.wipo.int/wipolex/zh/text.jsp?file_id=371330，访问日期：2015年11月5日。

❷　"2014年法院知识产权保护状况"，载http://www.court.gov.cn/zscq/bhcg/201505/t20150526_204766.html，访问日期：2015年11月12日。

年，全国地方人民法院共新收和审结知识产权行政一审案件9 918件和4 887件，比2013年分别上升243.66%和68.46%，其中商标案件9 305件，同比上升330.59%。❶ 商标行政案件的大量增加，表明商标授权确权争议纠纷突出，需要充分发挥司法审判对商标授权和商标行政执法行为的规范和监督作用。

3. 商标刑事司法审判

2014年，全国地方人民法院共新收涉知识产权刑事一审案件11 088件，比2013年上升18.83%。其中，侵犯知识产权罪案件5 242件，假冒注册商标罪等侵犯注册商标犯罪案件4 447件，同比上升4.4%；涉及侵犯知识产权的生产、销售伪劣商品罪案件3 966件，同比上升61.55%；涉及侵犯知识产权的非法经营罪案件1 697件，同比上升0.65%；涉及侵犯知识产权的其他案件183件，同比上升8.28%。❷ 对于各种类型的商标犯罪行为，人民法院继续保持高压态势不放松，坚持零容忍的态度，严惩犯罪，为维护良好的市场竞争秩序提供司法保障。

（三）部分地方法院商标司法审判的状况

1. 北京市

2014年，北京市全年共新收一审知识产权民事案件11 232件，同比增长15.99%；审结10 930件（含上年旧存），同比增长15.51%。此外，北京市高级人民法院还同时发布了2014年度北京市法院知识产权司法保护十大典型案例及十大创新性案例，"稻香村"商标异议复审行政案、"城隍"商标争议行政案商标案件入选。❸ 这些案例具有较强影响力，在社会上引起广泛反响。典型案例的公布突出体现北京市加强商标保护的司法导向，对促进文化繁荣和科技创新，推进北京市知识产权事业发展，提高市民商

---

❶ "中国法院知识产权司法保护状况（2014）"白皮书，载http://www.wipo.int/wipolex/zh/text.jsp?file_id=371330，访问日期：2015年11月5日。

❷ "2014年法院知识产权保护状况"，载http://www.court.gov.cn/zscq/bhcg/201505/t20150526_204766.html，访问日期：2015年11月13日。

❸ "北京法院发布2014年知识产权审判工作情况"，载http://bjgy.chinacourt.org/article/detail/2015/04/id/1584937.shtml，访问日期：2015年11月14日。

标保护意识具有重要意义。

2. 江苏省

2014年，江苏省全省法院共受理知识产权民事案件7 733件，其中新收一审民事案件6 613件，同比减少14.97%。新收一审民事案件中，商标权纠纷案件2 794件，占42.3%；著作权纠纷案件2 509件，占37.9%；专利权纠纷案件821件，占12.4%；商标权纠纷案件居首位。❶

3. 上海市

上海公安机关全年查获假冒商品700万余件，工商部门全年立案查处商标侵权违法案件2 240件，没收各类商标侵权商品和标识共计22万件（只），移送涉嫌商标犯罪案件48件。

4. 安徽省

2014年，安徽省全省法院共新收民事知识产权一审案件1 421件，较上年下降4.4%；审结1 355件（含旧存），较上年下降9.2%。其中商标案件866件，上升1.41%。2014年，全省法院共新收刑事知识产权一审案件186件，审结192件（含旧存），生效判决人数373人。其中，审结假冒注册商标罪案件82件，生效判决人数143人；审结销售假冒注册商标的商品罪案件79件，生效判决人数130人；审结非法制造、销售非法制造的注册商标标识罪案件11件，生效判决人数20人。❷

5. 深圳市

2014年5月至2015年4月，深圳两级法院新收知识产权刑事案件976件，其中一审知识产权刑事案件882件，二审知识产权刑事案件94件；审结知识产权刑事案件840件，其中一审知识产权刑事案件754件，二审知识产权刑事案件86件。依法对1 166人作出有罪判决，其中，假冒注册商标罪286件478人，销售假冒注册商标的商品罪71件121人，非法制造、销售

---

❶　http://www.jsfy.gov.cn/xwzx2014/mtjj/sjmt/2015/04/29110148761.html，访问日期：2015年11月14日。

❷　"安徽法院知识产权司法保护状况（2014年）"，载http://www.ahcourt.gov.cn/sitecn/spdt/68694.html，访问日期：2015年11月3日。

非法制造的注册商标标识罪33件48人。❶

6. 福建省

2014年，全省法院共新收和审结知识产权案件3 873件和3 499件。其中，新收和审结知识产权民事一审案件2 635件和2 370件；新收和审结知识产权民事二审案件399件和385件；新收和审结知识产权行政案件12件和10件；新收和审结涉知识产权刑事一审案件740件和659件；新收和审结涉知识产权刑事二审案件83件和72件。在新收和审结的知识产权民事一审案件中，商标案件968件和896件。❷

7. 吉林省

2014年，全省法院共受理各类知识产权案件608件，与2013年度基本持平。其中，商标权纠纷案件大幅度增加，达208件，同比增幅达121%。❸

8. 四川省

2014年，全省法院共受理知识产权民事案件3 688件，较2013年增加723件，增幅为24.38%，审理了一系列社会关注度高、影响面广、利益纷争大的知识产权民事案件。如贵州茅台酒股份有限公司诉成都荣辉天天渔港餐饮有限公司商标侵权纠纷案。此外，全省法院共受理知识产权行政案件4件，结案率为100%。具有较大社会影响的知识产权行政案件有成都路虎商贸有限公司诉四川省工商行政管理局工商行政处罚纠纷案、广汉三星堆水泥有限公司诉四川省工商行政管理局工商行政处罚纠纷案。

9. 山东省

2014年，山东省各级法院共新收各类知识产权民事一审案件5 047件，同比增长8%。其中，商标案件2 345件，与往年基本持平。审理"宏

❶ "深圳法院知识产权司法保护状况（2014.5~2015.4）"，载http://www.szcourt.gov.cn/sfgg/spzx/2015/04/23180845660.html，访问日期：2015年11月14日。

❷ "福建法院知识产权司法保护状况（2014年）"，载http://www.fjcourt.gov.cn/page/court/news/ArticleTradition.aspx?nrid=d68ec23b－9597－4d93－af8d－ede8deb0b9a5，访问日期：2015年11月12日。

❸ "2014年度吉林省法院知识产权司法保护状况"，载http://jlfy.chinacourt.org/article/detail/2015/04/id/1602875.shtml，访问日期：2015年11月14日。

济堂"商标及不正当竞争纠纷案、环球公司商标纠纷案、乾豪公司特许经营合同纠纷案等具有典型代表意义的商标侵权纠纷案件。❶

（四）典型的在全国有影响力的案例

2014年，最高人民法院公布《2014年中国法院十大知识产权案件》《2014年中国法院十大创新性知识产权案件》《2014年中国法院50件知识产权典型案例》等汇编文件，这些文件对我们了解商标司法审判的最新动向和法院观点具有重要意义。根据这些文件的论述，在全国有影响力的典型商标案例有"宝庆"商标特许经营合同及商标侵权纠纷案、"稻香村"商标异议复审行政纠纷案、"竹家庄避风塘及图"商标争议纠纷案、谢汝周等假冒注册商标罪一案等。下面将对这些典型案件做简要介绍。

（1）"宝庆"商标特许经营合同及商标侵权纠纷一案中，注册商标的权利人以特许经营的方式许可连锁公司使用商标，双方合作期间品牌获巨大发展，年销售额达数十亿元，后双方合作破裂，权利人以连锁公司违约为由要求解除合同并向法院提起商标侵权之诉。江苏省高级人民法院作出终审判决：合同不予解除；连锁公司擅自使用商标开店经营的，构成商标侵权；凡是已经过许可的，连锁公司可以继续经营。这一判决充分平衡了商标特许经营合同双方的利益，既保护了商标权人的知识产权，又考虑了被许可方对商标品牌作出的贡献。

（2）"稻香村"商标异议复审行政纠纷一案。北京稻香村以商标近似为由对已由商标局初步审定公告的苏州稻香村商标向商评委提出异议复审，商评委作出不予核准注册的裁定，苏州稻香村不服并提起行政诉讼，北京市高级人民法院作出终审判决认为商标构成近似。北京高院在认定商标是否构成近似时，认为先前的裁定及判决中确立的评判标准和结论不能对在后的案件产生决定性的影响，具体评判标准会随着社会的发展、相关消费市场的演变以及人们生活水平的提高而不断调整和变化。这一原则体现了司法的灵活性和能动性，对法律如何更好地满足多样化的社会生活具

---

❶ "山东法院知识产权司法保护报告（2014年）"白皮书，载http://sd.people.com.cn/n/2015/0424/c166192-24618506.html，访问日期：2015年11月21日。

有启示意义。

（3）"竹家庄避风塘及图"商标争议纠纷一案。上海竹家庄公司注册了由竹子图案及汉字"竹家庄避风塘"组成的商标，上海避风塘公司以"避风塘"一词是"菜肴名称"且侵害了其企业名称权为由申请撤销商标，商评委作出维持争议商标的裁定，避风塘公司不服遂提起行政诉讼。最高人民法院在提审中维持了二审法院的判决，对争议商标不予撤销。由最高人民法院判决可知，不能因为商标中含有通用名称而认定商标整体缺乏显著特征。同时，当企业字号具有其他含义时，则不能禁止他人对该文字的正当使用，这在一定程度上有利于维持知识产权权利人与社会公共之间的利益平衡。

（4）谢汝周等假冒注册商标罪一案。多米诺公司的注册商标申请使用在《尼斯分类表》中的第9类商品上，杜高公司等数家公司在没有获取多米诺公司授权的情况下，生产、销售外形与多米诺A200相似的喷码机，改装多米诺原装E50型喷码机后销售，同时还生产销售标示有"for domino"字样喷码机零配件，多米诺公司遂以假冒商标罪提起诉讼。该案经过四次审理，广州中级人民法院最终作出无罪的判决。法院认为，多米诺公司在中国注册的商标属于分类表中的第9类，而被告使用的非工业喷码机所属的是第7类，故不属于同一商品。法院的判决表明，是否属于同一商品，应与注册商标核定使用的商品相比较，并非权利人实际生产、销售的商品。

（5）"小肥羊"商标侵权及不正当竞争纠纷上诉一案。内蒙古小肥羊公司是"小肥羊"文字或图文组合商标（被认定为驰名商标）的权利人，深圳周一品小肥羊公司在门店招牌、服务员的胸牌及点菜单上使用了"一品小肥羊"标识，在餐具和火锅电磁炉上使用含有"小肥羊"的标识，并在其官网上提供、介绍加盟程序，内蒙古小肥羊公司遂向法院提起诉讼，被告主张先用权抗辩。广东省高级人民法院没有支持被告的抗辩理由，侵权成立。由法院的判决和所持观点可知，商标先用权的成立的前提之一是在原有范围内使用，而且在主张先用权时要考虑先用权制度与注册商标制度之间的位次关系和利益平衡。

四、商标法学术研究情况

2014年发表在CLSCI期刊上的商标法论文共有9篇，占当年CLSCI期刊所发知识产权法学论文总数的14%。❶ 在著作权法、专利法、商标法这三个主要的知识产权法部门法分支学科中所占的比例并不高。但是，相较于以往年份来说，2014年CLSCI商标权法论文发表数量已经有了较大的增幅，这反映出学界对商标法研究的日渐重视和深入。2014年商标法研究的主要特点是以新修订的商标法为基础，重点关注商标法中的基本范畴和基本制度，研究成果更加注重商标法的理论化和体系化。

（一）2014年度研究成果涉及的主要领域及基本观点

2014年CLSCI期刊中的9篇商标法论文，研究内容多样，涉及面广，研究成果具有相当的深度，提出了许多创新性的观点。其中，李雨峰和曹世海的《商标权注册取得制度的改造——兼论我国〈商标法〉的第三次修改》、赵建蕊的《商标注册所依赖的商标使用研究——从TRIPS第15条第3款谈起》一文都是有关商标注册制度完善的研究；王太平的《商标侵权的判断标准：相似性与混淆可能性之关系》《论驰名商标认定的公众范围标准》分别侧重于商标侵权的判断标准以及驰名商标认定的公众范围标准；杜颖的《商标先使用权解读——〈商标法〉第59条第3款的理解与适用》则关注商标的先使用权；冯术杰的《论立体商标的显著性认定》探究了立体商标显著性的判定；涂龙科的《假冒注册商标罪的司法疑难与理论解答》则关注假冒注册商标的相关问题；马一德的《虚假宣传构成欺诈之认定》以商标虚假宣传中的欺诈认定问题为主线展开探讨；黄汇的《商标权正当性自然法维度的解读——兼对中国〈商标法〉传统理论的澄清与反思》则有关于商标法的基础理论，聚焦于商标权的正当性。通过上述

❶ 李梦蝶："2014年度商标权理论研究热点评析"，载http://www.iprcn.com/IL_Lwxc_Show.aspx?News_PI=2515，访问日期：2015年11月25日。

CLSCI商标法论文可以发现，学界对商标法研究主要涉及商标法的基本范畴和基本制度，包括商标注册制度、商标侵权的判定、商标的在先使用问题、商标的显著性、商标权的正当性等。这些问题都是商标法中重要的、具有理论指导意义的重大理论问题。2014年度的商标法研究成果具有相当的理论深度，表明我国商标法研究的理论化体系化程度不断提高。

（二）2014年度商标法研究成果的基本观点

2014年度CLSCI商标法论文在学术观点上都有所创新。李雨峰和曹世海在其文章《商标权注册取得制度的改造——兼论我国〈商标法〉的第三次修改》中指出，商标注册制度具有权利推定、公示以及维护公共道德与秩序的功能，但注册制度也带来商标囤积等不良风气，我国应当规范商标的使用，逐步完善商标注册的效力、商标的先用权等制度。以TRIPS第15条第3款的解读为契机，赵建蕊的论文《商标注册所依赖的商标使用研究——从TRIPS第15条第3款谈起》则认为该条款在坚持使用取得商标权的同时，一定程度上吸收了商标注册制度的有益元素，对我国商标注册制度的完善极具启示意义。王太平的文章《商标侵权的判断标准：相似性与混淆可能性之关系》立足新商标法的修改，探讨新法中关于商标侵权判断的相似性与混淆可能性标准，在厘清二者关系的同时，重新严格界定了二者的范围与含义。此外，他在《论驰名商标认定的公众范围标准》一文中，指出不同动因下驰名商标的认定应采用不同的公众范围标准，对于注册豁免，采用相关公众的公众范围标准认定未注册的驰名商标，对于跨类保护，采用普通公众的公众范围标准认定驰名商标，而不管其注册与否。新《商标法》第59条第3款规定了未注册商标的在先使用权抗辩，杜颖的《商标先使用权解读——〈商标法〉第59条第3款的理解与适用》一文从商标先使用权的性质、构成要件以及效力等方面阐述了对该条款的理解与适用，并与阻却商标注册的有一定影响的在先使用进行区别。冯术杰在《论立体商标的显著性认定》一文中指出一律否定产品自身形状或包装的形状所构成三维标识的显著性是缺乏法律依据的，我国应借鉴更为严密的欧盟关于立体商标的审查规则。马一德在其研究成果《虚假宣传构成欺诈之认定》一文中指出，在判断虚假宣传是否构成欺诈时，消费者错误意思表示的认定应采客观性标准，同时应考虑大额商品购买中消费者的谨慎义务，知名商品的品牌效应纳入经营者欺诈故意和因果关系要件的判断来综合考虑。涂龙科基于《刑法》第213条中规定的假冒注册商标罪，在《假冒注册商标罪的司法疑难与理论解答》中阐述"相同商标"的判断主体应建立相关公众混淆度调查制度，对同一种商品的理解，应主要依据一般情况下相关公众是否认为两者为同一种商品。黄汇的论文《商标权正当性自然法维度的解读——兼对中国〈商标法〉传统理论的澄清与反思》则从自然法维度解读商标权正当性，为商标法的观念重构和制度重组提供法理前提和正当性基础。

（三）2014年度商标法研究成果的主要特色

2014年度商标法学术研究的主要特点表现为以下几个方面。

（1）许多研究成果都立足于新修订的《商标法》，对新《商标法》的重点条文进行了深度分析与解读。如王太平的文章《商标侵权的判断标准：相似性与混淆可能性之关系》一文是对新《商标法》第57条的研究。杜颖的《商标先使用权解读——〈商标法〉第59条第3款的理解与适用》一文是对新《商标法》第59条第3款的分析。

（2）2014年度研究成果重点关注商标法的基础理论、基本范畴和基本制度，为新商标法的理解与适用提供更加充分牢固的理论基础。王太平的文章《商标侵权的判断标准：相似性与混淆可能性之关系》、杜颖的《商标先使用权解读——〈商标法〉第59条第3款的理解与适用》、冯术杰的《论立体商标的显著性认定》、黄汇的《商标权正当性自然法维度的解读——兼对中国〈商标法〉传统理论的澄清与反思》等都是对商标法基础理论的深入研究。

（3）在研究视野上，2014年度商标法研究的领域较为广泛，学者们不仅关注商标注册制度、商标侵权认定、在先使用权等传统学术问题，还就立体商标显著性判断、驰名商标认定等商标法新兴热点进行了探讨。不仅如此，学者在研究商标法民事领域问题的同时，逐渐拓展到刑事领域的商标法问题，体现出研究视角多元化的特点。

中国互联网版权新型问题调研报告

司　晓　张钦坤　田小军[*]

正如2015年9月22日，习近平总书记接受《华尔街日报》采访时强调，互联网作为20世纪最伟大的发明之一，深刻改变着人们的生产生活，有力推动着社会发展，[❶] 具有高度全球化的特性。但是，这块"新疆域"不是"法外之地"，同样要讲法治。网络空间与现实社会一样，既要提倡自由，也要遵守秩序。自由是秩序的目的，秩序是自由的保障。[❷]

一、中国互联网版权新型问题研究综述

著作权法为实现法治互联网、促进互联网产业有序发展提供了基础规范，在网络上，任何人未经许可实施受专有权利控制的行为，就如同闯入了由篱笆圈起的他人专属领地，在缺乏法律上免责理由（如合理使用、法定许可）的情况下，构成对版权的侵犯。[❸] 经过多年努力，我国互联网著

* 司晓，法学博士，腾讯互联网与社会研究院秘书长；张钦坤，法学博士，腾讯互联网与社会研究院副秘书长；田小军，腾讯互联网与社会研究院法律研究中心研究员。

❶ 党的十八届三中全会对互联网的阐述再次证明，互联网已经成为我国经济创新发展的关键性基础设施，互联网经济已成为我国主体经济不可分割的一部分。经过20余年的发展，互联网已经并正在不断改变我们的生活、工作乃至思维方式。

❷ "习近平九论互联网"，载http://news.sina.cn/gn/2015－10－12/detail－ifxirmpz8258850.d.html?from=timeline&isappinstalled=0，访问日期：2015年10月16日。

❸ 王迁、王凌红：《知识产权间接侵权研究》，中国人民大学出版社2008年版。

作权法治保护环境有了很大的改善和提高，得到国际社会的一致认可和好评。自2005年起，国家版权局会同工信部、公安部、国家网信办等部门，连续10年开展"剑网行动"，查办了一大批大案要案，有效打击和震慑了网络侵权盗版活动。

同时也要看到，我国目前的网络版权保护形势依然严峻：（1）全社会的网络著作权法律意识还不高，网络侵权盗版行为还有其生存的土壤，而部分网络企业长期无偿使用他人的内容资源，在被追究责任方面存在侥幸心理，部分权利人也缺乏自我维权意识。（2）日新月异的互联网技术与商业模式的创新，对互联网版权立法、司法等领域都提出了诸多新的挑战。伴随技术发展，这些互联网产业特点催生的数字音乐、网络视频、手机游戏、体育赛事节目、云盘等一系列新现象、新问题亟待通过法律制度予以明确和规范。这些随技术和产业发展而生的新型问题集中反映了当前我国互联网版权问题的以下特点：

1. 产业层面：产业正版化重塑网络版权环境

以互联网技术为代表的信息技术，正在成为重塑企业、行业、社会、国家的重要力量，其健康快速的发展，对我国推进经济社会的全面发展具有重要意义。随着"剑网行动"的逐步开展、行业维权力度的不断加大以及网站平台进行知识产权合规的自我约束，互联网版权保护由"被动时代"跨入"主动时代"，互联网产业由"野蛮"走向"文明"，互联网公司积极主动探索通过设置版权保护技术或者优化平台规则设计增加网络版权侵权成本，净化网络版权环境。

2. 客体层面：著作权保护客体出现新的争议

"新的知识形式的出现挑战传统知识产权客体"，❶ 随着产业和技术传播手段的发展，体育赛事节目和手机游戏的某些构成要素（如"游戏界面"等）是否应该受到著作权法保护，在司法实践中引起广泛争议。

3. 权利层面：著作权权利等受到技术再挑战

版权制度是与技术的发展与进步有密切关系的，特别在进入数字技术

---

❶ 吴汉东："中国知识产权法学研究30年"，载《法商研究》2010年第3期。

时代之后，"数字时代对著作权法的最大冲击，在于它彻底改变了作品复制和传播的方式"。❶ 近年来的深层链接、云盘秒传等技术，一方面极大地削弱了版权人对其作品的传播途径和手段的控制，另一方面也让一些"盗版者"自感"如虎添翼"。

4. 行为层面：从集中化、专业化向分散化、业余化发展

如今，我们处在一个科技与商业十分发达的时代，互联网特别是移动互联网的发展以及3G、4G网络的普及和智能终端的普遍使用，私人复制与传播能力迅速增强，"新技术全面推广所带来的最明显或许也是最重要的好处是，娱乐产品能更加有效率地传播"，❷ 知识产权侵权的成本也随之不断降低，共享文化和"免费"文化也得到广泛认同。网络侵权呈现出分散化、业余化的趋势。

5. 责任层面：网络服务商界限模糊致责任承担方式变化

由于作品新的传播途径的出现，著作权法必须对参与各方的责任问题加以澄清，从而通过法律的形式寻找和确认新的"看门人"；而信息社会服务提供者的责任问题便成为保护版权权利人利益、促进技术进步和满足消费者需求这三者之间平衡的关键问题。❸ 然而，随着数字技术带来的媒体一体化现象以及网络服务提供商和网络内容提供商界限越来越模糊，使得在一些情形中（如深层链接行为、云盘秒传功能），让网络服务提供商承担直接侵权责任成为新的建议与趋势。

二、数字音乐正版化进程遭受深层链接行为影响

1. 数字音乐深层链接的侵权认定存在争议

目前，一些数字音乐平台设置深层链接聚集海量曲库，并对链接进行有目的地选择、编排、整理，甚至会出现特定歌曲指向单一链接且存储版

---

❶ 王迁：《网络环境中的著作权保护研究》，法律出版社2011年版。

❷ [美] 威廉·W.费舍尔（William Fisher）著，李旭译：《说话算数：技术、法律以及娱乐的未来》，上海三联书店2013年版。

❸ 吴伟光：《数字技术环境下的版权法——危机与对策》，知识产权出版社2008年版。

权内容的情况，❶用户可以在点击链接后不跳转或者不实质跳转被链接网页的情况下获得被链接版权内容。基于此种目的、方式以及实现效果的考量，其通过深层链接的方式直接呈现了被链接版权内容，藉此获得了商业优势，并实质替代了音乐版权所有者对数字音乐版权的控制。

事实上，深层链接技术❷在我国数字音乐产业的使用一直伴随着业界的广泛争议。❸在我国，从2003年开始的正东、华纳、新力等诉世纪博悦案，❹2005年步升诉百度案、七大唱片公司诉百度案，❺到2007年十一大唱片公司诉雅虎案，❻再到2012年步升诉羲和网络案，❼业界关于深层链接是否构成侵权以及是否构成直接侵权的讨论从未停止。❽

业界学者与法官总结出处理深层链接问题的多个原则，如服务器标准、❾用户感知标准、❿专有权标准、⓫实质替代标准，⓬近期亦有学者提

---

❶　正大诉镇海新闻网络中心案（2005）甬民四初字第16号，转引自腾讯互联网法律研究中心：《10年间，伴随音乐产业纷争而生的14条裁判规则》。

❷　业务实践中，网络链接包括普通链接与深层链接，不同于普通链接，深层链接网站储存了被链网站的网址，用户点击链接后并不直接跳转被链网站，而是在链接网站上直接呈现被链接网站的内容。

❸　于璐：《深层链接引发的著作权侵权研究》，华中科技大学2010年硕士学位论文。

❹　（2003）一中民初字第12189号，（2004）一中民初字第400号、第428号，（2004）北高民终字第713号、第714号、第1303号。

❺　（2005）一中民初字第8995号，（2007）高民终字第599号。

❻　（2007）二中民初字第026222号。

❼　（2012）郑知民初字第298号。

❽　王迁：《网络环境中的著作权保护研究》，法律出版社2011年版，第339页；芮松艳："论搜索、链接服务提供行为的侵权构成要件"，载《知识产权》2011年第1期；孔祥俊："论信息网络传播行为"，载《人民司法》2012年第7期；崔国斌："加框链接的网络规制"，载《政治与法律》2014年第5期。

❾　王迁等学者主张服务器标准，认为只有将作品上传或者以其他方式置于向公众开放的服务器的行为，才是受"信息网络传播权"控制的"网络传播行为"，也才有可能构成对"信息网络传播权"的直接侵权。王迁：《网络环境中的著作权保护研究》，法律出版社2011年版，第339页。

❿　"用户感知标准"是指只要用户感知版权内容来自于设链网站，就可以认定该设链网站服务提供者未经许可提供了版权内容，构成直接侵权。在国内，对加框链接不满的法院：在形式上尊重"服务器标准"，但在程序上基于"用户感知"推定"加框链接"的设链者上传被链接作品到服务器，然后要求服务商举证反驳。

⓫　孔祥俊："论信息网络传播行为"，载《人民司法》2012年第7期。

⓬　石必胜："论链接不替代原则——以下载链接的经济分析为进路"，载《科技与法律》2008年第5期。

出实质呈现标准。❶以上标准的争论反映了我国学者及实务专家对于深层链接行为是否构成侵权的不同看法 。目前，基于不同的侵权认定标准，在我国司法实践中，认定深层链接行为时多从两个维度进行侵权判定：（1）深层链接网络服务提供者构成对权利人作品的"提供"，直接侵犯了权利人的信息网络传播权，如华纳唱片、正东唱片诉世纪悦博音乐案一审以及新力唱片诉世纪悦博音乐案。❷（2）深层链接行为为版权作品的传播提供了渠道和便利，构成帮助侵权，❸如华纳唱片、正东唱片诉世纪悦博音乐案二审。❹

2. 技术发展使得"提供"行为应作扩大解释

著作权法总是处于应对新技术发展的各种挑战之中，❺随着网络技术的发展，不经过服务器的存储或中转，通过深层链接等方式也可以使相关作品置于信息网络之中，使公众可以在其个人选定的时间和地点获得作品，实现了"提供"的实质效果，从而使得著作权人失去对作品传播的控制。在此背景下，2012年最高人民法院在《关于审理侵害信息网络传播权民事纠纷案件适用法律若干问题的规定》第3条、第5条对信息网络传播权"提供"行为作了扩大解释。❻ 在新力诉世纪博悦案的二审裁判中，法院

---

❶　"实质呈现标准"强调著作权人对于作品提供者身份的有效控制，而不关心设链者是否实质损害了被设链网站的利益。崔国斌："加框链接的著作权法律规制"，载《政治与法律》2014年第5期。

❷　（2003）一中民初字第12189号；（2004）一中民初字第400号；（2004）一中民初字第428号，（2004）高民终字第714号。

❸　帮助侵权包括两个构成要件：（1）知道或理应知道他人正在或着手实施侵权行为；（2）为他人侵权提供了必要的设备、工具或其他便利。参见 Gershwin Publishing Corp. v. Columbia Artists Management, Inc., 443 F. 2d 159 (2d Cir. 1971)。

❹　如北京市高级人民法院在华纳、正东诉世纪博悦两案的二审中认定："因为世纪悦博公司设置链接的行为，为侵权录音制品的传播提供了渠道和便利，使用户得以下载侵权的录音制品，从而使被链接网站的侵权行为得以实施、扩大和延伸。"参见（2004）北高民终字第1303号、第713号。

❺　吴汉东："信息技术革命与信息网络传播权立法"，载《中国版权》2005年第2期；张钦坤："互联网环境下我国版权制度的未来发展"，转引自腾讯互联网与社会研究院http://www.tencentresearch.com/Article/lists/id/185.html，访问日期：2015年1月3日。

❻　参见《最高人民法院关于审理侵害信息网络传播权民事纠纷案件适用法律若干问题的规定》；王艳芳："《最高人民法院关于审理侵害信息网络传播权民事纠纷案件适用法律若干问题的规定》的理解与适用"，载《中国版权》2013年第1期。

将深层链接定性为提供行为，认为"世纪悦博公司所设置的链接只不过是其向公众提供全部音乐信息服务的一个环节、一种手段"。❶ 浙江法院在"新力哥伦比亚音乐股份有限公司与绍兴伏羲网络科技有限公司著作权侵权纠纷上诉案"中亦作出了类似的认定。❷

从利益平衡的角度，深层链接行为虽然在一定程度上提高了用户获取信息的方便程度，但深层链接对数字音乐产业产生的损害效果极其严重。❸（1）深层链接使得版权产品脱离了权利人的控制。❹ 著作权人对其作品享有传播控制权，即使是在版权人或者授权传播者不对其版权作品设置任何技术保护措施的前提下，未经许可，其传播控制权依然不应受到侵害。❺（2）深层链接的行为方式及商业目的使其在产品设计上趋向于使得用户在不脱离链接网站的情况下浏览、下载版权音乐内容，造成对被链接网站的实质替代，使得被链接音乐平台无法通过音乐付费下载或者增值服务、广告等方式获得利益。

3. 宜从制度设计层面规制数字音乐深度链接行为

我们认为，从立法原意及制度激励的视角出发，建议在涉及数字音乐深层链接行为的案件中，推定设置深层链接的数字音乐平台构成直接侵权，并由其承担其行为不构成直接侵权的举证责任，如此便可在制度设计上合理分担相关主体的诉讼义务，加大数字音乐平台进行深度链接行为的制度成本。需要申明，判断深层链接是否构成直接侵权的关键在于考察行为的本质，即链接方式、链接目的等具体情况，一般而言，网络服务提供

---

❶　（2004）北高民终字第714号。

❷　（2005）浙民三终字第52号。

❸　崔国斌："加框链接的著作权法律规制"，载《政治与法律》2014年第5期。

❹　如果数字音乐平台提供的深层链接服务使著作权人难以控制作品的传播，产生了市场替代效果，使得著作权人的作品传播利益落空，这必然会对作品的创作与合法传播产生反向激励，不利于数字音乐产业的繁荣发展，更不符合《著作权法》《信息网络传播权保护条例》及相关司法解释所体现的立法目的。

❺　笔者并不赞同欧盟关于Bestwater以及Svensson案的判决，其认为，如果被链网站没有设置版权保护措施，则设链网站的行为并没有增加新的用户，故而设链行为不构成"向公众传播行为"。

者不因未对链接网站内容审查而承担不利后果，❶ 而如果在明知或者应知用户行为侵权的情况下，提供实质性帮助或放任侵权结果的发生与扩大，没有及时采取制止侵权行为的措施，则构成"帮助侵权"。❷ 笔者参与总结近10年数字音乐案件并梳理了14条裁判规则，其中有"'试听''下载'服务并不当然侵权"的认定。❸ 即作为一般搜索引擎网站，其链接内容是基于用户的搜索而自动进行全网的爬虫搜索，没有对被链内容进行选择、编辑、整理，其不因未对被链接网站内容审查而承担责任；其提供的链接"试听"功能应当视为搜索引擎服务的组成部分，属于对搜索结果的显示或展现，其目的在于使查询者能够作出识别和判断。但是，链接经过人工选择、编辑、整理，超越被链网站的服务（如提供被链网站未提供的下载服务），设置假链、伪链、死链、不完整链等，或者存储、与合作第三方存储被链内容，则不能以提供一般搜索引擎服务进行抗辩。

三、网络视频行业版权立体维权成效显著

1. 网络视频版权生态维系亟须良好的版权保护环境

互联网产业与传统视频产业的不断融合催生网络视频产业，使得人们更普遍与频繁地借助网络创造和传播具有时代气息的新型视频产业成果。❹ 目前，我国网络视频产业经过多年发展，已经形成完善的网络视频版权生态，包括投资方、制作方、发行商、播出平台、广告主、用户等，分别负责网络视频的投资、制作、发行、渠道、增值、消费等环节。

---

❶ 腾讯互联网法律研究中心：《10年间，伴随音乐产业纷争而生的14条裁判规则》之七：搜索服务提供者不对被链接网站内容是否侵权负有审查义务。

❷ 网络服务提供商应对其链接或者呈现相关内容应尽合理注意义务，并根据其服务行为和侵权内容的关系紧密程度依次加大。参见司晓：《网络服务提供者知识产权间接侵权责任研究》，中南财经政法大学2014年博士学位论文。

❸ 参见《最高人民法院关于审理侵害信息网络传播权民事纠纷案件适用法律若干问题的规定》；田小军、刘娜："10年间，伴随音乐产业纷争而生的14条裁判规则"，载腾讯研究院http://www.tisi.org/Article/lists/id/3496.html，访问日期：2015年1月3日。

❹ 陈一丹："版权为互联网产业发展护航"，载http://www.gmw.cn/media/2013-06/24/content_8053509.htm，访问日期：2014年10月15日。

网络视频产业遵循"信息规则"，❶需要在网站发展运营的初期投入巨资，用于内容版权存量积累、网站开发维护、服务器购买与托管、网络带宽优化与人员、办公等费用，通过提高用户体验来吸引网络用户的点击与留存。并且，随着国内网络视频行业的竞争加剧，视频版权的价格不断攀升，❷正版视频网站版权运营压力持续增加。同时，不同于国外视频网站，❸我国网络视频行业在"免费策略"下探索建立网络视频版权生态。因而，大多视频网站处于"亏损"或者"勉强盈利"的状态，只有在良好的版权保护环境下，网络视频网站才能得以通过正版化的版权内容盈利，网络视频版权生态各方才能得以在共赢中协同发展。

2. 网络盗版阻碍网络视频版权生态的良性发展

事实上，我国网络盗版问题一直是阻碍网络视频版权生态良性有序发展的"顽疾"。尤其表现在，网络盗版技术丰富多样，特别在P2P、云计算等新型技术被违法用于网络盗版的情况下，原始版权方以及正版网络视频平台更加难以有效控制版权内容的传播。盗版网站侵权使用正版视频内容，分流正版网络视频网站用户流量，导致正版网络视频网站从版权内容中直接以及间接获益能力降低，并损失了服务器与带宽资源。❹

---

❶　知名网络经济学家卡尔·夏皮罗（Car Shapiro）与哈尔·瓦里安（Hal Varian）在其合著的《信息规则——网络经济的策略指导》一书中总结，互联网产业具有以下特点：高"固定成本"，低"边际成本"和"网络效应"。参见[美]卡尔·夏皮罗（Car Shapiro）、哈尔·瓦里安（Hal Varian）著，张帆译：《信息规则——网络经济的策略指导》，中国人民大学出版社2001年版。

❷　"网络视频市场群雄逐鹿 电视剧网络版权价5年疯涨1500倍"，载中国网库咨询http://business.99114.com/Article/Detail_455987_101101_%e7%83%ad%e7%82%b9%e8%b5%84%e8%ae%af.shtml，访问日期：2014年11月4日。

❸　Youtube主要发展UGC（User Generated Content，用户生成内容）模式，鼓励用户观看视频的同时成为内容创造者，主要营收是广告收入；Hulu与数百家视频内容商合作，以海量正版影视节目内容提高用户体验，主要通过广告收入和用户付费两种形式实现营收增长；Netflix目前主要依靠网络自制剧吸引用户，盈利模式也分为广告收入和用户付费两种。

❹　首先，正版网络视频网站投入巨资购买的版权内容被盗版网站零成本使用，用户可以从盗版网站直接免费获得视频内容，这导致正版网络视频网站从版权内容上直接获益的能力降低。其次，盗版网站分流了部分用户，而这样势必造成正版网络视频网站流量减少，直接影响广告主在正版网络视频平台上投入广告的意愿与价格，实际上使得正版网络视频平台从版权内容上间接获益的能力降低。最后，众多的盗版网站通过盗链技术直接在盗版网站上"播放"正版网络视频网站的版权内容，在技术上直接利用正版网络视频平台巨资购置的服务器与带宽资源，严重侵犯正版网络视频网站的版权利益与其他商业利益。

近些年，正版化逐渐成为主流视频网站的共识，❶ 但视频网站版权纠纷仍然数度成为行业热点，视频网站正版化之路仍然迷雾重重。❷ 我们应该清醒地意识到，网络盗版已经成为网络视频版权生态维系的最大障碍，众多的正版网络视频平台长期因网络盗版的存在而业绩增长乏力，长此以往，势必造成我国网络视频版权生态的畸形发展。

3. 立体维权是构建多元治理网络盗版的有效策略

网络盗版猖獗的原因是多方面的。（1）盗版网站从网络盗版侵权中获益丰厚，在利益驱使下不断铤而走险。（2）现行法律关于著作权侵权损害赔偿计算的方式缺少灵活性，侵权损害法定赔偿标准偏低，侵权损害赔偿缺乏明确的计算标准，并且没有引入惩罚性赔偿标准。（3）尚未建立多元治理的立体维权机制，在面对复杂侵权的情况下维权乏力。导致网络盗版猖獗的原因众多，治理网络盗版问题需要多方合力，因此构建以权利人为"维权源头"、以法律法规为"维权基准"、以司法行政为"维权两翼"的立体维权体系是维系网络视频版权生态健康有序发展的多元治理良方，具体应主要从以下方面展开：（1）立法与司法层面，增强损害赔偿计算方式的适用灵活性，增加法定赔偿的数额，明确网络环境下赔偿适用标准，引入"惩罚性赔偿机制"。（2）版权行政监管与执法层面，建立以国家版权局为核心的区域联动协调机制。（3）网络环境下版权企业层面，企业应建立专门的维权团队，在版权内容维权工作中进行周密的战略部署和整齐划一的整体布控。

---

❶ 随着"剑网行动"的逐步开展以及行业维权力度的不断加大，以及视频网站为谋求上市而进行知识产权合规的自我约束，主流视频网站开始推行视频内容的正版化工作。

❷ 中新网："繁荣难掩版权纷争 谁来保护网络文化的版权"，转引自光明日报http://finance.chinanews.com/it/2014/07-24/6420563.shtml，访问日期：2014年10月15日。

四、手机游戏版权问题在产业元年爆发

1. 我国手机游戏侵权案件伴随产业爆发而增长

近年来，全球手机游戏市场迎来了高速增长的机遇，中国手游市场更是迎来了爆发式增长的手游产业元年。❶ 目前，基于优质知识产权所蕴含的文化元素与品牌影响力，以优质知识产权连接粉丝，并以知识产权授权为核心进行跨领域、跨平台的布局，推动优质知识产权在互联网或移动互联网多领域共生的"泛娱乐"已经成为各家互联网企业不遗余力践行的商业模式。

然而，2013年下半年至今，中国手游行业知识产权乱局纷现，盛大、搜狐畅游、完美世界、网易游戏、腾讯游戏、暴雪等发动维权浪潮。目前，我国手游知识产权维权面临的困境主要包括以下几个方面：（1）手游生命周期短、侵权诉讼周期长，拖延战术使侵权有利可图；（2）侵权成本低，维权成本高，司法赔偿难以有效遏制侵权企业；（3）侵权手游盈利能力较强，发行商、运营商放任态度明显。❷

在暴风诉上海游易著作权侵权与不正当竞争纠纷案❸中，就著作权侵权的认定问题，法院基于案情对"炉石传说"的 "炉石标识""游戏界面""卡牌牌面设计""游戏文字说明""视频和动画特效"等是否享有著作权分别进行了论述与认定。同时，法院特别言明，游戏界面的布局作为美术作品的思想的确不属于著作权保护的范畴，但是，14个界面并非仅由布局构成，而是色彩、线条、图案构成的平面造型艺术，属于著作权所称的作品，应受法律保护。在涉及不正当竞争认定的论述❹中，法院认为，游戏规则尚不能获得著作权法的保护，并不表示这种智力创作成果法律不应给予保护。游戏的开发和设计要满足娱乐性并获得市场竞争的优

---

❶ 中国音像与数字出版协会游戏工委和中国互联网数据中心（IDC）统计数据显示，2014年，中国手游市场实际销售收入达到274.9亿元，比2013年增长144.6%。

❷ 田小军："纷争中的手游知识产权保护"，载《中国版权》2014年第5期。

❸ （2014）沪一中民五（知）初字第23号。

❹ （2014）沪一中民五（知）初字第22号。

势，其实现方式并不是众所周知的事实，而需要极大的创造性劳动。❶ 同时，现代的大型网络游戏，通常需要投入大量的人力、物力、财力进行研发，如果将游戏规则作为抽象思想一概不予保护，将不利于激励创新，也不利于为游戏产业营造公平合理的竞争环境。

在网易诉掌聚侵犯著作权、商标权及不正当竞争纠纷案❷中，关于著作权侵权的认定，法院认为，在接触过《梦幻西游》的情况下，被告在运营涉案游戏时应尽到审慎的注意义务，避免侵犯他人的合法权利，但在本案中，三被告显然未尽到上述义务。在网易公司提起诉讼后，三被告运营的涉案游戏中对部分具体细节进行了修改，但仍存在大量的相同或近似内容，同时，三被告在涉案游戏中使用了网易公司游戏的情节设计、人物关系、背景等内容，虽然由于三被告采用了文言文的形式，并对部分内容使用同义词等进行替换，导致三部作品的相关文字并不一致，但是上述内容应属于相同表达。❸ 在涉及不正当竞争纠纷的认定中，法院认为，三被告选择相同题材的网络游戏作为经营内容本无可厚非，但其在研发、运营涉案游戏过程中，通过广告等方式进行虚假宣传，侵犯了网易公司的合法权益，取得了不当竞争利益，应当承担相应的民事责任。

2. 美国手机游戏侵权案件裁判标准趋于严格

从国际层面上来看，以美国为例，在长达30年的历史中，美国联邦法院曾给予山寨游戏开发者无微不至的关怀与庇护，令游戏产业几乎沦为版权保护的盲区。这一尴尬的局面在2012年发生了改变，❹ Tetris案和Tr知识产权le Town案成为近年来手游侵权判例中的经典。

---

❶　为了规范游戏行业的健康发展，中国软件行业协会还组织制定了《中国游戏行业自律公约》，鼓励游戏行业从业者开展合法、公平、有序的竞争。

❷　（2013）海民初字第27744号。

❸　三个游戏中的相关表述中存在相同或类似的内容，但部分内容是汉语中的日常用语、地名，或是《西游记》等其他作品中使用过的内容，或是上述内容的简单组合，网易公司对上述内容并不享有著作权，故对其相关主张法院不予支持。参见（2013）海民初字第27744号。

❹　张帆："法律视角下的游戏山寨现象"，载中新网：http://game.chinanews.com/mobi/201303/0625763.html，访问日期：2015年6月1日。

在Teris案❶中，原告Tetris公司认为被告Xio所开发的手游与其拥有的电子游戏Tetris存在实质性相似，被告承认其借鉴了原告游戏中的许多内容，但辩称这些内容并不受到著作权法的保护。❷该案法官在具体的实质性相似判断上，采用了"抽象—过滤—对比"法，❸经过对游戏具体构成要素的对比，法官认为，与游戏规则相关的其他内容可以作为游戏规则的表达而受到保护，法官以Dr. Mario游戏为例，证明Tetris所体现的游戏机制和规则并非只有一种表达方式，进而说明该款游戏中的表达是可以受到版权保护的。Tetris的基础结构，如下落、调整方块方向、消除整行等内容皆不属于版权范畴，但与此同时，版权所保护的内容是一些更琐碎、更直观的游戏元素。❹

在Tr知识产权le Town❺案中，原告Spry Fox开发了一款名为Tr知识产权le Town的游戏，与被告6Waves协商开发新系统使用版本未果，之后被告开发同类型游戏Yeti Town，原告认为被告开发的游戏与其游戏之间存在诸多实质性的相似之处，因此起诉被告侵犯了其版权。此案中，法院首次超越了表面上的美术及视听表现，开始探讨游戏规则和游戏体验方面

---

❶ Tetris Holding, LLC v. Xio Interactive, Inc., Civ. No. 09－6115, 2012 U.S. Dist. LEXIS 74463 [103 USPQ2d 1959] (D.N.J. May 30, 2012).

❷ Xio relied on the fact that there was no patent or copyright covering the rules and gameplay functionality of Tetris. Since Xio had technically replaced Tetris's artwork with its own, it argued that its otherwise "wholesale copying" was perfectly legal.See Stephen C. McArthur: Clone Wars: The Five Most Important Cases Every Game Developer Should Know.

❸ "抽象—过滤—对比"三步分析法是20世纪90年代初期在美国关于网游侵权案件的司法活动中逐步应用的一种分析检验方法：第一步，"抽象"出思想；第二步，"过滤"不应保护部分；第三步，"对比"判断剩余部分。

❹ 从法律层面讲，构成俄罗斯方块版权是一些"独特的表现"，"必要场景"辩护策略无法生效。只要Mino"不那么像"俄罗斯方块，如只需稍微调整尺寸、方块形状、颜色或提示的表现方式，都不会导致在这桩官司中败诉。张帆："法律视角下的游戏山寨现象"，载中新网：http://game.chinanews.com/mobi/201303/0625763.html，访问日期：2015年6月1日。

❺ Spry Fox LLC v. LOL Apps Inc., No. C12－147RAJ, 2012 WL 5290158 [104 USPQ2d 1299] (W.D. Wash. Sept. 18, 2012).

的保护。❶另外，此案特别之处在于，法官引入了"内部测试""外部测试"的方法对两款手游的实质性相似❷进行判断。为确定Spry Fox创作的Tr知识产权le Town和6Waves山寨的Yeti Town是否存在"大量雷同"，法院先进行了一次"外在测试"，客观地对比了两款游戏中受版权保护的元素，判断者是法官，然后进行了一次"内在测试"，主观地比较同样的部分，但判断者是"理论上的一般观察者——第三方博客写手"而非法官，且标准是两部作品的"整体概念与感觉"是否雷同。

3. 加强我国手机游戏知识产权保护的建议

从行业治理的角度来讲，手游行业市场规模及发展潜力巨大，其知识产权法律保护对于行业健康持续发展具有重要意义。然而，手游行业知识产权保护非一家之力可行，构建多方参与的手游行业知识产权治理模式是维护手游行业健康发展的解决之道。

（1）建立完善的流程化维权机制。目前，多家游戏公司均建立了专门的内部律师团队负责手游知识产权的维权工作，其与公司委托的外部律所、调查公司等合作建立全天候、全平台等维权机制。专门针对App Store、Google Play、91手机助手、应用宝等应用分发渠道做好侵权产品的风险排查、证据公证、通知下架等工作，必要时通过行政投诉、临时禁令、司法起诉等手段维护公司的利益。

（2）加强行业协会的自律监管。竞争有序的手游行业对于整个产业的健康发展至关重要，行业协会作为维护行业良性发展的自律组织，在打击手游知识产权侵权的问题上负有重要职责。目前，整个手游行业缺乏行之有效的行业自律监管机制，在一定程度上致使手游行业处于行业自律真空状态。相关行业协会应尽快联合国内手游企业建立具有约束性的行业自

---

❶ Triple Town和Yeti Town的规则——尤其是在匹配相同图案并获得升级方面，几乎是相同的。即使Yeti Town在美术、音效和基础代码方面皆可以与Triple Town明确区分开来，法院仍然判决山寨的受害者Spry Fox胜诉。See Spry Fox LLC v. LOL Apps Inc., No. C12-147RAJ, 2012 WL 5290158 [104 USPQ2d 1299] (W.D. Wash. Sept. 18, 2012).

❷ "实质性相似加接触"分析法是在处理传统作品版权纠纷过程中建立起来的，又在计算机程序版权纠纷的处理中逐步发展，并在美国法院中普遍使用的程序侵权认定方法。

律框架，真正发挥行业协会的自律监管作用。

（3）加大对手游知识产权的保护力度。一方面，我们建议通过修法立法提高法定赔偿额度，加大对手游知识产权侵权的惩处力度，使侵权企业有所顾忌，有效保护正版开发者的利益；另一方面，司法实践应更多地关注手游知识产权侵权案件的特点与国内外案件的最新动态，在法律原则之下采取更为灵活的裁判方式打击侵权企业。如更多地适用临时禁令、侵权证据认定中法官在可证明事实基础上进行合理推断，加大对竞品游戏侵权、改编游戏侵权的打击等。此外，相关政府主管部门也应推动行业协会建立侵权企业黑名单，对屡次侵权企业实行行业"禁入"。

五、体育赛事节目版权保护的国内外差别

1. 体育赛事节目网络直播的"冰火两重天"

当下，体育赛事节目❶的网络直播面临"热竞争和冷保护"的冰火两重天。随着体育产业的快速崛起，"互联网+体育"的发展速度也在日益加速。互联网能够集纳大量的体育内容资源，拉近了用户与体育之间的距离，在此基础上的产业增值，无疑是体育与互联网间最诱人的化学反应。❷近些年，各大网络媒体开始争相投入巨额资金争夺体育赛事直播权利，乐视体育不断引入国内外众多顶级赛事，❸腾讯与美国职业篮球协会签署价值5亿美元为期5年的合作伙伴协议。❹

---

❶　体育赛事节目，是指广播电台电视台、网络等媒体所播放的所有以体育比赛、赛事为基本内容的节目的统称。参见姚鹤徽："论体育赛事类节目法律保护制度的缺陷与完善"，载《体育科学》2015年第5期。

❷　中国体育产业网："互联网成体育产业栖息和升级最佳平台"，载http://sportsii.cn/cydt/1949.jhtml，访问日期：2015年3月2日。

❸　近两年，乐视体育成功涵盖NBA、CBA、欧洲五大足球联赛、中超等大众体育赛事；覆盖WTA、ATP巡回赛、高尔夫球美国大师赛等高端体育赛事。参见中国知识产权资讯网："乐视体育内容战略 将引入更多顶级赛事版权"，载http://www.iprchn.com/Index_NewsContent.aspx?newsId=76382，访问日期：2015年3月2日。

❹　NBA，"Tencent announce China digital partnership"，in http://www.nba.com/2015/news/01/29/nba-tencent-announce-china-digital-partnership/，访问日期：2015年3月3日。

我们应该意识到，"互联网+"时代的体育产业，体育赛事网络直播承载的巨额利润能否实现有赖于知识产权制度的完善。但是，盗版、盗链侵权多发和立法、司法保护的滞后将体育赛事的网络直播的法律保护降到冰点，未经授权的直播或转播体育赛事和广播电台电视台、网络等媒体播放或制作的体育赛事节目的侵权行为屡禁不止。尤其是网络时代，数字化的内容可以被完全拷贝并瞬时传到世界各地，❶然而，由于我国法律保护制度存在漏洞，相关权利人维权面临法律适用上的困难。

2. 我国体育赛事类节目保护存在的问题

（1）需要明确的是，体育赛事节目不同于体育赛事本身，体育赛事节目的制作，不仅包括对赛事的录制，还包括回看的播放、比赛及球员的特写、场内与场外、球员与观众，全场与局部的画面以及配有的全场点评和解说。广播电台电视台、网络等媒体投入财力、人力、物力进行体育赛事的节目制作与直播、转播时，广播电台电视台、网络等媒体就其制作体育赛事节目并直播、转播就应享有相应的著作权❷或者邻接权。❸但是，我国现行法律框架下，没有涉及对体育赛事转播的定性及规制的规定。❹

（2）我国广播组织权权利内容狭窄，控制的行为十分有限，不利于对广播电台电视台节目信号的保护。根据我国《著作权法》及《罗马公约》、TRIPS协议的规定，广播组织权限于控制以无线方式进行同步转播的行为。然而，随着技术的发展，有线方式转播，尤其是网络环境下的转播行为日益兴起。现实之中，中国很多的网站就是盗播体育赛事节目信

---

❶　[美]卡尔·夏皮罗、哈尔·瓦里安著，张帆译：《信息规则——网络经济的策略指导》，中国人民大学出版社2001年版。

❷　参见（2010）榕民初字第299号；（2014）朝民（知）初字第40334号。

❸　广播电台电视台、网络媒体等对体育赛事进行现场直播或转播、播放制作的体育赛事节目，其享有广播组织权，其有权就其节目信号获取收益，控制其信号的进一步转播，有权禁止他人未经许可转播。需要指出的是，广播组织享有广播组织权的依据在于其"播放节目"，而非"制作节目"。参见姚鹤徽："论体育赛事类节目法律保护制度的缺陷与完善"，载《体育科学》2015年第5期。

❹　林子英："体育赛事网络转播画面的知识产权保护"，载国家知识产权局网站http://www.sipo.gov.cn/mtjj/2015/201507/t20150724_1149552.html，访问日期：2015年8月1日。

号，在网上供网民观看，对其加以打击和规制的法律依据却不充分。❶

（3）我国信息网络传播权未将"定时播放"纳入规制范围。近年来，对于公众只能在网络传播者预定的时间里获得特定作品内容的"非交互式"网络传播形式是否应纳入信息网络传播权保护范围，我国法院多有争议，2008年"宁波成功多媒体信息通信有限公司诉北京时越网络技术有限公司案"❷与2010年"央视国际网络有限公司诉世纪龙信息有限责任公司案"❸中，法院均认定被告的"定时播放"行为侵害了原告的信息网络传播权。但在2008年"安乐影业公司诉北京时越网络技术有限公司案"❹与"新浪网诉凤凰网中超赛事转播案"❺中，法院则认定被告的定时在线播放行为属于侵害《著作权法》第10条第1款第（17）项规定的"应当由著作权享有的其他权利"的行为。

3.我国体育赛事类节目法律保护制度的完善

（1）根据体育赛事节目的独创性高低给予体育赛事类节目著作权或者邻接权保护。在比赛直播过程中，摄像机位的选择、镜头的切换、主持人的解说、整个直播画面的编排选择，体现了直播者的选择，具有一定程度的独创性，此时，呈现在观众面前的已经不再是单纯的体育赛事画面，即赛事录制形成的画面，构成我国著作权法对作品独创性的要求，应当认定为作品，当然，应根据具体体育赛事节目的独创性高低分别予以类电影作品或者录像制品保护。

（2）确认网络媒体以广播组织权的主体地位，扩充广播组织权的权利内容。我国《著作权法》并没有明确确定在网络上播放节目的主体的法

---

❶ 在北京我爱聊网络科技有限公司与央视国际网络有限公司侵害著作权及不正当竞争上诉案中，法院认为，不能仅因为新技术的产生或发展给权利人带来新的挑战，就超越立法时的权利边界对我国著作权法体系中的广播组织权作扩大性解释。参见（2014）一中民终字第3199号。

❷ 法院认为，互联网用户通过悠视网能够观看该电视剧的内容，即使悠视网的播放方式系定时定集播放，悠视网未经许可的在线播放行为亦侵犯了宁波成功公司享有的信息网络传播权。参见（2008）海民初字第4015号；（2008）一中民终字第5314号。

❸ 法院认为，根据现行法律规定，应当作为录音录像制品纳入信息网络传播权的保护范畴，而不应通过广播组织专有权获得保护。参见（2010）穗中法民三初字第196号。

❹ 参见（2008）二中民初字第10396号。

❺ 参见（2014）一中民终字第3199号。

律地位，并没有赋予网络电视台以广播组织权，这给网络电视台及网络媒体的维权带来很大的困难。为适应新技术的发展，著作权法应当明确网络上播放节目的主体的地位，明确这些主体同样享有广播组织权。这一规定适应了网络技术的发展，有利于打击网络上对体育赛事的盗播行为，具有合理性。

（3）应当明确将"定时播放"纳入信息网络传播权保护范围。我们认为，未将"定时播放"纳入信息网络传播权保护范围不仅容易导致司法裁判中的分歧，更不利于保护体育赛事节目权利人的权利。应当看到，认定侵害信息网络传播行为的核心在于认定侵权人的通过信息网络的"提供行为"，至于播放方式是否属于定时播放，不应影响侵害信息网络传播权行为的认定，并且随着"三网融合"的产业技术发展，广播权与信息网络传播权将会有更大的融合，并且极有可能形成同一权项，就此而言，我们应更加遵守立法原意，进行符合产业发展的释法与司法工作。

六、云盘秒传功能挑战著作权权利保护

1. 云盘秒传功能的技术实质及其严重危害

近年来，国内多家云盘服务提供者陆续推出云盘秒传功能，如百度云网盘、360云盘、迅雷网盘和115网盘等。"秒传"❶是云盘用户极其喜爱的一项功能，云盘上常见的"忽略式"上传方式，符合秒传条件的文件，均能在瞬间实现极速上传。在秒传系统下，当用户上传文件A的时候，文件A会产生一个唯一的MD5码并与云端服务器中现存文件的MD5码进行比对，如果比对成功，则用户只需要复制副本保存在云盘上即可，无须重新保存文件A。实际上，此时云盘客户端存放的只是文件名，用户下载和使用文件A的时候，指向的正是云端服务器中原有的文件。如果比对不成

---

❶ 秒传是将上传的文件与百度云端服务器中的文件进行比对，若云端存在相同文件，则百度云将直接把文件保存到你的百度云，大大节省了上传时间。参见百度云帮助中心：http://yun.baidu.com/disk/help，访问日期：2015年7月20日。

功，就无法实现秒传，只能通过普通上传到云盘服务器端。❶ 为了保证实现秒传和扩大秒传文件范围，云盘服务端需要保存海量文件并多文件进行多重备份以防止单点故障。云盘服务提供者除了提供给云盘用户秒传服务外，同时也提供文件分享功能，创建链接分享、发送给好友、发送到邮箱、分享到社区，以扩大文件的传播频次与范围。

以云计算为基础的秒传功能，一方面极大地方便了个人对作品的传播；另一方面则使得作品的著作权人难以控制他人复制其作品，面临越来越严重的侵权损害。云盘的秒传功能极大地方便了用户文件的传输，云盘服务提供者通过提供秒传服务等功能聚集了大量的用户，通过广告、会员等获取商业利益，云盘用户和云盘服务提供者都成为秒传功能的获益者。同时，不可以忽视的是大量的处于保护期内的音乐、视频、文学等作品毫无限制地通过秒传功能被上传到云盘上，并且通过分享功能进一步造成作品的扩散，使作者的利益遭受极大的损害。如何平衡云盘用户、云盘服务提供者、作者三方的权利是未来的挑战。2015年6月15日获悉，搜狐视频通过监控发现，5月15日晚其独家采购的韩剧《制作人》在网上开始出现云盘盗版，截至5月底，盗版链接累计已达2 000条。❷ 事实上，云盘盗版已经成为目前网络盗版的集中区，优酷土豆、爱奇艺、腾讯视频等采购的独家影视剧均面临同样的云盘类侵权难题。

2. 云盘用户侵权追责面临多重现实困境

云盘用户通过云盘秒传功能上传作品并且进行分享侵害了著作权人的复制权和信息网络传播权，但是如果没有云盘服务提供者提供的秒传功能和分享功能，云盘用户的侵权行为就不能实现。秒传功能的实现至少有两类主体参与，而且缺一不可。

云盘用户在使用云盘秒传功能上传作品、下载作品和分享侵权作品

❶ "百度网盘：4G大文件高速秒传原理分析,优劣及隐患"，载http://blog.useasp.net/archive/2012/11/24/the-principle-of-high-speed-upload-with-4gb-files-in-baidu-yun-pan.aspx，访问日期：2015年7月20日。

❷ 和讯科技："搜狐视频起诉云盘盗播 要求赔偿损失200万元"，载http://tech.hexun.com/2015-06-15/176736632.html?utm_source=tuicool，访问日期：2015年6月16日。

时，对于上传和分享作品所导致的后果是明知的，必然会导致作品在网络上的传播，损害著作权人的利益。云盘用户对于复制和传播行为都属于明知的情况，即使适用过错原则追责也是没问题的。实际上，在美国，个人用户从网上下载侵权歌曲被公认为构成对"复制权"的直接侵权……在"A&M诉Napster案""Aimster案"和"BMG诉Cecilia案"等一系列诉讼中，法院均确认了这一点。❶

一方面，云盘用户数以亿计，同时由于云盘用户的注册并非采取实名注册，使得权利人无法追究具体实施侵权行为的云盘用户，或者需要耗费极大的成本，另一方面，云盘用户虽然有确定的账号，但是并不意味着使用该云盘账号的人是同一个人，这使得权利人追究直接侵权主体的责任更加困难，多数情况下权利人会转向追究提供云盘服务的网络服务提供者责任。

3. 云盘服务提供者应为"秒传"侵权承担责任

云盘服务提供者是否应该承担侵权责任以及应该承担何种侵权责任，应该根据其实施的行为来认定。如前所述，为了防止单点故障，云盘就需要对文件保存多个备份。换言之，云盘在保存用户上传的那份文件的同时，还可能自行实施了多个复制行为。根据前述复制的概念，云盘服务提供者的备份行为显然属于复制行为。根据《著作权法》第51条，复制品的制作者须证明其制作具有合法授权，否则应承担侵权责任。因此，在我国现行法下，云盘服务提供者的备份行为属于复制权直接侵权行为。云盘服务提供者虽然主要提供存储服务，但是存储服务只是云盘服务提供者提供的一种功能，云盘服务提供者还提供了分享服务，在线的音乐、视频播放服务以及在线文档阅读等一系列服务。云盘服务提供者提供的这些服务使其本身作为存储角色的定位已经变得非常模糊，加之云盘服务提供者对云盘用户有控制能力，使得云盘服务提供者的注意义务也相应提高。

---

❶ 王迁："三论'信息定位服务提供者'间接侵权的认定——兼评'泛亚诉百度案'一审判决"，载《知识产权》2009年第2期。

从国内的司法判例来看，如中国大百科全书诉苹果案❶以及最高人民法院提审的慈文公司诉海南网通公司案，❷网络服务提供者如果不能证明自己属于提供链接、存储等服务的网络服务提供者，就极有可能被推定为内容的直接提供者而承担直接侵权责任。在云盘用户使用秒传功能上传作品并且进行分享，侵害著作权人复制权的情况下，云盘服务提供者至少要证明两个问题才有可能避免承担直接侵权的法律风险，首先云盘服务提供者必须证明自己是提供存储服务的网络服务提供者，作品的上传和分享完全是由云盘用户自主完成的，云盘服务提供者不参与云盘用户的上传和分享行为；其次需要证明云盘用户的具体注册信息。实际上，目前云盘用户多数都是匿名注册，通过邮箱或者手机号就可以进行注册，这也导致当侵权行为发生时，即使能够锁定侵权的云盘账户，也无法锁定云盘用户的实际注册人，云盘服务提供者在遭遇诉讼时很难确定云盘账号的实际注册人，同时云盘服务者在技术上也有自己复制相关作品的可能性，这样导致云盘服务提供者被推定为直接侵权的可能性增大。简言之，云盘服务提供者存在被判定为直接侵权的风险。

---

❶　北京市第二中级人民法院（2011）二中民初字第10500号民事判决书。

❷　最高人民法院提审认为，海南网通公司如欲证明该网页仅是其链接的第三方网站，其不应为该网页上的侵权行为承担责任，应提交相应的证据。在海南网通公司未提供相关证据的情况下，其关于仅提供链接服务的抗辩不能得到支持，其应对该网页上播放慈文公司享有著作权的电影作品的侵权行为承担相应的法律责任。最高人民法院（2009）民提字第17号民事判决书。

第四篇

热点关注

中国知识产权保护体系建设与市场监管

曹新明

一、引　　言

资本时代已经过去，创意时代已经来临。在当今经济全球化与知识产权国际化背景之下，知识产权在国家经济社会生活中具有高度的战略内涵，是全球市场竞争中的兵家必争之地，利用知识产权赢得市场竞争的先机已成为国际竞争的重要手段。目前，世界各发达国家如美国、日本、英国等纷纷实施国家知识产权战略，从国家战略的高度推进本国知识产权的发展。

我国于2008年6月不失时机地发布《国家知识产权战略纲要》（以下简称《纲要》），将知识产权上升到国家战略地位，是我国知识产权制度建设进程中浓墨重彩的一笔，是我国在21世纪为推动经济社会全面发展做出的重大抉择。经过30多年的努力，我国已经建立起中国特色知识产权保护体系，初步形成知识产权司法保护、行政执法、社会调解和民事仲裁相得益彰的保护格局。

在当前形势下，我国知识产权法律体系不断完善，知识产权司法保护、行政执法、民事仲裁和社会调解诸方面取得了显著成效，为知识产权提供了全方位的保护。但是，由于我国知识产权战略进程刚刚起步，知识产权保护体系还存在诸多不足之处，知识产权的市场监管亦存在许多问题亟待解决。因此，要实现创新型国家和知识产权强国的建设目标还需要进一步完善知识产权保护体系和市场监管体制机制，为知识产权的创造、运用、保护和管理提供有力的战略支撑。

本文拟从国家知识产权战略以及"创新驱动发展"的战略高度出发，阐述国内外知识产权保护与市场监管的现状，分析我国知识产权保护体系与监管制度的不足，进而阐释我国知识产权保护体系建设与知识产权市场监管的关系，为国家知识产权制度体系建设提供理论基础；并就如何构建优良的知识产权保护体系和落实市场监管战略任务提出相关具体举措，为国家知识产权制度的具体实施建言献策。

二、我国知识产权保护体系现状

随着改革开放重大决策的提出，我国现代知识产权保护制度也开始起步。1982年，我国颁布了内地的第一部知识产权法律《商标法》，随后又相继颁布《专利法》《著作权法》。如今，我国知识产权保护体系初步形成以司法保护为主导，以行政执法为重要手段，以社会调解、民事仲裁等纠纷解决渠道为补充的新格局。我国目前在形式上已具备较为完善的知识产权保护制度，形成有中国特色的知识产权保护体系（见图1）。❶

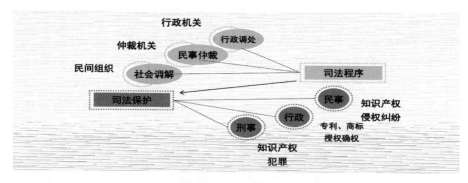

图1　中国知识产权保护体系结构

---

❶　中国社会科学院知识产权中心、中国知识产权培训中心编：《完善知识产权执法体制问题研究》，知识产权出版社2008年版，第205页。

然而，我们也应清醒地认识到，我国知识产权保护制度及其实施正处在成长过程中，要真正实现知识产权强国的战略目标仍然存在较大的差距，任重而道远。

（一）现行知识产权保护法规体系及其不足

我国现代知识产权法律体系包括国内知识产权法与国际知识产权法两大部分。在国内法方面，我国以宪法为中心，以法律为主体，以知识产权行政法规、部门规章及司法解释等其他法律规范为补充，已经建立起较为系统的知识产权法律规范体系。国际知识产权法方面，截至2013年11月，我国已经加入19个知识产权国际公约。这些国际公约以及与他国签订的双边条约中的知识产权条款，均构成我国知识产权法的渊源，是我国知识产权法律体系的组成部分。❶

我国在知识产权立法方面仍然存在诸多不足之处，主要表现在以下几个方面。

（1）我国一些知识产权领域的法律规定比较分散，没有统一的知识产权法。如关于商业秘密保护的规定，散见于《民法通则》《合同法》《反不正当竞争法》以及《刑法》，目前还没有统一的"商业秘密保护法"，不利于对商业秘密进行全面的保护。

（2）知识产权法律法规之间存在冲突，需要整理完善。如1992年国务院颁布的《关于实施国际著作权条约的规定》与《著作权法》存在某些方面的不协调；有些地方制定的商标保护规定与《商标法》存在某些方面的冲突；甚至《商标法》自身条文之间也存在冲突。

（3）知识产权法律法规存在过时、滞后现象，需要修订完善。如在一些高新技术出现的新领域出现了新的问题，有的高新技术已经超过原有知识产权法律保护所涵盖的范围，迫切需要我们积极研究和完善相关的法律法规来为之提供有效的保护。

（4）在知识产权某些领域还存在立法缺失的现象。

---

❶　方江宁：《知识产权法基础理论》，知识产权出版社2014年版，第174~179页。

（二）知识产权行政执法现状及不足

知识产权行政执法，是指国家知识产权行政机关及其公职人员依法行使管理职权、履行职责、实施知识产权法律的活动，❶ 具有及时、高效、维权成本较低的优势。多年来，各知识产权相关行政管理机关在知识产权的保护方面取得了突出成绩，主要体现在以下几个方面：

（1）知识产权行政管理部门通过开展专项执法行动，严厉打击知识产权侵权假冒行为，取得了新成效。如2013年全国知识产权行政管理机关共立侵犯知识产权和制售假冒伪劣商品案件26.2万件，移送司法机关4 550件，捣毁窝点5 441个。❷

（2）知识产权行政执法体制不断完善，协作性增强，工作能力不断提升。

（3）加大了行政执法的技术、资金投入，不断引入高新设备，综合运用各项技术手段，进一步加强执法力度。

我国知识产权行政管理机关在知识产权保护方面的执法工作依然存在诸多不足之处，主要表现为以下几个方面。

（1）我国知识产权行政主管部门林立，职能划分不清晰，管理范围存在交叉重叠，容易导致知识产权行政系统内部的权力冲突。

（2）知识产权行政执法部门繁多，"多元""多层级"的行政执法体制严重影响了各行政执法机关之间的协调与合作，常常出现有利争办、无利推诿的现象，如商标权与商号权管理的冲突、商标权与域名权的管理冲突等。

（3）各项知识产权分属不同的管理部门负责，在涉及行政管理部门的利益时，很难确保各项执法活动的公正性，容易影响执法效果。

（4）在我国现行知识产权保护体系框架下，部分案件中存在与司法机关职能的交叉重叠，行政机关执法职能法律性质模糊，法律地位尴尬。

---

❶ 李龙主编：《法理学》，武汉大学出版社2011年版，第381页。

❷ 国家知识产权局："2013年中国知识产权保护状况"，载国家知识产权局网，2014年8月12日，网址：http://www.sipo.gov.cn/zwgs/zscqbps/201408/t20140812_994293.html，访问日期：2014年11月16日。

（5）知识产权行政执法效率低下，行政管理成本膨胀。

知识产权行政执法作为我国知识产权保护的特色，比单纯依靠司法保护更充分有效，具有主动性、简单便捷、维权成本较低等特征，同时能充分发挥知识产权管理部门的专业优势。❶ 鉴于行政执法在我国知识产权保护进程中发挥的积极作用，从目前以及将来很长一段时期来看，知识产权的行政执法并不会淡出我国知识产权保护体系，相反，其还会在未来一段时期内持续发挥更大的效用。❷

（三）知识产权司法保护现状及不足

改革开放以来，随着我国市场经济体制的建立与不断完善，我国已初步建立起较为完善的知识产权司法保护体系。2014年11月6日，我国首家知识产权审判专业机构——北京知识产权法院挂牌并正式履职，这标志着我国知识产权司法保护的进一步加强，预示着我国知识产权司法保护进入全新的发展阶段。各级人民法院在知识产权司法保护工作方面卓有成效，主要体现在以下几个方面。

（1）知识产权司法保护体制不断完善。如知识产权案件的管辖制度不断完善。目前我国绝大多数中级人民法院、所有高级人民法院、最高人民法院都设有知识产权审判庭。在经济发达地区，如北京、上海等地，一些基层法院也设立有知识产权审判庭。❸

（2）各级人民法院依法受理和审结了大量的知识产权民事案件，充分发挥了民事审判在司法保护知识产权中的主渠道作用。如2013年全国各地方人民法院审结各类知识产权一审、二审共114 075件，新收和审结知识产权民事一审案件88 583件、88 286件，分别比2012年上升1.33%

---

❶ 中国社会科学院知识产权中心、中国知识产权培训中心编：《完善知识产权执法体制问题研究》，知识产权出版社2008年版，第194~195页。
❷ 邓建志、单晓光："2010年上海世博会知识产权的行政保护"，载《法学》2006年第4期，第44页。
❸ 马迅："我国知识产权司法保护体制之缺陷及完善"，载《中国科技论坛》2008年2月第2期，第121页。

和5.29%。❶

（3）强化知识产权审判监督机制，司法透明度进一步增强。如最高人民法院发布《人民法院知识产权裁判文书上网公布暂行办法》，实行上网情况定期通报制度，提高了知识产权裁判文书的上网率。

（4）司法审判的影响力不断扩大。

我们必须清醒地认识到当前形势下司法保护方面的不足，主要体现在以下几个方面。

（1）知识产权的审判体制尚待进一步完善。目前，虽然我国有一些法院已经开始"三审合一"的试点工作，但是大部分法院仍实行知识产权民事、行政、刑事案件的"三审分立"模式，容易造成知识产权案件审判标准不统一，进而导致不同法院的审判结果不一致，有损法律的权威性。此外，我国知识产权的审判层级配置也不合理，例如，我国目前知识产权民事审判以中级人民法院和少数实力较强的基层人民法院为一审法院，而知识产权刑事审判与行政审判基本上以基层人民法院为一审法院，其层级配置具有明显的不合理性。❷

（2）知识产权诉讼中权利人的举证负担繁重。由于知识产权侵权具有较强的隐蔽性，而且知识产权诉讼涉及的法律关系以及证据问题复杂，原告既要证明自己是权利人，又要证明侵权行为的存在，其中任何一个环节的举证不能或不充分，都可能导致原告败诉，这对原告来说举证负担过重。

（3）在知识产权诉讼中，民事救济的赔偿数额偏低，导致知识产权权利人维权成本较高却收益较低，"赢了官司输了钱"的极端现象较为普遍。

（4）知识产权审判标准有待进一步统一。

---

❶ 最高人民法院："中国法院知识产权司法保护状况（2013年）"，载最高人民法院网，2014年4月25日，http://www.court.gov.cn/zscq/bhcg/201404/t20140425_195314.html，访问日期：2014年11月13日。

❷ 朱谢群：《我国知识产权发展战略与实施的法律问题研究》，中国人民大学出版社2008年版，第206~209页。

（四）知识产权社会调解、民事仲裁现状及不足

近年来，社会调解以其主动性、低成本、自愿性、保密性与灵活性等优势异军突起，对于实现知识产权纠纷案件的分流发挥了重要作用。如2008年，中国互联网协会调解中心正式挂牌成立，45家国内互联网企业及著作权人代表向该调解中心呈递了《网络知识产权纠纷快速调解意向书》，表示今后在发生有关互联网知识产权纠纷时将优先考虑利用该调解中心解决。❶

我国知识产权调解制度在实践中仍存在诸多问题。如社会上缺乏专门的知识产权纠纷调解机构，社会调解在解决知识产权纠纷过程中发挥的作用还十分有限；调解结果的可预见性不强，因而很多知识产权争议双方当事人偏向于选择司法调解，以寻求更强的公信力和强制力。❷

相对于其他形式的知识产权纠纷解决方式，知识产权仲裁具有技术性、保密性和快速性等特点，作为准司法途径的仲裁，在解决知识产权纠纷方面具有独特优势。但由于知识产权纠纷具有较强的专业性，就知识产权仲裁而言，在知识产权纠纷解决机制中地位不高，较少被使用，目前仍处于起步的摸索阶段。❸

由于司法资源的有限性，社会调解以及民事仲裁这一类非讼方式的适用，可以有效地实现知识产权纠纷的分流，从而减轻知识产权案件诉讼的压力。但是，由于知识产权纠纷具有较强的专业性，目前我国知识产权纠纷的调解中司法调解较多，据最高人民法院2013年公布的数据显示，2013年全国法院知识产权民事一审案件平均调解撤诉率达68.45%。❹ 因而就社会调解及民事仲裁等非讼方式而言，相对于知识产权纠纷司法调解的先天性优势，其在知识产权纠纷解决机制中的地位仍有待于进一步提高。❺

---

❶　王莲峰、张江："知识产权纠纷调解问题研究"，载《东方法学》2011年第1期，第78~80页。

❷　芮文彪等："创新调解方式 不断提高知识产权诉讼调解水平"，载《人民法院报》2013年4月第8版，第1~3页。

❸　倪静：《知识产权仲裁机制研究》，厦门大学出版社2013年版，第271页。

❹　最高人民法院："中国法院知识产权司法保护状况（2013年）"，载《人民法院报》2014年4月第2版，第3页。

❺　倪静：《知识产权仲裁机制研究》，厦门大学出版社2013年版，第271页。

三、我国知识产权市场监管现状

知识产权市场监管是规范知识产权市场行为、维护知识产权市场秩序、切实保护知识产权市场各方当事人合法权益的制度安排，主要表现为对知识产权市场准入和知识产权市场行为的监督与管理。根据相关法律规定，目前我国知识产权市场由政府机关、行业协会或者社会组织等监管主体进行监管，其中，政府在知识产权市场监管中处于主导地位。

十八届三中全会通过的《全面深化改革若干问题的决议》提出：要让市场在资源配置中起决定性作用，深化经济体制改革。知识产权市场作为中国特色社会主义市场经济的组成部分，应当遵循市场经济的一般规律，坚持在知识产权市场监管中的市场决定性作用、政府统领性作用和社会服务性作用，实现市场有力、政府有为、社会有用的综合监管理念。

（一）现行知识产权市场监管法律法规体系

当前形势下，我国知识产权市场监管的法律法规体系主要包括两大部分：一部分是我国国内自行制定的知识产权法律法规，包括法律，国务院及其所属各行政规章、条例等法规，司法解释以及地方性法规、规章、条例和办法等。另一部分是国际知识产权法，主要包括我国参加的有关知识产权保护的国际公约以及签署的双边或多边知识产权保护协定等。知识产权的国内法监管和国际法监管共同构成我国知识产权监管的法律法规体系。

（二）现行知识产权市场监管模式

我国当前的知识产权市场监管基本上是政府主导，由政府规范与知识产权相关的市场准入和业务行为，查处、惩治知识产权违法侵权行为，保护知识产权市场各方当事人的合法权益，维护知识产权市场公平竞争的良好秩序，推进国家知识产权战略的实施。❶

目前，我国知识产权市场监管中政府监管最显著的特征就是多头监督、分散管理。在我国，知识产权的行政管理工作分属于十多个不同的行

---

❶ 吴国平："中国知识产权战略中的政府角色"，载《知识产权》2006年第6期，第43页。

政部门，各部门根据各自职能分工履行监管职责，分头管理和监管某一领域的知识产权。我国知识产权行政管理及监管机构主要包括国家知识产权局、国家版权局、国家工商行政管理总局商标局、文化部等国家机关。

（三）现有知识产权市场监管的不足

我国知识产权市场监管最典型的特征就是"多头监管、分散管理"。具体而言，我国现有的知识产权监管的不足主要体现在以下几个方面。

1. 有关知识产权市场监管的法律法规体系尚不完善

（1）我国知识产权的行政监管体制、监管权限和执法程序都缺乏统一的规范；（2）对于行政管理与司法保护之间的制度衔接也不配套，对于行政机关在市场监管中的法律定位模糊，性质尴尬；（3）我国的知识产权市场监管的法律法规相对滞后，相关领域缺乏相应的法律规范调整，存在空白地带。

2. 政府监管中管理机构设置过于分散

我国知识产权的管理监督由多个部门分工负责，虽然具有分工较细、职责明确的优势，但是我国知识产权的管理机构冗杂、职能交叉、称谓复杂，易导致行政效率低下，管理成本过高。知识产权管理机构过于分散的设置极为不科学，某种程度上是对执法资源的一种浪费，将直接导致知识产权行政管理成本较高、而知识产权监管的效率较低，不利于执法资源的优化配置，这已经成为我国知识产权行政监管和保护的制度性障碍。❶

3. 多头管理体制下各行政执法部门之间统筹协调机制不完善

我国知识产权的管理机构设置过于分散，致使不同的知识产权行政管理部门往往各自为政，缺乏整体的知识产权管理和监管意识，再加上缺少一个权威的、统一的监管主体，难以发挥政府对知识产权市场的全面管理和监管作用，不利于及时解决知识产权工作中出现的新问题。❷

4. 知识产权市场监管力度有限

受我国知识产权管理机构设置、技术设施落后以及编制、经费预算、

---

❶　孟鸿志主编：《知识产权行政保护新态势研究》，知识产权出版社2011年版，第52页。

❷　肖尤丹："面向国际知识产权战略实施的知识产权管理及其促进政策"，载《中国科学院院刊》2013年第28卷第4期，第422页。

人员素质较低等条件限制，我国知识产权管理机关普遍存在行政执法监管力度不够、执法手段薄弱等问题。

5. 知识产权市场监管中行业组织、民间机构等社会监管功能有限

我国知识产权相关行业组织发展明显不足，一方面知识产权相关行业组织的覆盖面在市场监管中无法发挥行业组织应有的积极作用；另一方面行业组织的职能定位不清，法律依据不足，自律手段缺乏。我国民间机构市场监管主体作用也不强，监管机制不健全。

四、域外主要国家（地区）知识产权保护体系的基本情况

（一）美国知识产权保护体系

（1）具有完备的立法规范。"美国知识产权法既有联邦法，又有州法；既有制定法，又有判例法，其体系精深、严密而庞杂。"❶ 至今，美国已经基本建立一套完备的知识产权法规体系。

（2）多层次的司法保护。美国构建了联邦与州多层次的知识产权司法保护体系。一般案件先由联邦地方法院一审，对判决不服可上诉到巡回上诉法院，直至联邦最高法院，"但最高法院受理的案件极其有限且非常特殊，所以一般情况下巡回上诉法院的判决为终审判决"。❷

（3）服务性的行政保护。美国知识产权的行政保护与我国在性质上有所区别，美国的知识产权行政保护主要在于提供知识产权相关的信息服务与国际保护。从美国知识产权行政职能的意义上来看，美国的行政保护机关大多提供知识产权服务而非行政管理，且没有行政处罚权，可以说美国并没有我国法律意义上的行政保护。

（4）严厉的刑事处罚。美国知识产权犯罪的具体刑罚散见于商标、版权、专利、商业秘密等专门法律，主要有以下特点：①国内侵犯著作权犯罪的刑事处罚出现了日益加重的趋势。如美国1992年《侵犯版权刑事处罚修正案》，规定了较以前更严厉的制裁，最高刑期由原第2319条b款规

---

❶ 李明德：《美国知识产权法（第二版）》，法律出版社2014年版，第197页。
❷ 唐东华：《美国知识产权海关保护法律制度研究》，复旦大学2010年硕士学位论文，第16页。

定的"不超过5年监禁"改为"不超过10年监禁"。②对为外国利益侵犯本国知识产权的刑罚力度有所加大。

（5）多种其他保护方式。近几十年来，美国通过仲裁和调解方式解决知识产权纠纷的案件也不断增多。如美国仲裁协会每年受理有关知识产权的仲裁案件为100多件，争议额高达数亿美元。同时，美国还积极发挥民间组织在知识产权保护中的作用。

（二）日本知识产权保护体系

1. 国家战略化的知识产权立法规范

从1885年首次颁布的专利法（《专卖专利条例》）到2003年正式实施的《知识产权基本法》，日本建立全面的知识产权法律体系距今已经有100多年的历史。"日本因为加入《伯尔尼公约》及其修改规定等，著作权经过了大约每10年一次的缓慢修改时期，于1970年进行了全面修改，制定了现行的著作权法。"❶ 20世纪80年代开始，为配合国际条约、科学技术发展和社会信息化，日本专利法进行了多次修改。日本于2002年发布《知识产权战略大纲》，第一次明确提出"知识产权立国"的国家发展战略目标。❷ 2003年日本知识产权战略本部公布《知识产权战略推进计划》，开始实施国家知识产权战略。

2. 高水平的司法保护体系

（1）专门化的司法机构。日本2004年通过《知识产权高等法院设置法》，"根据该法第一条规定：为了使与知识产权有关的审判更充实和迅速，有必要设立专门审理知识产权案件的高等法院。"❸ 该法规定设立知识产权高等法院是东京高等法院的一个支部，承继东京高等法院对知识产权案件的管辖权。如今，"知识产权高等法院的5个部门与东京地方法院的4个部门，大阪法院的2个部门，以及大阪高等法院的1个部门共同组成

---

❶ [日]木棚照一："世界贸易组织成立后日本知识产权法的发展"，载《环球法律评论》2005年第6期。

❷ 朱玉荣："日本知识产权战略及对我国的启示"，载《黑龙江对外经贸》2009年第2期。

❸ 闫文军："日本知识产权审判情况概要"，载《电子知识产权》2005年第3期。

日本知识产权的司法审判系统。"❶

（2）完善的诉讼制度。改革和完善民事诉讼法中关于知识产权案件审判的规定，确立专利案件的专属管辖，同时将外观设计等案件的管辖修改为竞合管辖。

（3）高效的审判制度。确立知识产权专业部调查官制度，确保知识产权诉讼和专业性技术案件的审理。与此同时，在知识产权诉讼中，引入由5名法官组成的大合议庭制，吸纳更多的法官意见，保证知识产权案件审理的公正与高效。

3. 协调配合的日本行政机关

日本政府部门十分重视知识产权法律的实施工作，有关行政部门负责制定、执行及协调司法部门执法的工作，日本还相继建立了多个知识产权执法协调运行机制。总体来说，日本行政机关对司法部门执法起着协调与配合作用，而无行政执法权。❷ 笔者于2014年11月15~21日赴日本参加知识产权研讨会（IIP）时，日本学者高仓成男教授在会上明确介绍，日本的行政机关无行政执法权，日本无知识产权行政保护问题。

4. 高力度的刑事处罚

日本对知识产权犯罪的刑事处罚力度一直较大，如表1所示。

表1　日本对知识产权犯罪的刑事处罚

	最高罚金（日元）	最高自由刑
侵犯著作权罪（可并处）	1 000万	10年
专利侵害罪	1 000万	10年
侵害实用新型罪	500万	5年
侵害外观设计罪	1 000万	10年
侵害商标权罪（可并处）	1 000万	10年

（三）韩国知识产权保护体系

（1）严密的知识产权法律规范体系。韩国较为完整的近代知识产

---

❶　张玲：＂日本知识产权司法改革及其借鉴＂，载《南开学报（哲学社会科学版）》2012年第5期。

❷　周洁：《知识产权制度体系研究——以中日知识产权制度体系为研究对象》，华中师范大学2008年硕士学位论文。

权保护法律体系建立于20世纪五六十年代。为与国际惯例接轨，韩国八九十年代相继对相关法律作了较大修订。如今，韩国在知识产权保护方面已经形成一套严密的法律制度体系。❶

（2）辅助的行政保护手段。韩国特许厅（韩国知识产权局，KIPO），是韩国管辖专利、商标等知识产权的最重要的行政机构，但对假冒商标等不正当竞争行为只有行政调查权。

韩国知识产权保护制度所涉及的行政部门还包括文化观光部（主要负责版权保护及相关事宜）、知识经济部（原通信产业部，主要负责计算机软件）及其下设的各类审议调解委员会，此外，"海关、产业资源部贸易委员会也担负保护知识产权的职责，具有部分行政执法权。"❷

（3）专门化的司法保护。韩国的知识产权司法保护体系由普通法院制度与专门化的知识产权法院制度共同构成。知识产权一审案件主要由普通法院受理。专门的知识产权法院主要受理知识产权上诉或二审案件，由较为专业化的法官组成审判人员。韩国专利法院专门负责知识产权案件的审理。❸

（4）高额的刑事处罚。韩国对知识产权犯罪规定了自由刑和罚金，主要以罚金为主。对于单位犯罪，罚金的数额比个人多得多。并且，个人犯罪的罚金数额也比较高（见表2），通过提高对侵犯商标权犯罪刑罚，强化了刑事保护。

表2　韩国对知识产权犯罪的处罚

	最高罚金（韩元）	自由刑
侵犯著作权财产罪	5 000万	5年
侵犯商标罪	1亿	7年
侵犯专利罪	1亿	7年

（5）全方位的其他保护体系。在韩国的知识产权保护体系中，除了司法保护与行政保护，其他社会组织的保护也是非常重要的组成部分，主

❶　杨静："韩国知识产权保护制度"，载《中华商标》2009年3月。
❷　马忠法："韩国海关知识产权保护制度及其启示"，载《海关法评论》2013年第3卷。
❸　韦桂红："域外知识产权法院的设置与运行"，载《知识产权》2014年第4期。

要包括韩国贸易投资振兴公社、韩国贸易协会出口商品仿制品综合应对中心及与贸易相关知识产权保护协会等社会组织与民间组织。

（四）对我国的启示

1. 提升我国知识产权制度的效用、信用度与利用度

从美国、日本和韩国的知识产权保护体系以及保护经验来看，这些知识产权保护体系健全的国家有几个共同点：

（1）都拥有非常完备的知识产权法律规范。

（2）具有优良的知识产权保护体系。主要表现为，司法机构和审判制度趋于专门化和行政保护手段服务化。日本和韩国在专门化的司法机构上最具有代表性。

（3）积极建立知识产权保护民间组织，充分发挥社会与民间保护组织在知识产权保护体系中的作用。

（4）知识产权制度是促进经济发展与社会进步的重要激励机制，知识的创新性与技术的市场转化率高。知识产权保护并不能直接导致经济增长，但它对技术进步和促进经济增长起着重要的作用。以美国为例，如表3所示。

表3　2010年美国知识产权密集产业贡献率

产业类别	GDP	就业岗位	商品出口额
知识产权密集产业	5.06万亿美元	4 000万份	7 750亿美元
总产业	15.6万亿美元	14 440万份	12 768亿美元
所占比例	34.8%	27.7%	60.7%

2. 构建我国完备的知识产权法律规范体系

自从我国"入世"以来，中国的知识产权法律、行政法规和司法解释已经构成一个比较完善的知识产权司法保护法律体系。不过离美国等知识产权发达国家完备的知识产权法律规范体系还有一段距离。如今，我国的《商标法》第三次修改案于2014年实施，而《著作权法》第三次修改草案正在讨论，《专利法》的修改也已启动，我国应在现实需要的基础上，进

一步从"被动模仿立法"向"主动创新立法"转变，构建具有中国特色的完备知识产权法律规范体系。

3. 建立专门化的知识产权司法机构与审判制度

知识产权案件特别是专利案件，具有很强的技术性和专业性，知识产权司法机构的专门化是知识产权案件审判的内在要求。从知识产权发达国家的做法与经验来看，司法机构也越来越专门化，纷纷建立知识产权专门法院。值得一提的是，我国已经在积极推进知识产权司法机构的专门化。如今北京知识产权法院已经设立，于2014年11月6日起履职，受理知识产权一审案件，其上诉法院为北京市高级人民法院。❶上海、广州知识产权法院于2014年年底挂牌履职。

4. 协调司法保护与行政保护的关系

从国外知识产权保护体系的经验我们可以看到，美国、日本和韩国的司法保护一般起主导甚至决定性作用，而行政机关的职能大多为处理行政事务和协调司法保护，主要对司法保护起服务作用。在现在我国的知识产权保护体系中，应该协调好司法保护与行政保护的关系，由原来的"双轨制"向"司法保护为主，行政保护为辅"的保护模式转变，保证知识产权保护中司法保护的主体地位，减少行政保护中的行政执法权，发挥行政保护对司法保护的辅助作用。

5. 充分发挥社会力量与民间组织在知识产权保护中的作用

美国、日本和韩国等知识产权强国都建立了健全的社会与民间知识产权保护组织，并发挥了非常有效的作用。我国现在已经开始积极探索知识产权多元解决的趋势，如设在上海自贸区的我国国内首家知识产权民间调解机构——上海市文化创意产业法律服务平台知识产权调解中心已经在2014年8月完成成立后的调解第一案。我国应该以此为良好的开端，进一步充分发挥民间组织的作用，积极利用知识产权仲裁手段，将行政调解、民间调解、社会调解作为知识产权司法保护和行政保护的补充保护方式。

---

❶ 北京市高级人民法院："关于北京知识产权法院履职的公告"，2014年11月6日，载中国法院网：http://www.chinacourt.org/article/detail/2014/11/id/1478998.shtml，访问日期：2014年11月20日。

五、域外主要国家（地区）知识产权市场监管的基本情况

（一）美国知识产权市场监管

1. 行政机构的监管

（1）知识产权行政主管部门的监管。在美国，由美国版权局、美国专利商标局、美国食品药品管理局、植物新品种保护局、印第安艺术品和手工艺品委员会等行政部门对知识产权进行市场监管。

（2）与国际贸易有关的知识产权市场监管。美国国际贸易委员会，简称ITC 。其职责范围包括：判定美国内行业是否因外国产品的倾销或补贴而受到损害等。美国贸易代表办公室，简称USTR，该机构经授权负责1930年《关税法案》和1962年《贸易扩张法案》项下的所有贸易协议项目的谈判。

（3）反垄断机构的市场监管。美国司法部反托拉斯局和联邦贸易委员会是并行执行美国反托拉斯法的两个联邦机构。它们在执行反托拉斯法中享有极高的权限。但美国执行的是司法模式，即在反托拉斯案件中，它们作为公诉人向联邦法院提出刑事或者民事诉讼，然后由法院作出刑事或者民事判决。❶

2. 民间机构的市场监管

国际知识产权联盟，也称为"美国国际知识产权联盟"简称IIPA，成立于1984年，是美国版权产业的一个民间组织，有美国出版商协会等8个下属协会。

3. 行业组织的市场监管

美国出版商协会（Association of American Publishers，AAP）、商业软件联盟（Business Software Alliance， BSA）、娱乐软件协会（Entertainment Software Association， ESA）、美国电影协会（Motion Picture Association of America， MPAA）、美国录音产业协会（Recording Industry Association of America， RIAA）等进行知识产权

---

❶ 刘宁元：《中外反垄断法实施体制研究》，北京大学出版社2005年版。

行业组织的市场监管。

（二）日本知识产权市场监管

1. 行政机构的市场监管

日本特许厅，简称JPO，通产省下属机构，负责发明、实用新型、外观设计和商标受理、审查授权和批准工作。

其他行政机构包括文部科学省、知识产权事务局、日本公正交易委员会、农林水产省等部门。

2. 民间机构的市场监管

计算机软件著作权保护协会，简称ACCS，在日本长期致力于企业软件版权保护工作，为企业提供知识产权保护的法律咨询及调研。

音乐著作权保护协会，简称JASRAC，负责音乐作品版权的管理与保护。

3. 半官方机构的市场监管

日本贸易振兴机构，简称JETRO，对进入中国的日企的商标、专利等知识产权保护活动进行支援，同时对中国日本商会知识产权问题小组等日资企业的需求进行总结。

（三）韩国知识产权市场监管

1. 行政机构的监管

韩国特许厅（Korean Intellectual Property Office, KIPO）主要负责对发明创造、商标申请进行审查并授予专利；修订涉及发明、实用新型、外观设计等的相关法律、法规等工作。

韩国著作权委员会（Korea Copyright Commision, KCC），具体实施著作权（包括计算机软件）登记、纠纷调解、侵权鉴定等著作权保护事宜。

韩国国立种子院（Korea Seed & Variety Service, KSVS），主要负责植物新品种的登记审查和保护工作。

2. 与国际贸易有关的知识产权市场监管

韩国特许厅海外知识产权保护中心，主要业务包括通过电话、网络或者直接来访等接受有关海外知识产权保护及维权方面的咨询、向中小企业或者个人提供海外知识产权审判及诉讼费援助业务等。

另外，韩国贸易协会出口商品仿制品综合应对中心、与贸易相关知识产权保护协会(TIPA)、韩国贸易投资振兴公社(KOTRA)、产业资源部贸易委员会也主要负责与知识产权有关的市场监管。

3.民间机构和行业组织

其包括韩国专利代理人协会、韩国发明振兴会、韩国知识产权信息中心等。

（四）对我国的启示

1.监管模式要符合本国实际

知识产权的市场监管模式，必须与国家的经济和社会发展水平相适应，我国在落实知识产权市场监管战略任务时，也需要对我国的经济和社会发展水平有清醒的认识，在这一认识的基础上，制定和落实知识产权市场监管战略任务，建设知识产权强国。

2.建立专门的监管机构

知识产权市场监管涉及方方面面，设立统一或者唯一的监管理机构将减轻甚至杜绝多部门共同监管造成的尺度不一、监管失当、相互掣肘的问题，对进一步明确职责和促使责任到位起到有力的推动作用。

3.重视社会组织在市场监管中的作用

让社会参与知识产权市场监管，充分发挥社会的调节功能，就能够有效协调知识产权市场这只看不见的手与政府这只看得见的手之间的关系。美国、日本和韩国的做法就是范例。

在美国，有美国唱片业协会、❶美国电影协会、❷美国国际知识产权联

---

❶ 美国唱片业协会（Recording Industry Association of America，RIAA）是一个代表美国唱片业的贸易团体，成员由多家制作与发行约90%美国音乐唱片的私有公司实体如唱片公司与分销商组成。RIAA参与一连串代表其成员的受争议盗版诉讼。

❷ 美国电影协会，即MPAA的全称为"The Motion Picture Association of America"，总部设在加利福尼亚州。其成立于1922年，最初是作为电影工业的一个交易组织而出现的。如今它涉足的领域不仅有在影院上映的电影，还有电视家庭摄影（home video）以及未来有可能会出现的其他传送系统领域。

盟❶和美国职业发明家联盟❷等，韩国运用财政预算资金，充分发挥社团法人的作用，大幅度提高韩国特许厅服务社会的能力。

4.完善的反垄断体系

要维护知识产权市场的公平与秩序，保证公平竞争，防止知识产权滥用，完善的反垄断体系是不可或缺的。这一完善不仅体现在完善的反垄断立法，也体现在行之有效的反垄断执法机构和执法手段，美国、日本就是范例。

六、优良的知识产权保护体系构建

（一）知识产权强国建设所需的知识产权保护体系

1.系统完善的知识产权法律体系

系统完善的知识产权法律体系，应该主要在两个方面进行合理安排，充分发挥作用：（1）对知识产权的保护；（2）防止知识产权的滥用。在对知识产权的保护上，首先，知识产权获得的程序要流畅简洁，审查标准要统一；❸其次，要对知识产权的权项根据社会实际情况和知识产权保护力度作出规定，权利保护范围明确合理；最后，侵权救济规定充分。

2.公正高效的知识产权司法保护

（1）司法保护标准协调统一。最高人民法院要根据各类知识产权的不同特点和保护需求，明确分门别类、区别对待和宽严适度的宏观司法政策，同时进一步明晰和细化知识产权案件的司法政策，并通过各种方式保障知识产权案件司法政策的贯彻和落实，推进知识产权审判工作的规范化

---

❶ 美国国际知识产权联盟，也称"国际知识产权联盟"（International Intellectual Property Alliance，IIPA）成立于1984年，是美国版权产业的一个民间组织，宗旨是促进版权的国际保护。

❷ 美国职业发明家联盟是由美国独立发明人，小型和中小型企业、高校等组成，旨在保护美国人的发明，鼓励创新的组织。该联盟通过一些渠道跟踪和影响国会立法和联邦政策，为许多国家的顶级商业、技术和主流媒体组织提供专家意见和法律咨询，以保护美国独立发明人的合法权益。

❸ 郃中林："知识产权授权确权程序的改革与完善"，载《人民司法》2010年第19期。

和统一性。❶

（2）审判组织设置合理。将知识产权纠纷分散在民庭、行政庭与刑庭予以审理，事实上制约了知识产权法本身整体功效的发挥，而且审判庭之间、法院之间协调困难，极大地制约了知识产权司法效率的提升。因此，十八届三中全会提出，探索建立知识产权法院。

（3）诉讼程序流畅清晰，兼顾公平与效率。

3. 科学合理的知识产权行政执法

（1）行政执法定位明确。应当根据行政执法主动性灵活性的特点，优化行政执法，充分发挥行政执法的作用。

（2）行政执法主体职责明晰。无论是统一的行政执法主体，还是分散的行政执法主体，都要求职权明确，通过相关的法律法规划定行政执法的范围。

（3）行政执法程序规范。在知识产权行政保护制度的安排中，有相应的法律法规对知识产权行政执法程序作出安排，行政执法程序统一规范，设计合理。

4. 行之有效的社会调解和民事仲裁

"社会调解"应当是一个广义的概念，泛指除行政调解和司法调解以外的所有调解方式，具体包括以非知识产权行政主管部门的行政主体作为调解人的调解方式、由专门的民间机构进行调解的调解方式（2007年，上海市浦东区建立的浦东新区知识产权人民调解委员会）、不特定的任何人和机构都可以作为调解人的调解方式。

对民事仲裁而言，因为仲裁实行"一裁终局制"，而仲裁机制要想真正发挥作用，首先要求居中裁决者具有相当的专业知识，其次在仲裁过程中，要求冲突者和裁决者都要严格遵守既定的程序，❷最后还要求对仲裁结果有异议的当事人，有寻求司法救济的权利和途径。

---

❶ 中国法院网："最高法院发布《中国法院知识产权司法保护状况（2010年）》白皮书"，载http://old.chinacourt.org/html/article/201104/19/448494.shtml，访问时间：2014年11月10日。

❷ 章武生："论民事再审程序的改革"，载《法律科学》2002年第1期。

5. 结构优良的知识产权保护体系

（1）允许当事人自由选择。知识产权本质上是私权，司法保护、行政执法、社会调解和民事仲裁各有其优势，应当由当事人根据自己的实际情况来进行选择。

（2）各种保护方式的定位明确。要充分发挥各保护方式的作用，在目标的基础上来构建各个保护方式之间的衔接协调机制。

（3）知识产权司法保护和行政执法相互协调。知识产权司法保护和行政执法要相互协调配合、依法监督、统一标准、合理引导、优化配置，充分实现行政执法资源和司法审判资源的优化配置。

（二）知识产权保护体系建设面临的问题

1. 知识产权法律体系不完善

（1）法律规定比较分散，没有统一的知识产权法典。

（2）法律法规的规定存在一定的冲突。

（3）随着经济社会的快速发展，一些知识产权法律法规存在过时、滞后的现象，已经不适应当前新形势下的具体要求，需要加以修订。

（4）在某些知识产权领域还存在着立法空白，如在传统文化领域内。

2. 审判组织体制不合理

我国传统的纠纷解决机制是行政保护与司法保护分离、司法保护"三审分离"，这种审判机制存在诸多缺陷：不符合知识产权专业化的要求、审判庭之间及法院之间协调困难、不利于统一执法水平和维护司法权威。

3. 侵权损害赔偿数额低

根据2011年的数据，从权利人维权所获得的赔偿上来看，我国法院对于知识产权案件的经济支持相对较低。首先，我国知识产权侵权经济损失的支持力度整体上不高，如著作权、商标权、专利权侵权案件的平均支持度分别为31.1%、34.81%、36.8%。其次，采用法定赔偿标准的判赔率较低，著作权、专利权、商标权侵权案件的判赔比例均值分别为30.6%、35.97%、35.46%。最后，2009年10月1日开始实施的新《专利法》将法定赔偿的上限从50万元提高到100万元，但在"知识产权侵权损害赔偿案例实证研究"项目组收集到的1000余件案例中，该种变化并未对判赔比例的提升产生影响，仍然没有出现判赔额超过50万元的案件。而且可能受数据库所限，判赔比例和判赔50万元的案件数量反而有所下降。❶

4. 诉讼过程举证难

我国关于举证责任分配的基本原则是"谁主张谁举证"，在特殊情况下法律规定了举证责任倒置，如《著作权法》第53条❷、《专利法》第57条第2款❸和第63条第2款❹。

除了上述法律明文规定的特殊情况外，证明侵权的举证责任均由原告承担，一旦证据未形成完整的证据链或者证据本身存在瑕疵，就要承担败诉的风险。即使证明了侵权行为确实成立，还要证明自己因侵权行为受到的损失，否则无法获得或者无法完全获得经济赔偿。现行的法律规定将如此重的侵权责任加给了原告，极不利于知识产权保护。

5. 司法判决执行难

知识产权案件判决执行难的主要原因在于：（1）法律规定的缺失；（2）执行标的具有特殊性，被执行财产常常是无形财产；（3）知识产权案件涉外因素多，跨省、市案件执行困难。

6. 知识产权刑事司法保护缺乏力度

与世界其他国家相比，我国关于知识产权犯罪的刑事制裁相当严厉，以侵犯著作权犯罪的刑事处罚为例❺见表4所示。

---

❶　参见《知识产权侵权损害赔偿案例实证研究》研究报告。

❷　《著作权法》第53条规定：复制品的出版者、制作者不能证明其出版、制作有合法授权的，复制品的发行者或电影作品或者以类似摄制电影的方法制作的作品、计算机软件、录音录像制品的复制品的出租者不能证明其发行、出租的复制品有合法来源的，应当承担法律责任。

❸　《专利法》第57条第2款规定：专利侵权纠纷涉及新产品制造方法的发明专利的，制造同样产品的单位或个人应当提供其产品制造方法不同于专利方法的证明。

❹　《专利法》第63条第2款规定：为生产经营目的的使用或者销售不知道是未经专利权人许可而制造并售出的专利产品或者依照专利方法直接获得的产品，能证明其产品合法来源的，不承担赔偿责任。

❺　姚颉靖、刘晨："略论知识产权刑事保护及其限度性"，载《南昌航空工业学院学报（社会科学版）》2006年第3期。

表4　各国关于著作权犯罪的刑事处罚

国别	刑事立法规定最大刑期及数额	刑事立法规定最小刑期及数额
日本	3年以下有期徒刑或100万日元以下罚金	1年以下有期徒刑或10万日元以下罚金
德国	5年以下监禁或罚金	1年以下监禁或罚金
法国	2年以下有期徒刑并处1万~2万法郎	3个月有期徒并处6000法郎以下罚金
印尼	5年以下监禁或500万以内印尼盾	9个月以下监禁
中国	7年以下有期徒刑，并处罚金	3年以下有期徒刑、拘役或单处罚金

从表4可以看出，我国对于侵权著作权犯罪的刑罚相较于其他国家十分严厉，现实情况却是盗版猖獗。之所以出现这一现象，是因为我国的知识产权刑事保护制度不健全，具体有以下几点：

（1）刑法关于知识产权犯罪的规定不健全。我国刑法典对知识产权犯罪仅涵盖商标权、专利权、著作权和商业秘密四个类型，而诸如植物新品种、集成电路布图设计等未规定在其中。

（2）知识产权犯罪的刑法结构不合理。知识产权犯罪作为财产型犯罪，一般不直接危及人身健康和生命安全。而目前我国对于侵犯知识产权犯罪的刑罚种类，仍以自由刑为主，罚金刑为辅，而资格刑和没收财产刑则没有得到运用，这使得我国刑法对知识产权犯罪的打击手段过于狭窄，不能适应新条件下对日益严重的知识产权犯罪打击的需要。❶

（3）我国刑法对侵犯著作权犯罪的主观要件附加了"以营利为目的"的限制条件，不符合现在网络侵权日益增多的实际。

7. 行政执法主体职责不明晰、程序不规范

（1）行政执法无统一法律依据。由于知识产权行政执法工作的范围广、数量大、因素多，涉及领域也较多，现行立法还存在很多不足，缺乏统一的法律、法规加以调整。

（2）在具体的知识产权行政执法中，出现执法主体的职权范围不明确或者矛盾，不少行政管理部门相互争权、弃责、不负责任等问题。

---

❶ 刘文意：《论知识产权的刑法保护》，中国政法大学2005年硕士论文。

（3）行政执法程序不规范。我国行政程序规范包括知识产权方面的行政执法程序规范不健全，导致实践中知识产权行政执法程序不健全。

（4）跨部门、地区协作机制不健全。

8. 民事仲裁和社会调解未能充分发挥作用

（1）知识产权民事仲裁制度存在的问题。

首先，立法不完善。根据《仲裁法》及其司法解释，在知识产权仲裁程序、仲裁协议、管辖、当事人等方面都没有专门的规定。

其次，仲裁机构的行政化。在实践中，我国仲裁机构独立性的缺乏，影响在知识产权纠纷处理过程中的中立性与公正性。❶

最后，仲裁程序不完善。

（2）知识产权社会调解存在的问题。

知识产权调解的主要问题在于调解效果不好，究其原因，首先是由知识产权纠纷本身的特点决定的。其次调解之后当事人所达成的调解协议不具有判决的法律效果，因而在执行中就具有一定的难度。尤其对于行政调解和民间调解来说，其达成的调解协议具有契约的性质，其效力如同合同的效力，直接影响到调解协议的最终履行。❷

9. 司法保护与行政执法衔接不协调

（1）行政保护与民事、行政诉讼的衔接不协调。责令停止侵权、行政罚款、责令赔偿损失是目前知识产权行政保护的三项主要措施。但是当事人不服行政部门的决定，向人民法院提起诉讼，是走民事诉讼还是行政诉讼的途径，对于这一问题，知识产权的相关法规没有作出具体规定，实践中各单位的做法也并不一致。

（2）行政保护与刑事保护的衔接不协调。其具体表现为衔接规范存在缺陷，衔接规范约束不强；案件移送有待协调；证据认可亟待解决。

---

❶ 王钰惠：《知识产权纠纷多元解决机制》，燕山大学法学2012年硕士学位论文。

❷ 王莲峰、张江："知识产权纠纷调解问题研究"，载《东方法学》2011年第1期。

10.缺乏强有力的反垄断执法机构

我国虽然制定了反不正当竞争法和反垄断法，但没有设立强有力、专门的执法机构。知识产权是一种合法的垄断权，市场主体拥有知识产权作为市场竞争的武器，也只能在健康的市场上才可能合法利用知识产权来谋取合法利益。在疾病缠身的市场上，知识产权也就成了破坏公平竞争的凶器。因此，只有建立完善的反垄断体系，才能保证知识产权对社会经济发展的重要作用。

（三）知识产权保护体系建设的主要举措

1.健全知识产权法律法规

（1）不断充实知识产权法律体系。首先，填补知识产权法律空缺。如关于民间文学艺术的特殊规定迟迟没有出台；网络知识产权保护的法律法规仍然存在空缺。其次，及时对法律进行修改，如表5所示。

表5　对我国现行知识产权法律"立改废"的建议

立	（1）统一的《商业秘密保护法》； （2）对知识产权成果产业化的问题进行立法； （3）知识产权法院规则体系； （4）统一的竞争法的实施规范； （5）对商品外观等新出现的问题进行立法； （6）在时机成熟时，制定《知识产权法典》
改	（1）及时根据需要对我国《专利法》《商标法》《著作权法》以及《专利法实施细则》《商标法实施条例》《著作权实施条例》进行修订； （2）对行政执法的规章、司法保护程序和知识产权侵权判断标准进行修改和完善； （3）对刑法中关于知识产权犯罪的条文进行修改； （4）修改反垄断和反不正当竞争法
废	（1）国务院于1992年颁布并实施的《实施国际著作权条约的规定》； （2）当新法代替旧法时，应当对旧法及时废止

（2）坚持我国知识产权立法自主性。我国2008年《专利法》、2012年《著作权法》都是立足本土主动启动第三次修改的；2012年6月北京市人民政府承办保护音像表演外交会议，正式签署《视听表演北京条约》，这是第一个以我国地名署名的知识产权国际条约。这一系列的变化都表明我国开始自主对知识产权法律进行修订，并且逐渐从知识产权国际规则被动接受者变为国际规则制定者。我国不论在国内立法上还是国际条约的

缔结与加入上都应该坚持自主性。

（3）在时机成熟时，制定《知识产权法典》。纵观世界上的其他国家和地区，也有不少国家和地区都将知识产权法典化。在民法典之外编纂与之并列的知识产权法典的国家包括法国、葡萄牙、波兰、菲律宾等，最早编纂知识产权法典是法国（1992年）。将知识产权置于《民法典》之内的国家包括意大利（1942年）、蒙古（1994年）、越南（1995年）和俄罗斯（1995年）。❶ 因此，吴汉东教授提出，基于各国立法例的历史考察与现状分析，无论何时采取何种途径，法典化将是中国知识产权立法的必由之路。❷

2. 积极探讨知识产权法院的建设

（1）设立统一的知识产权法院。在知识产权上诉法院的设置方面，可以考虑设立一所上诉法院，其层级就是高等法院，专门承担知识产权上诉审，不受理知识产权一审案件。知识产权案件的再审案件，由最高法院行使审判权。❸

（2）知识产权民事行政和刑事案件应综合审理。设立知识产权法院后，知识产权法院内部可以只是根据分工按序号设置多个审判庭，每个审判庭不存在民事、行政、刑事性质案件方面的分工，每个单独的审判庭既可以审理只单独涉及民事、刑事或行政的知识产权案件，又可以审理同时涉及以上三种程序的知识产权案件。

3. 完善知识产权诉讼程序

（1）扩大举证责任倒置的适用范围。首先，增加关于举证责任倒置的原则性规定。在民事诉讼法中增加一条：如果某一事实由原告负担举证责任显失公平，则转由被告承担。其次，增加关于"推定法则"的规定。在知识产权的实体法中增加规定："如果一方当事人应对其主张的某一事

---

❶ 李雨峰："知识产权法典化论证质评"，载《现代法学》2011年第6期。

❷ 吴汉东："国际化、现代化与法典化：中国知识产权制度的发展道路"，载《法商研究》2004年第3期。

❸ 曹新明："建立知识产权法院：法治与国家治理现代化的重要措施"，载《法制与社会发展（双月刊）》2014年第5期。

实负举证责任，而证明该事实的证据正好掌握在对方当事人手中，如果对方当事人故意不提供证据或者故意将证据销毁或转移，则认定该事实存在。"

（2）完善诉前禁令制度。首先，设立对颁发禁令提出异议的听证程序；其次，将禁令制度区别分类化，适用不同的程序。

（3）缩短知识产权诉讼周期。从根本上废除知识产权无效先经行政复审或撤销程序，重新设计出能实现公平和效益价值目标的知识产权无效程序，其基本思路是由法院直接审理知识产权无效案件。

（4）降低维权成本。加大侵权赔偿力度，坚持全面赔偿原则，注意运用多种计算方式，慎用法定赔偿，合理确定侵权损害赔偿数额和制止侵权的合理开支，使权利人获得充分的法律救济。简化司法救济程序，增加简易程序的适用。

4. 明确侵权损害赔偿标准，完善"惩罚性赔偿制度"

表6为笔者建议建立的惩罚性赔偿制度概况。

表6　惩罚性赔偿制度

适用范围	我国知识产权惩罚性赔偿责任应当适用于侵犯专利、商业标识、著作权、商业秘密等各类知识产权的行为
适用条件	侵权人具有主观故意； 侵权行为恶劣或造成重大损失； 受害人提出适用惩罚性赔偿的请求
赔偿数额的确定	首先确定补偿性赔偿金数额； 其次根据侵权行为的情节，合理确定惩罚性赔偿金； 在确定补偿性赔偿金额的基础上确定一个倍数，以此来作为确定惩罚性赔偿金数额的依据
确定数额需考虑的因素	（1）侵权行为的恶劣程度； （2）侵权人的恶意程度； （3）侵权人的经济状况； （4）权利人实际损失与惩罚性赔偿之间的关系； （5）被侵犯的知识产权自身的属性与价值； （6）侵权人是否已经承担了刑事、行政或其他民事处罚

5. 探索多元化的执行方式，建立"知识产权信用体系"

（1）加强知识产权执法立法。应当从体例上确立专门的知识产权执行程序。

（2）探索多元化的执行方式。知识产权执行的特点之一就是经常涉及对行为的执行，这需要不断探索各种间接执行措施。在实践中对于这种不可替代行为的执行：①当执行债务人经限期仍未能履行的，执行法院应当对执行义务人作出罚款、拘留决定；②可以采取责令被执行人支付给申请执行人延迟履行金的方式，迫使被执行人及时积极履行义务；③将不可替代的行为转化为金钱给付，然后依金钱给付的执行措施对其执行。❶

（3）建立知识产权信用体系。早在2011年6月，国家知识产权局在印发的《关于加强专利行政执法工作的决定》中，就提出要建立知识产权保护社会信用评价监督机制，建立知识产权保护社会信用评价标准，建立知识产权诚信档案，并构建多层次的知识产权保护社会信用评价监督机制。

6. 明确行政执法机构职权，规范行政执法程序

（1）完善与知识产权法律相配套的行政法规、规章及规范性文件。鉴于我国行政执法没有统一的法律规定，我国应当完善有关立法，对知识产权行政保护的权限、范围、程序等问题的法律规定进行具体规定。

（2）设立统一的知识产权行政执法机构。以墨西哥为例，墨西哥的工业产权法的行政执法是由联邦执行委员会通过墨西哥工业产权局负责实施的。❷ 墨西哥《联邦版权法》的行政执法由联邦执行委员会通过国家版权局和墨西哥工业产权局负责实施，后者的执法范围只限于该法所规定的某些特殊情形。❸ 墨西哥国家版权局是主管版权和邻接权的行政机关，隶属于公共教育部。❹ 由此可见，墨西哥采取和我国一样的"双轨制"知识产权保护模式，但是由于其规定有明确的执法主体，方便进行执法监督与

---

❶ 苏鹏、徐兴华："论知识产权强制执行"，载《法制与社会》2011年第5期。

❷ Industrial Property Law(as amended in 1997),Art.1.

❸ Industrial Property Law(as amended in 1997),Art.2.

❹ Industrial Property Law(as amended in 1997),Art.208.

控制，取得了良好的执法效果。因此，为切实完善我国知识产权行政保护制度，应进行制度创新，借鉴其他国家的先进经验，优化行政资源配置，加强组织机构和人才队伍建设，建立一个知识产权行政执法机构，统一负责知识产权行政保护事务，以达到科学构建知识产权行政管理机构体系，提升知识产权行政保护效能，树立服务型政府形象的基本目标。❶

（3）规范行政程序。我们应当结合我国知识产权行政保护的经济和文化等因素，有选择地借鉴国际上关于知识产权的国际性条约，以便于尽快完善我国知识产权行政程序制度。

7. 协调司法保护、行政保护和刑事保护的关系

首先，严格划分案件主管。通过行政和司法两方面共同作用，加强知识产权的司法保护，主要体现在以下几个方面：第一，规范司法保护和行政保护的管辖范围，要求必须严格按照法律规定，不得应付了事，必须将法院管辖的案件移交至法院。第二，放宽司法刑事审查的条件，使更多的造成严重社会后果的行为得到相应的刑事处罚。第三，严格规范司法保护和行政保护，二者在适用时必须严格符合法律程序，做到合法与合理的共同效果。

其次，建立完善的证据转化规则。行政执法机关在面对具体的知识产权侵权案件时，应当建立起证据收集机制。

最后，进一步完善衔接程序和衔接机制保障体系。要完善司法保护和行政保护衔接程序，就要统一案前审查时间，完善审中回移程序，适时借鉴辩诉交易。要完善衔接机制保障体系，就要健全联席会议机制，建议规范联络员联络程序；健全通报、备案机制；健全信息共享机制；健全联合行动机制；完善公、检个案提前介入制度；建立问责制度；创建业绩考评机制。

8. 拓展知识产权纠纷解决渠道

通过立法扩大可行政调解知识产权纠纷的范围，完善行政调解的程序

---

❶　戴琳："论我国的知识产权行政保护及行政管理机构设置"，载《云南大学学报》2010年第6期。

性规定。建立专门调解知识产权纠纷的社会组织，增强社会调解协议的法律效力。

9. 设立统一的反垄断执法机构

从世界各国的情况看，大多数国家或地区都有一个统一的专门执行反垄断法的行政机关，如欧共体委员会、德国联邦卡特尔局、日本公平交易委员会等。我国反垄断法机构如何设置，应从我国的实际情况和发展社会主义市场经济的客观需要出发，并借鉴其他国家的经验，设置一个统一的反垄断执法机构——反垄断委员会，其主要职责就是对一切垄断行为，包括国家行政垄断、知识产权滥用垄断、价格垄断、联合垄断等行为，进行调查处理。

七、知识产权保护体系与市场监管的关系

（一）知识产权市场监管的功能与任务

1. 知识产权市场监管的功能

（1）维护知识产权市场公平竞争秩序。其主要是指知识产权市场监管主体，根据知识产权市场需求，依法指导、约束知识产权市场主体及其经营活动，确保知识产权市场的公平竞争。

（2）供给知识产权法律规范与政策。只有知识产权市场监管者，尤其政府机关，才有权供给知识产权法律规范与政策。

（3）创建知识产权市场监管体制机制。

（4）提供优质的市场监管服务，包括专业信息服务、必要的资金帮助、必要的救济服务等。

2. 知识产权市场监管的任务

（1）激励创新，打击盗版侵权行为。

（2）提供服务，解决知识产权主体后顾之忧。首先，供给知识产权法律法规和相应的政策。其次，政府考虑组建中国国际知识产权联盟、中国反垄断委员会与中国知识产权法院三个机构专门负责处理涉及国家利益

和社会利益的知识产权重大事务。

（3）维护公平竞争，制止滥用知识产权的垄断行为。

（二）知识产权保护体系是市场监管的重要支撑

1. 知识产权保护体系为市场监管提供法律基础

（1）巩固市场监管主体地位，确立市场监管权利基础。工商局、版权局等市场监管主体之所以被认同，享有市场监管权利，在于知识产权法律规范为其提供了正当性法律基础。

（2）规范市场监管活动，提供市场行为准则。①创建知识产权法律规范与政策；②修改知识产权法律规范和政策；③废止或废除过时的知识产权法律规范与政策。

（3）打击市场不法行为，提供市场主体救济途径。罗马法有一句谚语："没有救济就没有权利。"当知识产权市场主体遭遇国内或者国际纠纷或者侵权行为时，只有及时有效的保护手段与救济途径，才能真正维持知识产权市场的稳定有序，确保知识产权市场主体的权利真正落实。

2. 知识产权保护体系充实市场监管主体类型

对于知识产权市场监管，政府应当发挥主导作用或者主要作用，但不必要也不可能承担全部监管任务。许多事情交给非政府组织或者社会组织机构来做，可以弥补市场和政府所具有的缺陷。在美国、日本、韩国等发达国家，特别强调弱化行政色彩，而重视司法，特别是社会和民间组织的作用，讲究市场监管主体的多元化。

3. 知识产权保护体系创新市场监管方式

传统的市场内容主要为有形财产与实物市场，主要采取的是以行政手段为主的监督管理手段，而知识产权主要表现为无形财产，并且更多的是虚拟交易市场。如果仅依靠市场监管的行政方式，并不能解决当今知识产权市场中的问题，我们要探索以行政监管为主，市场主体信用评价程序、市场化运作等司法监管方式和社会自律监管方式并行的知识产权市场监管体系。

（三）政府与市场的关系

十八届三中全会公报明确提出让市场在资源配置中起决定性作用，经济体制改革的核心问题就是处理好政府与市场的关系，正确处理政府与社会的关系。对于这些决定，可以概括为三句话：市场的归市场，政府的归政府，社会的归社会。将它们转化为处理政府与市场关系的原则就是：市场有力，政府有为，社会有用。

市场有力，主要是指市场在资源配置中起决定性作用，知识产权市场经营者按照市场规律自主决定参与市场竞争，对其市场经营活动所产生的一切后果承担责任。

政府有为，主要是指国家和地方各级知识产权监管机关和监管组织，依法对知识产权市场经营者从事的市场经营活动进行监督和管理，其主要任务就是提供知识产权法律规范和政策等服务。

社会有用，主要是指社会组织、团体或者协会，根据法律规定，按照市场需求，遵循诚实信用、等价有偿、平等自愿原则，为知识产权市场经营者提供充分有用的知识产权服务。

（四）我国知识产权保护体系与市场监管之契合

首先，健全完备的知识产权保护体系与市场监管具有共同的最终目标——促进创新。其次，我国知识产权市场监管已成为保护知识产权的重要手段。再次，我国知识产权保护体系为市场监管提供制度保障。最后，知识产权保护体系与市场监管相互促进并相辅相成。

八、落实市场监管战略任务的主要举措

（一）确保市场有力：完善知识产权市场监管法律规范

我国现行知识产权法律规范关于知识产权市场监管的规定主要表现为对一般知识产权市场行为的行政管理，而对于知识产权市场行为的集体管理、行业管理、社会管理和自我管理等方面存在明显空缺。因此，要完善法律规范，填补对知识产权市场行为的集体管理，强化对知识产权市场行

为的行业管理，创建对知识产权市场行为的社会管理，促进知识产权市场行为主体的自我约束和自律。

（二）坚持政府有为：创新知识产权市场监管体制机制

1. 完善知识产权市场监管的五大要素

第一要素：主体平等，即不论市场主体是谁，都必须享有平等的法律地位，享受权利，履行义务，承担责任。

（1）知识产权市场主体，不论是本国主体、外国主体，还是无国籍主体，必须享有平等待遇。

（2）知识产权市场主体，不论是国企、央企，大型企业，还是中小微企业、私营主体，必须享有平等待遇。

（3）对于知识产权的特殊市场主体，可以在某个特定时期给予某种特殊待遇。

第二个要素：意思自治，即知识产权市场主体干什么、不干什么、怎么干、何时干，完全由自己决定。此时政府所要做的事情就是：当知识产权市场主体决定要干什么事情的情况下，为其给予法律法规规定应当提供的服务。

第三要素：公平竞争，即国家为知识产权市场主体营造良好的市场竞争环境，让知识产权市场主体在市场竞争过程中公平地参与竞争。

第四要素：体制机制，即政府对知识产权市场监管要做到有所为有所不为。

第五要素：严格执法，确保上述四要素不受来自任何方面的破坏。

2. 严格依法监管，改善市场多头监管现状

要改变"有法不依、无法可依、执法不严、违法不究、无法乱为"的现象，必须整合资源，大力推进知识产权行政管理体制改革。其路径为构建相对集中的知识产权行政管理机关：（1）组建统一文化部，将文化、新闻、出版、广播电视、版权等文化产权类权利集中管理，集成知识产权管理职能，整合行政资源；（2）组建科学技术部，将科学技术、专利、商标等工业产权类权利集中管理。通过这两个集中行政管理机关的建立，

从根本上改变当前职能分散、多头管理、权责交叉的现状，更好地与经济、贸易、科技等工作融合衔接。

3. 明确市场监管中知识产权行政机构的职权范围

政府有为，应该在一定范围内科学有为，从宏观战略的角度对行政管理机关进行统筹规划，以达到最优结构。其路径为：保持现有知识产权行政管理机关格局不变，对其监管范围和监管职能进行适当调整，由新建知识产权监管专门机构管理。

我国暂时还没有建立起专门的知识产权监管机构，当出现多部门共同管理时，会造成尺度权限不一。国外很多国家已经设置独立的知识产权监管机构，如新加坡、韩国。像这些国家一样设立统一或是唯一的管理机构将减轻甚至杜绝多部门共同管理造成尺度不一、监管失当、相互掣肘的问题，对职责的进一步明确和促使责任到位起到有力的推动作用。

对知识产权市场的监管，政府必须划分出三条线：该做的、不该做的以及在特殊情况下而做的事情。政府对该做的事情，遵循以下原则：以国家利益为总原则，以社会利益为基本原则，以知识产权效用最大化为核心原则。坚持公平、公正、公开的办事原则，本着方便、简便和服务为宗旨，开展监管。对不该做的事情，完全由知识产权所有人、利害关系人或者社会公众协商解决。至于在特殊情况下应该做的事，只是在某个特定时间点做完就行，并不需要设立常设机构来做。

总而言之，不论如何选择改革路径，必须严格坚守政府有所为有所不为的基本理念，正确处理"放手"与"监管"之间的关系，严格依法办事。

（三）保障社会有用：创建知识产权市场监管服务机构

让社会参与知识产权市场监管，充分发挥社会的调节功能，就能够有效协调知识产权市场这只看不见的手与政府这只看得见的手之间的关系。美国、日本、法国、德国和韩国的做法就是范例。要确保社会发挥对知识产权市场监管的作用，就必须建立相应的组织机构和服务机构。这样的组织机构大体可以分为四种类型。

1. 行业组织

世界各国在发展科技、经济和强化知识产权制度过程中，都把充分发挥行业组织的作用作为一个战略考虑。美国从20世纪80年代开始，着手实行知识产权发展战略，其中就着重加强了行业协会在知识产权立法咨询和保护中的作用。日本在2002年提出"知识产权立国"的口号，企业重视利用专利，政府修改法律提供环境，行业协会提供专业服务，这被认为是日本产业结构根本转换和发展转变的方式性革命。❶

我国并不是没有行业组织，只是存在明显缺憾。（1）行业组织的覆盖面不充分，行业协会入会率低，代表性差。我国行业协会的会员企业一般不超过全行业企业总数的40%，有统计资料表明，我国有79%的全国性行业协会非国有企业会员低于50%。❷（2）职能定位不清，带有很强的政治色彩。（3）法律依据不足，自律手段缺乏。

要改变我国行业组织的现状，使之充分发挥作用，就要从以下几个方面着手：（1）完善立法。完善市场监管体系构建，一定要对行业组织的法律地位、职能定位等问题以法律或者政策的形式作出明确规定，修改现行的社团管理条例或制定行业协会法，使行业组织步入规范发展轨道。（2）政府转变职能，逐步放权。通过政府职能的转变，帮助行业协会确立其权威地位，使其真正做到公正独立 、规范运作，真正实现行业协会与政府完全脱钩，更好地实现其自律监管功能。（3）加强行业组织自身建设。

2. 民间机构

民间机构对知识产权保护和知识产权监管具有重要作用。如专利代理机构、商标代理机构、高等院校的知识产权研究机构、专利转让代理机构以及2014年4月成立的深圳市知识产权联合会，❸ 都是为知识产权市场和

---

❶ 邓忠华："行业协会在知识产权保护中的作用"，载《中华商标》2007年第4期。

❷ 靳晶晶：《我国行业协会的问题及对策 ——以物业管理行业协会为例》，内蒙古大学2012年硕士学位论文。

❸ 深圳特区报："深圳市知识产权联合会成立"，载http://sztqb.sznews.com/html/2014-04/18/content_2845506.htm，访问日期：2014年11月10日。

知识产权保护提供服务的机构。

如今，我国民间机构市场监管主体作用不够强，监管机制不够健全，需要进一步健全。（1）市场中的民间机构自身存在一些违规行为，机构内部以及机构之间需要自律与监管。（2）高等院校研究机构的市场主体作用不强。（3）深圳市知识产权联合会刚刚建立，其运行模式能否全国普遍推广尚且未知，作为市场监督主体发挥作用还要进一步摸索。

在我国，想要充分发挥民间组织的监管作用，需要正确处理政府与民间机构的关系。（1）加强政府引导。政府依据法律法规，从根源引导机构自身机制健全，规范民间机构运营方式。（2）巩固民间机构独立市场地位，充分发挥其市场监管作用。

3. 半官方机构

半官方机构就是指一些由政府创立的机构、委员会、法团或组织，其编制虽与政府相似，但并不属于政府的一部分。我国目前设立的著作权集体管理组织都属于半官方机构，对著作权保护和监管具有很好的作用。

我国的半官方机构已经基本建立，但要充分发挥其市场监管作用仍需要做到以下两点：（1）适度做到"去官方化"；（2）适当"趋市场化"。在这些著作权集体管理组织中，市场化最成功的是音著协，音著协在自身运作过程中引入市场化的商业运营机制，即先由作为权利人的部分唱片公司自筹资金投入，用于维权、曲库建设、宣传、许可、市场稽核等，然后再通过版权营收逐步回笼成本。❶ 这样不仅获得市场收益，还能巩固市场主体地位，进一步进行市场监管。

4. 其他社会服务机构

我国的12312知识产权举报投诉中心、知识产权维权援助中心、知识产权融投资服务中心等属于为知识产权保护与监管提供服务的机构。知识产权举报投诉服务中心是为加大知识产权保护力度，应国务院《保护知识

---

❶ 王华：《我国著作权集体管理制度的困境与出路——以利益平衡为视角》，武汉大学2013年博士学位论文。

产权行动纲要（2006~2007年）》要求，在全国50个城市建立的。该中心主要职责是为权利人和社会公众提供保护知识产权方面的咨询服务等。❶知识产权维权援助中心是由国家知识产权局批准设立，受各省知识产权局管理，为社会公众、企事业单位等提供知识产权维权援助的公益机构。截至2012年8月底，经国家知识产权局批复成立的知识产权维权援助中心已达75家，分布遍及全国29个省、直辖市、自治区。❷

由上可知，我国目前的知识产权社会服务机构已经形成一定的规模，具有一定数量的服务机构，并且遍布各个省、直辖市、自治区。但是社会服务机构作为民间机构，没有财力和人力的支持，很难发展壮大，形成完整的社会服务体系，在这一问题上还要借鉴其他国家或地区的做法。

---

❶　"商务部在全国已设立50个保护知识产权举报投诉中心"，载http://www.ipr.gov.cn/zfxxarticle/govinfo/govyaowen/200701/527754_1.html，访问日期：2014年11月10日。

❷　国家知识产权局："全国已成立75家知识产权维权援助中心"，载http://www.sipo.gov.cn/mtjj/2012/201209/t20120913_751389.html，访问日期：2014年11月15日。

FRAND条款的定性与适用之争

王　杰[*]

FRAND条款全称 "*fair, reasonable and non-discriminatory terms*"，即公平、合理、非歧视的条款。FRAND条款首见于欧洲电信标准协会（ETSI）1994年制定的《知识产权政策》（*IPR Policy*），随后亦获得三大国际标准化组织（ISO／IEC／ITU）的认可，被编入《共同专利政策》（*common patent policy*）。[❶] FRAND条款与标准必要专利密不可分。正是由于权利人握有标准必要专利，因而要求其承诺根据FRAND条款许可他人使用其专利。一般而言，专利权作为一项私权，权利人有权决定是否许可以及以什么样的条件许可他人使用其专利。然而，标准必要专利作为实施一项技术标准所必须应用到的专利，由于标准的市场垄断地位，也连带占据了市场垄断地位。若不对标准必要专利的许可进行限制，则市场竞争会受到不利影响。基于此，标准化组织要求专利权人在申报标准必要专利时，并承诺根据FRAND条款许可他人使用其标准必要专利。

虽然FRAND条款的效力已获广泛认可，但如何阐释FRAND条款仍存在不少争议。2015年年末，深圳大学举办了"标准必要专利研讨

＊　王杰，荷兰马斯特里赫特大学法学博士研究生，研究方向：知识产权法。

❶　严格意义上讲，三大国际标准化组织认可的专利许可政策与FRAND稍有不同。根据《共同专利政策》第2.2条，专利权人愿意在非歧视的基础上以合理的条件许可他人使用其专利（The patent holder is willing to negotiate licences with other parties on a non-discriminatory basis on reasonable terms and conditions）。该专利许可政策被简称为RAND。

会"，参会者囊括知名学者、法官以及业界代表。会议期间，参会者围绕"FRAND"条款的相关问题展开了激烈的讨论。笔者根据本次研讨会的实录稿，尝试厘清目前针对FRAND条款的主要争议。通过阅读实录稿，笔者认为，目前针对FRAND条款的争议主要集中在三个方面：（1）FRAND条款的法律性质；（2）FRAND条款是否排除禁令的适用；（3）如何在FRAND条款的情境下计算费率。

一、FRAND条款的法律性质

　　FRAND条款是为了促进标准得到广泛应用而务实处理的结果，因而，标准化组织在提出该条款时并没有考虑其是否具备法律上的逻辑上自洽性。由于FRAND条款在规制标准必要专利许可方面的积极意义，其效力得到了法院的广泛认可。在中国、美国和欧洲，法院均运用FRAND条款判决了一系列案件。既然FRAND条款已成为"准法"，我们就有必要对其法律性质进行认定，以在法律体系中找到其逻辑上的自洽性。FRAND条款是由标准化组织提出并由标准必要专利权人同意的合同条款，因而很多学者倾向于从合同法的角度来定性FRAND条款。

　　一种观点认为FRAND条款创设了第三人利益合同。该观点借鉴了美国司法判决并以我国《合同法》第64条为依据。在微软诉摩托罗拉案中，美国法院认为，根据摩托罗拉与标准化组织IEEE和ITU达成的协议，摩托罗拉有义务向第三方基于FRAND条款许可其标准必要专利，而该案中的原告微软是该合同的收益第三方。❶ 我国《合同法》第64条规定了"利他合同"，根据该条，"当事人约定由债务人向第三人履行债务的，债务人未向第三人履行债务或者履行债务不符合约定，应当向债权人承担违约责任"。在第三人利益合同的语境下，根据FRAND条款许可标准必要专利是专利权人向收益第三方承担的债务，这里的收益第三方即指标准必要专

---

❶ Microsoft Corp. v. Motorola Inc., 854 F.Supp.2d 993, at 1003 (Dist. Court, WD Washington, 2012).

利的使用人。"第三人利益合同"说很好地解释了专利使用人的请求权问题。根据"第三人利益合同"理论,当债务人不按约定向第三人履行合同时,第三人有权要求债务人履行合同。在司法实践中,已经有标准必要专利使用人诉请法院要求专利权人按照FRAND条款许可其专利的案例,有的专利使用人甚至向法院提起确认不侵权之诉。若无适格的请求权作支撑,则专利使用人无法向法院提起上述诉讼。因而,"第三人利益合同"说有相当的合理性。但"第三人利益合同"说也难以完全自洽。根据合同法理论,我国《合同法》第64条规定的"利他合同"应当是第三人纯收益合同,这意味着第三人不得因合同承担义务。而反观FRAND条款,专利使用人并非不承担任何义务,其应当向专利权人支付合理的使用费。另外,专利使用人作为收益第三方,并非合同的当事人,因而即使专利权人拒绝按FRAND条款发放许可,其只需向标准化组织而非专利使用人承担违约责任。这样的安排似乎不利于维护专利使用人的权益。

另一种观点并不纠结于考察标准必要专利权人与标准化组织间的合同性质,直接将FRAND 条款视作面向第三方的要约。依据这种解释,第三方实施标准必要专利的行为可视为承诺,因而当第三方实施标准必要专利时合同即告成立。在该解释体系下,专利权人和实施人的请求权均有法理基础,因为许可合同已经成立,双方之间依据FRAND条款产生了合同上的债权债务关系。这一观点虽有合理性,但也遭到诟病。反对者认为,FRAND条款太过于概括,并不包含要约应当具备的要素。如FRAND条款仅包含要求专利实施人支付合理的费用概括表示,但缺乏要约通常具备的价格条款。

还有观点倾向于将FRAND条款视为一种强制缔约义务。"强制缔约义务"说可以从不同的法律中找到支撑。其一,依据民法上的诚实信用原则,标准必要专利权人依FRAND条款向专利实施人作出许可承诺,则专利实施人基于该承诺获得了信赖利益。因此,标准必要专利权人有义务依照FRAND条款与专利实施人缔结许可合同。其二,有学者将标准必要专利与竞争法的关键设施作类比,认为标准必要专利与水、电、气等关键设施类似，因而专利权人不得拒绝与专利实施人签订许可合同。

　　FRAND条款本质上是对标准必要专利权人行使专利权的限制，以上三种观点均试图用现有的法律框架来合理解释该限制，并寻求通过对FRAND条款定性来解决在实践中出现的问题。然而，正如本节开头指出的那样，FRAND条款是务实选择的结果，标准化组织在拟定该条款时并未从法律角度考虑其逻辑上的自洽性，想事后从现有的法律框架中找出能够完全解释FRAND条款的理论并非易事。以上三种理论也是合理性与局限性并存，FRAND条款的定性还有待于进一步深入研究。

二、FRAND条款是否排除禁令救济

　　根据FRAND条款，标准必要专利权人承诺向所有专利实施人以公平、合理、非歧视的方式许可其专利，这是否意味着标准必要专利权人不得向法院申请禁令、禁止他人实施其专利。有观点认为FRAND条款应当排除禁令救济的适用，论证的理由包括"禁令放弃救济论""损害赔偿救济足够论"以及"默示许可理论"。曾有美国法院根据前述理论驳回标准必要专利权人的禁令诉求。如在苹果诉摩托罗拉案中，波斯纳（Posner）法官认为由于专利权人作出了FRAND承诺，意味着其同意向愿意支付专利费的实施人许可其专利，从这一判定推演，则支付专利费已足以补偿专利权人，因而没有颁布禁令救济的必要。❶ 但并非所有美国法院均认可FRAND条款排斥禁令救济的观点。在另一起苹果诉摩托罗拉案中，克拉布（Crabb）法官认为禁令是赋予专利权人的一项重要救济，放弃禁令救济应当以明确的方式作出，而FRAND条款以及其他合同条款并无明确要求专利权人放弃禁令救济，因而禁令救济不应当因FRAND条款而当然排除适用。❷ 在国内，有法官认为，根据我国的民事诉讼法，颁布禁令应当满足如下两个条件：其一，侵权显而易见；其二，若不颁布禁令，则权利

---

❶　Apple. Inc. v. Motorola, Inc., 869 F.Supp.2d 901, 914 (Distr. Court, N.D. Illinois2012).

❷　Apple. Inc. v. Motorola, Inc., No. 3:2010cv00662 - Document 66 (W.D. Wis. 2011).

人会遭受无法弥补的损失。在FRAND条款的框架下，允许他人实施专利是题中之意，双方争议的许可费用可通过诉讼确定，故不颁布禁令不会对专利权人造成无法弥补的损失。因而，FRAND条款排除禁令救济的适用。但有产业代表认为，排除禁令救济的适用对标准必要专利权人非常不利，会不当地削弱专利权人在许可费谈判中的地位，导致许可费用过低甚至实施人故意拖延谈判的情况。

在实践中，还出现一些折中的方案。这些方案认为FRAND条款并不当然排斥禁令救济，但禁令诉求只有在专利实施人恶意劫持FRAND条款时才适用。在苹果诉摩托罗拉案中，上诉法院认为由于FRAND条款，专利权人很难证明其会遭受无法挽回的损失，但当专利实施人单方拒绝支付许可费或恶意推迟谈判，则法院应当根据专利权人的申请颁布禁令。❶ 在华为诉中兴案中，欧盟法院认为，若标准必要专利权人，在基于FRAND条款授予第三方许可后，仍通过诉请禁令防止其专利继续被使用或要求召回基于其专利制造的产品，法院在以下条件满足的情况下才能颁布禁令：❷

（1）诉前，专利权人首先警告侵权人，指明被侵权的专利和侵权行为；在侵权人表达了就FRAND条款达成许可协议的意愿之后，向侵权人提供一份具体的书面要约，指明许可费用和计算方法。

（2）侵权人继续使用涉案专利，且没有善意地根据普遍认可的商业惯例对专利权人的要约作出回应。判断侵权人是否善意以及其回应是否与普遍认可的商业惯例一致，法院应当考虑案件中的具体客观因素，尤其考量侵权人是否故意采用拖延战术。

从维护市场秩序和平衡当事方之间利益的角度，美国第三巡回法院以及欧盟法院采纳的折中方案较为合理。首先，折中方案原则上拒绝根据必要专利权人的要求颁布禁令，以防止权利人滥用排他权，从而维护公平的市场竞争秩序。其次，折中方案也有助于防止专利实施人恶意利用

---

❶ Apple. Inc. v. Motorola, Inc., 757 F.3d 1286, 1331–1332 (3rd Cir., 2014).

❷ Paragraph 17 of Case C–170/13.

FRAND条款来拒付许可费或不当拖延谈判。

三、许可费率的计算

如何在FRAND条款的框架下计算许可费率也是困扰业界的一个问题。按标准化组织设定FRAND条款的预期，标准必要专利的许可费率应当由专利权人与实施者协商确定。但在实践中，常有双方因协商不成而诉诸法院的状况出现。此时，法院应当如何确定许可费率。一些法院主要考量涉案的标准必要专利对标准的贡献，还有法院主要考量涉案标准必要专利对整个产品销售的贡献。计算许可费率是一项复杂的任务，很多学者认为法院并不适合直接认定许可费率，法院应当采取措施促使双方当事人通过协商确定许可费率。有学者甚至建议，法院确定的许可费率应当忽高忽低，造成"法不可知，则刑不可测"的态势，以此来迫使当事人通过协商确定许可费率。在我国，立法和司法倾向于赋予法院或有权机构直接确定许可费率的权力。在华为诉IDC案中，广东高院通过费率比较的方法直接确定许可费率。在判决中，法院认为，IDC公司许可给华为公司的费率是许可给苹果公司的100倍左右，是三星公司的10倍左右，明显违反了FRAND原则，最终判定IDC公司在中国的标准必要专利许可费率为不超过0.019%。❶ 根据《专利法修改草案》第82条，标准必要专利使用费的数额不能由专利权人单方决定，而是由当事人自行协商；双方不能达成协议的，由地方人民政府专利行政部门裁决；对裁决不服的，可以向人民法院起诉。

四、结　　语

本文以"标准必要专利研讨会"的实录稿为基础，粗略总结了围绕FRAND条款存在的三点主要争议。第一点争议缘起于事后给FRAND条款

---

❶ （2013）粤高法民三终字第306号。

寻找合适的理论框架，以合理地解释、应对实践中出现的问题，如专利实施人请求权的来源问题。第二点争议则是为了防止标准必要专利的劫持与反劫持，❶以促进标准的广泛应用、维护公平的市场竞争秩序。最后一项争议则主要着力于平衡标准必要专利权人与专利实施人之间的利益分配。从实录稿字里行间透露出的分歧程度来看，解决这些争议仍需进一步的研究，且仍有待时日。

---

❶ 标准必要专利的劫持是指专利权人利用禁令优势胁迫专利实施人接受其提出的许可条件，而标准必要专利的反劫持则是指在剥夺专利权人禁令救济的情况下，专利实施人则可能恶意拖延谈判、延迟或者拒绝缴纳许可费。

创新驱动发展战略下我国知识产权服务业发展与变革

周　鹏　聂士海[*]

2015年12月23日，国务院印发《关于新形势下加快知识产权强国建设的若干意见》，明确提出把知识产权服务能力的大幅提升作为知识产权强国建设的主要目标之一，无疑为知识产权服务业指明了发展动力和前进方向。回顾2014~2015年度我国知识产权服务业的发展，无论是国家政策导向，还是产业生态格局，都发生了前所未有的突破性变化，为我国持续推进创新驱动发展战略打下了坚实的基础。

一、政策支持力度空前加大

知识产权服务是现代服务业的重要内容和高端环节，也是高技术服务业发展的重点领域。知识产权服务对科技创新、产业升级、对外贸易和文化发展的支撑作用日益凸显，对形成结构优化、附加值高、吸纳就业能力强的新兴服务业态意义重大。知识产权服务业在知识产权资源配置、知识产权运用和保护环节都发挥着不可或缺的作用。

当前，在着力转变经济发展方式、实施国家创新驱动发展战略的大背

---

* 周鹏，IPRdaily公司总裁；聂士海，IPRdaily公司副总裁、总编辑。

景下，知识产权服务业正面临良好的内外部发展机遇。近年来，国家高度重视知识产权服务业的发展，持续加大政策支持力度，重大利好消息不断传来。2011年，知识产权服务被纳入高技术服务业范畴，并进入现代服务业"营改增"试点领域。2012年，国家知识产权局联合发展改革委等9部委联合制定印发了《关于加快培育和发展知识产权服务业的指导意见》。2014年，科技服务业将知识产权服务列为九项重点任务之一。

国务院印发的《关于新形势下加快知识产权强国建设的若干意见》明确提出，改善知识产权服务业及社会组织管理。放宽知识产权服务业准入，促进服务业优质高效发展，加快建设知识产权服务业集聚区。扩大专利代理领域开放，放宽对专利代理机构股东或合伙人的条件限制。探索开展知识产权服务行业协会组织"一业多会"试点。完善执业信息披露制度，及时公开知识产权代理机构和从业人员信用评价等相关信息。意见还提出，加强知识产权交易平台建设。构建知识产权运营服务体系，加快建设全国知识产权运营公共服务平台。创新知识产权投融资产品，探索知识产权证券化，完善知识产权信用担保机制，推动发展投贷联动、投保联动、投债联动等新模式。在全面创新改革试验区域引导天使投资、风险投资、私募基金加强对高技术领域的投资。细化会计准则规定，推动企业科学核算和管理知识产权资产。推动高等院校、科研院所建立健全知识产权转移转化机构。支持探索知识产权创造与运营的众筹、众包模式，促进"互联网+知识产权"融合发展。

与此同时，各项有关知识产权的配套政策举措也先后出台。发展知识产权服务业已融入国家重大宏观部署，纳入有关部门的专项政策，各地方政府也积极响应，因地制宜地制定了实施意见或推进方案。目前，我国知识产权服务政策体系已基本构建形成，为知识产权服务业发展创造了良好的政策环境。

二、知识产权服务能力显著增强

随着国家在相关政策支持力度上的持续加强，两年来，我国知识产权服务业的发展取得了长足进步。

（一）知识产权服务机构数量快速增长

据国家知识产权局规划发展司发布的《2014年知识产权服务业统计调查报告》显示，截至2014年，我国从事知识产权服务的机构数量达到3.1万家，从业人员约60万人。其中，专利代理机构的表现格外突出。为落实中央政府简政放权、加快改革的精神，专利代理机构设立行政审批后置，2015年4月国家知识产权局修改公布《专利代理管理办法》，取消设立专利代理机构的资金要求，取消专利代理机构年检，实行专利代理机构年度报告公示制度，建立专利代理机构经营异常目录和严重违法名单。目前，我国专利代理机构已超过1200家，执业专利代理人达1.2万人。

（二）培育形成一批知识产权服务品牌机构

作为培育和发展知识产权服务业的重要措施，国家知识产权局先后遴选两批共97家全国知识产权服务品牌机构培育单位。国家知识产权局提出，培育单位要以规模化、专业化、国际化、品牌化为方向，努力拓展市场空间，持续提升服务能力，积极创新服务模式，进一步提高社会影响力和国际竞争力，树立标杆典型，发挥引领示范效应。

（三）推进知识产权服务业集聚区建设

2012年，国家知识产权局启动国家知识产权服务业集聚区建设工作，截至目前，共批复10个国家知识产权服务业集聚发展试验区。其中，首批苏州高新区、北京中关村、上海漕河泾试验区3年建设期满，已通过评审验收，并将转入示范区建设阶段。国家知识产权服务业集聚发展试验区建设，旨在引导知识产权服务业集聚发展，完善产业聚集区知识产权服务业管理体系、优化服务结构、提升服务能力，为知识产权管理部门与产业管理部门搭建起有效合作的载体，共同建立起服务业与实体产业融合发展的共生生态系统。

（四）知识产权服务标准体系建设成效显著

知识产权服务的水平和质量对于增强我国知识产权创造、运用、保护和管理能力具有重要影响，特别是服务标准化对规范服务业服务过程、提高服务质量和效率、提升用户满意度、保障服务安全、完善市场环境、促进服务贸易的发展具有重要作用。2013年9月，国家标准委、发展改革委、知识产权局等9部委联合发布《高技术服务业标准制修订工作指导意见》，提出要重点开展知识产权服务领域等八个领域标准制修订。2014年6月国务院《社会信用体系建设规划纲要（2014~2020年）》中推进诚信建设的重点领域涵盖知识产权领域信用建设，明确"开展知识产权服务机构信用建设，探索建立各类知识产权服务标准化体系和诚信评价制度"。2014年12月，国家知识产权局、国家标准委、国家工商总局和国家版权局四部委联合发布《全国知识产权服务标准化体系建设指导意见》，推进知识产权服务标准的制修订工作。

（五）贯标咨询服务呈现迅速发展

为适应推行《企业知识产权管理规范》国家标准（以下简称"贯标"）的需要，全国知识产权贯标咨询服务联盟于2015年8月在北京成立。近年来，伴随着贯标工作的深入开展，贯标咨询服务呈现迅速发展态势，服务质量不断提升，服务对象持续扩充，形成以知识产权贯标咨询服务为主的知识产权服务业新业态。联盟的主要任务包括加强对服务机构和从业人员的信用评价，引导健全行业自律规范；建立贯标咨询服务规范，引导咨询机构正确开展企业知识产权宣贯、体系诊断分析、体系构建咨询等工作，拒绝恶性低价竞争，营造良好的知识产权贯标咨询服务市场环境；加强对服务机构和从业人员的信用评价，制定知识产权贯标咨询服务师职业准则，并加强专业培训和职业道德教育，规范知识产权贯标咨询师的执业行为。联盟将以需求为导向，加大对基础人才培养力度，集中培养复合型高端人才，提升知识产权贯标咨询服务行业整体服务水平。该联盟的发起单位包括北京市柳沈律师事务所等一批具有一定影响力的知识产权服务机构。目前，联盟成员已经超过300家。

（六）知识产权分析评议工作体系日趋成熟

近年来，我国的知识产权分析评议工作体系日趋成熟，有计划、有重点地在各条战线推行知识产权分析评议试点，开展知识产权分析评议示范机构遴选培育工作。这些工作的开展，为全国知识产权分析评议联盟的发展壮大提供了良好的政策基础和人才保障。2013年以来，围绕"助推产业转型升级，满足产业经济科技活动中的知识产权分析评议需求"这一目标，该联盟充分利用资源丰富、联系广泛、机制灵活的优势，在自身建设、社会服务、交流合作等方面开展了一些特色鲜明、富有成效的工作。自2013年11月全国知识产权分析评议联盟成立以来，联盟成员单位已从最初的34家壮大至121家，覆盖全国23个省市，涵盖专利代理、专利信息利用、专利运营以及新媒体等十多个领域，逐步搭建起信息交流、资源共享的知识产权分析评议合作平台，在支撑创新驱动发展、推动经济建设和产业转型升级中发挥了积极作用。

三、知识产权服务模式不断创新

近年来，我国知识产权服务业态进一步扩展，服务范围延伸至知识产权代理、法律、信息、咨询、培训、宣传及商用化等多领域，市场中新兴的知识产权商业模式加速涌现。同时，知识产权服务机构正积极探索与新兴技术、金融资本等相结合，注重以客户需求为导向，以市场运用为目标，不断创新服务模式，提升综合竞争力。

（一）大力促进知识产权信息服务发展

"十二五"以来，全国知识产权系统积极推动专利信息与经济发展、科技创新有机融合，专利信息传播利用工作政策环境持续优化，初步建立专利信息传播利用工作体系，全国专利信息人才工作全面加强，国际交流扩大，全社会形成专利信息传播与利用的良好氛围。

国家知识产权局局长申长雨在出席2015年中国专利信息年会开幕式致辞时表示，近年来，为了加强专利信息的开发与利用，国家知识产权局采取了一系列积极措施，扎实做好专利信息资源的收集整理和相关专利文献的引进，加大对专利基础数据的开放力度，免费向社会提供国内外最新专利基础数据；会同有关部委、地方政府和行业协会，依托"大云平移"等新技术，积极推进专利信息公共服务平台建设；依托丰富的专利信息资源和人才优势，积极组织开展专利分析预警和专利导航产业发展等工作，针对小微企业开展专利信息推送服务，受到普遍欢迎。

在国家相关政策的鼓励和推动之下，一批专门从事知识产权信息服务的机构正在崛起。合享新创作为中国首家民营的专利数据库供应商，成立四年来一直俯首专注于世界海量专利创新数据的价值挖掘，以庞大的专利数据为基础，推出具有中国自主知识产权的专利检索平台，为广大科技创新型企业提供高效、精准的专利信息服务，使企业创新真正转变为专利实力。

（二）稳步推进专利运营试点工作

国家从政策层面上积极拓宽知识产权资本化、产业化渠道。创新专利变现和转化方式，支持互联网知识产权金融发展，有效控制知识产权金融风险，大力发展知识产权金融。建设好全国知识产权运营公共服务平台和特色试点平台。支持国家专利运营试点企业探索专利运营新模式，培育一批高水平、国际化的运营机构。推动社会资本设立专利运营基金，支持市场主体运用专利许可转让、出资入股等方式实现专利价值，加快创新成果向现实生产力和企业竞争力的转化，努力打通从科技强到产业强、经济强的"最后一公里"。

2014年12月，北京科慧远咨询有限公司、上海盛知华知识产权服务有限公司等35家企业被国家知识产权局确定为第二批国家专利运营试点企业。至此，全国已有70家企业被确定为国家专利运营试点企业。自2013年国家知识产权局实施专利导航试点工程以来，专利运营业态蓬勃发展，专利运营机构不断涌现，逐步呈现出专业化、多元化、规模化发展的态势。为深入实施专利导航试点工程，大力培育专业化专利运营机构，不断完善全国专利运营体系，国家知识产权局面向主营业务为专利研发布局、专利价值评估、专利导航分析、专利转让许可、专利联盟运作、知识产权投融资、专利产业化等专利运营业务的服务类企业，组织开展了国家专利运营试点企业的申报与评审工作。培育专业化的专利运营机构有利于带动形成产业专利市场，形成从专利导航、布局、储备到运营的专利运用全链条。目前，为了深入实施专利导航试点工程，加快提升产业创新驱动发展能力，国家知识产权局已启动新一批国家专利运营试点企业申报工作。

随着产业需求的发展，国内在近几年内也涌现出一批把创新发明和专利运营这一产业链放在最前端的公司。北京智谷睿拓技术服务有限公司通过自主创新和与第三方合作的方式来收获原创技术，同时通过收购已有专利等投资渠道，积累了一批高质量的专利资产组合，截至2015年10月底，智谷旗下已拥有1 400余件专利，形成相关领域的"专利包"，提供专利转让、专利许可等专利运营业务。北京知识产权运营管理有限公司是我国首家由政府倡导并出资设立的专门从事知识产权运营的国有企业，是我国知识产权运营事业的先行者、探索者和实践者。公司紧紧围绕首都产业和企业的实际需求，坚持"双维"战略目标，以探索本土化知识产权运营商业模式、搭建多元化知识产权金融服务平台、打造高精尖产业知识产权防御体系为阶段性任务，以国际化思维、全球化视野，以市场化运营、专业化管理，运用资本撬动知识产权，整合资源服务企业发展，开发无形资产有形价值，示范引领知识产权服务的高端化、专业化发展，通过积极构建具有"北京IP"特色的"1+2+4知识产权运营服务体系"，即整合资源搭建一个知识产权运营协同服务平台，创建知识产权运营服务、知识产权金融服务两个主要业务板块，专利及专利池建设运营、以"SPV"为主要形式的知识产权运营、知识产权质押融资、IP基金系等四个特色产品，推动形成公平、合理、无歧视的知识产权运营生态环境，为中关村打造全球科技创新中心以及知识产权强国建设贡献力量。

2015年4月26日，我国首家知识产权运营联盟在北京成立。该联盟是在国家知识产权局支持下，由中国专利保护协会邀请全国重点知识产权运营机构共同发起成立的，相关领域内高等院校、科研院所、企业、投资公司以及银行等机构广泛参与其中。该联盟旨在通过市场化运作整合国内外知识产权资源，加强知识产权协同运用，推动知识产权转化成现实生产力，为推动创新驱动发展、建设知识产权强国作出贡献。

（三）知识产权服务与投资金融结合步伐加快

根据国家知识产权局的数据，截至2014年年底，知识产权质押金额达489亿元人民币，1 850家中小微企业受益，将近800家小微企业投保专利保险。2015年3月30日，国家知识产权局发布《关于进一步推动知识产权金融服务工作的意见》，提出力争到2020年专利质押融资基金达到1 000亿元，将主要工作重心放在加强知识产权质押的融资工作，加快培育专利保险市场，推动创新知识产权出资服务机制，促进知识产权金融产品的推陈出新，推进知识产权金融服务机构的评估体制、中介机构、企业和金融机构对接机制等一系列提高知识产权金融服务能力的建设以及强化知识产权金融保障制度的建设。

一些投资机构涉足知识产权服务领域，设立天使基金、风险投资(VC)、股权投资(PE)等投资基金。如智谷公司成立了国内首支专注于专利运营和技术转移的基金——睿创基金，为破解科技型中小微企业融资难、融资贵的问题，中国技术交易所与北京市海淀区国有资产投资经营有限公司共同构建了国内首家"五位一体"知识产权金融服务体系——中技知识产权金融服务体系。该体系针对科技型中小企业所具有的轻资产、高风险、高成长、高收益的特点以及在融资过程中经常面临的知识产权评估难、质押难、处置难的问题，通过"评保贷投易"五位一体的创新运营模式，为其提供系统性解决方案。

作为国内最早完成股份制改造建立现代企业制度的知识产权保护领军企业，上海新净信知识产权服务股份有限公司在国家积极推动产业转型升级、大力扶持高技术服务业快速发展的背景下，吸引知名风投两轮共计千万美元级别投资，并于2014年启动IPO上市申请，联手专业投资机构和战略合作伙伴，借力资本平台，加快打造具有国际影响力的知识产权服务品牌。

四、行业新锐势力异军突起

随着云计算、大数据等新兴技术的发展以及互联网与传统行业的深度融合，知识产权服务机构开始积极运用新兴技术及互联网平台，不断革新传统的服务模式，优化资源配置，降低运营成本，提高服务效率，提升用户体验，从而创造出新的知识产权服务发展生态。

2015年3月，李克强总理在十二届全国人大三次会议上所作的《政府工作报告》中首次提出"互联网+"行动计划。"互联网+"代表了新的经济形态，即充分发挥互联网在生产要素配置中的优化和集成作用。这无疑将给知识产权保护带来新课题、新挑战，也为知识产权服务业的发展提供了新视野和新机遇。在此背景下，中国的知识产权服务机构正在不断进行自我调整，积极拥抱技术变革与"互联网+"的时代大潮，努力探求行业未来的发展方向，迎接即将到来的机遇与挑战。与此同时，一大批与互联网紧密结合的行业新锐正在崛起，志在改变传统知识产权服务行业的游戏规则与经营模式，已经成为一股不容忽视的新生力量。

"互联网+"催生了知识产权服务电子商务的蓬勃发展。有观点认为，知识产权服务电商模式有望打破信息壁垒、吸引资本投入、汇聚服务资源、产生规模效应。在"大众创业、万众创新"的时代背景下，知识产权服务电商如雨后春笋般涌现，目前已有知果果、快智慧、权大师、知英网、来注标、权帮办等数十家知识产权服务电商平台。

知果果由几个"80后"创业者2014年3月创立于北京中关村，致力于利用互联网技术为用户提供更加专业、便捷、透明的知识产权服务。知果果首创商标注册免费模式，并推出高性价比的专利申请服务，大幅降低了企业拥有知识产权门槛。成立一年多来，知果果已累计处理知识产权案件近5万件。

2014年12月，思博网旗下服务品牌——快智慧专利服务电商正式上线。这是国内首家以专利服务为主的知识产权服务电商平台。快智慧将申请过程分成"客服、流程、挖掘、布局、撰写、答复、审核"7个步骤，每个步骤由专业人员负责，类似于工厂的流水线作业，大大提高了工作效率。在收费上，快智慧采用"基础服务＋增值服务"的计费模式。2015年9月，快智慧获得猪八戒网千万级战略投资，并与猪八戒网原有的"猪标局"整合升级为"八戒知识产权",助推了其快速发展。

权大师于2014年年底创办,成功发布了免费商标搜索系统,之后又提出搭建知识产权第三方服务平台理念,打造连接用户与知识产权代理人(所)的桥梁,为知识产权行业的发展注入新鲜血液,而权大师也因此获得了极客帮、西山天使会等多家投资机构的天使轮融资。

来注标于2014年12月在北京创立,2015年6月正式上线发布,是国内首家引进第三方监控保障为客户提供专业垂直商标法律服务电商平台。来注标是在国家支持"互联网+"创业时代的创新产物。"商标免费注册+第三方保险赔付"的运作机制属国内首创。旨在引进银行、资本公司等三方合作,为客户商标法律服务提供坚实保障,助力企业零风险低成本建立大品牌,填补了国内商标注册市场的保障赔付空白。

权帮办是风伯科技(上海)有限公司旗下运营的提供知识产权服务的电商平台,于2015年10月26日正式上线。权帮办以重构知识产权生态结构为己任,通过创新合理的利润分配机制、透明便捷的平台运作架构,专业完善的后勤支援体系,开放兼容的资源整合方案,力争成为促进中国知识产权事业大发展的一股生力军。

当然,新兴知识产权服务电商平台的异军突起对传统知识产权服务行业产生了一些冲击,对于资本进入知识产权代理行业,部分业内传统机构和人士也存在一些担忧。行业格局尚未真正改变,行业情绪却发生了极大的波动。传统机构与新锐机构之间不时在媒体上演观点冲撞大战。知识产权服务电商的未来发展走向如何,还有待市场的进一步检验。

五、知识产权新媒体蓬勃兴起

在建设知识产权强国和推进创业创新的过程中,媒体宣传和服务平台的作用都不可或缺。近年来,国家相关主管部门多次强调,要加强知识产权宣传报道,大力营造建设知识产权强国的舆论氛围,同时要不断丰富宣传形式和内容,加强微博、微信等新兴媒体在知识产权宣传中的运用。在此背景下，一批知识产权服务新媒体应运而生。

思博网是近年来知识产权界多项大型论坛、学术交流活动的支持媒体。截至目前，思博网已经成功组织各种大型活动200多场，共有3万多人次参与其中；思博知识产权交流年会已经成功举办四届。思博知识产权论坛经过6年多的发展，汇聚了12万专业会员，早已成为中国最大且最活跃的知识产权网络社区。

IPRdaily成立于2014年6月，是一家以知识产权新媒体为核心的综合服务机构，致力于打造全球最具影响力的知识产权合作平台。经过一年多的快速发展，IPRdaily现已成长为国内知识产权领域移动互联网传播第一媒体，并已成为同领域知识产权情报挖掘第一服务提供商和同行业最具影响力的新媒体品牌。

2014年11月上线的知产力是致力于"为创新聚合知识产权解决方案"的原创型新媒体平台，主要着眼于互联网和移动互联网领域的科技发展趋势与经济生态，为创新主体、知识产权服务机构提供包括信息、法律、针对性策略与线下活动等在内的知识产权解决方案。

2015年4月27日，全面提供海外知识产权信息的公共服务网络平台"智南针"网正式上线。"智南针"覆盖28个国家（地区）的超过270部知识产权法律法规信息，十多个国家（地区）的知识产权环境概览、申请流程和费用信息等。"智南针"重点提供海外专利布局、海外参展、海外纠纷应对、国际化人才引进、国际化贸易信息，服务中国企业"走出去"。

通过对2014年以来中国知识产权服务行业整体发展状况的梳理与总结，可以概括出这样一些特点：传承中有突破，坚守中有创新，开拓中有冲撞，竞争中有合作。未来中国知识产权服务的行业格局将如何演进，有待我们今后进一步观察。

中国互联网不正当竞争案件发展实证分析[*]

张钦坤

一、互联网不正当竞争案例分析

借助大数据思维模式，笔者在案由的基础上，对互联网兴起伊始至今全国范围内所发生的互联网不正当竞争案件进行了数据统计，并结合互联网反不正当竞争案件审判的关键点，设置了案件类型、赔偿金额、时间、地点和胜诉率等指标参数，试图通过数据分析来探究互联网环境下不正当竞争行为的产生、发展与走向，并探究司法机关在案件审判中关注点的变化，以便为今后规制互联网不正当竞争行为提供一些有益的思路和指引。

（一）数量和地域分布

本文收集整理的案例裁判文书，从时间方面来看，自2002年至今共有126件。其中，案件发生数量最少的年份为2002年，数量为2件，2005年、2011年、2013年分别以14件的数量成为诉讼发生最多的年份。从2005年开始，互联网领域的不正当竞争案件呈现出多发的态势，其后的近十年间，除2006年和2012年之外，每年的案件发生数量均在10件以上（见图1）。由此可以看出，随着我国互联网技术的发展和网络覆盖面、用户数量的迅猛增长，互联网已然成为商家激烈竞争的领域，随之而来的

---

* 本文内容不代表作者服务单位立场，文责概由作者自负。

是不正当竞争行为频现，并在整体上呈现上升态势。

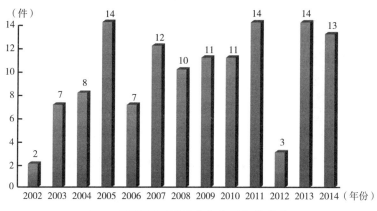

（件）

图1 互联网不正当竞争案件年份分布

从地域分布情况来看，这126起互联网不正当竞争案件分别发生于北京、上海、天津、浙江、山东、湖北、广东、江苏8个省市。其中，北京以97起的案件发生数量遥遥领先于其他地区，其次是上海，共发生15起，排名第三的是广东，共有4起，其余地区的案件发生数量分别为山东2起、湖北2起、江苏2起、天津1起、浙江1起（见图2）。总体上来看这8个省市的经济发展水平均处于全国前列，尤其是北京、上海、广东三地，更是全国数一数二的经济中心。

互联网不正当竞争案件自2002年起连续四年都只发生在北京，从2007年开始其他地区才相继出现，可见经济发展及人才结构因素对互联网不正当竞争案件地域分布的影响。根据拉手网发布的《2014年中国互联网职场调查报告》显示，中国互联网公司分布的十个主要城市是北京、上海、深圳、广州、杭州、成都、南京、武汉、厦门和西安，北京在互联网公司的城市分布和互联网从业者投递的目标工作城市两项指标中分别以39.3%和44.6%高居榜首，分别远超出第二名上海22.3和29.2个百分点。

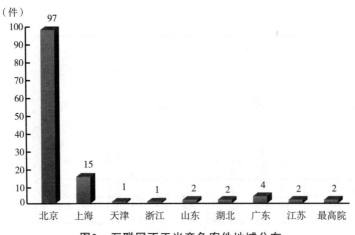

图2　互联网不正当竞争案件地域分布

（二）案件类型

本文所搜集的目标案件，是发生在互联网领域当中的不正当竞争案件。具体来说可以分为两类：一类是传统不正当竞争行为在互联网环境下的延伸；另一类是互联网环境下的新型不正当竞争行为。

1. 传统不正当竞争行为的延伸

传统不正当竞争行为在互联网环境下的延伸，主要是指发生在互联网领域的《反不正当竞争法》第二章明确规定的具体不正当竞争行为，突出表现为涉及互联网的商业诋毁行为和虚假宣传行为。

（1）商业诋毁。互联网的商业诋毁行为，主要指以互联网为工具，通过网络直接发布诋毁竞争者的内容，如北京视点诉北京视瀚案。❶除在互联网上直接发布与以损害其他竞争者商业信誉为目的的文章之外，商业诋毁还表现为恶意风险提示，如金山诉三际无限案。❷

（2）虚假宣传。涉及互联网的虚假宣传行为是指将互联网作为发布虚假宣传信息的平台。与传统的商业诋毁和虚假宣传行为相比，涉及互联网的商业诋毁和虚假宣传行为在行为本质上并未发生变化，只是内容传播

---

❶　北京市海淀区人民法院（2006）海民初字第29416号民事判决书。
❷　北京市第一中级人民法院（2010）一中民初字第10831号民事判决书。

的途径发生了改变，如北京华埠信维诉北京东方环球案。❶此类不正当竞争行为多为借助互联网自身特点，以求达到信息传播更为迅速、影响范围更为广泛的目的，对此类行为的认定标准可直接采用现行《反不正当竞争法》第二章中规定的具体不正当竞争行为的认定标准。

2. 新型不正当竞争行为

新型不正当竞争行为，主要指互联网新型不正当竞争行为。之所以称其为新型不正当竞争，是由于该类行为无法归入传统不正当竞争行为当中，不能够直接使用《反不正当竞争法》第二章中规定的具体不正当竞争行为的认定标准，因此当前司法实践中只能运用反不正当竞争法的基础理论及原则性条款——《反不正当竞争法》第二条来对这些新出现的行为进行认定。这类行为主要涉及以下几种对象类型。

（1）搜索引擎。在笔者所统计的案件中，涉及搜索引擎的案件数量为18起，占总数的16.67%。与搜索引擎相关的不正当竞争行为中，又涉及竞价排名、robots协议等多种行为。在关于竞价排名引发的不正当竞争纠纷中，法院的现行做法是结合审判经验，首先认定搜索服务提供者的注意义务，进而判断其是否构成帮助侵权。至于通过搜索引擎直接实施的其他行为，如违反robots协议的搜索行为，由于没有具体认定标准作为参考，法院多结合《反不正当竞争法》第二条的原则性规定，从主观上是否违背诚实信用原则及公认的行业道德及惯例，客观上是否造成实际损害为标准，直接对行为主体进行考量。

（2）安全软件和普通软件。在所有统计的案件中，涉及软件的案件数量为34起，其中涉及安全软件的有25起，涉及其他普通软件的有9起，共占总数的31.48%。在涉及软件的不正当竞争案件中，较多出现的情形是软件之间的干扰和冲突，具体表现为冲突提示和安装失败、强制卸载、系统蓝屏、死机故障等其他各类影响用户电脑性能的情形。一般来说，软件冲突是在用户运行计算机程序中产生的正常现象，特别是在安全软件行业领域。但是如果软件冲突超出了正常软件冲突的范围，就可能属于恶意软

---

❶ 北京市朝阳区人民法院（2004）朝民初字第19424号民事判决书。

件冲突，从而构成不正当竞争。根据现有司法判例，判断是否构成恶意软件冲突的标准是，行为主体是否以软件冲突为手段达到不正当竞争目的，认定时要考虑冲突的不可避免性、针对性及破坏性、相关软件行业的行业惯例、软件开发者是否履行了合理注意义务以及是否对用户进行了充分告知等。

（3）浏览器。涉及浏览器的不正当竞争案件仅有4起，占总数的3.7%，主要涉及广告屏蔽行为。从现有司法判例来看，法院对互联网企业"付费+无广告、免费+广告"的经营模式予以认可，因此若开发浏览器的主体将他人基于正当商业模式投放的广告予以屏蔽，即构成为争夺客户群体和交易机会而为的不正当竞争。

互联网不正当竞争所涉及的其他对象还包括游戏、网页、数据库、通信等，案件数量分别为5件、35件、9件和3件，详见图3。其中与网页相关的不正当竞争纠纷，大多涉及对网页内容的盗用抄袭，属于侵犯网页著作权的行为，对其不正当竞争属性进行认定时，同样也是结合《反不正当竞争法》第二条的规定，从行为人主客观两方面综合进行考量。

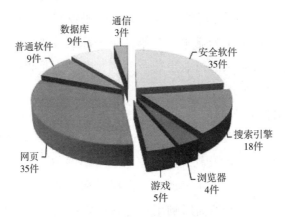

图3　互联网不正当竞争案件类型分布

（三）赔偿金额

关于赔偿金额，目前法院判赔金额最高的为500万元。❶具体来说，判赔金额在5 000元以下的案件为6起，占案件总数的7.4%；判赔金额在5 000~5万元的案件有21起，占案件总数的25.93%；判赔金额在5万~50万元的案件有51起，占案件总数的62.96%；判赔金额在50万元以上的案件仅有3起，占案件总数的3.7%，详见图4。在大多数案件中，法院的判赔数额都远低于原告所要求获得的赔偿数额。在互联网不正当竞争现象愈演愈烈的今天，合理确定损害赔偿数额十分重要，但从现在的情形来看，法院的判赔数额在总体上仍处于比较低的标准，很难充分弥补受损害方的实际损失。可以说，司法实践中存在，维权成本高，获赔金额低的困难局面。

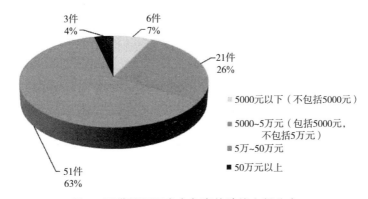

图4 互联网不正当竞争案件赔偿金额分布

（四）胜诉率

据案件统计结果，2002~2014年，互联网不正当竞争案件的胜诉率平均约87%，❷且每年胜诉率较为稳定，未出现递增、递减或大幅波动的趋势，详见图5。相关败诉原因，可总结为以下类型：

（1）证据不足。原告提供的证据不足以证明不正当竞争行为由被告

---

❶ 广东省高级人民法院民事判决书（2011）粤高法民三初字第1号，腾讯科技（深圳）有限公司、深圳市腾讯计算机系统有限公司诉被告北京奇虎科技有限公司、奇智软件（北京）有限公司不正当竞争纠纷案。二审判决维持原判。

❷ 胜诉案件包括一审胜诉案件、二审维持原判案件、调解胜诉案件。

实施，不正当竞争行为不足以造成损害，或者不正当竞争行为与损害结果之间不存在因果关系。如珠穆朗玛诉百度案。❶

（2）原告不享有法律保护的利益。此类案件主要集中于较为传统的企业名称权纠纷，若原告被判对争议名称不享有相应权利，则其起诉没有事实和法律依据。如北京谷歌诉谷歌中国案。❷

（3）被告不具备主观恶意，未违反诚实信用原则。在此类案件中，被告行为虽然造成原告一定损失，但其行为在行业中常见且不可避免，事后及时采取补救措施，不具备主观恶意，故不构成不正当竞争。如奇虎360诉金山案。❸

最后需要提及的是，败诉案件多由上述败诉原因复合而成，并非单独因某项原因而败诉。

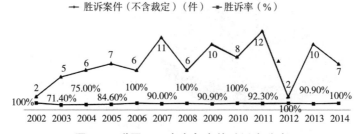

图5　互联网不正当竞争案件胜诉率分布

二、互联网不正当竞争案件的发展规律

从目前案例时间跨度和案情分析来看，中国的互联网不正当竞争案件

---

❶　北京市第一中级人民法院民事判决书（2005）一中民初字第3218号，北京珠穆朗玛网络技术有限公司诉北京百度网讯科技有限公司不正当竞争纠纷案。

❷　北京市海淀区人民法院民事判决书（2008）海民初字第16472号，北京谷歌科技有限公司诉谷歌信息技术（中国）有限公司不正当竞争纠纷案。

❸　北京市第一中级人民法院民事判决书（2011）一中民初字第136号，北京奇虎科技有限公司、奇智软件（北京）有限公司诉被告北京金山安全软件有限公司、珠海金山软件有限公司不正当竞争纠纷案。

可以简单划分为三个阶段。

（一）第一阶段：2002~2006年

这一阶段的互联网不正当竞争案件主要分为两大类：软件干扰和诋毁商誉。案件多发生在同业经营企业之间，典型案例为百度诉"3721网络实名"阻止"百度搜霸"下载和安装案、百度诉珠穆朗玛mysearch软件修改百度搜索界面案和百度诉搜狐诋毁商誉案。软件干扰类案件的主要表现是为争夺直接交易机会而针对他人同类产品采取赤裸裸的不正当竞争手段，通过技术干扰达到使消费者不能正常适用他人产品的目的。如"3721网络实名"与"百度搜霸"同为搜索类软件，为了争夺用户安装数量，前者在被安装进用户电脑后，直接采取阻碍后者下载、安装和运行的技术行为，从而降低后者的市场占用率，达到争夺搜索流量入口的目的；珠穆朗玛为争夺流量和百度竞价排名收入，通过mysearch软件直接修改百度的搜索结果和竞价排名的广告位置，从而为自己获得交易机会和广告收入。此外，百度诉很棒小助手案也是同样的不正当竞争手段。而诋毁商誉案的主要特征是直接发布诋毁他人商誉的信息内容。百度诉搜狐案中，搜狐在自己网站组织系列关于百度裁员的文章诋毁百度，从而降低百度的商业信誉。

这一阶段的不正当竞争案件案情较为简单，侵权行为明显，法院在适用《反不正当竞争法》第二条时，可较为容易判定涉案行为的"不正当性"，无须考虑行业惯例和公认的商业道德等，而且一般不涉及消费者权利和社会公共利益的考量。同时，在该阶段的不正当竞争案件中，多数法院判决并未就当事人双方是否存在竞争关系进行论证，而是直接认定被告适格。在该阶段中，互联网反不正当竞争案件审理的基本逻辑框架尚未完全建立，但是颇为丰富的案件类型为后续案件审理奠定了良好基础。

（二）第二阶段：2006~2011年

这一阶段的不正当竞争行为最为纷繁复杂。典型案件有如下三类：基础运营商与网络服务商之间的不正当竞争行为、安全软件评测行为所引发的不正当竞争行为、复合型不正当竞争行为。

（1）基础运营商与网络服务商之间的不正当竞争案件以百度诉青岛联通案为典型。在该案中，联通青岛公司利用其作为基础网络提供商的优势，通过技术手段，在百度搜索结果出现之前强行弹出其投放的与搜索的关键词及内容有紧密关系的广告页面，诱使本可能通过百度公司搜索结果检索相应信息的网络用户点击该广告页面，如在百度网站搜索"鹏飞航空"，弹出"打折机票抢先拿就打114"的广告页面，搜索"电话实名"弹出"查信息打114，语音搜索更好用"的广告页面，可以看出搜索时弹出的广告是有针对性的，与搜索的关键词及内容有紧密关系。这一行为影响了百度公司按照自己意志向网络用户提供付费搜索服务与推广服务，也会导致百度网站上付费搜索客户流失。该案中，法院对于司法机关是否可以适用以及如何适用《反不正当竞争法》一般条款来进行审判、基础运营商与网络服务商之间是否存在竞争关系等焦点问题——作出回应，具有极强的示范效用。

（2）安全软件评测所引发的不正当竞争行为案件主要涉及软件干扰和商誉诋毁问题。2006年360安全卫士诞生并以免费查杀木马吸引了大量用户的注意力，随后该产品在业内引发了大量的争议和纠纷。基于安全软件测评所引发的不正当竞争纠纷迅猛飙升，如阿里巴巴诉360安全卫士评测雅虎助手案、百度诉360安全卫士评测超级搜霸和搜索伴侣案、金山诉360安全卫士阻碍其安装案等。阿里巴巴与百度诉360安全卫士的案例较为接近，"奇虎安全卫士"软件将雅虎助手和雅虎Widget软件、百度超级搜霸和搜索伴侣描述为恶意软件或危险软件，将其描述为"强制安装、浏览器劫持、干扰其他软件运行、无法彻底卸载"，用户按照"奇虎安全卫士"软件的提示操作时，上述软件在默认的情况下被删除，导致用户无法正常使用上述软件。法院认为此种评价属于商誉诋毁行为。在金山诉360安全卫士案中，360安全卫士软件在自身安装、升级、运行的过程中采用弹出提示框的方式，引导用户在提示框中进行同意卸载金山网盾的操作。虽然该提示框亦有卸载360安全卫士的选项，但是该对话框仅有"停止该软件安装"选项且该选项被默认选中，其"卸载360安全卫士"选项与卸载金山网盾的选项设置不同，表现出的主观态度并非让网络用户自由选择，带有明显的倾向性，会对消费者产生误导。用户在被告引导下进行上述操作后，系统并非进入金山网盾的正常卸载流程，而是以删除金山网盾程序的快捷方式、修改运行金山网盾可执行文件等方式破坏金山网盾软件的完整性。

这一类软件干扰案件与第一阶段的软件干扰案件不同，干扰他人软件并非直接可获得商业利益，而是通过所谓的评测行为，逐步树立起安全软件在应用软件市场的主导地位，抢占话语权和对消费者的引导权，进而为其下一阶段推出其他可盈利产品奠定用户基础。在此类案件中，法院对于如何认定竞争关系、什么是公认的商业道德等尚未作深入探讨，但是消费者知情权和选择权的保护问题逐渐走向前台，许多貌似尊重用户知情权和选择权的行为，在竞争法的考量下恰恰是侵犯上述权利的行为。这为下一阶段案件的审理奠定了坚实的理论基础。

（3）以"3Q事件"为代表的复合型不正当竞争案件。该事件涉及软件干扰、诋毁商誉和搭便车三类不正当竞争行为，涉及"360隐私保护器"和"扣扣保镖"两个连续案件。第一个案件中，"360隐私保护器"专门针对QQ进行监测，并且该软件在初始界面、监测结果等处，都存在误导、暗示"腾讯QQ"侵犯用户隐私的表述，同时360在"360网"上捏造和散布"腾讯QQ"侵犯用户隐私的虚假事实，被法院判定诋毁商誉。第二个案件则更为复杂，"扣扣保镖"实际是"360隐私保护器"的升级版，其利用消费者对安全软件的信任，在用户安装运行"扣扣保镖"后，以红色警示用户QQ存在严重的健康问题，并将没有安装360安全卫士，电脑处于危险之中列为危险项目；查杀QQ木马时，显示"如果您不安装360安全卫士，将无法使用木马查杀功能"，并以绿色功能键提供360安全卫士的安装及下载服务；经过一键修复，"扣扣保镖"将QQ软件的安全沟通界面替换成"扣扣保镖"界面，并导致QQ中的广告和增值服务无法使用。

在该案的二审判决中，除了对破坏软件完整性、诋毁商誉、搭便车等典型不正当竞争行为作出认定外，最高人民法院对互联网不正当竞争所涉及的几个关键问题进行了深入探讨：首先，关于一般条款如何适用的问题。最高院认为，认定涉案行为是否构成不正当竞争，关键在于该行为是否违反了诚实信用原则和互联网行业公认的商业道德，并损害了被上诉人的合法权益。由此确定主客观分析相结合的标准。其次，能否以促进消费者福利为由干扰他人软件，最高院认为消费者的需求多种多样，在给予全面正确的信息后，相关消费者会自行对是否选用某种互联网产品作出判断；消费者能否接受经营者提供的某种产品或服务方式，也主要由市场需求和竞争状况进行调节。这从而明确了竞争法视野下消费者权益的保护主要是考量对其知情权和选择权的保护。再次，关于技术创新与产业发展利益平衡的关系问题，法院认为竞争自由和创新自由必须以不侵犯他人合法权益为边界，互联网的健康发展需要有序的市场环境和明确的市场竞争规则作为保障。最后，部委规章和自律公约在司法审判中如何适用，法院指出，工信部的规章和互联网协会所签署的自律公约可以作为法院事实认定的依据，但前提是人民法院必须从竞争法层面判断其相关内容是否合法、公正和客观。

在第二阶段的案件审理中，竞争关系的认定问题、一般条款的适用问题、消费者权利在竞争法视野下的考量、技术进步和自由创新与竞争法的关系问题等，在多数案件中得到了充分阐释，互联网反不正当竞争案件审理所需考量的基本架构初步构建。

这一阶段，除司法审判外，互联网不正当竞争的行政管理和行业自律方面也在积极探索，"3Q事件"后，工信部在广泛征求相关企业的意见基础上，出台了《规范互联网信息服务市场竞争秩序若干规定》，主要从三个层面对互联网竞争行为进行规范：（1）尊重消费者的知情权和选择权；（2）不得干扰他人软件运行；（3）安全软件的评测行为要客观严谨。中国互联网协会也组织企业签署了《互联网终端软件服务自律公约》，主要规定：保护用户合法权益、禁止强制捆绑、禁止软件排斥和恶意拦截、反对不正当竞争、安全软件不得滥用其安全服务功能的有关内容。从反不正当竞争法的宏观视角来看，无论是工信部的规章还是行业协会的自律公约，其都是在从"非法行为禁止"的角度来进行的设置，而且制定过程中广泛和反复征求企业意见和法律专家意见，可以说反映了行业的一致意见。

（三）第三阶段：2011年至今

这一阶段的案件以浏览器相关案件为主，这一阶段的典型案件以"3B事件"为代表的360插标案和robots协议案、优酷诉猎豹浏览器屏蔽广告案和诉UC浏览器下载视频案为代表。这一阶段的案件有如下三个特点。

（1）软件之间不得非法干扰得到司法明确认定，为第二阶段的不正当竞争行为盖棺论定。在百度诉360对其搜索结果进行插标一案中，法院指出，确实出于保护网络用户等社会公众的利益的需要，网络服务经营者在特定情况下不经网络用户知情并主动选择以及其他互联网产品或服务提供者同意，也可干扰他人互联网产品或服务的运行，但是，应当确保干扰手段的必要性和合理性。否则应当认定其违反了自愿、平等、公平、诚实信用和公共利益优先原则，违反了互联网产品或服务竞争应当遵守的基本商业道德，由此损害其他经营者合法权益，扰乱社会经济秩序，应当承担相应的法律责任。前述规则可以简称为非公益必要不干扰原则。对于该原则，承办法官曾指出，其核心要求在于软件之间运行的"不干扰"。该案被最高人民法院列入2013年指导案例。笔者认为该原则的确定对互联网行业有重要意义，根据统计，涉及软件干扰的案件占互联网不正当竞争案件的半壁江山，而所有的典型案件基本都涉及软件干扰行为。该竞争规则的司法确认，对此类案件中不正当竞争行为违法性的认定发挥了一锤定音的作用，相当于为软件干扰时代画上了一个句号，但同时其中关于流量劫持的相关论述，又开启了以"搭便车"为主要竞争手段的新时代。

（2）搭便车行为的抗辩理由日趋"合法"，对法院提出更高司法智慧要求。在百度诉360插标案中，360安全卫士对百度搜索结果有选择性地插入红底白色感叹号图标作为警告标识，进而逐步引导用户点击安装360

浏览器，利用百度搜索引擎对其产品进行推广；另外，360在其导航网站上嵌入百度搜索框，但改变百度搜索向用户提供的下拉提示词，引导用户访问360经营的影视、游戏等页面，获得更多的用户访问量。对于第一个行为，360认为插标是保障网络安全的必要的正当行为，未违反诚实信用原则；对于第二个行为则称百度只提供搜索，提示词非百度产品涵盖内容，其可以自行设置。在优酷诉猎豹浏览器屏蔽广告案和UC浏览器下载视频案中，两家公司都称自己所采用的技术是行业公认技术，属于"技术中立"的例外情形。在百度诉360robots协议案中，360抗辩称：百度滥用robots协议，排斥同业竞争者，以达到限制同业竞争者正当竞争的目的，如果百度被判决胜诉，则会给中国互联网搜索引擎服务行业的发展带来极为不利的影响，严重损害互联网用户利益。这些抗辩理由也是个别公司在"诉讼营销"中常用的宣传手段，而法院则针对不同的抗辩事由逐一分析。针对公共利益问题，法院在百度诉360插标案中指出，以公益为名对他人软件采取干扰措施的一方要承担举证责任，无法证明其必要性的应当承担不利后果。对于"技术中立"问题，法院则重点从"技术中立"与"使用技术的行为"两者所存在的根本区别入手，对该抗辩事由不予认可。

（3）法院结合一般条款归纳行业竞争规则。在该阶段案件中，北京高院和北京一中院就互联网行业竞争分别提出"非公益必要不干扰原则"和"协商-通知"处理程序的竞争规则，引起广泛讨论。百度诉360插标案的审判法官撰文认为，一般条款除了可以被用于认定和制止法律没有列举的不正当竞争行为外，还具有抽象和概括不正当竞争行为、规定不正当竞争行为一般条件的作用。对于互联网新型纠纷，一般条款的一个重要作用就是对一般条款中所规定的自愿、平等、公平和诚实信用原则注入新的内涵。❶对于该观点笔者表示认同，在具体案件中解释性的适用法律是司法审判的应有之义，特别是在互联网新型不正当竞争案件中，对于一般条款

❶ 石必胜："互联网竞争的非公益必要不干扰原则——兼评百度诉360插标和修改搜索提示词不正当竞争纠纷案"，载《电子知识产权》2014年第4期。

的解读需要结合互联网商业竞争的特点进行分析，但是这种解释必须谦抑和慎重，否则容易造成一般条款适用的随意性。

此外，在这一阶段的案件中，也出现了涉及开放平台的不正当竞争案件。典型的案件为百度诉360开放平台案❶，该案中，360开放平台中有一款专门屏蔽百度竞价排名的插件，且处于推荐位置，在百度两次发函要求其删除后，360仍未下架该插件，法院认为360的行为违反公认的商业道德，构成不正当竞争。法院整体审判思路完全按照《侵权责任法》第36条关于共同侵权的法律逻辑来进行，笔者认为该案对于推动侵权责任法理念在不正当竞争案件中的适用有重要意义。

在行政管理和行业自律方面，围绕"3B事件"和360篡改搜狗浏览器事件，互联网协会组织企业签署了《互联网搜索引擎服务自律公约》和《互联网终端安全服务自律公约》，前者在百度诉360拒绝遵守robots协议案中被法院重点考量。后者对安全软件提出了几点经营义务，包括禁止恶意排斥、禁止恶意拦截、禁止歧视性对待、客观公正评测。❷可以说，这些禁止性行为是对近年来安全软件公司的种种不正当竞争行为所做的提炼。

---

❶ 北京市东城区人民法院民事判决书（2013）东民初字第08310号，北京百度网讯科技有限公司诉北京奇虎科技有限公司、奇虎三六零软件（北京）有限公司不正当竞争纠纷案。

❷ 《互联网终端安全服务自律公约》第16条：禁止恶意排斥。恶意排斥是指互联网终端安全服务产品在设计、安装、运行过程中，无正当理由，故意给其他合法产品设置障碍，妨碍用户安装或者使用其他合法产品的行为。不得恶意干扰或者破坏其他合法产品的正常使用，不得以任何形式欺骗或者误导用户使用或者不使用其他合法终端软件。

第17条：禁止恶意拦截。恶意拦截是指互联网终端安全服务产品在安装、运行、升级过程中，欺骗、误导或强迫用户修改默认设置，或强行修改用户设置，导致其他合法产品功能受影响或无法正常使用的行为。

第18条：禁止歧视性对待。歧视性对待是指互联网终端安全服务企业，对待和本企业产品具有竞争关系的其他终端软件产品，利用安全软件的功能，在同等情况下采用歧视性处置标准的行为。不得滥用安全软件的功能及权限干扰或破坏其他企业的终端软件服务。

第19条：互联网终端安全服务企业对其他企业的终端产品进行评测时应客观公正，不得利用评测结果欺骗、误导或强迫用户对被评测产品作出处置。

三、互联网不正当竞争案件的特征

纵观126件互联网不正当竞争案件，从侵权行为本身到侵权结果，再到案件审理都反映出一些典型特征，主要包括以下四个方面。

（一）侵权行为技术性强，取证困难

由于互联网行业本身的特性，侵权人在实施不正当竞争行为时一般是通过技术手段来干扰他人软件的运行，因此技术对抗在互联网不正当竞争中屡见不鲜。主要涉及如下几类：

第一类，基于浏览器的干扰。在百度诉珠穆朗玛案中，对于搜索助手（my search)是如何破坏百度搜索页面的，百度提交的公证书中讲到：搜索助手是通过创新的代码注入技术把程序嵌入IE浏览器的核心进程，同时挂接在IE浏览器和远端服务器的信息传递的通道上，从而实现捕捉用户发出的信息，修改用户的请求、截获远端服务器返回的内容、修改网页信息、任意修改返回的结果，重新整合资源等。❶ 在优酷诉猎豹浏览器广告屏蔽案中，优酷通过使用smartsniff软件查看IE浏览器与猎豹浏览器分别访问自身视频反馈的数值参数，证明猎豹浏览器恶意修改了优酷的产品参数，过滤了优酷网的广告。❷

第二类，软件之间的干扰。在腾讯诉360扣扣保镖不正当竞争案中，"扣扣保镖"使用Hook技术挂钩LoadlibraryW函数、Coloadlibrary函数或SetWindowsPos等函数，阻止QQ.exe进程加载特定插件、扫描模块以及弹出窗口，从而屏蔽QQ软件使用的插件，清理QQ软件产生的临时、缓存文件及其他相关文件，过滤QQ软件的信息窗口，等等。❸ 业界人士认为

---

❶ 北京市第一中级人民法院民事判决书（2005）一中民初字第5456号，北京百度网讯科技有限公司诉被告北京珠穆朗玛网络技术有限公司、北京珠穆朗玛电子商务网络服务有限公司、北京珠峰万维科技发展有限公司不正当竞争和侵犯著作权纠纷案。

❷ 北京市海淀区人民法院民事判决书（2013）海民初字第13155号，合一信息技术（北京）有限公司诉北京金山安全软件有限公司、贝壳网际（北京）安全技术有限公司、北京金山网络科技有限公司不正当竞争纠纷案。

❸ 广东省高级人民法院民事判决书（2011）粤高法民三初字第1号，腾讯科技（深圳）有限公司、深圳市腾讯计算机系统有限公司诉被告北京奇虎科技有限公司、奇智软件（北京）有限公司不正当竞争纠纷案。

此为一种典型的外挂技术。❶在腾讯诉彩虹版QQ案件中，法院指出，彩虹显软件将其与微软msimg32.dll同名的文件置于QQ软件安装目录中，利用QQ软件运行需要加载微软msimg32.dll文件的机理进入QQ进程空间，从而完成导入，修改QQ软件的19处目标程序指令。❷上述侵权行为，如果没有专业人员和专业技术的辅助，仅从外观表现很难看清其本质所在。

第三类，拒绝遵守网络协议。现代互联网是依据技术协议构建秩序的，经由各种组织和工程师们的多种汇集而产生的基础协议TCP／IP协议最具有代表性，它是被用作链接计算机和网络的上百个协议的基础，它构建了信息传输的一整套技术标准。这些协议规范着信息高速公路上的通行者，没有警察但是有红绿灯，这是严格的技术规范世界。这些规范对于调节互联网参与各方的行为发挥着重大的作用。❸robots协议作为技术协议的一种，是网站所有人单方面采取的一种排除爬虫访问的标准，得到大部分爬虫设计者和爱好者的认可，有效规范着互联网的发展秩序。跟进目前的案例分析，违反robots协议的行为在国外多个判决中被认定侵权，❹在百度诉360违反robots协议案中，百度通过设置robots协议拒绝360搜索引擎对其内容的抓取，而360拒绝遵守该规则，从而引发纠纷。

在相关案件中，侵权人往往以该技术系行业公用技术，以技术中立原则为抗辩理由，这也增加了此类案件的审理难度。如在优酷诉猎豹浏览器广告屏蔽案中，金山认为浏览器软件均具有过滤广告功能，此类功能是浏

---

❶ 软件专家韩振江认为，"扣扣保镖"其实已经把自己的运行模块——"DLL"（dynamic link library，动态链接库），加载到了QQ程序运行的进程当中，只要用户运行腾讯QQ，该模块就会自动运行。这个模块其实是等待某种条件触发来执行的，而外挂就是在电脑运行中，一个程序通过某种事件触发而得以挂接到另外一个程序的空间里。详见韩振江："扣扣保镖外挂阻止QQ升级"，载http://news.xinmin.cn/rollnews/2010/11/15/7723056.html，访问日期：2012年3月10日。

❷ 湖北省武汉市中级人民法院民事判决书（2011）武知中字第00006号，腾讯科技（深圳）有限公司、深圳市腾讯计算机系统科技有限公司诉上海虹连网络科技有限公司、上海我要网络发展有限公司等侵犯计算机软件著作权及不正当竞争纠纷案。

❸ 张平："《反不正当竞争法》的一般条款及其适用——搜索引擎爬虫协议引发的思考"，载《法律适用》2013年第3期。

❹ 张金平："有关爬虫协议的国外案例评析"，载《电子知识产权》2012年第12期。

览器软件常用、必要的功能。❶ 在优酷诉UC浏览器下载视频案中，UC认为基于HTML5技术标准开发的浏览器软件可通过识别网页源码的视频标签获取相关视频文件的统一资源定位符，并根据用户的选择和指示实现对相关视频文件的下载，浏览器软件提供视频下载是常用的功能，使用公开、公知、公用的技术。❷ 此类抗辩理由对并非技术专家的司法审判者提出了一定的挑战。但是目前法院在司法中一般认为，要区分"技术中立"的理念与"使用技术"的行为两者之间的区别，法院认同"技术中立"的理念，因为这有利于行业的创新与发展。但是对于使用中立技术侵害他人经营权益的行为，则应从竞争法的角度进行考量，对此类行为的合法性予以认定。另外，由于互联网不正当竞争案件的强技术性特点，也导致相关案件取证上的困难，特别是随着云计算的发展，互联网服务商可以分时间、分地域地给客户端发送指令，对他人软件造成干扰，给被侵权人的取证造成极大困扰。

（二）短时间内造成巨大损失

互联网不正当竞争行为的特征之一是在短时间内可以造成巨大的损害后果，如在扣扣保镖案中，根据360自己的统计数据，刚刚推出72小时的"扣扣保镖"软件下载量突破千万，平均每秒就有40个独立下载安装量，创下了互联网新软件发布的下载纪录。腾讯举证指出，"扣扣保镖"每日造成QQ客户端增值服务流量损失为209 350元，每日造成QQ广告损失300 383元，从2010年10月29日"扣扣保镖"发布至2010年11月21日回收"扣扣保镖"共计24天，给腾讯公司造成的损失为12 233 592元。由此可见互联网不正当竞争在短时间内所造成的直接经济损失是多么严重。除了直接经济损失外，互联网不正当竞争中的商誉诋毁行为，对企业的影响更

---

❶ 北京市海淀区人民法院民事判决书（2013）海民初字第13155号，合一信息技术（北京）有限公司诉北京金山安全软件有限公司、贝壳网际（北京）安全技术有限公司、北京金山网络科技有限公司不正当竞争纠纷案。

❷ 北京市海淀区人民法院民事判决书（2013）海民初字第24365号，合一信息技术（北京）有限公司诉优视科技有限公司、广州市动景计算机科技有限公司、武汉极讯软件有限责任公司、广州菁英信息技术有限公司不正当竞争纠纷案。

为深远，法院在扣扣保镖案一审中指出，"扣扣保镖"的侵权行为凭借互联网环境下的传播特点迅速波及腾讯QQ的广大用户，造成的负面影响迅速扩散。在诋毁商誉的不正当竞争中，商业诋毁所造成的严重后果并不会随着软件的召回或者原告对QQ软件的升级而终止，商业诋毁一旦在互联网环境下广泛传播，其影响必须经过一个较长的沉淀期，并且在各方面努力之下，才能逐渐消除。❶

（三）侵权行为的复杂性

所谓复杂性有两重含义，第一，影响重大的互联网不正当竞争案件多涉及多个不正当竞争行为。如在"3Q事件"中，360先通过诋毁QQ软件侵犯用户隐私，进而推出专门针对QQ的"隐私保护器"以及升级版的"扣扣保镖"，这两款软件一方面破坏QQ软件的完整性，同时通过搭便车行为推广360自身的安全产品。这其中既涉及诋毁商誉和破坏软件完整性问题，又涉及通过搭便车来达到推广自身产品的行为。第二，是指侵权行为目的与行为结合的复杂性。由于互联网商业模式较为特殊，其是在吸引和锁定用户的情况下通过增值服务或者广告来获得收入，因此有时两个在业务上完全不相关的企业也会发生竞争，如优酷诉猎豹浏览器屏蔽广告案和优酷诉UC浏览器下载视频案。

（四）案件赔偿额判定困难

在传统的不正当竞争案件中，法官在确定不正当竞争时多数确定因为原告的损失主要来源于他失去的交易机会，考虑被告侵权行为的直接后果是挤占了原告的市场份额，被告每销售一件侵权产品就相当于原告少销售了一件，故可以原告的单位利润乘以被告的侵权产品销售量，以此作为赔偿额。此种计算方法实质上是将被告挤占的原告的市场份额作为原告的损失，故仍是以原告损失作为赔偿额的计算标准。但是这样的方式在互联网上根本行不通。

---

❶　广东省高级人民法院民事判决书（2011）粤高法民三初字第1号，腾讯科技（深圳）有限公司、深圳市腾讯计算机系统有限公司诉被告北京奇虎科技有限公司、奇智软件（北京）有限公司不正当竞争纠纷案。

互联网不同的商业模式有不同的收入模式，其财产损失的认定与实体经济有较大的不同。如视频网站以广告和收费会员为主，搜索引擎以竞价排名为主要收入来源，即时通信以增值服务来获得收入。在优酷诉猎豹浏览器广告屏蔽案中，优酷根据猎豹浏览器访问优酷网的播放量、对应的独立用户数以及视频广告的刊例来要求猎豹赔偿损失及合理支出500万元，但由于此类数据以及推理方式存在证明上的缺陷，因此最终未被法院全部支持。在目前判赔额最高（500万）的腾讯诉360扣扣保镖不正当竞争案中，虽然腾讯提供了专业评估机构作出的品牌损失报告和资产损失报告书，但最终法院只是采纳了部分意见，认为评估机构所出具的资产损失报告书以及360自己所宣传的72小时"扣扣保镖"被下载超过千万的证据证明，360扣扣保镖给腾讯造成的损失已经明显超过法定赔偿的最高限额，该案应在法定赔偿之上合理确定赔偿额。❶同时，互联网是双边市场，企业商誉和商品信誉的损害对其有重要影响，但是目前对于商誉诋毁所造成的品牌损失如何认定，在资产评估界和法律界都是一个难题。

四、互联网不正当竞争所带来的法律困惑

互联网不正当竞争侵权行为的技术性、复杂性对现有的法律制度提出了不小的挑战，也在一定程度上影响政府监管职能的有效发挥。侵权行为导致的巨大损失与赔偿数额偏低的矛盾，使得互联网不正当竞争横行。这些问题都亟待解决。

（一）法律制度不完善导致救济乏力

（1）反不正当竞争法亟须完善。我国的《反不正当竞争法》制定于1992年，其中所规定的类型化条款多针对的是当时的典型不正当竞争行

---

❶ 中华人民共和国最高人民法院民事判决书（2013）民三终字第5号，腾讯提供的深银专咨报字〔2012〕第0114号《资产损失咨询报告书》称，"扣扣保镖"在2010年10月29日至2011年8月4日对腾讯公司造成的损失在评估基准日的评估值为142 725 240元。"扣扣保镖"每日造成QQ客户端增值服务流量损失为209 350元，每日造成QQ广告损失300 383元，从2010年10月29日"扣扣保镖"发布至2010年11月21日回收"扣扣保镖"共计24天，给腾讯公司造成的损失为12 233 592元。

为，这就导致当互联网不正当竞争案件密集爆发时，我们却无法寻找到直接的法律适用条款。特别是对于工商行政执法机关来说，根据《反不正当竞争法》的规定，其只能对类型化条款所规定的不正当竞争行为予以处罚，而不能直接适用一般条款，因此对于新型的不正当竞争行为无法直接处罚。虽然随着诸多法院判例的公布，很多不正当竞争行为都得到了司法认定并被判决承担责任，甚至有观点认为通过法院对一般条款的解释性适用即可解决现有问题，无须修订法律。但笔者认为，《反不正当竞争法》作为规范市场竞争秩序的基本法，其所具有的指引、评价、预测、教育和强制作用，更多地应该体现在类型化条款中，而非原则性的一般条款。同时，法院基于一般条款所作出的判例只能针对个案，唯有将其共性加以提炼并在具体条款中有所规定，那么法律的上述功能才能在互联网市场中有效体现。从法律修订的外部环境来看，经过几次互联网大战，业内对互联网典型不正当竞争行为的认识日益清晰，在工信部颁发的《规范互联网信息服务市场竞争秩序若干规定》和互联网行业协会组织企业签署的系列自律公约中，已经将多数行为进行了提炼和规定，并且上述规定在司法判决中得到了法院认同。笔者建议，虽然《反不正当竞争法》的修订中不可能直接吸收部委规章和自律公约中的相关规定，但对于软件干扰这类不正当地干扰他人经营活动行为以及体现为搭便车的不正当地利用他人经营活动的行为，相关条款应当吸收进《反不正当竞争法》。

（2）行为保全制度姗姗来迟。在受到不正当竞争行为侵害时，向法院申请行为保全，请求法院作出裁定责令侵权人禁止其作出一定行为，以防止对方正在实施或者将要实施的行为给被侵权人造成不可弥补的损害，是互联网不正当竞争案件中受害企业最迫切需要行使的权力。然而在2012年《民事诉讼法》修订之前，我国的《民事诉讼法》和《反不正当竞争法》中都没有规定行为保全制度。《民事诉讼法》第92条只规定了财产保全，一方当事人只能对另一方当事人的财产提出保全请求，如扣押诉争标的、查封对方当事人的部分财产；《反不正当竞争法》也对事前的防范和制止行为缺乏前瞻的考虑。囿于司法程序的冗长，如果等待法院判决后对方才停止侵权行为的话，被侵权企业的损失将是巨大的，而多数企业不会"坐以待毙"，于是发生了互联网不正当竞争案件中被侵权企业往往采取技术对抗来保护自身权益的情形，但是这种自卫行为也同时冒着"垄断"和"不正当竞争"的风险。上述种种不利于被侵权人的情况在《民事诉讼法》修订后终于有所改观，特别是行为保全制度的增加，赋予被害人及时申请获得救济的权利。在优酷诉UC视频下载案中，优酷便向海淀法院申请了行为保全并得到支持。但是面对纷繁复杂的互联网不正当竞争行为，行为保全制度如何有效使用，也是司法者需深入思考的问题。另外，在《反不正当竞争法》修订中，有必要增加行为保全的相关条款。

（3）软件干扰行为所带来的著作权之困。多数互联网不正当竞争案件涉及软件干扰问题，这涉及著作权法视野下的软件修改问题。但是与传统的软件盗版不同，软件干扰行为一般不涉及对源代码的复制和修改，而是在运行过程中对其注册值和函数等的修改。对于这种修改行为究竟是否属于侵害著作权，实践中有两种不同观点：一种观点认为此种修改不构成侵害著作权。其理由是此种软件干扰一般是针对软件运行过程中的注册值、函数等的修改，而注册表信息不是软件的组成部分，因此不构成侵犯软件修改权。如张晓津法官以百度IE搜索伴侣诉"3721网络实名"为例，认为注册表信息虽然直接影响软件的运行，但注册表信息并非计算机软件作品的组成部分，而是在软件安装过程中自动生成的信息，因此对注册表的修改不应视为对软件作品的修改，也不应视为著作权侵权行为。❶另一种观点则认为此类行为侵害了软件修改权。在武汉市中级人民法院就腾讯诉彩虹QQ案的判决中指出，计算机软件的功能通过计算机程序的运行实现，功能的改变是计算机程序改变的外在表现形式。正是由于彩虹显软件修改了QQ软件目标程序，才导致QQ软件的部分功能缺失或发生变化，因此彩虹显软件侵害了QQ软件的修改权。❷

---

❶ 张晓津："软件冲突与不正当竞争法律问题研究（下）"，载《信息网络安全》2006年第10期。

❷ 湖北省武汉市中级人民法院民事判决书（2011）武知中字第00006号，腾讯科技（深圳）有限公司、深圳市腾讯计算机系统科技有限公司诉上海虹连网络科技有限公司、上海我要网络发展有限公司等侵犯计算机软件著作权及不正当竞争纠纷案。

笔者认为，对于这种动态的软件修改行为，应当认定为侵犯软件修改权的行为，因为其虽不是对源程序的直接修改，但是通过干扰软件运行，对目标程序进行了修改，与修改源程序达到同样的效果。因此，建议在著作权法的修订中能够将此类软件修改行为纳入修改权的禁止权项范围内。

（二）政府监管职能未有效发挥导致行业秩序恶化

（1）政府监管对于规范行业竞争秩序有着重要作用。与知识产权作为私权不同，竞争法除了调整案件当事人之间私法层面的侵权法律关系外，还担负着主动维护市场竞争秩序和社会公共利益的职责。从国际层面看，无论是大陆法系还是英美法系，对于市场不正当竞争行为都有相应的行政机关负责处理，并形成了相对完善的处理机制。从实践来看，其行政解决程序大体包括简易程序、普通程序、听证程序、司法审查等四个方面的内容，简易程序主要用于解决事实清楚、证据充分、案情简单、处罚较轻的不正当竞争案件；普通程序包括立案、调查取证和合议三个阶段，适用于解决案情复杂、争议较大、处罚较重的互联网反不正当竞争案件；如果相关案件的处理结果对于当事人合法权益会具有较大影响，则需进行听证以有效保护当事人利益；如不服行政机关决定则可以向法院起诉，由法院作出最终判决。同时，国家的竞争执法机构在立案和调查取证方面已经有了较为成熟的经验和技术支撑。

（2）我国的互联网竞争监管体系完善但需有效运行。根据《反不正当竞争法》《电信条例》《互联网信息服务管理办法》等法律法规的规定，工信部作为互联网行业管理部门，对于行业内的不正当竞争行为具有法定监管职权；工商总局对互联网领域所发生的涉及《反不正当竞争法》第二章所规定的类型化不正当竞争行为有行政执法权。其中，在2000年实施的《电信条例》和《电信业务经营许可证管理办法》中便明确规定电信管理管理部门可以依职权责令改正，处10万元以上100万元以下罚款；情节严重的，责令停业整顿。在"3Q事件"后，2011年工信部颁布了《规范互联网信息服务秩序若干规定》，对互联网不正当竞争行为的类型、定性和处置程序等又作了具体细化规定。可以说，我国互联网市场监管法律体系较为完备。但是从目前行业纠纷的处理来看，行政机关尚未形成有效的处理机制和方式方法。从3Q、3B到2014年的遨游和乐视的快进功能之争，行政机关从未作出一项行政处罚决定，而是通过调解约谈、通报批评等方式来处理。这不仅不能有效遏制互联网不正当竞争案件的发生，反而给从事不正当竞争的企业造成一种侥幸心理，认为即便行政机关介入也只需停止所实施的行为即可，无须承担其他后果，这严重削弱了行政执法的威慑力。

（3）完善程序加大处罚才能有效遏制不正当竞争。2010年"3Q事件"中，工信部通过约谈两家企业叫停不兼容行为使得该事件终结。但是从案例统计和分析来看，"3Q事件"后互联网不正当竞争案件不仅丝毫没有下降的趋势，反而更加复杂多样。笔者认为这与行政监管的威慑力不足有直接关系。这一乱象的解决需要从三个方面入手：首先，行政机关需要扭转观念，对于行业不正当竞争乱象不能被动执法，而应主动介入，并在法律赋予的职权范围内以明确的行政认定或者行政处罚决定来解决相关案件，而不能仅仅是约谈或叫停；其次，对于频频从事不正当竞争行为的企业，应当加大处罚力度，除高额罚款外，还可责令停业整顿，甚至取消其增值电信业务经营许可证，从而加大对不正当竞争行为的威慑力度；最后，建立企业信用档案，梳理典型不正当竞争行为，借助市场因素遏制不正当竞争行为。中国的互联网企业多为上市企业，通过信用档案、恶名市场等方式，可以给企业在资本市场的声誉造成重要影响，使相关企业必须慎重考量其不正当竞争行为的高昂成本，进而放弃违法意图。

（三）违法成本过低导致互联网不正当竞争行为横行

违法成本过低是当前互联网产业中不正当竞争行为频发的重要原因。根据前述统计，在绝大多数互联网不正当竞争案件中，法院的判赔数额都低于原告所要求获得的赔偿数额，法院的判赔数额在总体上仍然处于比较低的标准，很难充分弥补被侵权方的实际损失。笔者认为造成这一现象的原因有三。

第一，补偿性赔偿在司法审判理念中根深蒂固。在我国侵权法的视野下，损害赔偿的首要目标是赔偿被侵权方所遭受的损失。我国的《民法通则》《侵权责任法》和《合同法》等法律所规定的赔偿损失的民事责任都是严格按照补偿的原则设计的。有学者指出，在侵权责任法的视野下，作为财产责任的损害赔偿，必须以民法的公平和等价有偿原则作为衡量的尺度，损失多少，就应该赔偿多少，其他没有任何科学的标准。❶这种观念充分反映了我国学术界和司法界对于赔偿责任的认识。而由于补偿原则忽视了当事人的主观心理状态，当事人主观过错的程度对赔偿范围不产生影响，因此其不能有效地预防损害的再次放生，特别是对于那些恶意侵权的行为缺乏震慑力，从而使得整个反不正当竞争法在竞争秩序维持方面的作用有限。

第二，惩罚性赔偿制度的缺位。我国的反不正当竞争法没有规定惩罚性赔偿，在2007年施行的《最高人民法院关于审理不正当竞争民事案件应用法律若干问题的解释》中，将假冒标识、虚假宣传、商业诋毁的损害赔偿参照注册商标侵权赔偿额的规定，形成权利人实际损失、侵权人侵权获利、许可使用费的倍数及法定数额赔偿相结合的方式。但是在2013年修改《商标法》之前，商标法中也没有规定惩罚性赔偿，因此法院一般采取酌定赔偿。反观互联网产业最为发达的美国，其在打击不正当竞争行为方面往往施以重手，以雅虎和Facebook所涉及的垃圾邮件案件为例，美国法院根据《反垃圾邮件法》等法律判决行为人支付6.1亿美元（雅虎，2011年）、8.73亿美元（Facebook，2009年），7.11亿美元（Facebook，2009年）的惩罚性赔偿，从而保障美国互联网市场竞争秩序。

第三，互联网不正当竞争案件的损害赔偿认定举证困难。反不正当竞争法规定，损害赔偿额按照被侵害的经营者的损失或者侵权人在侵权期间因侵权所获得的利润来计算。但如上文所述，囿于互联网的商业模式和定价机制，除了广告和增值服务的损失相对容易认定，品牌损失、流量损失的认定非常困难。

---

❶ 杨立新：《侵权责任法》，法律出版社2010年版。

五、结　语

　　笔者认为，虽然目前法院的诸多判例明确了互联网行业的很多竞争规则，但是这些判例只能针对已经发生的不正当竞争行为，如果救济程序不完善、违法成本过低的问题不能根本上解决，未来互联网不正当竞争行为仍将频繁发生。要扭转这一趋势，需要从法律制度、救济程序和惩罚机制三个层面来共同推进。从法律制度层面来看，应当在《反不正当竞争法》修订时，将典型的不正当竞争行为如软件干扰和搭便车增加到类型化条款中，从而弥补法院对于《反不正当竞争法》一般条款解释性适用所带来的不确定缺陷，更充分发挥法律的预期调整作用；从救济程序来看，在私力救济方面，需要司法机关更加娴熟地运用"行为保全"制度及时救济被侵权人；在公权力救济方面，迫切需要行政机关充分发挥好市场监管职能，在《反不正当竞争法》《电信条例》《互联网信息服务管理办法》所赋予的职权范围内，通过行政处罚有效打击典型互联网不正当竞争行为，不断净化行业竞争秩序；从惩罚机制来看，必须提高对恶性竞争行为的判赔额，并尝试通过对惩罚性赔偿制度的适用，使得企业的违法成本与其收益成本逐步成正比，从而迫使多数企业放弃侵权行为。另外，可以尝试对恶性不正当竞争行为施以刑事处罚，以威慑试图通过不正当竞争来获得收益的企业。

第五篇

大事纪要

国内大事回顾

乔宜梦[*]

一、2014年知识产权大事回顾

1月

1月2日，《关于深入实施知识产权战略，促进中原经济区经济社会发展的若干意见》印发。

1月3日，石油和化工行业知识产权论坛在京举行。

1月3日，我国出台央企品牌建设意见。

国务院国有资产监督管理委员会发布《关于加强中央企业品牌建设的指导意见》，要求中央企业应当提高品牌建设水平，并提出到2020年年末，培育出一批品牌建设成果显著的企业，形成一批拥有自主知识产权和国际竞争力的知名品牌。

1月4日，百度、快播盗版被处罚，行业呼吁建正版经营秩序。

1月9日，全国知识管理标准化技术委员会获准筹建。

1月10日，我国拟对《商标法实施条例》进行修改。

1月11日，盗版《新华字典》案等十大"扫黄打非"案件公布。

全国"扫黄打非"办公室公布2013年"扫黄打非"十大案件。其中侵权盗版案件3起，分别是云南腾冲、临沧"3·24"盗版《新华字典》案，

---

* 乔宜梦，中南财经政法大学知识产权研究中心博士研究生。

山东章丘"9·03"印制盗版图书案，湖北荆州"5·24"非法外挂案。

1月13日，我国首艘自主知识产权万箱船在大连交付。

1月15日，全国知识产权局局长会议在北京召开。

1月15日，广东出台创建知识产权服务业发展示范省规划。

该规划要求推动8个知识产权服务业重点项目，包括开展知识产权全覆盖服务、建设国际化知识产权集聚中心、培育知识产权运营企业、开展知识产权评估及价值分析试点、建设专利信息大数据服务基地、推行知识产权服务行业星级评定试点、培育知识产权服务品牌机构和建设知识产权服务人才培养基地。

1月16日，国家知识产权局局长与中国欧盟商会主席会面。

国家知识产权局局长申长雨在北京会见来访的中国欧盟商会主席大卫一行，同时接受了中国欧盟商会所提交的《欧盟企业在中国建议书2013／2014》。

1月16日，国际性知识产权组织首次在华设区域总部。

这是国际性知识产权组织第一次将其区域总部设在中国。国际作者和作曲者协会联合会（CISAC）宣布：为致力于协调亚洲市场中作者权益之保护和提升，将其亚太区总部由新加坡迁至北京，以对该区域内的集体管理组织给予支持。

1月17日，美国对中兴等公司的相关电子产品启动"337调查"。

1月21日，我国将推动侵权假冒行政处罚案件信息公开进程。

1月23日，国家林业局出台《全国林业企事业单位知识产权试点工作要求》。

该要求提出，试点单位要抓好建立知识产权工作专项资金、设立知识产权管理机构、完善知识产权管理制度、加大知识产权管理力度、加强知识产权宣传培训、建立知识产权工作考核评价机制等6个方面的工作。

1月23日，中共国家知识产权局党组扩大会议在北京召开。

1月24日，中国十大科技进展公布，皆拥有知识产权。

由中国科学院、中国工程院共同评选的2013年中国十大科技进展在北京揭晓。其中，我国有200余家企业与科研机构参与"嫦娥三号"探月工程研发工作，取得了一系列自主知识产权；在"神舟"系列飞船的研制方面，不仅拥有数量众多的专利与软件著作权，还包括"神舟"和"长征"运载火箭的品牌；在量子反常霍尔效应研究中，我国取得了多项专利及软件著作权；禽流感病毒的研究同样在实验方法、实验设备、检测技术等方面取得自主知识产权。

1月27日，推进使用正版软件工作部际联席会议第三次全体会议在京召开。

此次会议由国家新闻出版广电总局党组书记、副局长蒋建国主持，会议传达了国务院副总理汪洋针对软件正版化工作作出的重要批示，并对2013年推进使用正版软件工作进展情况进行了总结，同时审议了2014年工作计划。

1月29日，《2014年全国知识产权人才工作要点》发布。

2月

2月12日，全国首例打击视频侵权网站案宣判。

北京市海淀区检察院通报称，由该院提起公诉的张某侵犯著作权案宣判。张某因构成侵犯著作权罪且属情节严重，被一审判处有期徒刑6个月，罚金人民币2万元。该案是国家"剑网行动"开展以来北京市检察机关办理的第一起网络视频侵权案件，也是全国首例打击视频侵权网站被判决的刑事案件。

2月13日，华奇化工在美"337调查"案中终裁获胜。

美国国际贸易委员会（ITC）在圣莱科特国际集团起诉华奇（张家港）化工有限公司（以下简称"华奇化工"）侵权案的终裁中，认定圣莱科特国际集团的商业秘密点绝大多数不受保护，并推翻了最初建议的普遍排除令。这意味着华奇化工赢得阶段性胜利。

2月18日，江苏推广名优特农产品"母子商标"模式。

所谓"母子商标",是指某项产品在原有商标之外,加挂代表产地形象或品质要求的母商标。"母子商标"管理模式的核心是,母商标为证明商标,主要用来树立品牌形象;子商标为商品商标,主要用来明确生产者的职责。"母子商标"管理模式不仅打造农产品特色品牌,而且保护区域内各个企业的商标与消费者利益,为其他各省市的推广开创了典范。

2月18日,我国知识产权互联网竞价交易平台试运行成功。

由重庆市科学技术研究院和重庆联交所联合成立的重庆联合产权交易所知识产权交易分所,融合技术及专利展示与供需对接、互联网竞价交易和联付通第三方结算为一体的知识产权网络化展示交易系统已试运行成功。

2月19日,中国手机媒体发布版权自律公约。

全国手机媒体委员会联合人民网、新华网、央视网以及中国移动、中国联通、中国电信三大运营商发布《中国手机媒体移动互联网信息安全和版权自律行业公约》。

2月19日,IDC向中国承诺不再收取歧视性高额专利许可费。

2月19日,知识产权战略实施工作部际联席会第十次联络员会议在京召开。

会议在总结2013年全国知识产权战略实施工作的基础上,讨论制订了《2014年国家知识产权战略实施推进计划》,并对制订《深化实施国家知识产权战略行动计划(2014~2020年)》进行了研究。会议强调,2014年知识产权战略实施将围绕提高知识产权创造质量、提升知识产权运用效益、提高知识产权保护效果、提升知识产权管理和公共服务水平、促进知识产权国际交流、提升知识产权基础能力、提高知识产权战略组织实施水平等七个方面予以重点部署。

2月24日,文化部将推进非物质文化遗产保护。

在2014年的重点工作中,文化部将推进非物质文化遗产保护,评审第四批国家级非遗代表性项目,开展国家级非遗项目代表性传承人抢救性记录,深入挖掘节日内涵,开展文化遗产日等宣传展示活动,并完善《非物质文化遗产法》等配套规章。

2月26日，CPCC中国版权服务年会在京举办。

中国版权保护中心（CPCC）在京举办"2014CPCC中国版权服务年会"。此次年会内容包括：揭晓2013年CPCC十大中国著作权人评选结果、公布2013年中国版权十大事件、召开演艺版权研讨会、召开首届金融信息版权服务论坛、召开第四届DCI（数字版权唯一标识符）体系论坛、成立中国首家影视版权产业联盟等。

2月26日，2013CPCC十大中国著作权人年度评选揭晓。

获得2013中国版权保护中心（CPCC）十大中国著作权人称号的个人和企业为：著名演员邓天和，李伟建、武宾（相声组合），中国交响乐团、北京人民艺术剧院、北京开心麻花娱乐文化传媒有限公司、北京新坐标文化发展有限公司和北京交响乐团、北京网元圣唐娱乐科技有限公司、北京电视艺术中心有限公司、浙江华谊兄弟影业投资有限公司、北京明宇时代信息技术有限公司。

2月26日，首届金融信息版权服务论坛在京举行。

2月27日，影视版权产业联盟在京成立。

影视版权产业联盟由中国版权保护中心、中国电视艺术家协会、中国电影家协会共同发起，并召集影视版权创作生产机构、影视版权管理运营机构、播出放映机构、影视版权交易服务机构共同组建。联盟将借助中国版权保护中心在版权公共服务领域中的专业优势，推动数字版权嵌入式服务在影视版权产生、流转、维权活动中的推广和应用。联盟也将整合影视版权领域的各方优势力量，为行业发展提供更优质的保障，以全力推动我国文化创意产业的繁荣和发展。

2月27日，2013年度中国版权十大事件发布。

这十大事件分别是政府软件正版化检查整改工作圆满完成；国务院修改著作权相关条例实施；我国作品登记数量首次超百万件；中国版权协会首次评出"中国版权事业终生成就者"奖；国家版权局对百度、快播两公司侵权行为作出行政处罚；中国签署世界知识产权组织通过的《马拉喀什条约》；国家版权局颁布《教科书法定许可使用作品支付报酬办法》；我国版权相关产业对GDP贡献达6.57%；钱钟书书信手稿拍卖引起社会广泛关注；版权重点监管启动预警机制。

3月

3月1日，《北京市专利保护和促进条例》正式施行。

历时五年修订的《北京市专利保护和促进条例》于3月1日起正式施行。新条例更加注重建立全社会共同保护和促进专利的体系，激励发明创造，加强专利保护。

3月1日，知识产权海关保护系统正式启用。

海关总署在原"知识产权海关保护备案系统"的基础上，开发了"知识产权海关保护系统"，其目的在于方便知识产权权利人向海关总署办理知识产权海关保护备案，提高备案信息的可靠性和准确性。

3月3日，中兴通讯两胜"337调查"案。

美国国际贸易委员会（ITC）作出终审裁定：就美国专利经营公司提起的针对中国中兴通讯股份有限公司的涉嫌专利侵权的"337调查"案裁定，中兴通讯不构成侵权。至此，这已是中兴通讯在近两个月内接连赢得的第2起"337调查"案。

3月5日，李克强总理《政府工作报告》：加强知识产权保护和运用。

国务院总理李克强于2014年3月5日在十二届全国人大二次会议上做政府工作报告。他在报告中指出，要加大政府对基础研究、前沿技术、社会公益技术、重大共性关键技术的投入，健全公共科技服务平台，完善科技重大专项实施机制；要改进与加强科研项目和资金管理，实行国家创新调查和科技报告制度，鼓励科研人员创办企业；要加强知识产权保护和运用，深入实施人才发展规划，统筹重大人才工程，鼓励企业建立研发人员报酬与市场业绩挂钩机制，使人才的贡献与回报相匹配，让各类人才脱颖而出、人尽其才、才尽其用。

3月7日，北京市制定出台《加快推进高等学校科技成果转化和科技协同创新若干意见（试行）》。

3月13日，2014青岛世园会版权工作站挂牌。

2014青岛世园会版权工作站挂牌仪式举行，山东青岛市文化市场行政执法局与世园会执委会相关负责人为工作站揭牌。

3月14日，江西省局建设版权公共服务平台。

为有效履行政府监管和公共服务职能，江西省局以版权登记数字化和版权信息查询数字化为主要模式，建设集版权作品登记、版权信息查询二合一的版权公共服务平台。

3月17日，《国务院关于加快发展对外文化贸易的意见》发布。

3月21日，首例"三审合一"案开庭。

海南省三亚市中院首例知识产权审判"三审合一"案开庭，依法公开审理翁某某等5人销售假冒注册商标的商品罪，翁某某等5被告人当庭认罪。

3月22日，国内首个家具行业知识产权快速维权中心落户东莞。

3月26日，我国首家知识产权管理体系认证机构成立。

中知（北京）认证有限公司获得工商行政管理部门颁发的营业执照，这是我国首家知识产权管理体系第三方认证机构。

3月27日，江苏提交《江苏省地名管理条例(草案)》对地名混乱作出管理规范。

3月28日，湖南省"企业知识产权名家讲坛"首场开讲。

3月31日，全国专利信息传播利用基地座谈会在广州召开。

3月31日，《职务发明条例草案(送审稿)》及相关立法资料公布。

3月31日，中国PCT国际专利申请新系统上线。

中国PCT（Patent Cooperation Treaty，专利合作条约）申请国际阶段审查和流程管理系统是国家知识产权局设计开发的，涵盖PCT国际阶段申请、审查的全流程的PCT国际阶段审查管理系统。其中，电子申请系统主要用于帮助申请人提交PCT国际阶段的申请文件，其功能包括新申请和中间文件的提交、案件管理、信息查询、通知书接收等，是一个全新PCT国际阶段电子申请平台。

4月

4月1日，山东6部门联合出台推动知识产权质押融资意见。

中国人民银行济南分行、山东省科技厅、山东银监局、山东证监局、山东保监局、山东省知识产权局联合印发《关于贯彻落实银发〔2014〕9号文件扎实做好科技金融服务的意见》。该意见提出，应当进一步加强知识产权质押融资部门协作，细化知识产权质押融资规则，加大知识产权质押融资支持力度，对符合要求的科技型中小微企业知识产权质押贷款项目，给予知识产权质押贷款贴息、知识产权评估补助。

4月2日，中关村拟建全球移动互联网产业聚集高地。

由中关村知识产权促进局组织召开的中关村移动互联网专利导航实验区建设项目启动会在京举行。中关村国家专利导航产业发展实验区建设将以移动互联网产业集群为依托，以5年时间为计划期限，努力建成"专利密集、布局合理、经营活跃、优势明显"的全球移动互联网产业集聚高地。

4月3日，全国人大常委会启动专利法执法检查。

检查组分5个小组分赴辽宁、安徽、浙江、广东、陕西5省进行检查，同时委托福建省等8省（市）人大常委会对本地专利法的实施情况进行检查。此次执法检查的开展，旨在增强全社会的知识产权意识与知识产权法制观念，并督促知识产权相关行政与执法机构加强专利的保护，促进专利的实践创新与应用。

4月9日，国家级企业技术中心成为知识产权创造生力军。

国家发展和改革委员会发布信息称，国家发展改革委以国家级企业技术中心为重点，努力推进企业知识产权工作。截至目前，已认定国家级企业技术中心累计达1002家，成为知识产权创造运用生力军。

4月9日，山东省西部经济隆起带知识产权战略推进联盟成立。

山东省西部经济隆起带知识产权战略推进联盟工作会议在菏泽市举

行。会上，枣庄、济宁、临沂、德州、聊城、菏泽、泰安7市知识产权局签订知识产权战略推进联盟合作协议，西部经济隆起带知识产权战略推进联盟正式成立。

4月10日，最高人民法院出台司法解释明确商标案管辖。

最高法院就人民法院审理商标案件有关管辖和法律适用等问题出台相关司法解释，明确不服国务院工商行政管理部门商标评审委员会作出的复审决定或者裁定的行政案件、不服工商行政管理部门作出的有关商标的其他具体行政行为的案件、商标权权属纠纷案件等13类商标案件法院应当受理。

4月10日，国家知识产权局与广东省政府第二轮知识产权高层次战略合作2014年度工作会议在广州举行。

4月11日，首个国家级非遗艺术品交易中心启动。

中国非物质文化遗产艺术品交易中心在京正式挂牌启动，成为首个国家级、服务于全国非物质文化遗产的综合性服务平台。

4月15日，海关总署开展"绿茵行动"保护世界杯知识产权。

自2014年4月15日至7月31日，海关总署决定组织开展一次"保护2014年世界杯足球赛知识产权的专项执法行动"，即"绿茵行动"以保护世界杯知识产权。

4月16日，国家知识产权局专利复审委员会公布2013年度十大案件。

为广泛宣传专利审查相关政策，国家知识产权局专利复审委员会经过精心并严格的筛选，推出10件2013年度重大案件，包括广受关注的"小'i'机器人"专利无效宣告请求案、"在线黄页"专利无效宣告请求案、"赖氨酸的生产方法"专利无效宣告请求及行政诉讼案等一系列备受社会各界关注的案件。

4月16日，首都版权联盟创新影视剧版权保护机制。

由首都版权产业联盟、北京版权保护中心联合举办的"CC2014影视版权保护创新机制暨电影《国宝疑云》版权保护仪式"在京举行。首都版权产业联盟将依托北京版权保护中心和北京版权资源信息中心资源，为影视作品建立起全方位的版权综合保护体系。

4月18日，国家创新调查中知识产权监测与评价指标专家研讨会在京召开。

4月18日，中国新闻出版研究院发布《中国版权产业经济贡献（2011年）报告》。

4月19日，2014年知识产权"南湖论坛"国际研讨会在武汉成功举行。

第十一届知识产权南湖论坛——"知识产权与创新型国家建设"国际研讨会于4月19日上午9点在武汉市荷田大酒店开幕，来自海内外近400名嘉宾应邀出席，共享盛况。本次会议由国家知识产权局保护协调司、国家新闻出版广电总局（国家版权局）版权管理司、中南财经政法大学联合主办。中南财经政法大学知识产权研究中心、中国知识产权协同创新中心、腾讯公司、国家保护知识产权工作研究基地、国家知识产权战略研究基地、国家知识产权培训（湖北）基地、国家版权局国际版权研究基地、文化部民族民间文艺发展中心法制研究基地、武汉市知识产权局共同承办。此次南湖论坛分别围绕中国著作权法修订与制度完善，商标制度与品牌创新，专利制度与新兴战略性产业发展，知识产权、竞争政策与互联网行业创新体系建设，建立知识产权法院问题专题五个部分设立五个分会场，各个会场都对会议主题进行了充分、自由、创新、精彩的讨论，对我国知识产权领域存在的新问题提出了创新性的解决办法，百花齐放、百家争鸣，可谓精彩绝伦。

4月21日，最高人民法院公布2013年中国法院十大创新性知识产权案件。

4月21日，最高人民法院发布《2013年知识产权司法保护》白皮书。

4月23日，国家知识产权局发布《2013年中国知识产权保护状况》白皮书。

4月24日，我国批准《视听表演北京条约》。

4月25日，国内首支专利运营基金成立。

国内第一支专注于专利运营和技术转移的基金——睿创专利运营基金在中关村正式成立。

4月25日，中华全国专利代理人协会举办第五届知识产权研讨会。

4月26日，第14个世界知识产权日，其主题为"电影——全球挚爱"。

4月28日，主题为"引导知识产权服务业发展，促进区域创新环境建设"的国家知识产权服务业集聚发展试验区研讨会在上海漕河泾开发区举行。

4月28日，《2014年国家知识产权战略实施推进计划》印发。

5月

5月1日，新修订的商标法实施条例施行。

修订后的《中华人民共和国商标法实施条例》于5月1日与第三次修改后的《商标法》同步施行。

5月4日，山东首家知识产权仲裁院成立。

山东省青岛知识产权仲裁院在中德生态园揭牌成立，这也是山东省首家知识产权专门仲裁机构。

5月6日，工信部发布知识产权推进计划。

工业和信息化部于2014年5月6日发布《2014年工业和信息化部知识产权推进计划》，该计划规定将围绕实施工业转型升级战略，深化知识产权运用与工业创新驱动发展的政策措施相结合，加快推动企业知识产权管理制度建设，完善重点产业领域知识产权风险防控与预警机制，全面完成2014年工业转型升级专项行动确定的各项任务。

5月8日，由北京市知识产权局主办，台湾理律法律事务所协办的第二届京台知识产权研讨会在京举行。

5月13日，第十七届中国北京国际科技产业博览会在全国政协礼堂开幕。

5月15日，第八届中国发明家论坛在京举行。

5月16日，国家知识产权局开展电商专利执法维权专项行动。

国家知识产权局印发《电子商务领域专利执法维权专项行动工作方案》。该方案包括5个部分，分别对工作目标、工作分工、工作方式、工作要求、时间安排作了明确规定。该方案对国家知识产权局、地方知识产权局和各维权中心进行了合理分工，在全国形成责任明确、重点突出、协调联动的工作网络。

5月18日，深圳首家知识产权评鉴机构成立。

5月21日，中哈联合宣言:继续在知识产权等领域开展合作。

中华人民共和国和哈萨克斯坦共和国发布联合宣言，双方声明将继续在双边贸易统计、知识产权保护、教育培训等领域开展合作，为促进双边贸易发展创造便利条件。

5月21日，第三届中国竞争政策论坛在京举办。

由国务院反垄断委员会专家咨询组等部门联合主办的第三届中国竞争政策论坛在北京举行。与会嘉宾围绕"反垄断执法与知识产权保护的协调"等议题展开了广泛而深入的讨论。

5月22日，国家发改委对美国IDC公司涉嫌价格垄断案中止调查。

国家发改委于近日对美国交互数字公司（IDC）涉嫌价格垄断案作出中止调查的决定，并将对IDC公司履行承诺的情况进行持续监督，消除涉嫌垄断行为的后果。

5月23日，主题为"创新改变生活，设计成就未来"的第十一届中国（无锡）国际设计博览会在江苏省无锡市举办。

5月29日，中欧实用新型专利体系经验分享研讨会在京举办。

中欧实用新型专利体系经验分享研讨会是中欧新知识产权合作项目（IPKEY）2014年度活动之一，其由中国国家知识产权局和中欧新知识产权合作项目组主办，目的在于探讨实用新型专利制度的实质性法律问题和程序性问题，分享实用新型专利制度运作方式的经验和最佳实践。

5月30日，全国专利战略推进工程项目实施培训班在京开班。

6月

6月1日，侵权假冒行政处罚信息向社会公开。

自6月1日起，全国县以上行政执法机关对侵权假冒违法行为作出行政处罚决定后，需主动在20个工作日内向社会公开，这标志着全国统一的侵权假冒行政处罚信息公开制度正式建立。

6月1日，《商标评审规则》施行。

国家工商总局日前公布经过第三次修订后的《商标评审规则》，自2014年6月1日起施行。按照新商标法的有关规定，评审规则明确了评审案件的类型，区分了无效宣告复审程序与撤销复审程序，确定了不予注册复审案件的审理范围，将补正期限缩短为15天，将补充证据期限缩短为30日，增加了以数据电文方式提交或送达评审文件的规定等。

6月4日，深圳获批"国家自主创新示范区"。

6月4日，国家知识产权局与WIPO共同推进PCT工作。

中国国家知识产权局副局长杨铁军在北京会见世界知识产权组织专利合作条约运营司司长菲利普·巴赫托德，杨铁军表示他希望双方能够就PCT具体问题展开良好的业务交流，进一步加强沟通，共同推进中国PCT工作的发展。菲利普·巴赫托德也对中国在PCT方面所取得的成绩表示赞赏。

6月5日，2014中国企业知识产权战略论坛在京举办。

6月6日，由中国知识产权司法保护网主办的"微信著作权侵权行为及法律责任"学术讨论会在京举行。目前，微信公众平台日益火爆，知识产权侵权问题日益突出，来自理论与实务界的专家学者在会上针对这一现象及其带来的问题进行了深入的讨论。

6月6日，《关于设立知识产权法院的方案》获中央深改组审议通过。

中央全面深化改革领导小组第三次会议召开，会议审议通过《关于设立知识产权法院的方案》等多个方案。中共中央总书记、国家主席、中央军委主席、中央全面深化改革领导小组组长习近平在会上强调，完善司法人员分类管理、完善司法责任制、健全司法人员职业保障、推动省以下地方法院检察院人财物统一管理、设立知识产权法院，都是司法体制改革的基础性、制度性措施。

6月9日，2014中国企业知识产权战略论坛在京召开。

6月11日，《2014年林业实施国家知识产权战略推进计划》正式印发。

国家林业局制订的《2014年林业实施国家知识产权战略推进计划》正式印发。本次《推进计划》以全面提升林业知识产权创造、运用、保护和管理水平，支撑生态林业和民生林业建设为重点内容。

6月11日，北京以《北京条约》为新起点打造"版权之都"。

北京市版权局邀请知识产权理论界及实务界专家学者、词曲作者、表演者、唱片公司、演艺公司代表齐聚一堂，就贯彻落实《视听表演北京条约》进行探讨。大家认为，《北京条约》的批准加入，应成为北京打造"版权之都"的新起点。

6月11日，国家工商总局就《工商行政管理机关禁止滥用知识产权排除、限制竞争行为的规定(征求意见稿)》)公开征求意见。

6月12日，"剑网2014"专项行动启动。

国家版权局、国家互联网信息办公室、工业和信息化部、公安部联合在京召开全国版权执法监管工作座谈会，宣布6~11月联合开展第十次打击网络侵权盗版专项治理"剑网"行动。"剑网2014"专项行动确定了4项重点任务，即保护数字版权、规范网络转载、支持依法维权、严惩侵权盗版。

6月12日，网络视听产业版权保护研讨会在沪举行。

本次研讨会主要围绕网络视听产业版权保护政策的需求与影响、网络视听行业的侵权认定与维权成本以及信息网络传播权领域的"避风港"原则等议题展开。研讨会还发布了由上海紫竹国家高新技术产业开发区与上海大学知识产权学院共同编写的《2013网络视听产业(上海)版权保护指南》，指南深刻剖析了网络视听产业的发展现状，并为网络视听产业的未来发展提出建议。

6月16日，《2014年国家林业局打击侵犯植物新品种权专项行动方案》正式印发。

该行动方案旨在全国范围内打击侵犯、假冒林业植物新品种权违法行为，遏制侵犯植物新品种权、假冒植物新品种的违法行为，规范植物新品种交易市场，保护品种权人合法权益，激励创新，促进植物新品种培育，推动植物新品种保护事业健康发展。

6月17日，"标准出版机构自律维权发展联盟"第九次理事会议在无锡召开。

6月18日，全国知识产权人才评价制度研讨班在京举行。

6月18日，中央媒体赴河南开展"专利行政执法"主题采访活动。

为加强宣传专利行政执法工作，新华社、经济日报社、光明日报社、科技日报社、中国知识产权报社等中央媒体于6月18日对河南省新乡市开展了"专利行政执法"主题采访活动，并与一线执法机构及高新技术企业的代表就该市专利行政执法工作进行了深入交流和探讨。

6月21日，无锡(国家)外观设计专利信息中心数据库建设完成。

6月22日，中国大运河在联合国教科文组织第38届世界遗产大会上，成功入选世界遗产名录。

6月23日，全国人大常委会执法检查组检查专利法实施情况。

6月25日，《国家知识产权试点、示范城市（城区）评定和管理办法》出台。

国家知识产权局在总结前一阶段工作经验的基础上，对2011年12月印发的《国家知识产权试点和示范城市（城区）评定办法》进行修改，出台了《国家知识产权试点、示范城市（城区）评定和管理办法》。

6月28日，中国电子信息行业联合会成立。

6月30日，第五届哈尔滨国际科技成果展交会开幕。

由科技部、黑龙江省人民政府、哈尔滨市人民政府共同主办，黑龙江省科学技术厅、哈尔滨市科学技术局承办的第五届中国·哈尔滨国际科技成果展交会在哈尔滨开幕。

7月

7月1日，2014年全国知识产权规划发展工作会议在合肥召开。

7月6日，著作权授权机制与交易规则研讨会在北京召开。

著作权授权机制与交易规则研讨会在北京召开，来自理论界与实务界的专家学者围绕《著作权法（修订草案送审稿）》进行了深入的讨论并积极为法律的修改与完善建言献策。

7月9日，河南高校首家知识产权学院成立。

河南省中原工学院正式发文成立知识产权学院，学院将于近期挂牌运作。这是河南省首家知识产权学院。

7月10日，我国递交《视听表演北京条约》批准书。

中国国家新闻出版广电总局（国家版权局）局长蔡赴朝在北京向世界知识产权组织（WIPO）总干事弗朗西斯·高锐递交了中国政府《视听表演北京条约》批准书，中国由此成为继阿拉伯叙利亚共和国、博茨瓦纳共和国、斯洛伐克、日本之后，第5个正式批准加入《视听表演北京条约》的国家。

7月15日，第10届中韩著作权研讨会举行。

由中国国家版权局、韩国文化体育观光部主办的第十届中韩著作权研讨会在韩国釜山召开，中韩两国代表围绕影视作品的版权保护与合作展开交流。

7月21日，中国企业创新与海外投资并购研讨会在京举行。

由北京产权交易所、中国技术交易所、德国史太白大学共同主办的中国企业创新与海外投资并购研讨会在京举行，会上，上述3家单位正式推出"中国企业创新订制服务"。

7月21日，京津冀建立植物新品种联合试验机制。

7月21日，北京38家专利试点示范企业建院士工作站。

北京市科协联合北京市知识产权局在全国首次主动将院士专家工作站建在专利试点示范企业，并合力推动知识产权专业协同支持专项，在全国率先搭建起院士与企业、知识产权专业机构专利协同创造和产业化对接高端平台。

7月23日，《2014~2015年全国建材市场秩序专项整治工作要点》发布。

国家质检总局、国家发展和改革委员会、国家林业局等9部门联合发布《2014~2015年全国建材市场秩序专项整治工作要点》。其中提出，要将打击侵犯知识产权和制售假冒伪劣商品与开展自主创新并重，加快建材行业的转方式、调结构、促升级的步伐。

7月28日，2014年中国专利代理行业综合实力评价活动专家论证会在京召开。

7月28日，发改委基本确认高通构成垄断。

根据相关法律和掌握的证据及调查结果，国家发改委基本确认美国高通公司构成垄断事实，目前正在向中国相关企业调查高通公司的销售数据，作为处罚的依据。

7月30日，《国家地理信息产业发展规划（2014~2020年）》发布。

国家发改委及国家测绘局联合印发《国家地理信息产业发展规划（2014~2020年）》。其中明确提出，要加强知识产权保护，打造具有国际影响力的知名品牌。

7月30日，广东召开全省打击侵权假冒工作电视电话会议，传达全国打击侵权假冒工作相关会议精神，总结部署该省打击侵权假冒工作。

8月

8月1日，国家发展和改革委员会正式发布《珠江-西江经济带发展规划》。

该规划指出，在接下来的工作中，珠江-西江经济带将着力于研发设计、知识产权、科技成果转化等高技术服务业的发展。

8月4日，由中关村知识产权促进局与海淀区人民法院联合举办的2014年中关村知识产权巡回审理第一次开庭。本次庭审原告为山东东阿阿胶股份有限公司，被告是北京一家商贸公司和一家知名电商，案件为一起涉及外观设计专利和相关著作权的不正当竞争案。

8月4日，云南省文化产权交易中心成立。

云南百担斋文化产业发展股份有限公司与北京东方雍和国际版权交易

中心在京共同成立云南省文化产权交易中心。该中心之目的在于整合云南省优质文化产业资源，并培育一批在国际和国内市场上具有较强竞争力的文化品牌。

8月6日，由国家知识产权局主办的2014年"知识产权走基层服务经济万里行"大型公益活动在山东省青岛市举行。

8月9日，创意云南2014文化产业博览会昆明举行，本届文博会以"文化创造财富·创意提升价值"为主题，展示了云南文化的最新成果。

8月14日，由广东省知识产权局主办的"粤台知识产权运营合作洽谈活动"在广州举行。

8月19日，第二批国家知识产权强县工程示范县（区）在京授牌。

8月20日，《重庆市知识产权战略纲要》正式出台。

为加快建设知识产权强市，《重庆市知识产权战略纲要》于8月20日正式出台。该纲要表示，到2020年，重庆市知识产权总体水平要位居西部前列。

8月25日，知识产权领域专家谈知识产权与区域创新。

由清华大学公共管理学院和南宁市委政研室、南宁市政府发展研究中心共同主办的主题为"城市治理与区域发展"的第九届公共管理高层论坛在南宁举行。有关专家在该会议上针对知识产权与区域创新发表了精彩演讲。

8月25日，审协北京中心召开专利审查技术专家咨询项目宣讲会。

8月25日，2013年商标评审案件行政诉讼分析报告发布。

国家工商总局商标评审委员会日前在官方网站发布2013年商标评审案件行政诉讼情况汇总分析报告。分析报告指出，2013年，商评委裁决商标评审案件14.42万件，共收到法院一审判决2 004份，二审判决1 158份，再审判决43份。

8月26日，2014北京国际出版论坛在京召开。

国家新闻出版广电总局副局长吴尚在会上表示此次论坛意在"推动传统出版业与新媒体融合，要在内容建设上做到坚持内容为王、提升内容品质、实施精品战略、加强创新等方面发力"。

8月28日，中国天津（滨海）国际文化创意展交会开幕。

中国天津（滨海）国际文化创意展交会于8月28~31日在天津滨海国际会展中心举办。

8月28日，新媒体版权联盟在京成立。

8月28日，国际智能制造与机器人产业发展大会在成都举办。

由中国自动化学会、中国仪器表学会、中国机械工业联合会、成都市人民政府联合主办，成都市科技局、成都市经信委、成都市投促委承办的2014年中国（成都）国际智能制造与机器人产业发展大会在成都揭开帷幕。

8月28日，第五届山东文化创意产业博览会在济南开幕，2800余家参展商参加本届文博会。

8月31日，十二届全国人大常委会第十次会议通过《关于在北京、上海、广州设立知识产权法院的决定》。

9月

9月1日，中国品牌经济高峰论坛在京举行。

由中华商标协会与北京大学光华管理学院联合主办的"纪念中华商标协会成立二十周年暨中国品牌经济高峰论坛"在北京大学举行。

9月2日，文著协与英国复制权集体管理组织达成版权合作。

中国文字著作权协会与英国复制权集体管理组织——英国著作权许可代理机构（CLA）签署合作协议，根据协议，中国书报刊文章和图书片段的影印复制权和数字化复制权将在英国受到版权保护。

9月5日，两部委发布意见保护特色文化产业知识产权。

为保护我国特色文化，推动特色文化产业发展，文化部、财政部正式发布《推动特色文化产业发展的指导意见》。

9月5日，《林业植物新品种保护行政执法办法》发布实施。

《林业植物新品种保护行政执法办法》即日发布并实施。根据该办法

第三条、第四条之规定，对于侵犯林业植物新品种权行为实施行政执法的范围包括未经品种权人许可，以商业目的生产或者销售授权品种的繁殖材料的；假冒授权品种的；销售授权品种未使用其注册登记的名称的。所称假冒授权品种的行为是指使用伪造的品种权证书、品种权号；使用已经被终止或者被宣告无效品种权的品种权证书、品种权号；以非授权品种冒充授权品种；以此种授权品种冒充他种授权品种；其他足以使他人将非授权品种误认为授权品种。

9月9日，中关村举办专利导航高级实务系列培训。

由国家知识产权局专利管理司、北京市知识产权局主办，中关村知识产权促进局、中关村西城园管委会承办的中关村专利导航高级实务系列培训"专利布局初级实战班"在京开班。

9月11日，专利复审委员会举办专利行政诉讼研讨会。

国家知识产权局专利复审委员会举办专利行政诉讼研讨会。专利局副局长张茂于、最高院民三庭副庭长金克胜、廉政监察员张绳祖、复审委副主任王霄蕙出席会议，来自最高人民法院、北京市高级人民法院、北京市中级人民法院的近30名法官，复审委30余名代表参加了活动。

9月11日，中国专利信息年会（PIAC）在京举办。

PIAC2014围绕"专利运用与经济发展的融合"这一主题设置多个分论坛。来自欧洲专利局、日本特许厅、世界知识产权组织中国办事处、国家知识产权局专利管理司等知识产权管理部门的有关负责人进行了精彩演讲。

9月11日，《中华人民共和国中医药法（征求意见稿）》面向社会公开征求意见。

9月12日，2014年中国国际专利技术与产品交易会在大连举办。

9月15日，第二届中国—东盟技术转移与创新合作大会在南宁举行。

本届大会以"创新·合作·发展"为主题，由中国科技部、广西壮族自治区人民政府主办，广西科技厅与中国—东盟技术转移中心承办。大会围

绕现代农业、新能源与可再生能源、生物医药、电子信息、节能环保五个
重点领域，组织开展系列活动。

9月15日，2014年国际版权论坛在成都举行。

本届论坛以"版权、创新与发展"为主题，旨在探讨版权保护新的理
念和新的模式。这是中国国家版权局与世界知识产权组织（WIPO）举办
的第5次国际版权论坛。

9月17日，第五届中国国际版权博览会在成都举办。

由中国国家新闻出版广电总局、国家版权局和四川省人民政府共同主
办的第五届中国国际版权博览会在成都举行。来自世界各个国家、地区和
国际组织的超过170家知名机构、企业参展。版博会期间，还举办了中国
版权产业与金融创新高峰论坛等12项重要主题活动。

9月19日，天津市知识产权局与天津市科委、天津银监局出台《关于
进一步加强专利权质押贷款工作的意见》。

9月24日，2014中国互联网安全大会在京举行。

此次大会汇集众多安全领域的热门议题，包括云服务、大数据的安
全趋势，智能设备安全，企业网络安全服务以及车联网破解、攻防挑战
赛等。

9月30日，工信部和北京高院共建知识产权纠纷解决机制。

工业和信息化部电子知识产权中心与北京市高级人民法院在北京签署
合作协议，共同建立工业行业知识产权纠纷解决机制。

10月

10月8日，国家知识产权局印发《关于知识产权支持小微企业发展的
若干意见》。

10月9日，网络侵权纠纷案件新规开始施行。

最高人民法院公布《最高人民法院关于审理利用信息网络侵害人身权
益民事纠纷案件适用法律若干问题的规定》，针对网络侵权诉讼难、网络
个人信息保护、随意转帖等问题都作出了新的规定。

10月10日，第三届中国非物质文化遗产博览会开幕。

由文化部和山东省人民政府共同主办的第三届中国非物质文化遗产博览会在山东济南开幕。本届博览会以"非遗：我们的生活方式"为主题，展示当前全国文化生态保护区的成果，激励非物质文化遗传的保护与传承，强化公民对非物质文化遗产的保护意识。

10月11日，《深化新闻出版体制改革实施方案》正式出台。

10月11日，《中德合作行动纲要》正式出台。

中国与德国共同发表《中德合作行动纲要》，双方共同规划了中德未来合作的方向和重点，并就加强知识产权保护、深化中德战略伙伴关系达成重要共识。

10月14日，最高人民法院就商标授权确权司法解释公开征求意见。

10月14日，我国将建立品牌评价国际标准体系。

国际标准化组织（ISO）品牌价值评价技术委员会第一次全体会议在北京召开，国家标准委主任田世宏称，中国作为ISO品牌价值评价技术委员会的秘书国，已批准设立品牌价值评价技术方法研究和试点示范科研专项，并正在研究制订中国品牌发展"十三五"规划，积极推动建立一套全球公认的、科学公正的品牌评价国际标准体系。

10月20日，国务院推动体育企业实施商标战略。

国务院发布《关于加快发展体育产业促进体育消费的若干意见》，该意见要求在体育产业上必须完善无形资产开发保护和创新驱动政策。必须加强体育品牌建设，推动体育企业实施商标战略，开发科技含量高、拥有自主知识产权的体育产品，提高产品附加值，提升市场竞争力。

10月21日，推进国际标准版权保护工作座谈会在京举行。

10月23日，《中国知识产权指数报告2014》发布。

中国知识产权指数报告课题组在京发布《中国知识产权指数报告2014》。这是自2009年以来，该课题组第6次发布年度报告。报告显示，北京、江苏、上海、广东、浙江列知识产权综合实力前5位，其中北京连续多年位居榜首。前10位还包括天津、山东、辽宁、福建、重庆。

10月24日，最高法：加快组建知识产权法院并尽快设立巡回法庭。

最高人民法院2014年10月24日召开的党组会议提出，要加快组建北京、上海、广州知识产权法院，尽快设立最高人民法院巡回法庭。

10月25日，中国知识产权法学研究会召开2014年年会。

"深化改革与中国知识产权制度"论坛暨中国知识产权法学研究会2014年年会在同济大学开幕，国家立法、司法、行政主管机关的有关领导和国内高校、研究机构的专家学者等400余人参加。在以"依法治国"为主题的十八届四中全会刚刚召开的时代背景下，此次中国知识产权领域的年度盛会吸引了海内外有关人士的广泛参与。在为期两天的议程中，与会人士围绕"知识产权司法保护""著作权制度的演进与完善""专利制度的完善""知识产权法院的设计""创新与竞争秩序的保护"等专题进行交流。

10月26日，国信办出台APP管理办法。

我国必须加强互联网立法，依靠严密的法律网来规范和推进互联网发展。根据国务院授权，国家网信办负责网上内容管理和网上执法，国家网信办出台APP应用程序发展管理办法，意在规范APP应用市场，促进互联网的健康发展。此外，北京网信办主任佟力强称，北京正在研究制定《北京市APP应用程序公众信息服务发展管理暂行办法》《北京市即时通信工具公众信息服务发展管理暂时规定实施细则》《北京市互联网新技术新业务审批暂行办法》等系列法规，还将成立首都互联网协会法律专家委员会，推动各网站人民调解委员会的建立。

10月27日，中国专利保护协会三届三次理事会在京召开。

10月28日，国务院发布《国务院关于加快科技服务业发展的若干意见》。意见指出，必须深化促进科技和金融结合试点，探索发展新型科技金融服务组织和服务模式，建立适应创新链需求的科技金融服务体系。

10月31日，首届海博会在东莞开幕。

本届海博会吸引了众多21世纪海上丝绸之路沿线国家参展，境内外企业申请展位2536个，超出原计划的26.8%，共云集42个国家和地区、170多个境内外的商协会，1 000多家企业参展。

11月

11月2日，中国可穿戴计算产业技术创新战略联盟正式成立。

11月3日，北京市人大任命北京知识产权法院首任院长。

北京市第十四届人大常委会第十四次会议通过表决，任命宿迟为首任北京知识产权法院院长、审判委员会委员、审判员。

11月3日，知识产权法院案件管辖司法解释公布。

最高人民法院召开新闻发布会，正式对外公布知识产权法院案件管辖的司法解释。根据该司法解释，北京、上海、广州各知识产权法院及其所在地高级人民法院将彻底实现民事和行政审判"二合一"，广州知识产权法院还将实现技术类知识产权案件跨区域管辖。

11月6日，北京知识产权法院正式挂牌成立。

全国首家知识产权审判专业机构——北京知识产权法院正式挂牌成立，开始受理案件。与此同时，北京市各中级人民法院将不再受理知识产权民事和行政案件。

11月8日，工商总局拟清理规范商标品牌排行榜。

11月16日，上海浦东率先设立统一的知识产权局。

全国首家单独设立的知识产权局在上海浦东正式成立。其集专利、商标、版权行政管理和综合执法职能于一身，并将于2015年1月1日正式运行。浦东新区知识产权局将着力构建"监管和执法统一、保护和促进统一、交易和运用统一"的知识产权工作体系，并将成立知识产权执法大队，统一执法，切实提高知识产权的创造、运用、保护、管理和服务水平。

11月16日，第十六届中国国际高新技术成果交易会在深圳开幕。

中共中央政治局委员、国务院副总理刘延东，中共中央政治局委员、广东省委书记胡春华和全国政协副主席、科技部部长万钢出席开幕式并在开幕前参观了高交会展馆。

11月19日，工业品外观设计保护研讨会在京召开。

11月20日，知识产权金融培训会在京召开。

11月21日，第九期知识产权战略大讲堂活动在京举行。

11月22日，中国知识产权网国际版正式上线。

为适应国际化的需求，促进专利信息的国际交流，知识产权出版社正式推出中国知识产权网(www.cnipr.com)国际版。CNIPR国际版包含日文版和英文版平台，根据海外用户的特点为其量身打造中国专利检索分析平台。

11月25日，国家知识产权局发布《全国地方知识产权战略实施评估报告》。

该报告指出，全国知识产权总体发展状况良好，但各地存在较大差异，呈现出较强的地域性特征，知识产权发展强势省份主要集中在东南沿海及环渤海经济圈，弱势省份主要集中在西北部经济欠发达地区，东南沿海经济发达地区与西南、西北少数民族自治区差距非常明显。

11月28日，由中国知识产权报社主办的"新形势下专利服务业发展趋势研讨会暨2014年中国专利代理行业综合实力评价活动成果发布会"在北京举行。

11月28日，中关村知识产权创新沙龙举办。

由中关村知识产权促进局举办的第八期中关村知识产权创新沙龙在京举行，各方专家就"依法治国与知识产权保护"进行深入探讨。

11月28日，新形势下知识产权服务业发展趋势研讨会在京举办。

11月28日，中国专利保护协会举办互联网企业专利研讨会。

12月

12月2日，《职务发明条例草案（送审稿）》征求意见会在京召开。

12月8日，我国首家外贸业知识产权服务中心中国国际贸易促进委员会知识产权服务中心在北京正式成立。

该知识产权服务中心意在积极探索完善知识产权各类服务，并与企业开展紧密的深层次合作，帮助企业做好知识产权培训、制定知识产权战略、帮助企业海外维权、企业海外专利预警、海外知识产权纠纷解决等工作。

12月9日，中国北京出版创意产业基地落户朝阳。

12月10日，我国首次试验开通专利数据资源。

12月10日，由工业和信息化部电子知识产权中心主办的第三届知识产权、标准与反垄断法国际研讨会在京举行。来自政府部门、企事业单位代表、专家学者等围绕知识产权与标准、反垄断与反不正当竞争司法审判实务、标准必要专利实施中涉及的法律问题、知识产权企业实践与司法审判经验等议题展开讨论。

12月12日，第十六届中国专利奖颁奖大会在京举行。

大会由国家知识产权局和世界知识产权组织共同主办，旨在鼓励和表彰为推动技术创新、设计创新以及经济社会发展做出突出贡献的专利权人、发明人和设计人。国家知识产权局局长申长雨介绍，本届中国专利奖评选工作得到了中央各部委、地方知识产权局、行业协会以及两院院士的大力支持，共推荐877项优秀项目参加评选为历年之最。

12月15日，首个全国性锂电材料产业创新联盟成立。

在中国专利保护协会于北京主办的锂电材料产业创新与国际合作研讨会上，国内首个全国性锂电材料产业创新联盟宣告成立。

12月16日，广州知识产权法院挂牌成立。

12月16日，《专利基础数据资源申请暂行办法》发布。

12月17日，全国知识产权领军人才和百千万知识产权人才工程百名高层次人才培养人选评审会在京召开。

12月18日，知识产权系统对口援疆专家研讨会在北京召开。

会议提出，要运用知识产权促进新疆产业转型升级发展，实现援疆与社会经济发展战略的深度融合，从总体思路上要融入国家总体援疆工作，加大扶持力度，通过创新知识产权质押融资、投资入股等形式解决中小微企业资金难问题。

12月18日，国家新闻出版广电总局印发《关于推动网络文学健康发展的指导意见》。

12月20日，知识产权与文化遗产国际学术研讨会在西安举行。

来自政府部门、企事业单位、高等院校等单位的知识产权实务和理论工作者就"非物质文化遗产国际保护的新发展""知识产权和文化遗产的其他重要理论与实务问题"等议题展开讨论，充分分析了对文化遗产予以保护的重要性，并深入探讨了知识产权与文化遗产保护的关系。

12月21日，文化部在中南财经政法大学举行的国家知识产权智库建设研讨会暨知识产权研究基地十周年庆典上表示将在中南财经政法大学建立文化知识产权研究中心，以承担文化改革发展重要课题研究。

12月21日，国家知识产权智库建设研讨会在武汉举办。

由中南财经政法大学知识产权研究中心主办的国家知识产权智库建设研讨会在武汉举行。有关专家认为，要高度重视知识产权研究工作，积极探索建设具有中国特色的知识产权国家智库，努力为知识产权事业发展和知识产权强国建设提供新理论、新观点、新思想、新举措。

中南财经政法大学教授吴汉东认为，知识产权国家智库建设必须要为国家的经济社会发展、为知识产权事业进步、为知识产权强国建设提出观点，表达思想；要培养不同层次的适用的人才，为事业发展提供人才和智力支撑；要凝聚共识，为努力在全社会形成尊重知识、崇尚创新、保护知识产权的良好共识作出贡献。中国社会科学院知识产权中心教授李明德表示，当前知识产权事业的发展，迫切需要国家智库建设和人才的支撑，国家知识产权局近年来逐步开展了知识产权专家库、领军人才、高层次人才队伍的建设等相关工作，这对于促进我国知识产权事业发展、努力建设知识产权强国具有非常重要的意义。

12月28日，上海知识产权法院挂牌成立。

12月30日，首都版权产业联盟软件工作委员会成立。

北京市主要软件企业及版权服务中介机构、法律维权机构、行业专家以及中国知识产权报社等媒体共计100余家单位和个人成为该委员会的首批会员。

二、2015年知识产权大事回顾

1月

1月4日，《深入实施国家知识产权战略行动计划》发布。

国家知识产权局局长申长雨表示，行动计划对支撑创新驱动发展，推进知识产权强国建设具有重要意义。

1月7日，由复旦大学产业发展研究中心和复旦大学中国经济研究中心·智库共同主办的专利制度与技术创新学术研讨会在复旦大学举行。

1月14日，经国家知识产权局批准，西部首个国家知识产权服务业集聚发展试验区落户成都高新区。

1月14日，国内首家"五位一体"知识产权金融服务体系发布。

中国技术交易所与北京市海淀区国有资产投资经营有限公司共同构建了国内首家"五位一体"知识产权金融服务体系——中技知识产权金融服务体系。

1月14日，国家知识产权局发布《全国专利信息公共服务指南(2014年修订版)》。

1月15日，全国知识产权局局长会议在北京召开。

1月16日，《关于知识产权服务标准体系建设的指导意见》印发。

国家知识产权局、国家标准化委员会、国家工商行政管理总局、国家版权局联合印发《关于知识产权服务标准体系建设的指导意见》。其中指出组建知识产权服务标准化技术组织、加强知识产权服务标准化研究、培育知识产权服务标准化试点示范、加强知识产权服务标准化人才培养、加强知识产权服务标准的宣传贯彻等5个方面的重点任务。

1月21日，CEPCT系统全国推广工作全面启动。

CEPCT系统于2014年8月18日上线运行，由国家知识产权局自主开发，是一个集PCT新申请和中间文件提交、案件管理、信息查询、通知书接收、网上支付于一体的PCT全流程业务系统。

1月23日，2014年度专利代理行业综合实力评价活动成果发布会在京举行。

1月27日，《专利行政执法办法修改草案（征求意见稿）》将面向社会征求意见。

1月28日，最高人民法院第一巡回法庭在深圳挂牌成立。

巡回法庭是最高人民法院派出的常设审判机构，巡回法庭作出的判决、裁定和决定，是最高人民法院的判决、裁定和决定。根据自2015年2月1日起施行的《最高人民法院关于巡回法庭审理案件若干问题的规定》，巡回法庭审理或者办理巡回区内应当由最高人民法院受理的以下案件：全国范围内重大、复杂的第一审行政案件；在全国有重大影响的第一审民商事案件；不服高级人民法院作出的第一审行政或者民商事判决、裁定提起上诉的案件；对高级人民法院作出的已经发生法律效力的行政或者民商事判决、裁定、调解书申请再审的案件；涉港澳台民商事案件和司法协助案件等。此外，巡回法庭还依法办理巡回区内向最高人民法院提出的来信来访事项。

1月30日，国务院发布《关于促进云计算创新发展培育信息产业新业态的意见》。

该意见提出到2017年，初步形成安全保障有力，服务创新、技术创新和管理创新协同推进的云计算发展格局，带动相关产业快速发展。

1月30日，最高人民法院修改《最高人民法院关于审理专利纠纷案件适用法律问题的若干规定》，进一步明确专利纠纷案件赔偿数额的确定。

1月31日，最高检出台《关于贯彻落实〈中共中央关于全面推进依法治国若干重大问题的决定〉的意见》。

该意见共9个方面42条。其中指出，要加强对知识产权的司法保护，严肃查办和积极预防国家重大科研基础设施建设、科研资源管理分配等重点领域的职务犯罪。

2月

2月1日，最高人民法院修改司法解释明确专利纠纷案件赔偿数额自今日起施行。

最高法修改《最高人民法院关于审理专利纠纷案件适用法律问题的若干规定》，进一步明确专利纠纷案件赔偿数额的确定。

2月1日，《武汉市知识产权促进和保护条例》实施。

2月4日，国家质检总局发布2014年打击侵犯知识产权和制售假冒伪劣商品十大典型案例。

这十大案例为：广东省广州市质监局查处广州某服饰有限公司生产假冒服装案；广东省广州市质监局查处李某生产假冒手袋案；江苏省南京市质监局溧水分局查处南京某公司生产假冒水泥案；江苏省南通市如皋质监局查处南通某公司生产伪劣发泡塑料餐具案；山东省质监局查处淄博某公司制售伪劣柴油案；江西省赣州市质监局查处赣州市某电动车厂制售侵权假冒伪劣电动自行车案；吉林省通榆县质监局查处李某制售假冒农药案等。

2月6日，最高检出台意见加强知识产权司法保护。

最高人民检察院出台《关于贯彻落实〈中共中央关于全面推进依法治国若干重大问题的决定〉的意见》，共9个方面42条。其中指出，要加强对知识产权的司法保护，严肃查办和积极预防国家重大科研基础设施建设、科研资源管理分配等重点领域的职务犯罪。

2月8日，北京知识产权学院和北京知识产权研究院成立。

北京市知识产权局、北京工业大学签署合作框架协议，双方将共建北京知识产权学院、北京知识产权研究院。

2月9日，2015年国家知识产权示范城市工作计划印发。

2月10日，国内首家"工业4.0"推动联盟成立。

青岛中德"工业4.0"推动联盟在青岛西海岸新区成立，这是国内首家"工业4.0"联盟。联盟由德国"工业4.0"研究机构、国内相关院所和中德优秀企业代表组成。

2月10日，首起互联网金融P2P平台侵害商标权纠纷案判决。

2月10日，中国国家发展和改革委员会裁决高通公司构成垄断。

中国国家发展和改革委员会裁决高通公司构成滥用市场支配地位实施排除、限制竞争的垄断行为，责令整改，并依法对高通公司处以其2013年度在中国市场销售额8%的罚款，计人民币60.88亿元。这一罚款数额创下了中国对单个企业反垄断罚款的最高纪录。

2月13日，全国知识管理标准化技术委员会在京成立。

全国知识管理标准化技术委员会成立大会暨第一次全体委员会议在京举行。国家知识产权局局长申长雨、国家标准化委员会主任田世宏出席大会并致辞。

2月13日，《中国家具行业知识产权保护办法》出台。

中国家具协会面向全行业发出《中国家具行业知识产权保护办法》，把家具知识产权保护提升到全行业规范的高度。

2月26日，最高人民法院发布《最高人民法院关于全面深化人民法院改革的意见》，这是指导当前和今后一个时期人民法院改革工作的重要纲领性文件。

3月

3月2日，中国版权服务年会在京召开。

3月2~3日，由中国版权保护中心（CPCC）主办的中国版权服务年会在京召开。本届年会以"尊重原创"为主题，重点探讨跨界融合的互联网环境下版权生态新问题。

3月3日，2014年度中国版权十大事件发布。

3月3日，国家版权局发布2014年度中国版权十大事件，分别为：开展第十次打击网络侵权盗版专项行动；北京、上海、广州相继设立知识产权法院；第五届中国国际版权博览会成功举办；我国版权产业对GDP贡献达

6.87%；沈仁干、王立平荣获"中国版权终生成就者奖"；"网络字幕组"侵权盗版行为被查处；政府机关抽查软件正版率超过91%；《使用文字作品支付报酬办法》颁布；琼瑶诉编剧于正抄袭案等。

3月3日，首届版权标委会年会在京召开。

由全国版权标准化技术委员会主办、中国版权保护中心承办的首届版权标委会年会在京召开。

3月3日，第九届中英知识产权沙龙在京举办。

主题为"地理标志保护制度：挑战与机遇"的第九届中英知识产权沙龙在北京香格里拉饭店举行。

3月4日，常州等8市被确定为国家知识产权示范城市。

据国家知识产权局专利管理司相关负责人介绍，按照《国家知识产权试点示范城市(城区)评定和管理办法》要求，经各城市政府自愿申报、全国各地方局择优推荐、组织专家进行程序严谨和客观公正的评审，常州等12市被认定为具备示范城市资格。其中，常州、安阳、宜昌、湘潭、攀枝花、江阴、丹阳、张家港等8市率先完成评定意见落实任务，正式确定为国家知识产权示范城市。

3月4日，《林业植物新品种测试管理规定》出台。

为了规范管理林业植物新品种测试工作，国家林业局制定的部门规章《林业植物新品种测试管理规定》正式出台。国家林业局有关负责人表示，该规定分总则、测试机构、测试任务、繁殖材料、近似品种、测试性状观测与记录、测试报告、附则等8章26条，对林业植物新品种测试工作作了较为全面的规范。

3月6日，《安徽省专利保护和促进条例（修订草案征求意见稿）》，面向社会征求意见。

3月12日，两高报告：我国加大知识产权司法保护力度。

十二届全国人大三次会议第三次全体会议，分别听取和审议最高人民法院和最高人民检察院的工作报告。报告分别显示，2014年，各级法院审结一审知识产权案件11万件，同比上升10%；全国检察机关起诉侵犯商标权、专利权、著作权和商业秘密等犯罪9427人，同比上升7.1%。

3月15日，8家互联网平台共同发布《保护原创版权声明》。

今日头条等8家互联网平台共同发布《保护原创版权声明》，旨在抵制抄袭盗版，保护内容消费者权益。

3月18日，最高法知识产权司法保护研究中心在北京成立。

最高人民法院院长周强为知识产权司法保护研究中心揭牌，并为研究中心首届学术委员会委员、研究员颁发聘书。

3月26日，中兴通讯连续5年国际专利申请全球前三。

据世界知识产权组织（WIPO）发布最新数据，中兴通讯凭借2 179件专利位居2014年全球国际专利（PCT）专利申请第三。这是中兴通讯连续第5年稳居PCT专利申请全球前三甲(2010年、2013年居第二，2011年、2012年蝉联第一)，也是中国唯一连续5年获此殊荣的企业。

3月27日，上海知识产权法院"第一案"开庭。

上海知识产权法院公开开庭审理惠普发展公司诉上海胤嘉国际贸易公司侵犯发明专利权一案。这是上海知识产权法院成立后受理的首起案件，也是首起开庭审理的案件。

3月31日，国内首家影视版权调解委员会成立。

在浙江省知识产权局的指导推动下，横店影视产业实验区管委会、东阳市司法局、横店集团、千乘影视、欢瑞世纪等单位联合成立横店影视产业协会影视版权委员会，该委员会是国内首家影视版权调解委员会。

4月

4月1日，北京冬奥申委承诺将依法保护知识产权。

近日，国际奥委会评估团听取了北京冬奥申委共六个主题的陈述，覆盖的领域十分广泛。至此，北京冬奥申委陈述工作全部结束。其中，北京冬奥申委有关负责人在陈述中表示，在知识产权方面，中国已加入保护知识产权的有关国际公约，构建了完备的知识产权保护制度，并且为保障北京2008年奥运会知识产权制定的《奥林匹克标志保护条例》和《北京市奥林匹克知识产权保护规定》依然有效，完全能够为奥林匹克知识产权提供充足、有效的法律保护。

4月1日，《专利法》第四次全面修改草案公开向社会征求意见。

4月1日，科研组织知识产权管理标准认证工作将启动。

4月1日，专利事业发展战略推进工作创新项目申报启动。

为深入实施全国专利事业发展战略，贯彻落实《2015年全国专利事业发展战略推进计划》，国家知识产权局组织申报2015年全国专利事业发展战略推进工作创新项目工作已经正式启动，并印发《关于组织申报2015年全国专利事业发展战略推进工作创新项目的通知》，探索建设知识产权强省等成为其中主要内容。

4月2日，《职务发明条例草案（送审稿）》公开征求意见。

4月3日，武汉东湖高新区着力推动专利导航。

4月7日，工商总局出台规定规范知识产权竞争行为。

为落实《反垄断法》对滥用知识产权排除、限制竞争行为的规定，国家工商总局公布了《关于禁止滥用知识产权排除、限制竞争行为的规定》，并于2015年8月1日起施行。

4月8日，江苏发布2014年知识产权十大典型案件。

这十大典型案例分别是：瑞士里特机械公司发明专利侵权纠纷案；"宝庆"品牌特许经营合同商标侵权系列纠纷；"高清影视下载网"侵犯著作权案；"轻型摩托车"外观设计专利侵权纠纷案；瑞泰公司、夏某侵害技术秘密纠纷案；假冒"波司登"蚕丝被案；"建工之家"网站侵犯著作权案；上海某公司销售假冒配电箱案；两家同仁堂公司之间的侵害商标专用权及不正当竞争纠；苏州海关查处邮寄出境辉瑞药品侵权案。

4月8日，AIPPI中国分会成立专业委员会。

国际保护知识产权协会（AIPPI）中国分会七届四次理事扩大会议在京召开。会上，AIPPI中国分会宣布成立专业委员会，并制定了专业委员会工作方法。

4月9日，上海成立自贸区知识产权法庭。

上海市浦东新区人民法院成立自贸区知识产权法庭，最高人民法院知识产权审判庭自贸区知识产权司法保护调研联系点同时揭牌。

4月10日，河北确立2020年进入知识产权大省行列目标。

4月13日，12个城市正式成为第三批国家知识产权示范城市。

据国家知识产权局专利管理司相关负责人介绍，按照《国家知识产权试点、示范城市（城区）评定和管理办法》和《关于开展2014年度国家知识产权示范城市评定工作的通知》规定和要求，经综合测评和认真研究，确定佛山市、中山市、北京市朝阳区、南昌市为国家知识产权示范城市。示范时限自2015年4月至2018年4月。

4月14日，最高人民法院办公厅印发2014年中国法院十大知识产权案件、十大创新性知识产权案件和50件典型知识产权案例。

4月15日，2014年度北京法院知识产权十大案例公布。

4月17日，中国版权保护中心发布《2014年中国软件著作权登记情况分析报告》。

报告显示，2014年我国软件著作权登记达21.88万件，登记量突破20万件大关，再创历史新高。这是继2011年我国软件登记量首次超过10万件后，又一重大突破。

4月17日，知识产权保护与互联网未来发展研讨会在京召开。

4月20日，最高法:发布知识产权司法保护状况。

最高人民法院在重庆召开媒体见面会，发布《中国法院知识产权司法保护状况（2014年）》白皮书。最高人民法院副院长陶凯元在会上介绍了2014年人民法院知识产权司法保护情况。陶凯元表示，2014年我国知识产权案件审判质效不断提高，知识产权审判影响力显著提升。

4月22日，国家版权局发布规范网络转载9条新规。

国家版权局在京召开规范网络转载版权秩序座谈会暨传统媒体与新媒体版权合作签约仪式。会上，国家版权局发布《关于规范网络转载版权秩序的通知》，就规范网络转载行为出台9条新规。

4月22日，全国首个新一代抗生素专利池在京建立。

新一代抗生素专利池的建立，标志着新一代抗生素在专利协同运用、破解耐药性难题，朝着克除耐药菌所致疾患方向迈出了新的一步。

4月22日，中国信息通信研究院在京发布《2014年中国网络版权保护年度报告》。

4月24日，《2015年专利导航试点工程实施工作要点》发布。

4月24日，《2014知识产权保护社会满意度调查报告》发布。

报告显示，2014年中国知识产权保护社会满意度得分为69.43分，连续三年提升。自2012年开始，中国已连续三年开展关于知识产权保护社会满意度的调查，得分依次为63.69分、64.96分和69.43分。

4月26日，第15个世界知识产权日，主题为"因乐而动，为乐维权"。

4月27日，专利申请云服务平台新版发布。

4月27日，2014年度专利复审无效十大案件公布。

4月28日，我国首家知识产权运营联盟在北京成立。

该联盟是在国家知识产权局支持下，由中国专利保护协会邀请全国重点知识产权运营机构共同发起成立的，相关领域内高等院校、科研院所、企业、投资公司以及银行等机构广泛参与其中。

4月28日，2015年全国知识产权服务品牌机构牵手贵州发展行动启动。

4月29日，2014年中国知识产权海关保护典型案例出炉。

4月29日，新一批国家知识产权示范园区名单出炉。

此次评比，依照《国家知识产权试点示范园区评定管理办法》，经过综合评定，最终确定石家庄高新技术产业开发区等7个园区为国家知识产权示范园区。截至目前，全国共有国家知识产权示范园区24个。

5月

5月5日，《关于印发推进药品价格改革意见的通知》印发。

　　国家发展改革委会同国家卫生和计划生育委员会、人力资源和社会保障部等7部门联合印发《关于印发推进药品价格改革意见的通知》，宣布将从2015年6月1日起，除麻醉药品和第一类精神药品外，取消药品政府定价，但同时宣布专利药品须通过谈判形成定价。

　　5月5日，第117届广交会知识产权保护获外商肯定。

　　5月6日，全国版权示范城市联盟在青岛成立。

　　杭州、成都、青岛、苏州、昆山、广州、厦门、张家港8个全国版权示范城市签署《全国版权示范城市联盟合作协议》，首批加入该联盟。

　　5月8日，植物新品种保护研讨会在京召开。

　　农业部科技发展中心在北京举办2015年植物新品种受理审查暨植物新品种保护研讨会。会议对加强农业植物新品种保护工作的指导意见框架建议和2015年植物新品种保护课题研究题目进行了讨论。

　　5月8日，《产业知识产权联盟建设指南》发布。

　　5月8日，海关总署发布《2014年中国海关知识产权保护状况》。

　　海关总署发布的《2014年中国海关知识产权保护状况》显示，2014年中国海关共采取知识产权保护措施2.7万余次，查扣进出口侵权嫌疑货物近2.4万批，涉及商品近9 200万件，较2013年同比分别增长14.03%、16.59%和21.09%。

　　5月12日，北京经济技术开发区知识产权促进中心揭牌成立。

　　由北京市知识产权局和北京经济技术开发区管委会共同组建的北京经济技术开发区知识产权促进中心挂牌成立。

　　5月13日，天津首家知识产权运营联盟成立。

　　天津市首家知识产权运营联盟中知厚德知识产权运营管理（天津）有限公司暨天津市知识产权运营联盟在华明高新区成立。

　　5月18日，顺德启动省区共建广东知识产权创新运用试验区。

　　5月18日，专利复审委员会第十巡回审理庭在国家知识产权局专利局专利审查协作江苏中心揭牌。

　　5月18日，林业知识产权战略实施推进计划出台。

由国家林业局制定的《2015年林业知识产权战略实施推进计划》提出，要着力提高林业知识产权创造、运用、保护、管理水平的提升。

5月18日，多国发明专利审查信息查询服务上线。

为了满足国内外公众用户对国外发明专利审查信息的查询需求，中国及多国专利审查信息查询新增多国发明专利审查信息查询服务，5月18日，该项服务正式上线运行。

5月19日，国家版权局大力支持"著作权集体管理"发展。

由中国音像著作权集体管理协会（CAVCA）、国际唱片业协会（IFPI）、日本文化产品海外流通促进机构（CODA）联合举办的"著作权集体管理研讨会"在北京召开。

5月19日，国务院印发《中国制造2025》，部署全面推进实施制造强国战略。

《中国制造2025》提出创新驱动、质量为先、绿色发展、结构优先、人才为本的指导方针，提出"三步走"的战略目标，设立9项战略任务与重点、6大重点工程，并提出8大战略支撑与保障。

5月21日，上海推进知识产权纠纷调解试点工作。

5月21日，中国首家声音商标创制公司"乐名片科技"在北京成立。

5月23日，2015年农业知识产权创造指数发布。

《中国农业知识产权创造指数报告(2015年)》发布暨农业智慧资源大数据挖掘研讨会在国家种业科技成果产权交易中心举行。报告显示，2014年，全国农业知识产权创造指数为109.54%，比2013年增加9.54%。其中，申请量指数为111.97%，比2013年增长11.97%；授权量指数为113.13%，比2013年增加13.13%；维持年限指数为103.75%，比2013年增长3.75%。

5月25日，2015年度专利分析普及推广项目启动。

5月27日，科技部、国资委发布《中国创新型企业发展报告2013~2014》。

5月29日，《国家知识产权局关于修改〈专利行政执法办法〉的决定》经国家知识产权局务会议审议通过。

6月

6月1日，2015知识产权助力软件与文化创意产业发展论坛在北京举行。

6月1日，《2014中国林业知识产权年度报告》发布。

6月2日，首届"两岸知识产权经济论坛"在厦门举办。

此次论坛以"知识产权经济发展"为主题，来自国家知识产权局专利局审查业务管理部、厦门大学、台湾地区"清华大学"产学合作营运总中心、澳门大学等单位的相关负责人及专家学者分别就两岸知识产权政策及保护、两岸知识产权转化体系及两岸知识产权经济模式进行了深入的交流探讨。

6月3日，我国正式起草知识产权反垄断指南。

国家发展改革委价格监督检查与反垄断局组织召开筹备会议，正式启动《滥用知识产权反垄断规制指南》的研究起草工作。

6月4日，由国家知识产权局知识产权发展研究中心制定的《2014年中国知识产权发展状况报告》在京发布。

6月10日，"剑网2015"专项行动启动。

由国家版权局、国家互联网信息办公室、工业和信息化部、公安部4部门联合开展的"剑网2015"专项治理行动在福建厦门正式启动。

6月11日，第四届世界知识产权组织版权金奖（中国）颁奖仪式在福建厦门举行。

第四届世界知识产权组织版权金奖（中国）颁奖仪式在福建厦门举行，共颁出6个作品奖、4个推广运用奖和4个保护奖，著名作家莫言等分获各大奖项。

6月12日，国家知识产权局发布《关于PCT制度在中国发展状况的调查报告》。

6月13日，2015年知识产权金融与司法讲坛在沪开讲。

由中国知识产权培训中心与复旦大学经济学院联合主办的主题为"2015年知识产权金融与司法讲坛"在复旦大学举行。此次讲坛围绕"知识产权金融与战略""知识产权案件的审理及庭审方式改革""知识产权案件的侵权确定、鉴定与赔偿"3个议题进行研讨和交流。

6月15日，由北京大学国际知识产权研究中心和北京强国知识产权研究院共同主办的"强国知识产权名家讲堂"在北京开讲。

6月16日，王老吉再诉加多宝侵权。

最高人民法院开庭合并审理上诉人广东加多宝饮料食品有限公司与被上诉人广州王老吉大健康产业有限公司、广州医药集团有限公司擅自使用知名商品特有包装装潢纠纷上诉两案。该案被称为"中国包装装潢第一案"。

6月16日，《中国非物质文化遗产百科全书》首发。

由中国文联出版社组织国内优秀学者历时2年编撰的《中国非物质文化遗产百科全书》第一批3种4卷面世，并在京举行首发式暨出版座谈会。

6月16日，WIPO在沪举行"电影和版权"圆桌会议。

由国家版权局与世界知识产权组织（WIPO）共同主办的"电影和版权在文化与经济上的重要性"高端圆桌会议在沪举行。来自巴林、中国、哥伦比亚、加纳、日本、马来西亚、韩国、斯里兰卡、泰国、英国、美国、越南等10余个国家的200余名专家学者在会议上针对影视作品的保护进行了积极探讨。

6月16日，中国高校创新创业教育联盟启动。

由137所高校和50家企事业单位、社会团体共同组成的中国高校创新创业教育联盟在清华大学举行成立大会。

6月17日，我国启动知识产权区域布局试点工作。

6月20日，闽台两岸生物医药创新与知识产权运营联盟成立。

该联盟由厦门大学药学院、厦门大学知识产权研究院等单位发起成立，联盟发起的会员单位即理事单位还包括福建生物医药工程职业技术学院、台北医学大学药学系等。

6月21日，中国将绘制知识产权布局地图。

国家知识产权局正式启动知识产权区域布局试点，未来将选择部分省（区、市）或知识产权示范城市作为试点区域，开展知识产权区域布局综合评价，绘制知识产权布局地图。

6月22日，第六次中美创新对话在美国华盛顿举行。

全国政协副主席、科技部部长万钢和美国总统科技助理霍尔德伦共同主持此次创新对话。

6月24日，《国务院办公厅关于成立国家制造强国建设领导小组的通知》发布。

6月24日，文化部启动试点工作推进非遗保护传承。

6月24日，中日首次召开专利审判专家会议。

6月26日，新一批国家级知识产权保护规范化培育市场确定。

6月29日，中欧纪念知识产权合作对话10周年。

7月

7月1日，科研组织与高等学校知识产权管理规范征求意见。

国家知识产权局《科研组织知识产权管理规范（征求意见稿）》《高等学校知识产权管理规范（征求意见稿）》公开征求意见，这是继《企业知识产权管理规范》后的又两部知识产权管理规范。

7月6日，我国出台促进东北老工业基地创新创业发展新规。

国家发展和改革委员会印发《关于促进东北老工业基地创新创业发展打造竞争新优势的实施意见》，其中要求建立健全产权保护机制，营造鼓励创新创业的文化氛围。

7月8日，中国科学技术发展战略研究院发布《国家创新指数报告2014》。

7月8日，电子信息产业知识产权第二期大课堂在京举行。

由工业和信息化部电子信息司、国家知识产权局保护协调司共同主办的"电子信息产业知识产权第二期大课堂"在京举行，来自国内外企业、科研机构、律师事务所的专家代表围绕我国半导体照明产业转型升级的业态环境、知识产权保护战略等进行深入探讨和交流。

7月10日，"学者在线"国家学术数字出版平台上线。

由人大数媒科技（北京）有限公司研发的国家级学术数字出版平台——"学者在线"上线仪式在京举行。

7月10日，林业遗传资源保护行动计划出台。

由国家林业局编制的《中国林业遗传资源保护与可持续利用行动计划（2015~2025年）》出台，其中强调要加强林业植物品种遗传资源保护和利用。

7月14日，互联网视频正版化联盟在京成立。

由中国版权协会主办的"网络云存储版权保护研讨会"在北京举行。本次研讨会的目的是贯彻"剑网2015"专项行动精神，促进我国互联网产业健康快速发展。

7月15日，中国发布首批国防科技工业知识产权转化目录。

由中国国家国防科技工业局和中国国家知识产权局共同发布首批国防科技工业知识产权转化目录，共118个项目，含专利600余个。

7月16日，跨境知识产权多边协作平台上线。

7月18日，"第三届创新中国与知识产权论坛"在京举行。

本次论坛由中国知识产权法学研究会等主办，来自司法机关、专利行政管理部门、高校、企业等的近百名代表参加了会议。

7月20日，国家科技重大专项专利成果推广座谈会召开。

7月20日，国内首家知识产权服务交易平台上线。

7月21~23日，2015中国互联网大会在京举行，创新与知识产权话题成为会议备受关注的热点。大会期间举办了以"互联网+"时代的创新与知识产权保护为主题的2015年中国互联网创新知识产权论坛。

7月21日，《体育赛事节目的法律保护研究报告》发布。

7月24日，"中国学术数字出版联盟"成立。

中国新闻出版研究院联合中国人民大学书报资料中心、众书网和人大数媒科技（北京）有限公司在北京发起成立"中国学术数字出版联盟"。

7月24~25日，2015国际保护知识产权协会（AIPPI）中国分会青年知识产权研讨会在北京举行。

7月27日，2015中国人工智能大会在北京召开。

7月28日，第六次中日外观设计制度研讨会在京召开。

本次研讨会由中华全国专利代理人协会、日本贸易振兴机构联合主办，国家知识产权局专利局外观设计审查部部长林笑跃、中华全国专利代理人协会副秘书长寿宏、日本贸易振兴机构北京代表处首席代表田端祥久出席会议。

7月30日，"知识产权走基层，服务经济万里行"活动在广州启动。

7月31日，中国专利代理行业综合实力评价专家研讨会召开。

7月31日，2015年中国—东盟知识产权京津冀用户研讨会在京举办。

8月

8月7日，全国知识产权贯标咨询服务联盟成立。

8月11日，工信部发布国家知识产权战略行动计划实施方案。

工信部发布的《深入实施国家知识产权战略行动计划（2014~2020年）》实施方案，提出四大目标，六大重点工作任务以及三项保障措施，以保障《行动计划》的顺利实施。

8月11日，两岸青年交流创意成果展福州开展。

8月12日，知识产权管理体系认证获证企业研讨班在京开班。

8月13日，中关村知识产权诉前调解中心成立。

中关村知识产权诉前调解中心在北京知识产权法院举行成立仪式。该中心办公地点设于中关村知识产权大厦，囊括律师事务所、会计师事务所、海淀区工商联、公证处等43家主要服务单位，将为企业无偿提供规范的知识产权纠纷诉前调解服务。

8月19日，《武汉城市圈科技金融改革创新专项方案》印发。

经国务院批准，人民银行会同国家发改委、科技部、财政部、知识产权局、银监会、证监会、保监会、外汇局等部门印发《武汉城市圈科技金融改革创新专项方案》（银发〔2015〕225号）。这是国内首个区域科技金融改革创新专项方案，武汉城市圈成为国内首个科技金融改革创新试验区。

8月19日，国务院通过《关于促进大数据发展的行动纲要》，提升创业创新活力和社会治理水平。

8月19日，全国专利代理管理工作业务培训班在京举行。

8月24日，第十三届中国国际影视节目展在京开幕。

8月26日，第22届北京图博会拉开帷幕。

8月28日，第三届中蒙俄知识产权研讨会在北京举行。中国国家知识产权局局长申长雨、蒙古国知识产权局局长辛巴特、俄罗斯联邦知识产权局副局长柳波芙·基里出席会议并发表讲话。

8月31日，中英专家共议著作权保护。

由国家版权局与英国知识产权局联合举办的"中英版权研讨会"在京举行。来自中英两国的著作权主管部门、法院、著作权集体管理组织的代表，就"数字环境下的著作权执法和司法保护""数字环境下的著作权集体管理"等议题展开讨论。

9月

9月1日，国务院常务会议通过《中华人民共和国电影产业促进法（草案）》。

9月2日，第十一届中国（南京）国际软博会开幕。

第十一届中国（南京）国际软件产品和信息服务交易博览会于9月2~5日在南京国际博览中心举行，来自中国、韩国、美国、德国等30多个国家和地区的1 000多家企业参展。

9月6日，我国将重点发展自主知识产权停车产业。

国家发展改革委与财政部、交通部等7部门印发《关于加强城市停车设施建设的指导意见》。其中强调，要重点发展自主知识产权停车产业，鼓励停车产业"走出去"。

9月7日，知识产权服务标准化国际交流会在北京召开。

此次交流会由国家知识产权局联合国家标准委、中国标准化研究院、北京市知识产权局、北京中关村知识产权促进局、首都知识产权服务业协会等单位共同举办。国家知识产权局副局长甘绍宁、国家标准化管理委员会副主任崔钢、中国标准化研究院院长马林聪等出席开幕式并致辞。

9月9日，全国知识产权系统党建工作交流会举行。

9月11日，国家知识产权局专利复审委员会与北京市高级人民法院在京举办专利行政诉讼案例研讨会。

9月13日，第二届中非文化遗产保护论坛在成都举办。

此次论坛围绕"中非文化遗产保护政策和国际合作"的议题，来自非洲14个国家负责文化遗产保护的专业人士和非洲联盟委员会代表，与中国文化遗产保护领域的官员、专家、学者进行了经验交流。

9月15日，中日韩复审机构第三次专家组会议在京召开。

此次会议，由中国国家知识产权局专利复审委员会主办，来自中国国家知识产权局专利复审委员会、日本特许厅审判部以及韩国特许厅审判院的代表出席了此次会议。

9月18日，《著作权行政处罚实施办法(修订征求意见稿)》公开征求意见。

9月18日，知识产权司法保护与市场价值研究基地设立。

9月18日，最高人民法院在广州设立知识产权司法保护与市场价值研究(广东)基地。

9月19~20日，以"厉行知识产权法治，保障创新驱动发展"为主题的中国知识产权法学研究会2015年年会在广州召开。

9月22日，电源行业启动软件正版化。

北京电源行业协会版权工作站授牌仪式在京举行，同时启动北京电源行业软件正版化。

9月22日，2015年全国知识产权规划发展工作会议召开。

9月28日，2015年度专利分析普及推广项目中期评审会在京举行。

9月30日，粤港签署年度保护知识产权合作协议。

在粤港合作联席会议第十八次会议上，广东省知识产权局与香港知识产权署共同签署《粤港保护知识产权合作协议（2015~2016）》。根据协议，双方2015~2016年度将在6个方面开展21个知识产权合作项目。

9月24日，第八届两岸专利论坛在广州举办。

由中华全国专利代理人协会与台湾工业总会共同主办、广东省知识产权研究会承办的第八届两岸专利论坛在广州市举办。

9月25日，中国版权保护中心启动十大著作权人年度评选活动。

9月25日，北京市知识产权局联合北京市中医管理局在北京中医药大学举办了北京中医药知识产权"健体"专项行动启动暨中医药知识产权"人才培养基地"签约授牌仪式。

9月25日，由中国版权保护中心（CPCC）主办的2015"CPCC十大中国著作权人年度评选"活动在京启动。

9月28日，发改委降低12项收费标准，包括商标注册费。

国家发展改革委、财政部印发《关于降低房屋转让手续费受理商标注册费等部分行政事业性收费标准的通知》，决定降低部分行政事业性收费标准，并延长专利年费减缴时限。

9月28日，中国工业互联网峰会在京召开。

由国家工信部直属单位中国电子信息产业发展研究院主办，赛迪网、《互联网经济》杂志共同承办的"2015中国工业互联网大会"在北京召开。

9月29日，中国第一届国际民族民间工艺品文化产品博览会开幕。

10月

10月5日，申长雨出席第五届金砖国家知识产权局局长会议。

10月9日，落实全面创新改革试验工作会议在京召开。

为贯彻落实中共中央办公厅、国务院办公厅《关于在部分区域系统推进全面创新改革试验的总体方案》，推进做好全面创新改革试验工作，国家知识产权局在北京召开知识产权系统落实全面创新改革试验工作会议。

10月11日，中关村"知识产权一条街"启航。

北京市、海淀区领导共同为知识产权一条街揭牌，标志着知识产权一条街借助中关村创新创业的热潮开启新的航程。

10月15日，天津知识产权运营服务联盟成立。

天津知识产权运营服务联盟吸纳了知识产权服务机构以及高校、科研院所、企业、金融机构等，整合全市知识产权运营和服务资源，将促进知识产权运用和科技成果转化，构建知识产权、金融资本和产业相融相通相促的运营生态体系。

10月15日，中细软—西南交大共建高铁知识产权研究院。

西南交通大学与中细软集团在北京中细软集团总部就高铁知识产权合作事宜进行洽谈并签署合作意向书。双方将建设中国第一个高铁知识产权研究院，支持高铁知识产权专项研究。

10月16日，2015中国国际商标品牌节在海口举行。

10月16~19日，由中华商标协会主办的2015中国国际商标品牌节在海南省海口市举办，本届商标品牌节以"实施商标战略，发展品牌经济"为主题，与会专家学者及实务工作人员围绕"一带一路"的商标品牌建设、商标实务和法律前沿话题进行了深入讨论。

10月19日，第十期"知识产权战略大讲堂"活动举行。

由国家知识产权战略实施工作部际联席会议办公室主办、知识产权发展研究中心承办的"知识产权战略大讲堂"第十期活动在京举行。

10月20日，第十七届中国专利奖评审结果公示。

根据《中国专利奖评奖办法》，第十七届中国专利奖共评选出中国专利金奖预获奖项目20项，中国外观设计金奖预获奖项目5项，中国专利优秀奖预获奖项目507项，中国外观设计优秀奖预获奖项目57项。

10月20日，国家版权局在京举行"规范网盘服务版权秩序座谈会"，正式对外发布《关于规范网盘服务版权秩序的通知》。

10月20日，第四届"ICT产业创新与知识产权保护论坛"举办。

由工业和信息化部、国家知识产权局和国家版权局指导，中国信息通信研究院（CAICT，原工业和信息化部电信研究院）主办的"融合　开放创新：ICT产业变革中的知识产权保护"研讨会在北京万寿宾馆召开。来自政府主管部门、电信运营商、智能终端设计及制造企业、电信设备制造企业、芯片企业、互联网企业、科研院所的近300位专家和代表，就ICT产业变革中知识产权保护问题展开深入研讨。

10月25日，"健康大数据产业技术创新战略联盟"在京成立。

由曾益新、倪光南、孙九林、贺福初等20多位院士联合倡议，由中国医药卫生事业发展基金会、工业和信息化部软件与集成电路促进中心、协和医学科学院、中日友好医院等单位发起的"健康大数据产业技术创新战略联盟"在北京成立。

10月26日，中共十八届五中全会在京举行。

10月27日，公安科技创新成果交流会在京举行。

10月28日，国家版权交易中心联盟成立。

联盟的成员单位包括中国人民大学国家版权贸易基地、北京国际版权交易中心、东方雍和国际版权交易中心、华中国家版权交易中心、台儿庄国家版权贸易基地、青岛国际版权交易中心、国家海峡版权交易中心、广州市越秀区国家版权贸易基地、西部国家版权交易中心、国家版权贸易基地（上海）、成都国家版权交易中心、横琴国际版权交易中心等12家。

10月29日，以"推动文化繁荣促进融合创新"为主题的第十届中国北京国际文化创意产业博览会开幕式暨主题报告会在京举行。

10月29日，《北京市政府机关使用正版软件管理办法》印发。

北京市人民政府办公厅印发《北京市政府机关使用正版软件管理办法》，要求全市各级政府机关的计算机办公设备及系统必须使用正版软件，禁止购买、安装、使用非正版软件。

10月30日，中国首家汽车产业知识产权联盟在京成立。

由北京市知识产权局指导，北京知融知识产权咨询有限公司、北京集慧智佳知识产权管理咨询有限公司和汤森路透科技信息服务（北京）有限公司等单位发起的中国首家汽车产业知识产权联盟在京宣告成立。

11月

11月1日，海关总署：暂停收取海关知识产权备案费。

海关总署发布公告称，根据财政部、国家发展改革委《关于取消和暂停征收一批行政事业性收费有关问题的通知》，暂停收取海关知识产权备案费。

11月3日，云盘版权保护共同声明在京签署。

百度云盘与腾讯视频、优酷土豆等6家视频网站及中国电影著作权协会在京签署云盘版权保护共同声明，携手抵制网络云盘上的侵权盗版行为。

11月6日，《2015中国音乐产业发展报告》发布。

中国传媒大学主办的2015第二届音乐产业高峰论坛在京举行，对外发布的《2015中国音乐产业发展报告》显示，2014 年，我国数字音乐的市场规模达 491.2 亿元。

11月9日，第三届社区音乐教育高峰论坛举行。

由中国音乐学院、国家开放大学、中央文化管理干部学院、北京朝阳社区学院主办，中国传统音乐文化传承与传播研究中心、北京哲学社会科学北京民族音乐研究与传播基地承办的"第七届北京传统音乐节暨第三届社区音乐教育高峰论坛"于北京朝阳社区学院双龙校区举行，本次论坛以"中华优秀传统文化进社区"为主要议题。

11月10日，全国标准版权政策宣贯会在深圳举行。

国家质检总局、国家版权局、国家标准委在深圳市联合举办全国标准版权政策宣贯会。

11月10日，首都版权产业联盟动漫和游戏委员会成立。

首都版权产业联盟动漫和游戏委员会成立大会暨第一次全体会员大

会的召开，标志着北京市首家以版权服务为主体的动漫和游戏行业组织建立。

11月12日，第十届"拜耳—同济知识产权论坛"在京召开。

主题为"可持续创新有赖于有效的、多方位的知识产权保护"第十届"拜耳—同济知识产权论坛"在京召开。

11月12日，第十三届"中国光谷"知识产权国际论坛在武汉举行。

11月16日，全国农业知识产权论坛在京召开。

2015年度植物新品种保护学术年会暨第七届全国农业知识产权论坛在北京举行。本大会由中国农业科技管理研究会植物新品种保护工作委员会主办，植保（中国）协会、中国种业知识产权联盟和《农业科技管理》杂志社协办，中国农业科学院农业知识产权研究中心承办，北大荒垦丰种业股份有限公司特约合作。

11月16日，《滥用知识产权反垄断规制指南》公开征求意见。

11月17日，智南针沙龙在京举办。

该沙龙由国家知识产权局保护协调司指导、中国知识产权报社主办、北京市海淀区知识产权局支持。

11月18日，2015年全国知识产权分析评议联盟年会在京举办。

11月26日，中国国家知识产权局与欧洲专利局在京共同举办以"知识产权、创新与创业"为主题的中欧两局合作三十周年国际研讨会。

11月27日，由中国版权协会主办的第八届中国版权年会在京举行。本届年会以"互联网+时代的音乐——价值挖掘与实现途径"为主题。

12月

12月1日，第十二届上海知识产权国际论坛在沪举办。

12月1日，《中国知识产权指数报告2015》发布。

中国知识产权指数报告课题组在京发布2015年年度报告。中国区域知识产权指数2015排名前十强的省市依次是：北京、江苏、上海、广东、浙江、天津、山东、福建、重庆、安徽。排名中间11位的省份依次是：

辽宁、湖南、陕西、湖北、四川、河南、广西、山西、黑龙江、海南、河北。排名末尾10位的省份依次是：江西、吉林、贵州、宁夏、云南、内蒙古、西藏、甘肃、新疆、青海。

12月2日，《专利法修订草案（送审稿）》公开征求意见。

12月7日，中欧版权保护和产业发展研讨会举行。

由中国国家版权局与中欧知识产权合作项目IP－KEY共同主办的"中欧版权保护和产业发展研讨会"在上海举行。

12月14日，全国广播音频版权联盟成立。

中央人民广播电台、中国国际广播电台和北京人民广播电台等全国28家广播媒体共同倡议发起的全国广播音频版权联盟成立，呼吁社会各界保护广播媒体音频资源合法权益，反对侵权盗版行为。

12月15日，第九届中国产学研合作创新大会在云南昆明开幕。

12月15日，第十七届中国专利奖颁奖大会在北京举行。

12月16日，《中国战略性新兴产业发展报告》发布。

12月17日，2015文化产业版权交流会在中新生态城国家动漫园举行。

12月17日，中国作协成立网络文学委员会。

12月18日，国务院印发《关于新形势下加快知识产权强国建设的若干意见》。

该意见明确，深入实施国家知识产权战略，深化知识产权重点领域改革，实行更加严格的知识产权保护，促进新技术、新产业、新业态蓬勃发展，提升产业国际化发展水平，保障和激励大众创业、万众创新。

12月18日，中国景德镇（陶瓷）知识产权快速维权中心成立。

该中心由国家知识产权局批复同意设立，这是全国第8家获批成立的知识产权快速维权中心。

12月23日，知识产权与金融研讨会在南京举行。

本次研讨会由江苏省知识产权局主办，江苏省专利信息服务中心、全国知识产权分析评议联盟、江苏高创投资发展有限公司承办。

12月25日，新一批国家知识产权试点园区出炉。

江阴高新技术产业开发区等14个园区被确定为新一批国家知识产权试点园区。

12月30日，国家林业局出台知识产权专项资金管理办法。

国家林业局印发《林业植物新品种与专利保护应用项目资金管理办法》，对知识产权相关资金管理作出规范。

12月31日，北京市重点产业知识产权运营基金成立。

北京市知识产权局与北京市财政局根据2015年6月财政部、国家知识产权局联合下发的《关于做好2015年以市场化方式促进知识产权运营服务工作的通知》共同筹备该基金。

环球瞭望

崔逢铭[*]

一、国际要闻概览

（一）2014年上半年

1. 国际商标协会宣布其2014~2017年战略发展计划

国际商标协会（International Trademark Association）宣布：自2014年开始实施一项新的4年战略计划，该计划将为商标和相关知识产权支持活动提供指导，从而保护消费者并促进公平有效的贸易。据国际商标协会称，该项战略计划包括国际商标协会的四个高层战略方针：保护商标、加强沟通、国际扩展和成员满意度。作为该战略计划的组成部分，国际商标协会将继续发展其与全球各国知识产权局、政府官员、协会和其他组织的牢固关系，将创造一个积极的项目以解释商标和知识产权对消费者、国家经济和社会的好处。

2. 欧盟委员会提出商业秘密保护的新规则

2013年11月28日，欧盟委员会颁布了一项由欧洲议会和理事会共同提出的有关防止未披露的专有技术和商业信息被盗用的指令草案。该草案旨在协调欧盟范围内的商业秘密保护并为统一的保护、相同的救济方法和诉讼期间保密措施提供法律基础。该法令认为构成商业秘密需要同时满足下

---

 * 崔逢铭，中南财经政法大学知识产权研究中心博士研究生。

列条件：（1）该信息不是众所周知的（即使在专业领域）；（2）该信息应当具有商业价值；（3）该信息已经被采取相应的保密的合理措施。

3. WIPO通过《保护广播组织条约》的修正案

2013年12月16~20日，世界知识产权组织版权及相关权常设委员会（SCCR）第26届会议在日内瓦召开，本次会议通过了SCCR第25届会议以及非正式会议和特别会议的报告，并就"保护广播组织条约草案""关于图书馆和档案馆的限制与例外"以及"关于教育和研究机构及其他残疾人的限制与例外"三个议题展开了广泛而深入的讨论。本次会议重点讨论了日本最新提交的关于该条约适用范围的一份提案，即"通过计算机网络传输的信号"应当被列入《保护广播组织条约》的适用范围，并作为该条约第6条之二的新增内容，会议还接受印度提出的将主要工作文档第9条（保护广播组织）其中一段涉及禁止未经授权通过互联网转播信号的内容纳入结论性文件的建议。世界知识产权组织SCCR第26届会议最终接受关于保护广播组织的这两项提案。

4. 欧洲议会通过跨境在线音乐许可机制

2014年2月4日，欧洲议会通过跨境在线音乐许可机制。这一许可机制的通过标志着版权法也开始适用于互联网。根据新的许可机制，任何一个欧盟范围内的音乐服务提供者均可以从（代表音乐家和作者的）集体管理组织获得许可，因集体管理组织所覆盖的范围多不限于一个国家，因此这有助于音乐服务者将其服务延伸至欧盟成员国。与现行的"一国一申请"模式相比，新的在线音乐许可机制无疑更具优势。

为了避免"谷歌式"的垄断局面重现，欧盟拟建立7个集体管理组织，以便向欧盟28个成员国销售音乐许可。同时，新的音乐许可机制将为集体管理组织设定为更为严格的透明和财会标准。

5. BSA与FICCI启动知识产权保护工具

2014年3月，软件行业全球服务者商业软件联盟（BSA）与印度工商业联合会（FICCI）共同启动了一套保护知识产权的工具包。该工具包在印度的工作将分数阶段展开，在第一阶段，将在古吉拉特邦和拉贾斯坦邦启动，在这些地区召开如警察和海关等执法机构能力建设研讨会以帮助他们增强解决知识产权侵权问题的行政能力。BSA还引入了一个由其开发的门户网站www.Verafirm.org来帮助企业有效地管理软件许可。

6. WIPO举办展会推动打击假冒盗版的新策略

2014年3月，WIPO举办题目为"对目前执法措施的补充性预防措施或成功经验展"的展会，10个国家和地区组织参加本次展出，包括中国、哥斯达黎加、波兰、韩国、斯洛伐克、南非、特立尼达和多巴哥、英国、美国以及阿拉伯国家联盟。各参展方均认为知识产权方面的教育培训以及对知识产权概念和态度的转变都被视为重要的预防措施，但具体措施则略有不同：南非在实际执法中将"打击盗版"活动改成创造更积极的概念，如"奖励好行为"以及"保护想法"；哥斯达黎加和斯洛伐克开设了一个针对年轻人的Facebook页面；英国知识产权局推出卡拉OK的巡回演出（Karaoke Shower Live Tour）；阿拉伯国家联盟邀请知名作家创造与四个知识产权领域（商标、与公共卫生有关的商标假冒、版权和邻接权以及网络盗版）相关的四部动画片等。

7. 欧洲专利局发布《2013年度报告》

2014年3月7日，欧洲专利局发布《2013年年度报告——专利统计与趋势》，报告总结了2013年欧洲专利申请及授权的相关数据及发展趋势。报告显示，医疗技术的申请量排名第一。该报告显示，2013年专利申请数量最多的十大技术领域为：（1）医疗技术；（2）电机／仪器／能源；（3）数字通信；（4）计算机技术；（5）交通；（6）测量；（7）有机精细化学；（8）发动机／泵／涡轮机；（9）制药；（10）生物技术。

8. WIPO发布媒体通报称中美两国推动国际专利申请增长创年度新纪录

2014年3月13日，世界知识产权组织发表媒体通报称：2013年，在中国和美国的推动下，国际专利申请活动创下新纪录，年度专利申请首破20万大关，达到20.53万件，相比上一年度增长5.1%，其中，增长最快的前三位分别是美国、中国和瑞典，而美国更是创下了本国自2011年以来最快的增长率。与此同时，商标和工业品外观设计的国际申请也创下历史新高：根据统计，依照马德里体系提交的商标国际申请在2013年增至4.68万多件，创下最高纪录，同比增加6.4%。德国以6 822件的申请量继续处于商标申请排行的首位，其次是美国和法国。瑞士诺华制药公司在申请人中排名第一，2013年的申请量为228件。同时，根据海牙体系提交的工业品外观设计申请在2013年增至2 990件，也创下了新纪录，比上一年增加14.8%。瑞士以662件的申请数取代德国成为该体系的最大用户，而该国的时尚手表品牌斯沃琪公司则以113件的申请量，继续成为最大的申请人。

9. WIPO公布2013年度商标抢注案件受理情况

2014年3月17日，世界知识产权组织发布报告称2013年该组织受理的商标域名抢注案件较2012年有所下降，但涉案的域名数量创下历史新高，案件总数达2 585件，分别来自109个国家和地区，超过50个国家和地区的327名WIPO专家对这些案件进行了裁决。在这些案件中，约20%是通过和解的方式解决，在以WIPO专家裁决结案的案件中，专家组裁定将域名转让给商标所有人的比例达91%。该项报告还显示，2013年度商标域名抢注现象最严重的是零售业、时尚业和银行金融业。在具体的域名抢注案件中，超过六成的案件涉及".com"注册、".org"和".net"的抢注案件数量也有所上升。为提高案件解决的质量和效率，WIPO中心已经对《WIPO调解和（快速）仲裁规则》进行了一次审查，更新后的《WIPO调解和（快速）仲裁规则》已于2014年6月1日生效。

10. WIPO召开"关于知识产权与遗传资源、传统知识和民间文学艺术政府间委员会（IGC）"的工作会议

2014年3月24日～4月4日，在瑞士日内瓦召开了世界知识产权组织（WIPO）的"关于知识产权与遗传资源、传统知识和民间文学艺术政府间委员会（IGC）"的第27届会议。此次会议的主题是传统知识和传统文化表现形式的跨领域审查。就版权领域来说，会议经过讨论确定了传统文

化表现形式条款草案的第二次修订稿。该修订稿较上一稿有诸多调整和变化，进一步推动保护传统文化表现形式的立法进程。

《传统文化表现形式：条款草案》（第二次修订稿）的确定是在此次会议的第二个全天段讨论中进行的。在第一个全天段的讨论中，成员国就传统知识／传统文化表现形式（TK／TCE）交叉问题的各种考虑和意见交换了看法。会议认为，鉴于传统知识和传统文化表现形式的案文之间的相似性，有关跨领域问题的讨论可以促进对两个文案进行更加直接和互动性更强的比较，如果可能的话，将会使得IGC可以将传统知识案文第二次修改稿中的一个条款、一段措辞或用语转化为传统文化表现形式的案文内容，从而推动有关传统文化表现形式案文的工作，提高工作效率。因此，会议决定将议程第6项中关于传统知识的条款草案第二次修订稿的修正版作为修订《传统文化表现形式：条款草案》的基础。

在对该草案进行修订之前，与会者就传统知识和传统文化表现形式之间的关系问题进行讨论，讨论的问题主要包括：传统知识和传统文化表现形式的交叉性问题；传统知识案文中的内容可否以及如何向传统文化表现形式案文进行移植的问题。这实际上涉及案文同步的问题。与会成员对于这一问题的观点和建议，为随后进行的传统文化表现形式条款草案的修订奠定了基础。而且其中的许多内容，如分层保护的方法以及增强意识和提高能力建设问题的意见都被吸纳到了第二次修订稿中。

该修订稿包括四个部分：第一部分是"原则／序言／引言"部分。该部分主要规定该草案的基本原则但又不限于此。鉴于此种情况，协调人小组认为"引言"一词也应被列入标题中。因此，该草案中将原有的"序言／原则"部分的名称改为"原则／序言／引言"。第二部分是"目标"部分，该部分表明该草案所希望达到的保护传统文化表现形式的目标。第三部分是"术语的使用"的部分，该部分介绍与传统文化表现形式相关的一些术语。第四部分是正文部分，该部分由13个条款构成：保护客体（第1条）、受益人（第2条）、保护范围（第3条）、权益管理（第4条）、例外与限制（第5条）、保护期（第6条）、手续（第7条）、制裁、救济和行使权利（第8条）、过渡措施（第9条）、与国际协定的关系（第10条）、国民待遇（第11条）、跨境合作（第12条）、能力建设与提高认识（第13条）。

11. WIPO通过《保护广播组织和有线广播组织条约提案》

2014年4月28日~5月2日在日内瓦召开的WIPO版权及相关权常设委员会（以下简称SCCR）第27届会议上讨论通过了共24条的《保护广播组织和有线广播组织条约提案》（以下简称《提案》）。

SCCR 第27届会议通过的《保护广播组织和有线广播组织条约提案》（sccr / 27 / 6）包括序言和正文两个部分。其中，序言部分集中阐述了该条款的 "一般原则"和"政策目标"。同样是本届会议上通过的《保护广播组织条约工作文件》（sccr / 27 / 2 rev）在第2~4条对此进行了详细的阐述。其中"一般原则"是本条约的任何内容均不得限制缔约方促进人们获得知识和信息以及实现国家教育和科学目标，遏制反竞争的做法或采取其认为系促进对其社会经济、科学和技术发展至关重要的领域中的公众利益所必需的任何行动的自由（第2条）。"政策目标"是"保护和促进文化多样性"（第3条）以及"保护竞争"（第4条）。

正文部分则由24个条款组成，依次规定了与其他公约和条约的关系（第1条）、定义（第2条）、适用范围（第3条）、保护的受益人（第4条）、国民待遇（第5条）、对广播组织和有线广播组织的保护（第6条）、限制与例外（第7条）、保护期（第8条）、关于技术措施的义务（第9条）、关于权利管理信息的义务（第10条）、关于实施适用的规定（第11条）、手续（第12条）、时间上的适用范围（第13条）、大会（第14条）、国际局（第15条）、成为本条约缔约方的资格（第16条）、本条约规定的权利和义务（第17条）、保留和通知（第18条）、本条约的签署（第19条）、本条约的生效（第20条）、成为本条约缔约方的生效日期（第21条）、退约（第22条）、本条约的语文（第23条）、保存人（第24条）。

一些代表团不同意可以将源自互联网的线性传输包括在保护对象之内，而其他代表团则表示希望将其包括在内。

关于给予受益人的保护，会议讨论了各种方法，将在委员会下届会议上进一步审查。一些代表团表示支持关于从一个录制品传输广播信号的权利，而一些代表团则强烈质疑对发生在广播信号录制之后的活动，如复制广播节目的录制品、发行录制品和在公共场所表演其广播信号，授予权利。许多代表团认为，应当给予广播组织专有权，而其他代表团则认为，应当有权禁止第三方以任何方式截获信号。

12. 美国版权局实行新的收费标准

美国版权局于2014年5月1日起针对版权登记、文档备案、特殊服务、许可部门提供的服务以及根据《信息自由法案》（FOIA）提出的请求等适用新的收费标准。

美国版权局的运作资金主要来自收取的服务费以及联邦政府的拨款。根据《美国法典》第17编第708节（17 U.S.C. § 708）规定的程序，版权局定期重新考量其收费标准。在设置收费标准时，版权局会像其他联邦政府机构那样充分考虑其职责，制定健全的财政政策以及主要由收取的服务费构成的费用预算。版权局在制定收费标准时还会充分考虑其对作者以及其他版权所有者的责任，将费用标准定在一个能鼓励作者以及其他版权所有者不仅是为了自身的利益而参与到版权登记和文档备案的程序中来，还会考虑被授权人以及其他使用作品的用户以及公众的利益而参与其中。以此为目标，版权局制定的费用标准使其能够支撑版权局向版权所有者和公众提供服务所需的大部分成本。

新的收费标准所依据的研究始于2012年。版权局对其2011年的成本进行初步评估后，在《联邦公报》上发布了一系列问题以及拟议的收费计划。版权局就上述问题收到140多份回馈，并且仔细考量了这些公众意见。

此外，2013年11月29日，版权局根据《版权法》第112条、第119条以及第122条的规定颁布了申请有线电视和卫星电视对账单的最终收费标准。版权局根据美国2010年《卫星电视扩展和地方主义法》的规定制定了上述收费标准，并已于2014年1月1日生效。

13. WIPO发布报告称中国创新发明质量不断提升

2014年5月26日，世界知识产权组织在发展与知识产权委员会会议期间发布一份题为《中国居民国际专利申请战略研究》的报告。WIPO新闻发言人哈里斯指出，中国海外专利申请数量越来越多，而且质量也正在不断提升。研究显示，中国海外专利申请数量在2000年之后开始大幅增长，2000~2005年年均增长率达40%，2005年至今仍维持年均23%的高增长率。报告显示，1970~2012年，中国海外专利申请中超过80%是向美国专利商标局、欧洲专利局或日本特许厅提交申请，其中向这3家机构同时提交申请的专利比例约为7%。报告还指出，在这一时期，高精尖技术在中国海外专利申请中所占比例持续增长，2000年后所占比例达到年均75%左右。其中，2000~2009年，数字通信、计算机、纳米科技、半导体与电信这四个产业是中国海外专利申请数量增长最快的领域。1970~2009年，中国企业专利申请所占比例增长迅速，基本每10年翻一番。在排名前10位的申请方中，除清华大学外均为企业。在中国海外专利申请中，由中国的大学及科研机构发起的申请约占6%，与韩国水平相当，高于美国（约2%）、德国（约1%）和日本（不足1%）。不过，这份报告也指出，高达七成的中国海外专利仅在某一个国家申请，美国、德国的海外专利仅在某一个国家申请的比例分别为39%和38%。在日本和韩国海外专利申请中，占比例最大的是向两个国家都提交申请的专利。

（二）2014年下半年

1. 国际商会发布2014年知识产权路线图

2014年7月2日，国际商会（ICC）宣布将发布其2014年知识产权路线图。该报告囊括了来自全世界专家的贡献，该路线图已经重新构思以更好地反映企业认为知识产权是可以被用于为它们的企业、消费者和社会整体创造价值的一种资产。该报告还增加了几个新的主题，包括知识产权管理与许可、专利质量、商标规则的统一与简化、对包装上的商标的限制、非传统标志与创新等。

2. 欧洲专利局与突尼斯签署专利许可协议

2014年8月4日，欧洲专利局和突尼斯签署突尼斯的欧洲专利许可协议。该协议的中心内容是简化欧洲的专利申请人和专利所有人在突尼斯境内申请专利的流程。在该协议的规定下，欧洲专利申请人和专利所有人可以在突尼斯境内享有其在欧洲认证的专利法律效力。一旦被许可，该申请人和该项专利将享有突尼斯本国专利申请人和专利同等的法律效力，并受突尼斯专利法的管辖。

3. WIPO Pearl推出一个免费的多语言术语数据库

2014年9月24日，世界知识产权组织（WIPO）推出一个名为"Pearl"新数据库，用户可以免费获取丰富的多语言科学与技术术语。通过其网站基础界面，WIPO Pearl使检索和分享科技知识变得更加容易。数据库最初包括通过WIPO《专利合作条约》（PCT）提交的申请中出现的术语，最终会将从WIPO诸如商标、工业品外观设计等其他领域收集到的以及由WIPO管理的其他条约中出现的术语也囊括在内。已经录入的用10国语言表达的10万多个专业术语和概念已获WIPO-PCT语言专家和术语学家的认证，并会定期更新。WIPO Pearl有强大的搜索特性，不仅包括多种常用的搜索模式，用户还可以通过"概念地图"（该地图能显示与搜索词语相关联的术语和概念）按语言和主题进行模块化搜索。

4. WIPO公布2014年度《世界知识产权指数》

2014年12月16日，世界知识产权组织公布其年度《世界知识产权指数》。这份2014年度报告涵盖2013年专利、商标、工业品外观设计和植物新品种等领域的申请及注册的宏观趋势。在全球共计约100万件的申请中，有超过2/3由中国国家知识产权局受理，这比2013年增长3％。中国再一次位列世界最大的专利局之列。

（三）2015年上半年

1. 欧盟与摩洛哥签署地理标志保护协议

2015年1月16日，欧盟委员会网站发布通告称，欧盟与摩洛哥于当天结束相互保护地理标志协议的谈判并签署协议。摩洛哥是第一个进行农产品质量促进和保护的欧盟邻国，正是由于该种良好基础的存在，欧盟与摩洛哥关于该类事项的谈判进行得较为顺利。该协议意在对双方的食品提供更高水平保护的同时，促进双方在农副产品和食品领域的贸易往来。该协议的目的是保护消费者在原产地和产品质量等方面不受误导。该项协议也反映了欧盟成员国希望在国际层面保护地理标志以及欧盟与摩洛哥在质量政策、消费者保护和知识产权领域观点的趋同性。

2. 美国和日本加入WIPO的国际设计体系

2015年2月13日，美国和日本正式交存他们加入世界知识产权组织《工业品外观设计国际注册海牙协定》体系下的《日内瓦议定书》的相关法律文书。《海牙议定书》和《日内瓦议定书》是互相独立的，各国可成为其中之一或者两者的缔约国。在上述任一议定书缔约方的领土范围内拥有固定住所、经常居所地或为该国公民的申请者或该缔约方的机构在相同议定书其他缔约方的领土范围内寻求工业品外观设计的保护。在美国和日本加入该体系后，两国又纳入了两个拥有实质审查体系的司法管辖区，可比照之前的设计来对拟申请保护的设计的新颖性和显著性进行审查。该机制使外观设计所有者在外观设计申请公布与授予外观设计权利之日这一段时间之间，针对在美国制造、使用、公开让售或销售所述设计或者将所述设计进口至美国的任何人收取合理的使用费。

3. EPO专利申请量再创新高

2015年3月11日，欧洲专利局（EPO）局长巴迪斯戴利在年度总结新闻会上宣布，2014年，EPO收到的专利申请量再创历史新高。其中，来自美国和中国的专利申请量增长较快。据称，2014年，EPO收到约27.5万份专利申请，比2013年增加3.1%，但是授予的专利总量为64 600件，较2013年下降3%，其中大多数专利授予给了美国、日本、法国以及瑞士。在这些申请中，35%来自EPO成员国，而65%来自欧洲之外，美国排名第一，占总申请量的26%，其次是日本（18%）、德国（11%）、中国（9%）以及韩国（6%）。所涉领域最高的申请量是医药技术领域。但生物技术、电子机械以及计算机技术等领域的申请量连续两年增长最快，而制药领域的申请量下降5.4%。有趣的是，中国的技术企业华为第二次进入EPO的前十名榜单，排行第五位，其提交的专利申请量增长48.6%。

4. 德国专利商标局发布 2014 年度报告

2015年4月30日，德国专利商标局（Deutsches Patent-und Markenamt，DPMA）在其官网公布2014年度报告。源自中国申请人的发明专利2013年在发明专利申请量来源国榜单中榜上无名，而2014年以524件的申请量排名第八位。源自中国的实用新型（547件）和外观设计（590件）也分别在各自的榜单中名列第四位和第五位。此次年度报告中并未公布商标申请量来源国榜单。报告总体主要可划分为两大部分：针对各类工业知识产权的年度情况分别介绍、针对DPMA及其他相关信息的介绍。

5. 美国发布2015年《特别301报告》

2015年4月30日，美国贸易代表办公室发布2015年度《特别301报告》。该报告对72个贸易伙伴的知识产权保护现状进行了审议和评价，由于中国、印度和泰国等13个国家被美国认为未能有效地保护知识产权进而损害其经济利益，因而上述国家被该报告列为"优先观察国"，包括白俄罗斯和玻利维亚在内的24个国家被列为"观察国"。此次报告首次将"知识产权与环境"列入主要内容，并指出高水平的知识产权保护，不仅能够促进国民经济的增长，而且能够有效地应对全球气候变化。因此，知识产权制度的环保化势在必行。强有力的知识产权保护，不仅有利于缓解和减轻环境问题，而且能够有效应对全球气候变化，同时促进国民经济的增长。知识产权法律制度的环保化势在必行，尤其是与环境保护具有极大关联性的专利制度，必须给予重视并逐步完善。

6. TRIPs豁免期扩展的请求获得UNDP和UNAIDS的最终支持

2015年5月26日，联合国开发计划署（UNDP）和联合国艾滋病联合规划署（UNAIDS）发表联合声明，支持最不发达国家（LDC）提出的延展一项豁免以使他们不必实施药品专利的请求。该项提议由孟加拉国代表最不发达国家团体向TRIPs委员会会议于2015年2月提出。UNDP和

UNAIDS敦促所有WTO成员支持只要还处于最不发达国家状态的最不发达国家对与药品有关的专利和临床数据实行过渡期的请求。

（四）2015年下半年

1. 东盟第一个专利检索与审查的国际机构开始正式提供服务

2015年9月1日，新加坡作为东南亚国家联盟第一个PCT国际专利检索与审查单位开始正式运行，自此，新加坡国内和全球的企业和发明者都可以通过新加坡在多个市场加快专利申请。根据在亚洲重要的知识产权活动"IP Week@SG 2015"中签署的双边协议，在接下来的数个月内，越南、墨西哥、文莱、日本和老挝的专利申请人将成为首批利用新加坡作为国际检索单位（ISA）和国际初步审查单位（IPEA）提供服务的申请人。

2. TPP主要谈判已经完成

2015年10月5日，经过长达5年的拉锯式谈判，《跨太平洋伙伴关系协定》（TPP）协议概览正式公布。TPP协议已经秘密谈判近5年，是第一个新型超级协议，覆盖世界贸易的40%，成员国包括美国、日本、加拿大、澳大利亚、新西兰、墨西哥、智利、秘鲁、新加坡、马来西亚、越南和文莱等。知识产权是TPP的重要内容之一，TPP设有知识产权的专门一章，TPP知识产权内容代表了当今世界知识产权保护发展的最新方向，其谈判文本几乎涵盖知识产权国际保护的所有问题。

3. 巴基斯坦和越南加入AIPPI

2015年10月14日，国际保护知识产权协会（AIPPI）执行委员会经投票表决，分别以99%和97%的支持率批准巴基斯坦和越南的加入申请，自此，两国成为该组织的正式成员。在此次会议上，全体与会国还就会议相关事宜进行了表决，包括确定AIPPI会议为调整为每年一次、将"研讨会"（workshops）变成"分组讨论"（panel sessions）、成立两个新的常设委员会——医药委员会和知识产权商业化委员会。

4. CISAC发布2015年度全球版权收入报告

2015年11月，国际作者和作曲者协会联合会（CISAC）发布2015年全球版权收入盘点报告，报告还囊括了2014年全球版权费用情况。报告所用数据源自于CISCA的230个协会成员，包括全球约400万文学及艺术创作者和出版者。报告显示，2015年的音乐版权收入较2014年同期增长2.4%，达69亿欧元，占全球版权收入的87%；音像作品版权收入增长同比增长5%，达4.99亿欧元。总体来说，全球版权收入的主要驱动力是欧洲和北美地区，分别占总版权收入的61.3%和16.7%，而亚太地区由于受外汇汇率影响，版权收入下降5.3%。非洲地区也有轻微的下降，下降1.6%。该份报告还显示出数字市场的某些变化，将数字音乐转向实体唱片的收入下降29.1%，数字音乐表演的版权收入呈现出惊人的增长，达56.7%。这说明数字技术的发展不仅带来了消费模式的变化，还直接引起了版权收入结构的变化。

5. TRIPs理事会批准最不发达国家药品豁免延至2033年

2015年11月，经过美国与最不发达国家（LDC）为期两周的高水平会谈后，世界贸易组织知识产权委员会同意延长LDC执行药品上知识产权的豁免期限至2033年1月1日。目前的延长期限仅到2016年1月1日，新的延长期限从2016年1月1日后开始。与此同时，LDC还享有对所有产品至2021年的平行豁免。同样达成一致豁免意见的还有TRIPs协定第70.8条和第70.9条的规定。第70.8条要求对药品不提供专利保护的成员国仍然应当提供专利申请提交的渠道，一旦该药品可以获得专利保护，已经提交的申请将会在剩余的专利保护期内获得保护。第70.9条则规定专有销售权的期限为在该成员国境内上市后5年，或至某一产品专利在该国被授予或被拒绝时止，以二者中较短的为准。TRIPs理事会的该项决议，正是利用了TRIPs政策上的灵活性为LDC提供了药品获取的稳定渠道，这不仅有利于LDC实现可持续发展的目标（SDG），更会增强全球抵抗蔓延性疾病的主动性。

二、知识产权公约的发展

（一）一般条约

1. 《马德里议定书》修正案生效

2015年1月1日，涉及申请程序和国际注册的《马德里议定书》的最新修正案正式生效。今后，管理机构在申请人未能按时提交申请书时，仍然可以继续受理该申请。此次修订还包括国际注册续展费的调整，根据新的规定，商标所有者在不同司法保护区为已在国际注册范围内的一些商品和服务申请延期保护时无须缴纳续展费。与此同时，津巴布韦和非洲知识产权组织被同时批准加入《马德里议定书》。

2. 11个WIPO成员签署新的保护地理标志的法案

2015年5月21日，世界知识产权组织举办保护地理标志协议的签署仪式。在这次签署仪式上，秘鲁、多哥、波黑、布基纳法索、刚果、法国、加蓬、匈牙利、尼加拉瓜、罗马尼亚和马里等共计11个国家，签署《保护原产地名称和地理标志的里斯本协议》的《日内瓦法案》。里斯本系统本身具有一个原产地名称国际注册系统，而新法案将该注册延展至地理标志。该版本将对发达和发展中国家中的制造商在以合理的价格保护其文化、传统和遗传方面有利。对于依靠农业发展并且越来越倚重原产地名称和地理标志的发展中国家而言，该项法案是一个突破性进展。

3. 非洲知识产权联盟加入UPOV

2014年6月10日，植物新品种保护联盟（UPOV）宣布非洲知识产权（OAPI）正式成为其第72个成员。该联盟于1961年以《国际保护植物新品种公约》为基础建立，旨在确认和保护植物新品种育种者的权利，为国际开展优良品种的研究、开发和转让等活动提供法律保护的框架。

（二）知识产权保护条约

1. 科威特批准加入《保护工业产权巴黎公约》和《保护文学和艺术作品伯尔尼公约》

2014年9月2日，科威特正式批准加入《保护工业产权的巴黎公约》和《保护文学和艺术作品伯尔尼公约》。此举旨在通过保护公约成员国在科威特境内的知识产权来改善科威特国内的外商投资环境。

2. 《伯尔尼公约》于2014年11月在根西岛生效

2014年11月21日，世界知识产权组织宣布《伯尔尼公约》将扩展适用于根西岛。英国政府根据《伯尔尼公约》第31条及其修正案，申请将由其负责国际关系事务的根西岛纳入条约的适用范围。在批准书或加入书提交至世界知识产权组织总干事处保存后，该条约才会对根西岛正式生效。

3．阿尔及利亚加入《马德里议定书》

2015年10月31日，《马德里议定书》正式在阿尔及利亚生效。至此，阿尔及利亚正式也成为该议定书的第95个签署方。从此之后，阿尔及利亚的商标申请者在向本国申请后即可在该公约所有缔约方所辖范围内受到保护。

（三）全球保护体系条约

1．KIPO加入《海牙协定》

2014年3月31日，韩国知识产权局（KIPO）正式加入日内瓦公约《工业品外观设计国际注册海牙协定》。该协定旨在使登记体制更加适应使用者的要求，并便于那些国内工业品外观设计制度与国际标准不同的国家加入。《海牙协定》目前共有三个文本，即1999年日内瓦文本、1960年海牙文本和1934年伦敦文本。其中，伦敦文本下的国际注册已自2010年起冻结。日内瓦文本和海牙文本目前在正常运行中。

2．美国加入《海牙协定》

2015年5月13日，《海牙协定》正式在美国生效。2015年2月15日，美国商贸部和美国专利商标局（USPTO)发表联合公告，宣布美国已于该月13日正式向世界知识产权组织（WIPO）交存《工业品外观设计国际注册海牙协定日内瓦文本》的同意书，即《海牙协定》。《海牙协定》目前共有62个成员方，其中包括德国、欧盟、日本以及最新加入的美国等世界主要经济体。中国目前还不是《海牙协定》的成员。

3．新版《尼斯分类表》正式启用

根据世界知识产权组织要求，尼斯联盟成员国需于2015年1月1日起正式启用尼斯分类第十版（2015文本），简称NCL（10-2015）。此次修改，涉及45个类别中的43个，未作修改的只有第23类纺织用纱和线与第33类含酒精的饮料（啤酒除外）。其中，最值得注意的是第35类的3503群组增加了为商品和服务的买卖双方提供在线市场。其次，第9类的0907群组明确规定了移动电话和手机这样的商品名称，这种分类也明确了手提电话和手机的不同属性，为以后的执法提供了明确标准。

（四）分类条约

1. ARIPO的《斯瓦科普蒙德议定书》生效

2015年5月11日，非洲地区工业产权组织(African Regional Industrial Property Organization，ARIPO)在纳米比亚共和国斯瓦科普蒙德通过保护传统知识和民间文学艺术表达的《斯瓦科普蒙德议定书》。该项议定书旨在保护非洲地区的传统知识和民间艺术和规范该地区传统知识和民间艺术的商业开发。该议定书还就传统知识和民间艺术的数据库建设达成共识，并就相关法律纠纷的替代性解决机制的选择形成一致意见。

2. 伊拉克加入《商标法新加坡条约》

2014年11月29日，《商标法新加坡公约》在伊拉克正式生效。该公约旨在制定统一的适用标准，简化、协调各国间有关商标的行政程序，使商标注册体系更加方便当事人，促进缔约国间商标权的相互保护。

3. 阿联酋加入《视听表演北京条约》以及《马拉喀什条约》

2014年10月15日，阿拉伯联合酋长国宣布正式加入《视听表演北京条约》和《关于为盲人、视力障碍者或其他印刷品阅读障碍者获得已出版作品提供便利的马拉喀什条约》。《北京条约》旨在保护表演者对其视听表演的合法权利，在提高表演者经济权利的同时，让表演者与制片人分享视听作品在国际上所创造的收入。该条约还赋予表演者以道德权利，以期阻止署名权缺失和表演扭曲。《马拉喀什条约》则旨在为盲人、视力障碍者或其他印刷品阅读障碍者获得已出版作品提供便利。

三、各国及各地区立法与判例

（一）立法改革

1. 2014年

（1）美国国会议员提出保护歌曲作者权利的新法案。

2014年2月25日，美国国会议员道格·柯林斯（Doug Collins，众议院司法委员会成员，佐治亚州共和党议员）提出《歌曲作者衡平法案》

（*The Songwriter Equity Act bill*）。法案建议更新《美国版权法案》的现有条款，使歌曲作者在不久的将来，在分配版税时享有更大的权利，并可以在其作品在公共领域（包括在线服务）被表演时要求增加版税。

该提案得到包括美国作曲家、作家与发行商协会(ASCAP)以及广播音乐公司(BMI)在内的组织的支持，这些组织主要许可潘多拉网络电台等公司使用音乐作品。据美国国家音乐发行人协会（NMPA）称，约有2/3的歌曲作者收入都受到法律或许可条例的严格管制，导致歌曲作者通常被迫接受远低于市场价格的价格而不是公平的价格。

ASCAP理事长保罗·威廉斯（Paul Williams）在一份声明中指出："《歌曲作者衡平法案》是达成一套更为有效的许可体系从而使消费者、音乐被授权人、歌曲作者和作曲家等所有人获益的重要第一步，上述主体构成快速变革的音乐环境的基础。技术虽然为音乐触及新受众创造了绝佳的机遇，但在作品许可方面也为歌曲作者和其他创作人带来了真正的挑战，因为监管我们如何做事的法规并没有与时俱进……通过更新《版权法案》第114节（i）款和第115节的过时条款，国会将有机会使音乐许可体系现代化，从而使歌曲作者和作曲家可以与使用音乐的企业共同获利共同发展。"

这一法案旨在重新制定《版权法案》第114节中设定版税的考量因素，这将对第115节产生影响。现有《版权法案》制定于1909年，是为了管理自动钢琴所用的打孔纸带而颁布的，同时现行法案还推出了一个复杂的强制许可体系。

新法案所做的另外一件事是允许其他税率——例如代表众多表演者权利的Sound Exchange与唱片公司签订的税率——作为证据被引入ASCAP以及百代的税率机构。

此外，法案要求为复制许可制定一个合理的税率标准。从1909年版权法案实施以来税率由原来的每首歌曲2美分，到现在，100多年以后，税率增长到复制每首歌曲9.1美分。而许可主体和权利持有人仍然认为税率过低。

（2）日本修改专利法：声音、色彩纳入商标保护对象。

2014年3月1日，日本内阁会议通过一项专利法修正案。该修正案的内容是：电脑启动时的背景音乐等"声音"及决定产品印象的"色彩"等如果被认为是企业商品所特有的组成部分时，就可将其作为新商标进行注册。该项专利法修正案，是在原有商标保护对象"品牌名称"、LOGO 标识"设计图案"的基础上，又将"声音""色彩"等新要素纳入专利保护范围，以达到防止商标专利被第三者盗用之目的。这种将"声音""色彩"均纳入商标保护对象的做法在欧美也被推广。今后，凡在日本提交的商标注册申请，均可在其他加入了国际协议的国家提出同一个商标注册申请。日本政府想通过此次专利法的修改，提高企业的品牌价值，并为日本企业向海外投资做好后援。

（3）意大利制定数字版权执法规则。

2014年3月31日，意大利（AGCOM）此前批准的一项新的有关互联网和视听媒体服务的版权执法规则正式生效，这对于意大利和欧洲媒体领域的数字公司而言是个突破性的创新，该法的目的在于推动数字作品的发展并引导它们的正确使用。该规则创设了一个发展并保护数字作品的委员会并制定了旨在核查和阻止侵犯电子通信网络版权和相关权的程序。法案授权意大利通信管理局责令访问或要求相关服务提供商删除侵权内容，甚至关闭大规模侵权的网站。如果网站上公开的数字作品侵犯了版权和相关权，该网站的服务器在意大利境内，通信管理局有权要求选择性删除侵权作品或者在大规模侵权的情况下要求服务提供商采取措施禁止访问它们。如果该网站的服务器在意大利境外，通信管理局可以要求服务提供商仅采取引导措施使它们无法被访问。与此同时，该法规还为权利人提供了快速诉讼程序（35天的普通程序和12天的简易程序）。

（4）英国议会通过《知识产权法案》。

2014年5月20日，英国政府正式批准《知识产权法案》成为一项法律。该项法案的核心内容之一是赋予英国实施《统一专利法院协议》的新权利。这是引入在几乎所有欧盟成员国内实施单一专利的关键部分。此外，该法案还为外观设计者提供了新的保护以及删除了在保护外观设计过程中的一些不必要的内容。该法案还将推出一些在线服务以帮助企业更好地管理他们的知识产权。

（5）新加坡修法应对网上版权侵权。

2014年7月8日，新加坡国会通过一项版权法修正案，将允许权利人直接向法院申请禁令来阻止用户对明显公然侵犯版权网站的访问而无须起诉互联网服务提供商。允许版权所有人向法庭申请禁令，强制网络服务提供商屏蔽涉嫌侵权的网站或删除有侵权内容的网页，无须首先确定网络服务提供商侵犯版权的责任。法律部在一份新闻稿中称，这一司法程序有望变得更为高效，并能避免将互联网服务提供商不必要地牵扯进来。

新法规定，版权所有人申请禁令时不必先证明网络服务提供商侵权。新加坡律政部高级政务部长英兰妮说，修改后的法律规定能够让版权所有者在网络空间更加有效地维护自己的权利。

不过新加坡将不会像其他国家一样设立由政府任命的机构根据权利人的要求对网站进行屏蔽，或是设置分级响应机制（由互联网服务提供商向侵权用户发送通知告知其侵权行为，若用户在收到多次通知后仍继续侵权则进行惩罚），因为这些措施会对用户造成过多侵扰。

（6）美国：打击专利流氓的新法律。

2014年9月1日，伊利诺伊州通过一项保护企业免遭"专利流氓"侵害的法案。以解决越来越多的人向伊利诺伊州数以千计的小企业、零售商、制造商发送具有误导性的律师函，要求企业必须支付"许可费"并以法律诉讼来威胁那些不肯付钱的企业。专利流氓发出的律师函通常都不披露专利的基本信息，包括所述专利的实际所有者以及所述侵权的任何情况。新法禁止专利律师函包含虚假或欺诈性信息，禁止没有专利许可权或实施权的个人发送专利律师函，禁止对不支付不合理专利许可费的人进行虚假诉讼威胁，禁止发送未能指明主张专利权的个人或未能解释可疑侵权的专利律师函。

（7）英国新知识产权法案正式生效。

2014年10月，英国新知识产权法案正式生效。该法案涉及多方面的革新，特别是为外观设计者以及生产制造者提供了更多的法律保护。这项新法案主要是针对以下几个方面进行规制：首先，在涉及外观设计的法律条款方面，修改的目的是对外观设计的创新者给予更加简单、清晰、强大的保护。其次，新法案中针对专利的法律规制也进行了多方面的修改，目的是能够以更加省钱、简单的方式对专利进行保护以及界定，这对专利持有者权益及第三方权益的保护更加有益。再次，新知识产权法案中设立了为知识产权争议快速解决争端的小额诉讼快车道程序，以帮助中小型公司以最快速度得到救济。最后，新法案还同意英国加入海牙体系，该体系规定了工业品外观设计注册体系，允许申请者指定他们希望其外观设计在哪些国家被注册。通过海牙体系有利于节省注册成本，即一家企业的注册费用仅需花费 500 英镑。这有助于鼓励更多中小企业利用该系统。

（8）非洲知识产权组织加入《马德里议定书》。

2014年12月18日，世界知识产权组织宣布，包括喀麦隆、刚果、乍得、几内亚、科特迪瓦（象牙海岸）、马里、尼日尔、塞内加尔、多哥、赤道几内亚等17个成员国在内的非洲知识产权组织加入《马德里议定书》，议定书将于2015年3月5日在OAPI成员国生效。

（9）印度修订《印度外观设计法案》。

2014年12月30日，印度专利、外观设计及商标管理总局宣布修订后的《印度外观设计法案》正式生效。新法中第一和第四附表针对外观设计申请以及其他程序的收费结构进行了规定。此外，新法还对两个主要的外观设计申请者类别，即"自然人"和"非自然人"作出了规定。非自然人进一步被细分为两个子类别，即"小实体"以及"非小实体"。针对小实体的收费标准被定在了针对自然人以及（小实体之外的所有）非自然人之间。针对小实体的收费标准在修改后的条款中进行了详细规定。新法还制定了一个新表，用来主张针对小实体降低的官方收费的补助金。

2. 2015年

（1）《加拿大联邦版权现代化法案》正式生效。

2015年1月1日，加拿大宣布《加拿大联邦版权现代化法案》正式生效。该法案旨在保护图像制品、录音制品、书面材料以及其他受法律保护的创意作品的版权所有者不再被在线用户侵权。新法规定网站所有者和网络服务提供商要将来自版权所有者有关下载材料涉嫌侵权的投诉信转发给涉嫌非法下载活动相关联的具体IP地址所对应的网络用户，且网络服务提供商必须保留此类投诉信至少6个月。新法还规定，版权所有者可针对出于个人目的滥用其版权材料的行为要求5 000美元的赔偿，而出于商业目的的滥用可被要求高达2万美元的赔偿。一旦侵权事实被认定，用户将通过电子邮件的方式收到侵权通知信。

（2）日本《著作权修正案》正式生效。

2015年1月，日本参议院此前通过的《著作权修正案》正式生效。按照新法的规定，出版社对所发行作品出版权的维权范围将由纸质书籍扩大到数字出版物。也就是说，在新法生效之后，日本出版社可以代替作者，出面要求相关网络盗版侵权方停止侵权行为。新法还规定，出版社可以与作家等著作权人签订数字出版权合同。合同生效后，出版社可以要求相关侵权人停止网络侵权行为，但出版社同时必须承担在一定时间内出版数字图书的义务。此举不仅有利于减少网络盗版，保护电子书籍出版商的权利，还将有利于促进数字出版物在日本的普及。

（3）澳大利亚国会正式批准《专利法修正案》。

2015年2月9日，澳大利亚国会正式批准《专利法修正案》。新法使澳大利亚专利审查的标准更加趋于国际化，提高了授权专利的门槛的同时，更保证了专利的质量。本次修订还对一些程序性事项进行了一些调整，如缩短了澳大利亚知识产权局接受审查请求的时间以及申请人对澳大利亚知识产权局问询的答复时间，这些细微调整使得专利审查的效率进一步提高。该项修正案还授予澳大利亚药品制造商在紧急情况下的强制许可申请权等。该项修正案使得澳大利亚知识产权体系更加简洁、高效和国际化。

（4）加拿大邻接权保护期限将延长至70年。

2015年4月21日，加拿大政府报告中明确建议将给予表演者和唱片公司额外20年的版权保护期限。在此之前，加拿大政府已宣布将版权保护期从50年延长至70年的计划，并将此计划作为2015年政府预算的部分内容，修订构架的版权法案也在计划之列。

从加拿大政府的这份报告中可以看出，此次变化加拿大政府主要在于延长表演者和唱片公司两类邻接权主体的权利。加上之前延长版权至70年的计划，加拿大整个版权保护有望全面实现70年的期限。如果此次加拿大政府的方案获得立法机关的通过，加拿大的版权保护期限将与美国和澳大利亚等国家保持一致。代表着在加拿大录制、生产、制造、宣传和分销音乐企业利益的非营利组织非常欢迎这些计划，该音乐组织总裁格雷厄姆·亨德森（Graham Henderson）认为延长表演者和唱片公司录制音乐的版权保护期证明加拿大政府已真正了解音乐对加拿大经济的重要性并表示期待该计划的完整细节。

（5）西班牙新《知识产权法》生效。

2015年5月，由西班牙议会通过的新版《知识产权法》全体生效。该法案规定了许多新的内容，最引人瞩目的当属具有"谷歌税"之称的条款，该条旨在规范网络信息聚合平台的传播行为，该条规定：互联网内容聚合平台复制内容片段的行为不需经过授权，但出版者或其他权利人享有收取合理补偿的权利。该条还进一步规定，第三方在其他媒介上公开或更新图像、摄影作品或照片时必须取得授权且需向相关权利人支付合理费用。

（6）澳大利亚通过《版权修正案（网络侵权）2015》。

2015年6月22日，澳大利亚参议院以37票赞成对13票反对通过《版权修正案（网络侵权）2015》，并由总督签署成为法律。该法案将使版权拥有者寻求法院禁令迫使互联网服务提供商阻止境外托管的侵犯版权的网站，如Pirate Bay和Kickass Torrents这两个网站。互联网服务商禁止访问海外侵犯版权的网站，各大盗版网站将被屏蔽。澳大利亚政府的这一举措不仅有利于打击网络盗版，保护数字版权拥有者的合法权益，还将有利于促进该国整个数字版权产业的发展。澳大利亚参议院通过的最新的《版权修正案（网络侵权）2015》，被形容为打击网络盗版的"有效工具"。《版权修正案（网络侵权）2015》采用了"禁令+屏蔽"方式来打击网络盗版行为。根据该法案，版权所有者一旦发现自己的作品被盗版网站侵权使用，则可以通过向法院申请禁令，要求互联网服务商禁止访问海外侵犯版权的网站，以维护自身的合法权益。也就是说，一旦互联网服务商接到版权人的禁令，海外侵犯版权的网站将难逃被屏蔽的命运。

（7）日本通过新版专利法，员工发明专利可归企业。

2015年7月3日，日本参院全体会议通过新专利法，允许员工在工作中发明的专利归企业所有。此前，日本一律规定此类专利归属员工，但鉴于产业界出现担心被要求支付高昂费用的呼声，政府修改了90多年来的制度。日媒称，新法将在公布后1年内生效。今后，若企业依据就业规章等告知员工，那么专利从最初就属于企业。法律还规定发明该专利的员工"拥有获得相当金钱或其他经济利益的权利"，要求企业完善回馈员工的机制。据悉，日本政府计划汇总面向企业的指导方针，督促企业依据劳资协议建立社内奖励机制，不要单方面削减员工报酬。此外，专利申请费将下降10%左右。日本商标法也同时作了修改，商标注册费和续展费分别下降25%和20%左右。

（8）日通过新反不正当竞争法严惩跳槽者泄密。

2015年7月，日本参院全体会议通过旨在打击泄露企业经营机密的新反不正当竞争法，该法将于2016年1月1日起正式生效。新法加大了跳槽者泄露原单位商业机密的刑事处罚力度。在该类刑事案件中，即便受害方未起诉，日本检方也可代为起诉，且检方可在泄密未遂阶段就介入调查。同时，新法对于该类案件的举证采取倒置规则，即受害方企业起诉时，由被告方企业承担主要举证责任。

（9）泰国修订版权法。

2015年8月4日，《泰国版权法修正案》正式生效，该修正案首次纳入了网络版权作品侵权的中介者责任，并将对未经许可在影院录制电影的人处以6个月至4年的监禁。其中，与中介责任相关的修订将针对网络版权侵权提起法律诉讼的责任施加于版权权利人肩上。至此，版权权利人在诉讼请求中可要求法院向网络服务提供商下达禁止令，要求停止任何在其系统内发生的针对版权作品的侵权行为，对拒不执行该类禁止令的网络服务提供商对于由此造成的损失承担赔偿责任。该法律还规定未经许可录制部分或全部在影院放映的电影将被视为版权侵权行为，并被处以6个月至4年的监禁，或者被处以10万~80万泰铢的罚款，或两者并处。

（10）澳大利亚知识产权局发布《澳大利亚知识产权立法修订案(2015年)》。

2015年8月24日，澳大利亚知识产权局发布《澳大利亚知识产权立法修订案(2015年)》。此次修订案主要包括关于专利药品发明的强制许可条例、扩大联邦巡回法院的管辖权和植物新品种权利的相关事项。澳洲知识产权局表示，该次修订满足了TRIPs协议修订的相关需求并帮助澳洲农民、苗圃业主和其他从事新品种相关工作的人们以更低的成本来实施植物新品种。

（11）英属维尔京群岛商标法修正案正式生效。

2015年9月1日，英属维京群岛的新版商标法正式生效。新法对当地的商标体系进行了较为彻底的修改，用全新的当地商标注册体系来替代当前的双重注册体系，即将商标申请体系整合为单一程序。根据新版商标法，申请注册仅有一种方式，且根据国际分类体系商品及服务均可被核准保护。现存的注册商标将自动转入新注册中，由于英国注册商标本身就是根据国际分类体系进行分类的，因而无须再对其进行分类。此外，新商标法还赋予审查员更多自由裁定权，如审查员在告知商标注册人后，可对依据旧法对当地注册商标的核定商品／服务进行重新分类。

（12）英国版权例外的变更。

2014年10月1日，英国议会此前批准的版权例外制度修正案正式生效。此次英国版权法修改主要涉及私人复制例外、研究及个人学习例外、文本和数据挖掘例外等在内的九个版权例外。该项修正案旨在满足数字时代背景下人们对作品利用多样化需求，通过适当放宽版权限制，方便公众获得和利用作品。

（二）重要案例

1. 日本福岛县《环境影响评价准备书》著作权人身份案

本案原告为风之谷委员会，以环保、抗灾为主旨的特定非营利活动组织，被告为福岛县以及Eco Power风力发电股份公司。福岛县在2011年发生核泄漏灾害后，非常重视环境保护，制定了《福岛县环境评价条例》，对当地的实业进行环境影响评价。此案的另一个被告ECO Power风力发电公司也是本涉案条例的实业对象，它负责筹划和制定《与会津若松商会事业有关的环境影响评价准备书》（以下简称《准备书》），该书由各部分意见书组成，于2011年10月21日发出该准备书的公告，同年11月21日公共出版。该《准备书》的第一部分意见书由原告所作。就该部分，原告同时出版关于"低周波音症候群被害者"的书，原告认为共同被告未经允许出版了《准备书》，并且未署名，侵害了原告的"署名权""保护作品完整权"的著作权人身权和出版权。

该案的争议焦点在于被告是否侵犯了原告的著作权人身权和出版权。原告认为该案《准备书》的第一部分意见书中表达了对被告破坏环境行为的思想与情感表达，是作品。同时原告也受到该案意见书的1~7部分的各个著作权人的允许和管理委托，将意见书的原稿进行了整理、出版。同时也受到著作权管理委托与低周波音症候群被害者之会代表J签订了出版合同。被告不经允许进行出版的行为侵犯了原告的著作权，应该撤回并销毁已经出版的《准备书》。被告认为该案中的评价书为被告ECO Power公司所作，而非被告福岛县。另外该案中的由意见书所构成的准备书内容只不过是关于条例的手续、程序性内容，不涉及主观意见，也不能称为文学、学术性的思考，不属于文学、艺术、美术和音乐范围，不能称为作品，因此不构成侵权。

2014年5月21日，法院最终裁定：（1）该意见书应该认定为作品，因为有关于思想或者情感的独创性表达；（2）被告不构成对原告著作权人身权侵权，因为本意见书的作者为自然人，而原告为法人，侵权主体不适格。即便假设原告主体适格，该意见书中的意见为"概要"，没有义务必须标明意见主体的姓名，因此即使意见书内容中没有署名，也不构成对署名权的侵犯；（3）根据著作权法第80条，出版者权是指"以颁布为目的，将出版物利用机械或者化学方法对文字或图画进行复制的权利"。本案中的意见书并未以颁布为目的，因此不构成对出版者权的侵害。

2. 克林格尔诉柯南·道尔产权会作品元素版权纠纷上诉案

柯南·道尔是《福尔摩斯》《华生医生》《查林杰教授》等经典小说和故事的创作人。自1887年起，柯南·道尔陆续出版故事56个，小说8部。其中，1887~1922年，出版故事46个，小说4部；1922~1927年，出版故事10个，小说4部。柯南·道尔1930年去世，他的文学作品遗产由他的三个孩子共同继承。后来几经转手，这些作品的著作权后由柯南·道尔小女儿设立的柯南·道尔产权会享有。柯南·道尔产权会雇用资深律师和文学代理人负责管理和运营包括福尔摩斯、华生医生、查林杰教授在内的所有关于亚瑟·柯南·道尔的作品和形象的文学创作授权、销售规划、广告授权等。

克林格尔后来使用柯南·道尔作品中的人物形象与他人共同创作了《对夏洛克的研究：受柯南的夏洛克·福尔摩斯启发所产生的故事》文集。兰登书屋同意作为出版商出版克林格尔的这一文集。柯南·道尔产权会知道这一消息后，以柯南·道尔作品版权到期以前任何人都无法在未经其许可的情况下合法复制其小说中的原创角色为由，要求兰登书屋支付费用并取得其许可。后来，克林格尔及其合编者决定再创作一部后续作品，名为《与夏洛克·福尔摩斯同行》。听到这个计划后，柯南·道尔产权会立即告知负责出版事宜的珀伽索斯书屋（Pegasus House），要求该公司必须获得其许可才能得到出版这部新书的合法授权。柯南·道尔产权会告知珀伽索斯书屋若其未经许可就出版克林格尔的作品将遭到起诉以及若有互联网服务提供商传播该作品也将遭到起诉，珀伽索斯书屋认为柯南·道尔产权会的警告对其构成"潜在的威胁"，因此同意柯南·道尔产权会的要求，并表示除非克林格尔从柯南·道尔产权会取得授权，否则将拒绝出版新书。

克林格尔认为他并不需要取得柯南·道尔产权会的许可来出版这些故事，因为其中涉及的大部分柯南·道尔的作品已经过了版权保护期，其使用的柯南·道尔作品中的人物形象等元素也一并超过了版权保护期限。即使根据美国1998年的《版权保护期延长法案》，其作品的版权保护期限自最初出版之日起算95年。目前，柯南·道尔产权会管理的上述作品已有46个故事和4部小说已经过了保护期限，克林格尔使用的人物形象大多来源于已过版权保护期的作品中，另有少量源于保护期内的作品，但这些在保护期内的人物形象也均来源已过保护期的作品中，或有稍加改动之处。按照美国著作权法的规定，一旦一部作品的版权到期，这部作品就成为公共领域的一部分，对其进行复制及出售均无须获得版权已到期的权利人的许可。

克林格尔后来在授权问题上没有与柯南·道尔产权会达成一致意见，遂选择向美国地方起诉柯南·道尔产权会，请求法院确认其可以免费使用不再受版权保护的柯南·道尔的50个福尔摩斯故事及小说中的素材。 美国地方法院经审理后，判决支持了克林格尔的请求。柯南·道尔产权会认为其作品形象等元素在受版权保护范围内的作品中有新的修改和变化，这些作品形象应和这些作品获得同样的保护期限，该地区法院审判不公平，向美国巡回法院提出上诉。

美国第七巡回上诉法院受理了此案，该案件由美国著名大法官波斯纳（Posner）主审。波斯纳法官对案件的审理提出如下观点：

法院无法在成文法或判例法中找出这些作品版权到期后继续受版权保护的依据，一旦一个故事进入公共领域，"这个故事的各种元素——包括曾受版权保护的角色——就成为后续其他作家随意批评作弄的对象"。

在探讨一个小说人物是否能在小说版权到期后、由于作者在后续作品中对这一角色进行了修改而继续获得版权保护的问题上，波斯纳法官仔细调查了克林格尔能否从不再受版权保护的早期故事中抄袭福尔摩斯和华生等人物形象以及柯南·道尔产权会是否能对第一个《夏洛克·福尔摩斯》故事所描述的夏洛克·福尔摩斯寻求版权延长保护问题。

柯南·道尔产权会关心的不是除柯南·道尔以外其他作家在各自所写的福尔摩斯—华生系列故事中对福尔摩斯或华生的描写与原著相比做了哪些具体改动，而是任何此类故事是否未向柯南·道尔产权会支付使用费。鉴于柯南·道尔产权会主张将对文学人物的版权保护延长到一个极为不寻常的长度将对创新产生何种影响并不明确，而且没有法律依据支持将版权保护延长至超出国会设定的范围，因此柯南·道尔产权会的上诉请求几乎就是空想。

2014年6月16日，波斯纳法官就此案下达判决书，其判决认为，延长版权保护从促进创新的角度讲是把"双刃剑"，他称这会"造成公共领域作品减少，从而削弱后续作者创作衍生作品（如福尔摩斯和华生等深受欢迎的小说人物的新版本）的动力"。因为版权保护期越长，作家将不得不从版权所有人获得许可才能获得更多材料，因此公共领域的作品就将越少。最终法院判决认定作家柯南·道尔所写的《夏洛克·福尔摩斯》仍属公共领域，无法获得延长的版权保护。

本案涉及的法律问题主要包括三个：第一，作品中的人物形象等元素是否版权法的保护；第二，作品中的元素如果受著作权法保护，其保护期限是否应和该作品保持一致；第三，作品中的元素在新的作品中出现，其保护期限应和原作品保持一致还是和新作品保持一致。就本案审理结果来看，作品中人物形象受版权法保护，其保护期限应与作品的保护期限一致，若该人物形象在新的作品中出现，其保护期限亦应于最早出现在的作品保持一致。在延长作品保护期限的这一问题上，波斯纳法官代表的观点与美国版权法沿革变化思路相比更关注了版权法应促进作品创作的功能。

美国第一部版权法案始于1790年，该法案赋予作者发表作品及出售包括地图、海图及书本的排他性权利。该权利的保护期限为14年，如果作者在14年保护期限截止时还健在的话，可以经续展再获得14年的保护期。除了关于地图和海图的条款，美国1790年版权法几乎照搬了英国的《安妮法案》。1831年和1909年美国曾先后出台两部版权法，其中前者将版权保护期限扩展到28年，到期后可续展14年，而后者则将到期后可续展的年限从14年扩展至28年。1976年之前，美国的版权保护实行"双轨制"，即美国版权法保护已注册的版权，而美国各州则通过援引先例保护未登记作品的版权。在颁布1976年版权法案以后，美国废止了由联邦和各州双管齐下的保护方式，而转由美国联邦的版权法案进行规制。美国1976年版权法案对美国的版权保护的重大意义在于首次确立了版权自动获得原则，即不再以作品发表或者登记为版权保护的前置条件，作品无论是否发表或者登记，均受到版权保护，并将版权保护期限延长至75年。1998年，美国通过《版权期限延长法案》，对1976年版权法进行修正，内容包括：（1）在1978年及以后创作的作品将受更多的版权保护，版权保护期限为作者终身及其死亡后70年；合作作品的版权保护期限为最后去世的作者终身及其死亡后70年；隐名作品、匿名作品及职务作品的版权保护期限为作品完成之日起120年或首次发表之日起95年，以先到期者为准。（2）1978年以前已发表或已登记的作品，只要在28年版权保护期限届满后有效进行续展的，最长可以获得95年的保护。（3）1923年以前发表的具备版权保护特征的作品均已进入公知领域不再受版权保护。

从美国版权法就版权保护期限不断延长的发展趋势来看，克林格尔诉柯南·道尔产权会版权案的审理结果和审判思路与之有所分歧。波斯纳法官认为"延长版权保护从促进创新的角度讲是把双刃剑，其会造成公共领域作品减少"，加之美国判例法的传统，这一案件的审理结果必定影响今后的司法审判。波斯纳法官的审判观点也正代表目前美国版权法关于权利保护所发生的新变化。

3. American Broadcasting Companies, Inc.诉 Aereo, Inc.案

2014年6月25日，互联网电视公司Aereo受到沉重的打击，因为美国最高法院裁决其侵犯它所播放的电视节目的版权。Aereo 公司提供使用户能够通过网络实时观看广播电视节目的服务。当用户想要观看正在播出的电视节目时，他可以连入Aereo的网络并从Aereo 公司网站提供的菜单上选择希望观看的节目。Aereo 公司的系统，包含成百上千个小天线以及位于

中心仓库的其他设备，大体上如下运行：一台服务器调频一个天线，搜集被选择的电视节目信号，仅供一位用户单独使用；转码器将被天线接收到的信号翻译成能在网上传播的数据；服务器在 Aereo 公司的硬盘上建立用户特定的文件夹以保存数据，节目被保存成功几秒后数据将流向用户的屏幕，用户就可以让 Aereo 通过互联网为其实时播放节目。实时观看会比无线广播有几秒延迟，直到用户接收到全部的节目。拥有 Aereo 公司播放的电视节目版权的美国广播公司(ABC)、哥伦比亚广播公司(CBS)、全美广播公司(NBC)、福克斯电视台(Fox)、美国公共电视台(PBS) 等众多传统电视媒体，起诉 Aereo 公司侵犯其版权。他们要求法院颁发临时禁令，诉称 Aereo 公司在未向其支付版权费的情况下向公众转播电视节目侵犯其"公开表演权"。地区法院拒绝颁发临时禁令，上诉法院维持原判。2014 年 6 月25 日，美国最高法院作出与地区法院、上诉法院相反的判决，认定 Aereo 公司的行为构成对版权人公开表演权的侵害。

整个案件的争议焦点就在于 Aereo 公司的行为是否属于公开表演。1976年《美国版权法》赋予版权人"公开表演作品"的"排他权"。第 101 条规定，"表演"指的是"以连续的方式展示其画面或者让人听到相关的伴音"，第101 条第二项传送条款(Transmit Clause) 定义了"通过技术设备或程序向公众传送或以其他方式传播表演……使公众能够在同一地点或不同地点，同一时间或不同时间地接收表演"的排他权。因此，当 Aereo 公司重新将受版权保护的广播节目发送给其用户时，Aereo 公司是否已经公开播放这些广播节目。上诉法院对"公开表演"的传送条款进行了解读，认为如果传送的潜在观众是单个用户，则该传送不属于公开表演，Aereo 公司每个天线的潜在观众都是单个用户而并非版权法意义上的"公众"，所以其不属于"公开表演"。

广播公司认为 Aereo 公司的行为属于公开播放，与有线公司的转播行为是"实质相似"的，1976年国会修改了《版权法案》，将有线公司的转播行为定义为公开播放。因此，Aereo 公司没有经过授权提供在网络上的点播电视节目服务构成侵权。

Aereo公司声称没有公开播放，因为它的服务只是使用户能够单独接收和观看电视节目，因为每个消费者都有权这么做。Aereo公司只是为这种电视接收提供了一个新的、高科技的转化器。而且Aereo公司与有线公司有很大的不同。Aereo公司精心设置了其设备以便其用户间不会内容共享，而有线公司只是使用一根天线来接收广播信号，然后将广播内容的同一版本重新发送给其所有用户。通过有线传输，原始的节目与传输的节目之间没有明显的时间延迟。

最高法院从Aereo公司提供网络点播电视节目的行为是否属于版权法意义上的"表演"以及是否属于传送条款意义上的"公开表演"两个方面论证了Aereo公司的行为构成对版权人公开表演权的侵害。法院认为Aereo的行为与有线电视系统（CATV）的是"实质相似"的，因为1976年国会修改了《版权法案》，将有线公司的重新发送定义为公开表演，因此，法院裁决Aereo的重新发送也是表演——它们没有获得广播节目版权所有人的授权。

美国最高法院认为，根据《美国版权法》传送条款，Aereo 公司构成"向公众"传送。首先，"公众"是指"不特定人或特定之多数人，但家庭或正常社交之多数人，不在此限"。而尽管Aereo 公司传送的每一次表演都只能被一位用户通过一个专用天线接收，但是其同时向许多彼此不相关也不相识的人传送了相同的可感知的画面和声音；而且，尽管Aereo 公司的用户可以在不同时间和不同地点接收相同的电视节目，但是根据传送条款，在不同时间或不同地点亦可能构成"公众"，"公众"的判断并不需要考虑时间或空间上的聚集。综上，Aereo 公司的行为属于传送条款意义上的"公开"表演。

4. Thomas Pink Ltd. 诉Victoria's Secret UK Ltd.案

2014年7月31日，伦敦高等法院对LV集团旗下的英国衬衣奢侈品牌Thomas Pink Ltd. 就"PINK"商标侵权控告维多利亚的秘密（Victoria's Secret）一案作出判决。高等法院裁定"维多利亚的秘密"公司侵犯托马斯·品克的"PINK"商标。在美国，"PINK"是维密集团于2004年在美国推出的一个子品牌，主要经营服装、内衣、睡衣和泳衣，其主要目标群体是18~25岁的大学生。主审法官科林·比尔斯（Colin Birss）认为欧盟消费者可能会将传统的豪华衬衣制造商与大众市场的商品和内衣联系在一起，从而产生混淆，进而导致托马斯·品克的"PINK"品牌受损。在该案的裁决中，比尔斯法官还提到"该种侵权行为势必会导致原告客户的经济行为发生变化。他们将不再以同样的方式来看待共同商标（CTM）"，"如果被告的行为继续下去，则原告的商标将会和大众市场联系在一起，这会降低原告作为奢侈品牌声誉，那么原告会承担消费者另购他牌的风险"，"这会对原告造成不可挽回的重大损失"。比尔斯法官还指出："被告并没有在描述意义上使用PINK字样，而是在其产品上直接将PINK作为贸易原产地的指示标志来使用。如果对这种行为长时间不加以制止，势必会造成原告的该商标不再能作为指定其产品来源的专有标志"。这一裁决意味着"维多利亚的秘密"的诸多店铺可能要重新命名，因为即使货物不同，但它们具有相似性，有产生混淆的可能性，也进而会有产生侵权的可能性。

5. Garcia 诉 Google案

2014年12月15日，美国联邦第九巡回上诉法院审理了一起是否应当推翻此前就一位女演员的版权侵权诉讼责令谷歌删除YouTube上一部反穆斯林电影预告片的裁决。

女演员加西亚受邀出演尤瑟夫导演的冒险电影《沙漠战士》，而身为导演和制片人的尤瑟夫通过后期制作，将加西亚拍摄的镜头用到了另外一部电影《无知的穆斯林》中，《无知的穆斯林》全长13分钟，影片将穆斯林先知穆哈穆德描述成宗教骗子、恋童癖和沉迷女色者。电影一经网络传播，便引发了伊斯兰世界对美国的不满和愤怒。该影片在谷歌旗下视频网站YouTube上被大量点播，在要求谷歌将其删除遭到拒绝后，加西亚起诉谷歌侵犯其表演部分的版权。她认为自己对影片有所贡献的部分保有版权，因此向法院申请临时禁令，撤下有她表演内容的视频，但被地区法院驳回。第九巡回法院认为驳回临时禁令申请的裁决有误，审理之后支持了加西亚的请求。

早在2012年9月25日，加西亚向美国版权局递交了版权申请。然而，版权局在3个月后告知其无权获得版权。在第九巡回法院作出判决后，加西亚的律师再次向版权局提出登记申请，并将判决内容寄给版权局，版权局同样拒绝了加西亚的登记申请，在加西亚是否享有版权的问题上，版权局和第九巡回法院显示了截然不同的观点。

本案的争议焦点在于：加西亚对影片有所贡献的部分是否能由其保有版权。

原告认为自己应当对在电影中的表演享有版权，因为首先镜头是由原告表演完成，其次原告在拍摄时受到了欺骗，以为拍摄的是冒险电影《沙漠战士》，在《无知的穆斯林》中出现的原告表演的镜头，连对白都被删除并经过了重新配音，因此原告的镜头并不能算作《无知的穆斯林》中的一部分。自从该影片预告片引起关注后，原告就开始收到死亡威胁。影片严重损害了她的名誉，使原告遭受了精神上的痛苦，被告应当在YouTube上删除该影片。被告谷歌公司认为加西亚不能保有版权，首先，加西亚没有对电影作出可受保护的贡献，因为导演约瑟夫编写了加西亚表演的所有对白，指导了拍摄的各个方面。其次，根据美国版权法关于"默示许可"的规定，原告加西亚的表演已经通过默示许可同意了尤瑟夫复制和发行电影作品，因此不能对其在电影中的贡献保有版权。

第九巡回上诉法院的首席法官阿莱士·科津基斯（Alex Kozinski）在判决意见中写道：版权法没有哪条规定，在为一个作品作出创造性贡献后，作品贡献者仅仅因为不是作品的合著者，就丧失了他的版权利益。其结论是，加西亚可以"就其在影片中具有独立创造性的部分"主张版权利益。本案彰显了一种可能性，即原告就其表演的部分享有独立的版权利益。

法院认为，虽然导演尤瑟夫编写了加西亚表演的所有对白，指导了拍摄的各个方面，但是演员的表演远远不止是台词，她需要体会人物的内心，然后在表演中体现出来；原告并非传统意义上的雇员，电影制片人也不是在从事通常而言的电影商业，因此雇佣作品原则在本案中不适用；尽管原告与制片人之间有默示许可，可以使用她的表演内容，但默示许可通常是非独占性的许可，原告应被告的请求完成作品，表达出了同意被告复制和发行该作品的意愿，通常出现在原告对作品的贡献价值极小的情况下，而且默示许可也不是无限制的。在本案中，制片人通过向原告撒谎，达到诱骗其参演本片的目的，超出了正常许可的界限。与此同时，原告与制片人之间也没有电影制作人获得著作权的书面协议。

针对地方法院驳回禁令救济的判决，第九巡回上诉法院还提出，原告在影片受到全球关注并受到死亡威胁时，立刻提起法律诉讼，因无法获得禁令救济而面临无法弥补的损害；原告所称的损害是真实的且现实的；从YouTube上移除影片有助于使该演员与该片的反伊斯兰主题脱离干系，能使她日后免受威胁和人身伤害，原告证明了侵权行为和人身损害之间存在因果关系。因此地方法院所称"原告并没有面临无法弥补的损害"是不成立的。

6. Isabella TANIKUMI 诉 The WALT DISNEY COMPANY，etal 案

2015年2月19日，美国新泽西州地区法官威廉·马提尼（William J Martini）作出裁决，驳回了伊莎贝拉·塔尼库米（Isabella Tanikumi）于2014年9月提交的诉华特迪士尼动画工作室制作的电影大片《冰雪奇缘》侵犯其版权，要求限制令以停止并终止迪士尼动画工作室继续销售或营销《冰雪奇缘》，并索赔2.5亿美元的诉讼。美国新泽西州地区的法院判决等于是告知该秘鲁作者"随它去吧"（Let it go）。

伊莎贝拉·塔尼库米（Isabella Tanikumi）诉称2013年风靡全球的动画电影《冰雪奇缘》是基于她的回忆录《心的渴望》而拍摄的，《冰雪奇缘》构成著作权侵权。法院驳回了原告的诉讼请求，裁定《冰雪奇缘》和《心的渴望》不构成实质性相似，通用的主题元素不受保护，且两部作品的主题完全是以不同的方式呈现的。

《冰雪奇缘》是华特迪士尼动画工作室为成立90周年制作的纪念作

品，被评为有史以来最卖座的动画电影。截至2014年7月16日，《冰雪奇缘》以全球12.74亿美元的票房成为全球动画史票房冠军，成为影史票房榜第五名；并获得了多项国际大奖，如2013年度金球奖、安妮奖、奥斯卡的最佳动画长片，主题曲《Let It Go》斩获奥斯卡最佳原创歌曲奖。冰雪奇缘讲述的是两姐妹艾莎和安娜的故事，艾莎与生便有控制冰雪的能力，但一次意外使她和她的爸爸妈妈知道这种美丽又可怕的力量要谨慎使用，不然就有可能伤害自己和他人。国王和王后为了艾莎的平安，用"裁减人员""封闭城堡"的方式以防外人知晓艾莎能力和发生意外，甚至将安娜与艾莎分开。国王和王后去世后，在艾莎的女王加冕仪式上，艾莎暴露了她的超能力，被现场的人指责为怪物，在又惊又怕中，艾莎逃到了荒无人烟的深山中。随着艾莎的离去，她的魔法令王国被冰天雪地永久覆盖，安娜和山民克里斯托夫以及他的驯鹿搭档组队出发，为寻找姐姐拯救王国展开了一段冒险。

《心的渴望》讲述了作者的生活轨迹以及她如何从情绪上克服外在的悲剧和内在的不安全感。这本书从作者在Huaraz，秘鲁的一个山城的成长经历讲起。她的家人在一场严重的地震中幸存了下来。她又遭遇了一场厨房的意外事故，因此脸上留下了疤痕，并给她留下了心理上的不安全感。她在十几岁时就承受了几次情感上的创伤。她搬到Lima学习护理，并和她的姐姐Laura住到一起，作者与她建立起了一种亲密的姐妹关系。作者和一个男人约会，但她因为这个男人酗酒而最终拒绝了这个男人。可悲的是，Laura被一个醉酒的司机撞到而去世了。作者搬去了美国，在那里她成了一个物理治疗师。她找到了一个可以治疗她面部疤痕的皮肤科医生。她和一个叫Eduardo的对她感兴趣的男人恋爱了，但是她感到很害羞，并且也找不到不能和他在一起的正确原因。最后，她遇见了一个电视制作者，结婚并有了一个家庭。在这本书的最后，她在脸书（Facebook）上和Eduardo建立了联系。他们有一次尴尬的会面，之后Eduardo就把她从脸书上的好友名单中去除了。这本书结束于这个作者在思索她和Eduardo联系的意义。

原告认为被告的电影是对自己著作的剽窃，并在"剽窃总结"中声称了18处主题相似性。但这18处都不包括魔法或者冰雪王国。这18处主题相似性能否证明《冰雪奇缘》是对《心的渴望》的抄袭。

本案争议的焦点在于：《冰雪奇缘》的作者是否接触过《心的渴望》并且《冰雪奇缘》是否构成《心的渴望》的实质性相似。

原告认为《心的渴望》于2010年取得著作权，并在2013年进行了二次印刷，同年，迪士尼工作室上映了《冰雪奇缘》，从时间上看《冰雪奇缘》完全有可能接触到《心的渴望》并对其进行剽窃，且他们存在18个主题相似。

被告否认他们接触并借鉴过《心的渴望》，他们声称《冰雪奇缘》是受安徒生童话《白雪公主》的启发而创作的，和《心的渴望》并不具备相似性。

法院认为：（1）要证明著作权侵权，原告必须证明被告接触过他的版权作品而且原作品和被指控侵权的作品必须存在实质性的相似。"实质性的相似"要考虑两点：①被告是否剽窃复制了原告的作品，②是否"剽窃复制"，如果被证实的话，问题变成了"剽窃复制"的部分是否构成实质性的相似。而《心的渴望》的影响力并不算大，没有充分证据证明《冰雪奇缘》接触过《心的渴望》，而且这两个故事存在明显不同。（2）原告仅仅声称迪士尼工作室剽窃了她的回忆录的广泛的主题元素。原告起诉书中声称的18个相似之处的绝大部分都是脆弱而不值一驳的。最接近的相似性是关于亲密的姐妹之间的爱和主角比较害羞而把自己的真实个性隐藏起来这样的通用主题。（3）著作权法保护思想的表达方式，而不保护思想本身。一般情节和主题存在于公众领域并且不受版权法保护，这是一个"版权的基本前提"。（4）《冰雪奇缘》和《心的渴望》里的主题完全是以不同的方式呈现的。他们的故事设定、情节和人物都没有密切关联。任何非法律人士没法发现迪士尼工作室挪用剽窃《心的渴望》，因为版权法不保护作品的通用的主题元素。

基于上述四点原因，法院最终认定这两个故事是完全不同的，驳回了原告的诉讼请求，认为在原告的回忆录和冰雪奇缘的电影之间并不存在实质性的相似性。

7. Stephen Kimble, et al, Petitioners 诉 Marvel Entertainment, LLC, Successor to Marvel Enterprises, INC.案

2015年6月22日，美国最高法院在Kimble诉漫威公司一案中的判决使得50年前确立的一个原则重新焕发生机，即禁止在专利过期后再收取专利许可费。该规则始于1964年的Brulotte诉Thys案，认为任何人不得在专利有效期经过之后继续收取专利许可费。

Kimble在1990年获得了一项保护其玩具的美国专利。1997年，Kimble起诉漫威公司在其玩具"蜘蛛侠发射器"中使用了其发明专利，但在2001年，双方就该项争议达成了和解。漫威公司和解协议中同意购买Kimble的专利，并支付销售额的3%作为专利许可费。双方没有约定协议的有效期，也没有对漫威公司每年支付3%许可使用费设定期限，对于该专利过期之后的事项也没有进行约定。2008年，双方就和解协议中约定的专利许可使用费产生争议。由于在Brulotte案中确立了专利权人不得在专利过期之后再收取专利许可费的原则，因而漫威公司拒绝继续支付该种费用。然而，Kimble则巧妙地避开了过期专利这一争论点，转而利用漫威公司违反合同约定的行为来变相主张专利许可费。地方法院认为，该和解协议是一种包含专利权和非专利权的混合型许可，并判决Kimble不能在其专利已过期的情况下再收取专利许可费。第九巡回上诉法庭也维持了地方法院的判决，认定该类混合许可协议不具有可执行性。随后，Kimble上诉至最高法院，请求推翻据以作出判决的Brulotte案件并采取"合理规则"来评估专利过期后的许可使用费。最终，最高法院以6:3的比例驳回了Kimble的上诉，认定专利过期后，其保护的发明"流入公共领域"，任何限制公共自由使用这样的发明的合同条款都破坏了专利权的有限垄断性。

美国最高法院在Kimble案审理过程中，对于类似的通过混合许可的方式在专利过期后继续获取利益的情形进行了定性，即合同当事人在协议中约定的专利过期后的许可使用费用并非支付所述技术的期满使

用费。

8. MPAA. Inc. 诉 MovieTube 案

2015年6月27日，美国电影协会（MPAA）以版权侵权为由起诉流电影平台MovieTube（超过24家流媒体网站的所有者）。MPAA的成员20世纪福克斯、哥伦比亚电影公司、迪士尼、环球影业和华纳兄弟等在纽约联合对MovieTube拥有的一些流媒体网站提起诉讼。该团体要求版权索赔百万美元，由于MPAA对他们起诉的对象不能完全确定，因此MPAA总共起诉了Movie Tube旗下的29家网站。未经授权的流媒体网站已经是好莱坞电影公司的一个刺痛存在了好多年，2015年7月MPAA决定起诉其中的一个主导者MovieTube。MovieTube背后的人们被诉称运营了一批侵权网站，给MPAA造成上百万美元的损失。这个诉讼目前取得了初步的胜利，因为MPAA提及的这29家网站已经全部关停。

整个案件的争议焦点在于：MovieTube不是美国公司，美国法律对其是否具有管辖权；MovieTube链接盗版电影的行为是不是违反了版权法，侵犯了MPAA成员的版权。

MPAA认为MovieTube作为一种商业模式是推动著作权侵权来获利而设计和运营的，MPAA列举了一些流行的网站，包括MovieTube.cc, TuneVideo.net, Watch33.tv, MovieTube.cz, Anime1.tv, MovieTube.pm, FunTube.co, MovieTube.la and KissDrama.net。这些网站共享链接便利并且设计也相似，因此MPAA认为它们是由同一批人在运营。这些被指控的网站是典型的流网站，在这些网站上用户可以观看视频，并且在一些情况下可以下载视频到他们的电脑上。用户可以不离开MovieTube网站来观看侵权作品，这些MovieTube网站甚至允许用户在某些情况下通过在由被告提供的视频播放器软件上的菜单上点击一个选择按钮来下载侵权复制件。原告还认为被告通过Movietube网站，汇总、整理和提供嵌入式链接到广泛的图书馆是侵犯了原告作品的著作权。可能更重要的是，MPAA也需要一个广泛的初步禁令，使运营商几乎不可能保持他们的网站在线。在其他方面，这一措施也可以阻止域名注册商、托管公司、广告商和其他第三方机构与这些网站做生意。

根据MPAA的观点，MovieTube的运营者已经意识到他们网站的侵权属性了。在它们的Facebook网页上，他们写到许多电影是盗版的没有问题，因为他们不受美国法律管辖。被告公开承认他们的行为构成"盗版"，并且承认他们有需求使用侵权内容，他们在其Facebook网页上这样声称："许多美国的用户问我们在我们的网页上观看电影是否合法。因为我们链接的许多电影是盗版电影，因此我们很理解你们可能会有这样的顾虑……我们的网页链接有盗版电影，因此根据美国法律我们有称为'著作权侵权'的部分责任。幸运的是我们并不是一家美国公司因此我们不需要尊重美国的法律。"

美国法院在国外并没有行使过管辖权，因此MPAA积极向跨太平洋伙伴关系协议（TPP）游说，TPP将有效地给予他们起诉任何在签约国内侵犯版权的人的合法权利。但是 "不受美国法律限制"对MovieTube不奏效，在MPAA起诉MovieTube一天后，起诉状中所列的29家网站已全部关停。起诉状请求临时禁令，不管是法庭要求还是自己主动，事实上关闭了所有指定的网站、域名和MovieTube的注册。根据MovieTube在Facebook上的声明，他们明知链接的是盗版侵权作品，只是认为自己不是美国公司，不受美国法律管辖，但他们链接的侵权作品很多是美国公司的电影作品，侵犯了美国公司的利益，因此他们的行为构成版权侵权，而且要承担赔偿责任。

9. 生日歌*Happy Birthday To You*的版权问题最终解决

2015年9月22日，关于生日歌*Happy Birthday To You*的集团诉讼案件最终画上句号。美国加利福尼亚州中区联邦地区法院下达的判决中，主审法官乔治·金（George King）判定版权适用于该首歌曲的旋律和特定的钢琴曲，但不适用于歌词。该首歌曲不是第一次被提起版权诉讼，之前大多数诉讼发生在20世纪30年代和20世纪40年代。但在本案之前，都没有解决无处不在的《生日歌》的版权归属问题。

关于这首歌的版权归属的集体诉讼始于2013年，当时，纪录片制作公司"祝你早安"起诉Warner / Chappell音乐公司，原因是"祝你早安"公司在其生日歌*Happy Birthday To You*的纪录片中使用了这首歌曲，因而被Warner / Chappell音乐公司强行收取版权使用费。这首歌最初是由肯塔基州的一对姐妹Mildred J. Hill 和Patty Smith. Hill在1893年作曲，当时名为"Good Morning to All"（祝所有人早安）。这个旋律和与之搭配的生日歌*Happy Birthday To You*的歌词和现有著名曲子的手稿归属于音乐发行商Clayton Summy及其同名公司。但直到1911年，生日歌词才使用到这首歌中。现在人们熟悉的*Happy Birthday To You*的第一个首版权保护的版本于1935年由上述Summy公司发行，而Warner / Chappell在1998年收购了Summy公司，并坚持认为本公司当然享有1935年该版本歌曲的版权。

主审法官乔治·金认为，"被告要求法院判定Mildred J. Hill 和Patty Smith. Hill姐妹赋予了Summy公司该歌词版权的诉求没有任何事实根据"，"因为Mildred J. Hill 和Patty Smith. Hill姐妹授予Summy公司的是旋律以及基于该首旋律的钢琴曲的权利，但从来都没有授予歌词的权利"，因此，"由于Summy公司从未获得*Happy Birthday To You*歌词的权利，被告并不享有该歌词的任何权利"。据此，主审法官乔治·金判定歌曲*Happy Birthday To You*中的歌词不受版权保护，音乐发行商Warner / Chappell败诉。

声　明

　　"知识产权蓝皮书""The Blue Book of IPR"商标为中南财经政法大学的注册商标，受法律保护，侵权必究。

　　特此声明！

中南财经政法大学知识产权研究中心